논어정의論語正義

Lun Yu Zheng Yi —The Corrected Meaning of the LUN YU—

【六】

(권11 · 권12 · 권13)

논어정의論語正義 【六】
Lun Yu Zheng Yi —The Corrected Meaning of the LUN YU—

—

1판 1쇄 인쇄 2023년 12월 26일
1판 1쇄 발행 2024년   1월 15일

—

저   자 l 유보남劉寶楠
역   자 l 함현찬
발행인 l 이방원
발행처 l 세창출판사
　　　　신고번호 제1990-000013호
　　　　주소 03736 서울시 서대문구 경기대로 58 경기빌딩 602호
　　　　전화 02-723-8660 팩스 02-720-4579
　　　　이메일 edit@sechangpub.co.kr 홈페이지 www.sechangpub.co.kr
　　　　블로그 blog.naver.com/scpc1992 페이스북 fb.me/Sechangofficial 인스타그램 @sechang_official

—

ISBN 979-11-6684-296-2 94140
　　　　979-11-6684-221-4 (세트)

—

이 역주서는 2017년 대한민국 교육부와 한국연구재단의 지원을 받아 수행된 연구임.
(NRF-2017S1A5A7020726)

—

이 책은 한국연구재단의 지원으로 세창출판사가 출판, 유통합니다.
잘못 만들어진 책은 구입하신 서점에서 바꾸어 드립니다.

논어정의

論語正義

Lun Yu Zheng Yi —The Corrected Meaning of the LUN YU—

【六】

(권11 · 권12 · 권13)

유 보 남劉寶楠 저

함 현 찬 역주

세창출판사

차 례

논어정의
論語正義
【六】

전체 차례

논어정의
論語正義

해 제

1.『논어정의』번역의 가치

유학(儒學) 관련 경학 자료에는 동일한 원전 자료에 대해 오랜 기간 동안 수많은 학자들이 남긴 기록이 축적되어 있으며, 그것을 통해 이들의 형상이 어떻게 형성되는가를 살필 수 있다. 중국의 경우『논어(論語)』관련 주석서는 총 1,100여 종에 이르는데, 현전하는 가장 오래된 주석은 위(魏)나라 하안(何晏) 등이 쓴『논어집해(論語集解)』이다. 이 책은 후한(後漢)의 포함(包咸)·주씨(周氏)·마융(馬融)·정현(鄭玄)과 위나라 진군(陳羣)·왕숙(王肅)·주생렬(周生烈) 등 7인의 주석과『고논어(古論語)』의 공안국(孔安國) 주(注)를 모두 종합하여 집대성한 것이다. 이『논어집해』는 양(梁)나라의 황간(皇侃)이 쓴『논어의소(論語義疏)』를 통하여 후세에 전해졌다. 그런데 이 하안의『논어집해』를 근거로 한『논어』의 판본은 남북조시대(南北朝時代)에서 시작하여 수(隋)·당(唐)·오대(五代)를 거쳐 북송(北宋)에 이르기까지, 특히 황간의『논어의소』본에 기대어 세상에 유행하였으나, 그 뒤에는 한동안 유행하지 않았다. 그 이유는 주희(朱熹)의『논어집주(論語集註)』가 크게 유행함에 따라 자취를 감추게 되었기 때문인 것으로 생각된다. 다만 송(宋) 진종(眞宗) 3년(1000)에 칙명으로 형병(邢昺) 등이 하안의『논어집해』를 다시 풀이하여『논어주소(論語注疏)』

를 썼는데, 이것이 『십삼경주소(十三經注疏)』에 끼여 있는 논어의 전통적인 주해서(注解書)이다. 이것은 황간의 『논어의소』에서 집해(集解)를 따로 떼어 지은 것이라고 하는데, 그 내용은 원칙적으로 황간의 『논어의소』를 따랐으나 장구(章句)의 훈고(訓詁)가 더욱 상세하였으므로, 황간의 『논어의소』를 밀어내는 까닭이 되었다. 그런데 이 황간의 『논어의소』는 당대에 일본에 전해졌다가 청대(淸代)에 청나라로 다시 전해짐으로써, 남송 때 없어진 이후 5백 년 뒤에 다시 유행하게 되었다.

한편, 주희의 『논어집주』는 형병의 『논어주소』의 경문을 바탕으로 고인(古人)들의 여러 해설을 참고하여 지은 것인데, 이로부터 논어의 해설은 이 『논어집주』가 단연 권위를 지니게 되었고, 오경(五經)을 중심으로 하던 유학이 사서(四書)를 더 중시하게 되었다. 또한, 『사서집주(四書集註)』가 나온 뒤로 『논어』는 더욱 존중되고 널리 읽혔다. 『사고전서총목(四庫全書總目)』을 통해 보면 『논어집주』를 이어 송대에 나온 『논어』의 주해서가 10여 종이며, 원대(元代)에도 다시 10여 종이 나왔고 명대(明代)에는 30여 종이 넘고 있다. 청대에는 더욱 많아 백여 종이 넘는다고 알려져 있다. 이것은 주희 이후로 유가의 경전이 오경에서 사서 중심으로 옮겨 갔으며, 그중에서도 『논어』가 가장 존중되었음을 뜻하는 것이다. 따라서 주희 이후로는 유가의 경전 중에서도 『논어』가 가장 중시되어 모든 공부하는 사람의 필독서가 되었다. 원대 이후로는 과거(科擧)에 있어서도 필수과목으로 채택되어 『논어』의 권위는 더욱 높아졌다. 특히 청대에는 고증학(考證學)이 발달함에 따라 진전(陳鱣)의 『논어고훈(論語古訓)』, 반유성(潘維城)의 『논어고주집전(論語古注集箋)』, 유보남의 『논어정의(論語正義)』 등 많은 연구서가 나왔다.

한국은 고려시대 말에 들어온 성리학을 그대로 계승·발전시켰으므로 『논어』가 더욱 중시되었다. 태조 원년(1392)에 확정된 과거법 이후 계속 과거에서 시험 과목으로 중시되었으며, 성균관에서의 교육 과목에서도 사서삼경은 가장 중요한 교과 과목으로 채택되었다. 역대 임금들도 사서오경에 대해 깊은 관심을 가졌으며, 여러 기록으로 미루어 사서오경은 임금과 태자로부터 모든 지식인에 이르기까지 꼭 읽어야 할 필독서로 자리를 잡고 있었음을 알 수 있다. 이에 따라 예로부터 있어 오던 구결(口訣) 또는 토(吐)를 달아 원문을 읽는 법에서 한 걸음 나아가 경서의 언해(諺解)가 시도되었다. 언해는, 유숭조(柳崇祖)가 칙명을 받아 『칠서언해구두(七書諺解口讀)』를 지은 것이 처음이라고 하나[유희춘(柳希春)의 『미암일기(眉巖日記)』, 안종화(安種和)의 『국조인물지(國祖人物志)』] 전하지 않는다. 이황(李滉)도 선조 3년(1570) 『삼경사서석의(三經四書釋義)』를 지었으나, 이보다도 본격적으로 우리나라에서 읽힌 언해본으로는 선조의 칙명으로 이루어진 『논어언해(論語諺解)』 4권과 이이(李珥)가 지은 『논어율곡언해(論語栗谷諺解)』 4권이 있다. 이 밖에 작자 미상의 『논어정음(論語正音)』 4권도 있다. 송시열(宋時烈)의 『논맹문의통고(論孟問義通攷)』도 있는데, 이것들을 통해 볼 때, 조선시대의 학자들은 무엇보다도 경문 자체를 올바로 읽고 정확하게 해석하려는 노력을 크게 기울였음을 엿볼 수 있다. 특히 정약용(丁若鏞)의 『논어고금주(論語古今注)』 등은 경학 연구 면에서 독특한 업적이었다고 할 수 있다.

그런데 한국에서의 『논어』 관련 경학 자료는 거의가 주희의 집주에 근거한 것이 대부분이다. 이는 고려시대 말의 성리학 도입 이래, 관리 등용에 있어 과거제도를 도입하여 관리를 선출했는데, 경전학 관련 과거는 오직 주희의 집주에 근거해 치러졌기 때문이라고 할 수 있다. 따라서 중국의 경우 『논어』 관련 주석서가 총 1,100여 종에 이르지만 우리나라의 경우는 조선시대에 성리학이 국교였던 관계로 중국에 비해 양적·질적으로 부족한 실정이며, 번역 및 해석서도 주희의 집주와 관련된 자료가 대부분이다. 뿐만 아니라 지금까지의 『논어』 관련 고전 자료의 대부분이 현대적으로 가공되지 않고 집성(集成) 형식으로 단순 정리됨으로써 자료적 가치에 비해 학문적 활용도를 담보하지 못하고 있다.

이제 완역된 본 『논어정의』는 하안의 『논어집해』, 황간의 『논어의소』, 주희의 『논어집주』와 더불어 『논어』 주소(注疏)의 사거서(四巨書)로 손꼽히는 유보남의 『논어정의』를 번역한 것으로 논어학의 체계적 정립에 기여하고, 한편으로는 『논어』가 담고 있는 광범위한 영역과 주제를 총체적으로 조망할 수 있는 기회를 제시할 것이다. 또한 현대적인 문맥에서 접근 가능한 표준적인 번역 작업을 수행하는 동시에 표점과 주해를 더하여 한국 유학에 있어『논어』에 대한 새로운 이해와 해석의 지평을 넓혀 줄 수 있을 것이다.

2. 원저자 소개

유보남은 중국 청나라 때의 고증학자이다. 자는 초정(楚楨), 호는 염루(念樓)이다. 강소성(江蘇省) 보응(寶應) 출신으로, 문안(文安)·삼하(三河)의 지현(知縣)을 지내기도 하였다. 유보남은 처음에 모씨(毛氏)의『시경(詩經)』과 정씨(鄭氏)의『예(禮)』를 연구하였는데, 뒤에 유문기(劉門淇)·매식지(梅植之)·포신언(包愼言)·유흥은(柳興恩)·진립(陳立) 등과 함께 경전을 공부하면서 각각 하나의 경전을 연구하기로 약속하여, 자신은『논어』를 맡았다.

유보남은『논어』관련 주석서 중 황간과 형병의 소(疏)에 오류가 많고, 청담과 현학에 관련되었다고 탄식하였으며, 거친 곳이 있는 것을 병통으로 여겼다. 이에 한나라 이래 여러 학자의 학설을 두루 모으고, 송유(宋儒)의 의리론과 청유(淸儒)의 고증(考證)·훈석(訓釋)을 참고해서 초순(焦循)이『맹자정의(孟子正義)』를 저술한 체재에 따라 먼저 장편을 만들고 그런 뒤에 모으고 비교와 절충을 진행하였다.

유보남은『논어정의』를 도광(道光) 8년(1828)에 처음 쓰기 시작하였는데, 함풍(咸豊) 5년(1855)에 장차 완성되려 할 때 병으로 사망하였다. 이에 그의 아들 유공면(劉恭冕)이 저술을 계속하였으며, 동치 4년(1865)에 전서가 완성되었다.『논어정의』의 완성은 전후 38년이 소요되었으며, 동치 5년에 간행되었다.

그런데 유보남의『논어』연구는 가학(家學)에 기초한 것이지만, 그의『논어정의』는 그가 38세에 뜻을 두고 착수하여 평생을 바친 저작으로, 청대『논어』연구의 결정판으로 널리 알려져 있다. 그리하여 유보남의『논어정의』는 흔히 한유(漢儒)의 구주를 망라한 하안의『논어집해』, 위(魏)·양(梁) 제가(諸家)의 관점을 광범하게 수집하고 있는 황간의『논어의소』, 주희의『논어집주』와 더불어『논어』주소의 사거서로 손꼽힌다.

사실 청대의 고증학 중심의『논어』연구는 청나라 중기를 거치면서 유태공(劉台拱)의『논어병지(論語騈枝)』, 초순의『논어하씨집해보소(論語何氏集解補疏)』, 송상봉(宋翔鳳)의『논어정주(論語程注)』에 오게 되면 한위경사(漢魏經師)의『논어』연구와 구주의 분석에 이르게 된다. 이러한 연구 성과와 초순의『논어통석(論語通釋)』의 실사구시(實事求是) 제창은 경서에 대한 신주소(新注疏)가 생겨날 수 있는 토양이 되었는데, 그 위에서 성립된 것이 바로 유보남의『논어정의』였다.

유보남은『논어』를 연구함에 있어 정현의 주석을 높이 받아들였으며,『논어집해』에 대해 "버리고 취함에 어긋남이 많고 의리가 조략하다."라고 하였고,『논어의소』와『논어주소』에 대해서는 "의리를 발명(發明)하지 못하고 뜻이 천박하여 미언대의에 대해서는 알지 못하고 전장훈고와 명물상수도 빠진 것이 많다."라고 하였다. 더욱이 송유의 논어학에 깊은 이해를 가지고 있었던 유보남은 자신의 이해를 시대적인 토양과 결합시킴으로써 한송겸채(漢宋兼采)의 논어학을 완성할 수 있었는데, 이것은『논어정의』가 가지고 있는 최대의 특징이자 장점이다.

유보남의 저서로는『논어정의』이외에도『석곡(釋穀)』,『한석례(漢石例)』,『염루집(念樓集)』등이 있다.

3.『논어정의』소개

『논어』의 주석은 많으나 대표적인 것은 삼국시대 위나라의 하안이 몇 사람의 설을 편집한『논어집해』와 남송의 주희가 새로운 철학 이론으로 해석한『논어집주』

이다. 일반적으로 『논어집해』를 고주(古註), 『논어집주』를 신주(新註)라 한다. 고주를 부연·해석한 것이 송나라 형병의 소인데, 이는 『십삼경주소』에 수록되었다. 위·양 제가의 관점을 광범하게 수집하고 있는 황간의 『논어의소』는 앞에서 언급한 바와 같이 『논어』 주소의 사거서로 손꼽히기는 하지만, 본국에서 일찍 없어지고, 후한 정현의 『논어』 주석은 당나라 말기에 없어졌으나, 20세기 초 둔황[敦煌]에서 발견된 고사본(古寫本)과 1969년 투루판[吐魯蕃]에서 발견된 사본에 의해서 7편 정도가 판명되었다. 그리고 청나라의 유보남이 지은 『논어정의』는 훈고·고증이 가장 자세하다. 따라서 중국에서 『논어』의 제 주석(注釋) 가운데 가장 대표적인 것이 하안의 『논어집해』와 주희의 『논어집주』, 유보남의 『논어정의』인데, 세 가지는 각기 그 시대를 대표하는 저작으로서 각각의 특징을 최고(最古: 『논어집해』), 최정(最精: 『논어집주』), 최박(最博: 『논어정의』)으로 정의할 수 있다.

『논어정의』는 기본적으로 『논어』를 20편으로 분류하되, 「팔일(八佾)」·「향당(鄕黨)」이 예악제도를 많이 말하였으므로 자세하게 주석하여, 「팔일」을 2권(권3, 4)으로 나누고 「향당」을 25절 3권(권11, 12, 13)으로 나누었으며, 권24에는 하안의 「논어서(論語序)」를 수록하였고, 부록으로 「정현논어서일문(鄭玄論語序逸文)」을 붙이고 유공면의 「후서(後序)」를 더하여 모두 24권으로 구성되어 있다.

유보남은 도광 8년(1828)에 처음 『논어정의』를 쓰기 시작하였으나, 만년에 벼슬을 하게 되자 그 정리를 아들 공면에게 맡겼다. 『논어정의』의 편찬이 완성된 것은 함풍 5년 겨울인데, 유보남은 그해 가을에 완성을 보지 못하고 죽고 말았다. 『논어정의』는 권1에서 권17까지는 권의 제목 아래 "보응유보남학(寶應劉寶楠學)"이라고 되어 있고, 권18에서부터 권24까지는 "공면술(恭冕述)"이라고 되어 있어, 앞의 17권은 유보남이 저술한 것이고, 그 뒤로는 아들 유공면이 완성시킨 것임을 알 수 있다. 『논어정의』는 동치 4년(1865)에 전서가 완성되었으니, 책 편찬의 시작부터 전서의 완성까지, 전후 38년이 소요되었으며, 동치 5년에 간행되었다.

『논어정의』의 편찬 종지는 아들 유공면이 "자기의 견해를 주로 하지 않고 또한 한·송의 문호의 견해를 나누고자 하지 않았다. 성인의 도를 발휘하고 전례를 증명하여 실사구시하기를 기약했을 뿐이다."라고 한 것을 보면, 한학과 송학의 장점을 아울러 취하여『논어정의』를 완성한 것이라고 할 수 있다.

『논어정의』는 범례상에 있어서 경문(經文)과 주석의 글은 모두 송 형병의 소본(疏本)을 따랐고, 한과 당의 석경(石經),『논어의소』및『경전석문(經傳釋文)』의 각 본의 이문(異文)을 소 가운데 열거하였다.

『논어정의』의 경문은『십삼경주소』의 형병의 소본을 저본으로 하고, 주문(注文)은 하안의『논어집해』를 사용하고 있다. 그리고 유보남이 경문의 문자 교감(校勘)에서 중시하고 있는 것은 당송 이래의 판본이다. 한·당·송의 석경은 물론이고, 황간의 소, 육덕명의『경전석문』에 실려 있는 명본(名本)을 형병의 소본 문자와 비교하여 자신의 새로운 소 안에 반영하고 있지만, 명·청 시기에 새로 출현한 문자의 차이에 대해서는 생략하고 논하지 않는다. 이 또한『논어정의』의 특징 중 하나이다. 유보남은 황간의 소에 실려 있는 하안의 주석이 비록 상세하기는 하지만 대부분 전적의 근거가 없는 것이라고 보고 대신 형병의 소에 실려 있는 하안의 주석을 사용한다.

청나라 때의 관료이자 학자인 장백행(張伯行, 1652~1725)의『청사열전(淸史列傳)』에서는『논어정의』의 장점을 다음과 같이 요약하고 있다.

"『논어정의』가 경문의 해석에서 뛰어난 것이 있는데, 예를 들면『논어』「학이」의 제 12장인 '유자언체지용(有子言體之用)' 장을『중용』의 설이라고 밝힌 것과, '50세에 천명을 알았다.'라는 것을 '하늘이 나에게 덕을 주셨음을 알았다.'라는 의미로 해석한 것, 자유·자하가 효를 물은 것에 대한 해석에서 '사(士)의 효'라고 말한 것, '뗏목을 타고 바다로 떠나겠다.'라고 한 것을 지금의 고려(한국)를 가리킨다고 해석한 것, '시에서 흥기시키며, 예에 서며, 음악에서 완성한다. 백성은 따르게 할 수는 있어도 알게 할 수는 없다.'를 공자의 교육 방법으로 본 점, '문왕이 이미 돌아가셨으니 문(文)이 이 몸에 있지 않겠는가?'를 간책(簡策)을 얻었음을 가리킨다고 한 것, '번지가 무우대에서 놀다가 덕을 높이며, 간특함을 닦으며, 의혹을 분별함에 대해 물은 것'에 대해 노나라가 기우제를 지낼 때, 번지가 기우제의 제사문을 가지고서 물었다는 것을 밝힌 것, '벗 사이에는 간절하고 자상하게 권면하며, 형제간에는 화락하여야 한다.'라는 것에 대해 벗 사이에는 책선(責善)하지만 형제간에는 책선해서는 안 된다고 해석한 것, 백어(伯魚)에게 '『주남』・『소남』을 배웠느냐?'라고 물은 것을 백어가 장가를 든 다음에 규문(閨門)의 훈계를 내린 것으로 해석한 것, '사해곤궁(四海困窮)'을 홍수의 재난으로 보아 요임금이 순임금에게 명령하자 순임금이 이를 받들어 다스린 것으로 해석한 것 등이다. 이 모두는 2천여 년 동안이나 드러나지 않았던 옛 성현의 뜻을 비로소 밝힌 것이다. 「팔일」・「향당」 두 편에서 밝힌 예제(禮制)는 상세하고도 정확하다."

이 외에도『논어정의』의 특징을 정리해 보면, 유보남은 "옛사람들이 책을 인용할 때 원문을 검증하지 않았기 때문에 간혹 착오가 있을 수 있다."라고 보고, 이를 고려하여 한나라 이후 여러 서적이 인용하고 있는『논어』의 어구에 대해 교감의 근거를 밝히지 않는다.

그리고『논어정의』를 보면 문자훈고(文字訓詁)나 선진사사(先秦史事), 고대의 전적을 박람(博覽)하면서도 요령이 있다. 광범하게 인용하고 좋은 것을 골라서 따랐으며, 책 속에서 충분히 앞사람의『논어』연구 성과를 흡수하였다. 청인(淸人)이 집록한 정현의 남아 있는 주석을 모두 소 안에 수록하고『논어집해』를 사용하여 한・위의 옛 모습을 간직했다. 경의 해석은 주를 근거로 하고 있으며, 또 경에 의거해 소를 보충하였고, 소에 잘못이 있으면 경의 뜻에 근거해 변론하였다. 또한『논어정의』에서는 청대의 고증학을 드러내고 문자훈고와 사실의 고정(考訂)에 주의하였으며, 전장(典章), 명물(名物), 인명, 지명, 역사적 사건에 대해 모두 하나하나 주석하고 고증하여 자세하게 갖추었다. 그러나 책 속에 채택된 여러 사람의 학설에 구애되지 않았으므로 중류(衆流)를 절단(截斷)하였으나 대의가 남김없이 모두 개괄되었다. 또

한 내용이 박흡(博洽)하고 고석(考釋)이 자세하게 갖추어져 있으며 정밀하다.

또한 『논어정의』는 가장 최후에 나온 저술답게 이전의 여러 주석서의 장점을 고루 흡수하였다. 한·위의 고주를 보존하였을 뿐 아니라, 이런 고주에 대해 상세하게 소해(疏解)하였고, 그 결과 『논어』의 주석 내용을 풍부하게 했으며, 고거(考據)와 의리를 아울러 중시하였고 간혹 송유의 학설을 채택하기도 하였다. 뿐만 아니라, 『논어정의』는 금문학파에 대한 이해도 있으며 건륭(乾隆)·가경(嘉慶) 고증학 황금시대의 다음 시대 저술로서 제가의 설을 집대성한 것이 이 책의 제일 공적이라고 할 수 있다.

이 외에도 『논어정의』의 또 다른 특징이라고 한다면 일본(日本) 오규 소라이[荻生徂徠]의 『논어징(論語徵)』에서 『논어』 「술이(述而)」의 "子釣而不網" 구절과 "子貢曰, 有美玉於斯" 구절의 2조를 인용한 점이라고 할 수 있겠으며, 당시 시대상을 반영하는 문제들, 즉 동서문화우세론(東西文化優勢論)이나 민본사상(民本思想)에 관한 내용도 함께 담고 있는 점을 그 특징으로 꼽을 수 있다.

4. 『논어정의』 번역의 필요성

한국에 『논어』가 전해진 것이 언제인지는 분명하지 않지만, 일본 『고사기(古事記)』 응신왕 대(應神王代, 270~310)의 기록에 의하면 백제의 조고왕(근초고왕)이 보낸 화이길사[和邇吉師: 왕인(王仁)]가 『논어』 10권과 『천자문(千字文)』 1권을 가지고 왔다고 한 것을 보면 늦어도 3세기 중엽 이전에 전래된 것으로 볼 수 있다. 이렇게 『논어』가 한국에 전해진 이후로 이에 대한 많은 연구가 진행되었다. 통일신라시대인 682년(신문왕 2) 국학이 체계를 갖추었을 때 『논어』를 가르쳤으며, 그 뒤 독서삼품과(讀書三品科)로 인재를 선발할 때도 『논어』는 필수과목이었다. 조선시대에는 오경보다 사서를 중요시하는 주자학이 등장하여 사서의 중심인 『논어』는 벽촌의

학동들까지 배우게 되었다. 이황의 『논어석의(論語釋義)』와 그의 문인 이덕홍(李德弘)의 『사서질의(四書質疑)』가 그 면모를 짐작하게 해 준다. 또한 정약용의 『논어고금주』는 한·당의 훈고와 송·명의 의리에 매이지 않고 문헌 비판적·해석학적 방법론에 따라 『논어』를 해석하였다.

그런데, 국내에 『논어』를 연구하고 이해할 수 있는 원전이 번역되어 있기는 하지만, 그것이 거의 성리학 중심의 원전이라는 것은 주지의 사실이다. 중국의 경우 『논어』 관련 주석서는 총 1,100여 종에 이르는데, 한국의 경우 나름의 특색과 독특한 『논어』 관련 연구 성과가 간혹 눈에 띄기는 한다지만, 조선이 성리학을 토대로 성립한 국가였던 관계로 대부분 성리학이나 정주(程朱) 계열의 학문 풍토를 벗어나지 못하고, 그에 따라 중국에 비해 『논어』와 관련된 다양한 주석서에 대한 연구가 양적·질적으로 매우 부족한 실정이다. 뿐만 아니라 『논어』나 그 밖의 연구·주석 역시 주로 주자 내지는 송유들의 전거에 의존하는 비율이 큼에 따라 한대 이후 『논어』에 대한 다양한 연구·주석서를 접할 기회가 많지 않았으며, 오늘날에는 한글 전용의 분위기에 따라 한글로 번역된 『논어집주』를 제외하면 거의 다른 주석서들에 대해서는 접근할 엄두조차 내지 못하게 되었다.

한대의 훈고학이나, 청대 고증학의 문장은 대단히 어렵다. 그들의 학문적인 깊이와 박식함에서 오는 어려움도 적지 않지만, 논리의 전개가 우리들의 허를 찌르는 부분이 많기 때문이기도 하다. 또 한국의 경학이 주자학 일변도로 걸어오면서 나름대로 형성된 주자학적 문리(文理)의 언어적인 전통이 다양한 『논어』 해석학의 글에 접근하기 힘들게 한다.

그렇지만 어렵다고 그냥 내버려 둘 수가 없는 것이 바로 유보남의 『논어정의』이다. 앞서 소개하였듯이 『논어정의』는 중국에서 『논어』의 제 주석 가운데 가장 대표적인 것으로, 고증학자의 귀납적 추리법이 고도로 발휘된 책이기 때문이다. 더욱이 송유의 논어학에 깊은 이해를 가지고 있었던 유보남은 자신의 이해를 시대적인 토양과 결합시킴으로써 한송겸채의 논어학을 완성할 수 있었는데, 이것은 『논어정의』

가 가지고 있는 최대의 특징이자 장점이라고 할 수 있다. 따라서『논어정의』를 우리 말로 번역하고 주해한다는 것은 논어학에 대한 전체적인 계통을 확인할 수 있고, 또한 성리학적 해석과의 차별성에 대해서도 알아볼 수 있는 훌륭한 학문적 기초를 마련하는 작업이라고 할 수 있다. 아울러『논어』와 공자, 맹자의 사상, 그리고 선진시대의 각종 제도나 사상에 대해서 이만큼 집요하게 관련 자료를 제시하고 있는 책도 많지 않다는 점에서『논어정의』에 대한 번역 작업은 한국의 논어학 관련 연구에 있어 무엇보다 필요하다고 할 수 있다.

5. 선행 연구

유보남의『논어정의』는 논어학 연구에 있어서 해석이 가장 뛰어나면서도 이전에 있던 여러『논어』주석서의 장점을 고루 흡수한 해석서임에도 불구하고, 우리나라에서는 이 책에 대해 천착하거나,『논어정의』만을 단독으로 다룬 전문 선행 연구 성과가 거의 전무한 실정이다. 그나마 유보남의『논어정의』가 언급된 연구 성과물로는 2010년 윤해정의『朱熹의 '論語集注'와 劉寶楠의 '論語正義'에 나타난 '仁'의 해석학적 비교』가 있고, 또 2003년 김영호의「중국 역대 《논어》 주석고」가 있지만, 모두 단편적으로『논어정의』에 대해 언급하고 있을 뿐이며, 그 외에 유교 경전학 관련 연구 논문에 언급되는 내용 역시 이 책이 갖고 있는 특징 내지는 서지적 정보에 대한 언급만 있을 뿐, 이 책에 대한 전반적인 연구는 아직 이렇다 할 만한 성과가 없는 실정이다.

따라서『논어정의』의 경전학적 가치의 입장에서 볼 때, 이 책에 대하여 현대적인 문맥에서 접근 가능한 표준적인 번역 작업을 수행하는 동시에 표점과 주해를 더하여 한국 유학에 있어『논어』에 대한 새로운 이해와 해석의 지평을 넓히기 위한 번역 작업이 무엇보다 시급하다고 여겼다.

역자는 유교철학을 전공하여 박사학위를 받았으며 한문 전문 연수기관인 성균관 한림원에서 사서오경을 중심으로 한문을 공부하였다. 현재 성균관대학교 유학·동양학과 겸임교수로 재직하면서, 학부 및 대학원에서 강의하고 있으며, 성균관 한림원 교수로서 한문을 가르치고 있다.

그동안 역자는 기초 한문 교재를 대상으로 『(교수용 지도서) 사자소학』·『(교수용 지도서) 추구·계몽편』·『(교수용 지도서) 격몽요결』을 집필하기도 하였다. 또한 역자는 한국연구재단의 명저번역지원사업을 통해 오규 소라이의 『논어징』을 공동 번역한 연구 성과가 있으며, 또한 연구재단의 토대연구지원사업을 통해 『성리논변』·『동유학안』(전 6권)·『주자대전』(전 13권)·『주자대전차의집보』(전 4권)를 공동 번역하여 출판한 연구 성과가 있다. 이 외에도 역자는 왕부지의 『독사서대전설』을 공동 번역하여 『왕부지 대학을 논하다』·『왕부지 중용을 논하다』라는 번역서를 출판하였고, 성균관대학교출판부를 통해 『논어』·『맹자』를 공동 번역하기도 하였는데, 이 『논어』는 『교수신문』 선정 최고의 『논어』 번역본으로 선정되기도 하였다.

일러두기

* 이 책은 1958년 중화민국(中華民國) 47년 4월에 중화총서위원회(中華叢書委員會)에서 간행한 유보남(劉寶楠)의 『논어정의(論語正義)』를 저본으로 삼고, 1990년 3월 중화서국(中華書局)에서 출판한 고유수(高流水) 점교본(點校本) 『논어정의(論語正義)』를 대교본으로 삼았다.

* 이 책의 표점은 기본적으로 1990년 3월 중화서국에서 출판한 고유수 점교본 『논어정의』를 따르되, 기본 원칙은 성균관대학교 한국유경편찬센터(http://ygc.skku.edu)의 표점 기준을 따르기로 한다.

* 청(淸) 유보남(劉寶楠)의 『논어정의』 24권을 완역했다. 아울러 부록(附錄)한 「정현논어서일문(鄭玄論語序逸文)」과 유공면(劉恭冕)의 「후서(後敍)」, 그리고 「청사고유보남전부유공면전(淸史稿劉寶楠傳附劉恭冕傳)」도 함께 완역했다.

* 주석은 『논어정의』 원문에서 원전의 내용을 인용한 경우는 출전만 밝히고, 『논어정의』 원문에서 출전만 밝힌 경우는 원전의 원문과 함께 번역을 싣는다.

* 주석의 내용이 같거나 중복될 경우 각주는 되도록 한 번만 제시했다.

* 한글과 한자를 한글(한자)로 병기하였다.

* 서명과 편명이 명확한 경우에는 책은 '『』'로, 편은 '「」'로 표시하고, 명확하지 않은 경우에는 모두 '『』'로 표시했다.

* 각주의 서명과 편명과 장 제목, 인명(人名)과 지명(地名)의 한글과 한자는 권마다 처음으로 제시할 때만 한글(한자)로 병기하였다.

* 인용부호는 " ", ' ', " ", ' '의 순서로 표시했다.

* 이해를 위해 역자가 추가로 삽입한 문장이나 낱말은 '()'로 표시했다.

* 인명과 지명에 한해서 원문에 밑줄을 표시했다.

* 유보남의 『논어정의』에는 매우 많은 인명이 등장함에 따라 주요 인물의 인명사전을 부록으로 붙였다.

범 례

恭冕述

공면이 서술함

一. 經文「注」文, 從邢「疏」本. 惟「泰伯」篇: "予有亂臣十人", 以子臣母, 有干名義, 因據『唐石經』刪"臣"字, 其他文字異同, 如漢‧唐‧宋『石經』及皇侃「疏」‧陸德明『釋文』所載各本, 咸列於「疏」. 至山井鼎『考文』所引古本, 與皇本多同. 高麗‧足利本與古本亦相出入, 語涉增加, 殊爲非類, 旣詳見於『考文』及阮氏元『論語校勘記』‧馮氏登府『論語異文疏證』, 故此「疏」所引甚少. 古本‧高麗‧足利本, 有與皇本‧『釋文』本‧『唐石經』證合者, 始備引之, 否則不引. 至「注」文訛錯處, 多從皇本及後人校改, 其皇本所載「注」文, 視邢本甚繁, 非關典要, 悉從略焉.

하나. 경문 「주」의 문장은 형병(邢昺)의 「소」본을 따른다. 다만 「태백(泰伯)」의 "나에게는 다스리는 신하 열 사람이 있다."라고 한 구절은 자식으로서 어머니를 신하로 삼아 명분과 의리를 구함이 있으니, 『당석경(唐石經)』을 근거로 해서 "신(臣)"

자를 삭제했을 뿐이고, 그 외의 글자의 다르고 같은 것들, 예를 들어 한(漢)과 당(唐)과 송(宋)의 『석경』 및 황간(皇侃)의 「소」와 육덕명(陸德明)의 『경전석문』에 실려 있는 각 판본과 같은 것은 모두 「소」에 나열해 놓았다. 야마노이 가나에[山井鼎: 야마노이 곤론[山井崑崙]의 『칠경맹자고문(七經孟子考文)』에 인용한 고본(古本)과 같은 경우 황간본과 많은 부분이 같다. 고려본(高麗本)과 아시카가본[足利本]은 고본과는 역시 서로 차이가 있고 말이 증가된 것 같으니, 전혀 같은 종류가 아니고, 이미 자세한 것은 『칠경맹자고문』 및 완원(阮元)의 『논어교감기(論語校勘記)』와 풍등부(馮登府)의 『논어이문소증(論語異文疏證)』에 보이므로, 이 「소」에서 인용한 부분은 매우 적다. 고본과 고려본과 아시카가본에 황간본과 『경전석문』본, 그리고 『당석경』의 증거들과 일치하는 것이 있는 것들은 처음 보이는 것은 구체적으로 갖추어 인용하였고, 그렇지 않은 것은 인용하지 않았다. 「주」의 글 중 잘못되었거나 뒤섞인 것은, 대부분 황간본과 후대 사람들이 교정하고 바로잡은 것을 따랐는데, 황간본에 실려 있는 「주」의 문장은 형병본보다 매우 번거롭기 때문에 불변의 법칙[典要]과 관계된 것이 아닌 것은 생략하기로 한다.

一. 「注」用『集解』者, 所以存魏·晉人著錄之舊, 而鄭君遺「注」, 悉載「疏」內. 至引申經文, 實事求是, 不專一家, 故於「注」義之備者, 則據「注」以釋經; 略者, 則依經以補「疏」; 其有違失未可從者, 則先疏經文, 次及「注」義. 若說義二三, 於義得合, 悉爲錄之, 以正向來注疏家墨守之失.

하나. 「주」에서 『논어집해』를 사용한 것은 위(魏)나라 사람들과 진(晉)나라 사람들이 저술하고 기록한 오래된 것들을 보존하기 위한 것이고, 정군[鄭君: 정현(鄭玄)]이 남긴 「주」는 모두 「소」 안에 기재했다. 경문(經文)을 인용해서 의미가 확대된 경우에는 실질에 힘써 진리를 구한 것이므로 한 학파에만 국한되지 않기 때문에 「주」에서 구체적으로 뜻이 잘 갖추어진 것은 「주」에 의거해서 경문을 해석하였고, 생략된 것은 경문에 의거해서 「소」를 보충하였으며, 어긋나거나 잘못된 부분이 있어 따를 수 없는 것은 먼저 경문을 소통시킨 다음에 「주」의 뜻에 미쳤다. 만약 말의 뜻이 두세 가지라도 의리에 부합할 수 있는 것이라면 모두 기록해서 그동안의 주석가들이 묵수하던 잘못을 바로잡았다.

一. 鄭「注」久佚, 近時惠氏棟·陳氏鱣·臧氏鏞·宋氏翔鳳成有『輯本』, 於『集解』外, 徵引頗多. 雖拾殘補闕, 聯綴之迹, 非其本眞, 而舍是則無可依據. 今悉詳載, 而原引某書某卷及字句小異, 均難備列, 閱者諒諸.

하나. 정현의 「주」가 일실된 지 오래되었으나, 근래에 혜동(惠棟)과 진전(陳鱣)과 장용(臧庸)과 송상봉(宋翔鳳)이 『집본(輯本)』을 완성했으니, 『논어집해(論語集解)』외에도 증거로 인용할 만한 것들이 자못 많아졌다. 비록 해진 것들을 주워 빠진 부분을 보충해서 잇고 꿰맨 자취가 그 본래 진면목은 아니지만 이마저 버리면 의거할 만한 것이 없게 된다. 그러므로 이제 모두 상세히 실어 놓고 인용한 어떤 책이나 어떤 권 및 자구가 조금 차이 나는 것을 근원해 보았으나, 고루 다 갖추어서 나열하기는 어려웠으니, 이 책을 열어 보는 자들이 이를 혜량(惠諒)해 주기를 바란다.

一. 古人引書, 多有增減, 蓋未檢及原文故也. 翟氏灝『四書考異』, 馮氏登府『論語異文疏證』, 於諸史及漢·唐·宋人傳注, 各經說·文集, 凡引『論語』有不同者, 悉爲列入, 博稽同異, 辨證得失, 旣有專書, 此宜從略.

하나. 옛사람들은 책을 인용함에 더하거나 뺀 것이 많은데, 이는 아마도 점검이 원문에 미치지 못했기 때문인 듯싶다. 적호(翟灝)의 『사서고이(四書考異)』와 풍등부의 『논어이문소증』은 여러 역사서 및 한나라·당나라·송나라 사람들이 전한 주석과 각각의 경설(經說)과 문집(文集)에서 『논어』를 인용한 것이 같지 않은 점이 있는 것은 모두 나열해서 삽입하고, 널리 같고 다른 점을 고찰해서 잘잘못을 변별하고 증명해서 이미 전문적으로 다룬 저작이 있으니, 여기서는 마땅히 생략하기로 한다.

一. 漢·唐以來, 引孔子說, 多爲諸賢語·諸賢說. 或爲孔子語者, 皆由以意徵引, 未檢原文, 翟氏『考異』既詳載之, 故此「疏」不之及.

하나. 한·당 이래로 공자의 학설을 인용한 것은 대부분은 제현들이 한 말이거나 제현들의 학설이다. 혹 공자가 한 말이라고 생각되는 것은 모두 의도적으로 증거를 인용함으로 말미암아 원문을 검토하지 않았는데, 적씨(翟氏)의 『사서고이』에 이미 상세히 실었기 때문에 여기의 「소」에서는 언급하지 않는다.

一. 漢人解義, 存者無幾, 必當詳載, 至皇氏「疏」·陸氏『音義』所載魏·晉人以後各說, 精駁互見, 不敢備引. 唐·宋後著述益多, 尤宜擇取.

하나. 한나라 사람들의 해의(解義)는 보존되어 있는 것이 거의 없으니, 반드시 상세하게 기재하는 것이 마땅하고, 황씨(皇氏)의 「소」와 육씨(陸氏)의 『음의』에 실려 있는 위나라와 진나라 사람들 이후의 각각의 설들은 정밀하고 잡박한 것들이 번갈아 보여서 감히 구체적으로 갖추어서 인용하지 않았다. 당나라와 송나라 이후에는 저술들이 더욱 많아졌으므로 더더욱 가려서 취함이 마땅하다.

一. 諸儒經說, 有一義之中, 是非錯見. 但采其善而不著其名, 則嫌於掠美; 若備引其說而竝加駁難, 又嫌於葛藤. 故今所輯, 舍短從長, 同於節取, 或祇撮大要, 爲某某說.

하나. 여러 유학자의 경전에 대한 설명은 한 가지 뜻 안에서도 옳고 그른 것이 뒤섞여 보인다. 다만 그 잘된 것을 채록하되 그 이름을 밝히지 않으면 좋은 점만 훔친 것에 혐의가 있게 되고, 만약 그 말을 구비해서 인용하되 잡박하고 난해한 것까지 아울러 더해 놓으면 또 갈등을 일으킴에 혐의가 있게 된다. 따라서 이제 수집한 것을 단점은 버리고 장점을 좇아 똑같이 적절하게 취하되, 더러는 단지 큰 요지만을 취해서 아무개 아무개의 말이라고 하였다.

一. 引諸儒說, 皆擧所著書之名. 若習聞其語, 未知所出何書, 則但記其姓名而已. 又先祖考國子監典簿諱履恂著『秋槎雜記』, 先叔祖丹徒縣學訓導諱台拱著『論語騈枝』·『經傳小記』, 先伯父五河縣學訓導諱寶樹著『經義說略』, 「疏」中皆稱爵.

하나. 인용한 여러 유학자의 설은 모두 저서의 이름을 거론했으나, 그 말은 익히 들었지만 어느 책에서 나온 것인지 모르는 것과 같은 것은 단지 그 성명만 기록했을 뿐이다. 또 선조고(先祖考)이신 국자감 전부(國子監典簿) 휘(諱) 이순(履恂)이 저술한 『추사잡기(秋槎雜記)』와 선숙조(先叔祖)이신 단도현(丹徒縣) 현학(縣學)의 훈도(訓導) 휘 태공(台拱)이 저술한 『논어변지(論語騈枝)』와 『경전소기(經傳小記)』, 그리고 선백부(先伯父)이신 오하현(五河縣) 현학의 훈도 휘 보수(寶樹)가 저술한 『경의설략(經義說略)』은 「소」 안에 모두 작위를 칭하였다.

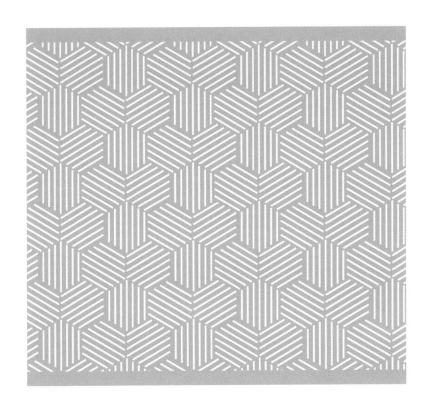

논어정의 권11

論語正義卷十一

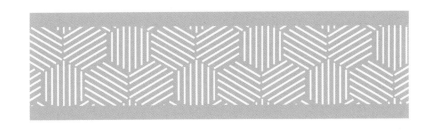

鄕黨第十(향당 제10)

正義曰: 皇「疏」言『古論』以「鄕黨」爲第二篇, 此僞本, 不足據.

역문 정의에서 말한다.

황간(皇侃)의 「소」에 『고논어(古論語)』에서는 「향당(鄕黨)」을 제2편으로 한다고 했는데, 이것은 위본(僞本)이니 근거할 만한 것이 못 된다.

○●○

集解(집해)

○●○

凡一章(모두 1장이다)

원문 正義曰: 此篇雖一章, 而其間事義, 各以類從, 皇·邢「疏」別爲科段, 當有所受, 今略本之, 分爲二十五節.

역문 정의에서 말한다.

이 편은 비록 1장으로 되어 있지만, 그 사이 일의 뜻은 각각 종류에 따랐고, 황간과 형병(邢昺)의 「소」는 별도로 과조(科條)와 단락을 구분했는데 당연히 전수받은 바가 있었을 것이므로 지금은 대략이나마 그것을 근거로 해서 25절로 나누었다.

孔子於鄉黨, 恂恂如也, 似不能言者.【注】王曰: "'恂恂', 溫恭之
貌."

공자(孔子)는 향당(鄉黨)에서는 온화하고 공손해서[恂恂] 마치 말
을 못하는 사람 같았다.【주】왕숙(王肅)이 말했다. "'순순(恂恂)'은 온화하고
공손한[溫恭] 모양이다."

원문 正義曰: 江氏永『鄉黨圖考』, "諸侯五十里內爲三鄉, 亦如天子之制. 鄉
者, 擧其大名. 黨者, 擧其中所屬之一也. 孔子雖居國都, 亦曰鄉黨, 對朝
廷言之也."

역문 정의에서 말한다.

강영(江永)의 『향당도고(鄉黨圖考)』에 "제후(諸侯)의 50리 이내가 3향
(鄉)이 되니, 역시 천자(天子)의 제도와 같다. 향이란 그 큰 규모의 명칭
을 거론한 것이고 당(黨)이란 중간 규모에 속한 것 중 하나를 거론한 것
이다. 공자가 비록 나라의 수도에 거처하고 있었더라도 향당이라고 했
을 것이니, 이는 조정을 상대로 해서 말한 것이다."라고 했다.

원문 王氏塈『鄉黨正義』說, "孔子生於陬邑, 遷於鄉黨而設敎焉. 故『新序』
云: '孔子在州里, 篤行孝道. 居於闕黨, 闕黨之子弟畋漁分有, 親者得多,
孝以化之也.' 可知此文鄉黨兼彼二地矣." 鄭「注」云: "恂恂, 恭愼貌." 案,
『說文』, "恂, 信心也." 信者, 實也. 人有信心, 則能恭愼.

역문 왕류(王塈)의 『향당정의(鄉黨正義)』에 "공자는 추읍(陬邑)에서 태어나

향당으로 옮겨 가서 거기에서 가르침을 베풀었다. 그러므로 『신서(新序)』에 이르길 '공자는 주리(州里)에 있을 때는 효도를 돈독히 행하였다. 궐당(闕黨)에 거처할 때에는 궐당의 자제들이 수렵과 어업을 나누어 가지게 되었고, 친한 자들이 많아지매 효로써 그들을 교화시켰다.'라고 했으니, 이 글의 향당이란 저 주리와 궐당 두 지역을 겸한 것임을 알 수 있다."라고 했다.

정현(鄭玄)의 「주」에 "순순(恂恂)은 공손하고 삼가는[恭愼] 모양이다."라고 했다. 살펴보니 『설문해자(說文解字)』에 "순(恂)은 진실한 마음[信心]이다."[1]라고 했는데, 신(信)은 진실함[實]이다. 사람이 진실한 마음이 있으면 공손하고 삼갈 수 있다.

원문 『史記』「世家」載此文, 『索隱』曰: "恂恂, 有本作'逡逡', 音七旬反." 『漢祝睦後碑』, "鄉黨逡逡, 朝廷便便." 與『索隱』合. 『史記』「李廣傳·贊」, "李將軍悛悛如鄙人, 口不能道辭." 『索隱』曰: "『漢書』作'恂恂', 音詢." "悛"與"逡"同, 亦與"恂"同, 竝聲近字. 『劉脩碑』, "其於鄉黨, 遜遜如也." 亦音義相近, 當由『齊』·『古』·『魯』三家文異. 『集注』云: "'似不能言'者, 謙卑遜順, 不以賢知先人也. '鄉黨', 父兄宗族之所在, 故孔子居之, 其容貌辭氣如此."

역문 『사기(史記)』「공자세가(孔子世家)」에 이 글이 실려 있는데, 『사기색은(史記索隱)』에 "순순(恂恂)은 어떤 판본에는 '준준(逡逡)'으로 되어 있고, 발음은 칠(七)과 순(旬)의 반절음이다."라고 했다. 『한축목후비(漢祝睦後碑)』에 "향당에서는 온화하고 공손하였고, 조정에 있을 때는 말을 잘하였

---

1 『설문해자(說文解字)』 권10: 순(𢞬)은 진실한 마음[信心]이다. 심(心)으로 구성되었고 순(旬)이 발음을 나타낸다. 상(相)과 윤(倫)의 반절음이다.[𢞬, 信心也. 從心旬聲. 相倫切.]

다.[鄕黨逡逡, 朝廷便便.]"라고 했으니 『사기색은』과 일치한다. 『사기』「이광전」「찬」에 "이장군[이광(李廣)]²은 온화하고 공손해서[悛悛] 비루한 사람 같았으며 입으로는 말도 제대로 하지 못하는 것 같았다."라고 했는데, 『사기색은』에 "『전한서(前漢書)』에는 '전전(悛悛)'이 '순순(恂恂)'으로 되어 있는데, 순(詢)으로 발음한다."라고 했으니, "전(悛)"과 "준(逡)"은 뜻이 같고, 또한 "순(恂)"과도 뜻이 같으며 아울러 소리도 가까운 글자이다. 『유수비(劉脩碑)』에 "향당에서는 온화하고 공손하였다.[其於鄕黨, 遜遜如也.]"라고 했는데 역시 소리와 뜻이 서로 가까우니, 당연히 『제논어(齊論語)』와 『고논어』, 『노논어(魯論語)』 세 학파의 글이 다름으로 인해 연유된 것이다. 『논어집주(論語集注)』에 "'마치 말을 못하는 것 같다'라는 것은 겸손하고 온순하여 현명한 지혜를 가지고 남보다 앞서려고 하지 않는다는 것이다. '향당'은 부형(父兄)과 종족(宗族)이 있는 곳이므로, 공자가 그곳에 머무를 때는 그 용모와 말이 이와 같았던 것이다."라고 했다.

---

2 이광(李廣, ?~ 기원전 119): 한(漢)나라 때 농서(隴西) 성기(成紀) 사람. 문제(文帝) 때 양가(良家)의 자제로 종군하여 흉노(匈奴)를 격퇴하여 낭(郞)이 되고, 무기상시(武騎常侍)를 지냈다. 경제(景帝) 때 효기도위(驍騎徒尉)에 올랐다. 나중에 농서와 북지(北地), 안문(雁門) 등 7개 군(郡)의 태수(太守)를 역임했다. 무제(武帝) 때 입조하여 미앙위위(未央衛尉)가 되고, 우북평태수(右北平太守)를 지냈다. 활을 잘 쏘았고, 병졸을 아끼고 잘 이끌어 모두 날래고 용맹해 전투하기를 좋아했다. 전후 40여 년 동안 군대를 이끌고 흉노와 대치하면서 70여 차례의 크고 작은 전투를 치렀는데, 흉노가 두려워하여 몇 년 동안 감히 국경을 침범하지 못하고 비장군(飛將軍)이라 칭송했다. 병사들의 마음을 깊이 얻었지만 끝내 봉후(封侯)되지는 못했다. 원수(元狩) 4년(기원전 119) 대장군 위청(衛靑)을 따라 흉노를 공격했다가 길을 잃고 문책을 받자 자살했다.

其在宗廟朝廷, 便便言, 唯謹爾. 【注】鄭曰: "'便便', 辯也, 雖辯而謹敬."

종묘와 조정에 있을 때는 말을 잘하되[便便], 오직 삼갈 뿐이었다.
【주】정현이 말했다. "'편편(便便)'은 말을 잘한다[辯]는 뜻이니, 비록 말은 잘했지만 삼가고 경건했다."

원문 正義曰: 『集注』云: "'在宗廟朝廷', 謂助祭於公與見君時也." 『白虎通』「宗廟」云: "宗者, 尊也; 廟者, 貌也, 象先祖之尊貌也. 所以有室何? 所以象生之居也." 『爾雅』「釋宮」, "室有東·西廂曰廟." 東·西廂者, 東堂·西堂也.

역문 정의에서 말한다.

『논어집주』에 "'종묘와 조정에 있을 때'란 공소(公所)에서 제사를 도울 때와 임금을 만나 볼 때를 이른다."[3]라고 했다. 『백호통의(白虎通義)』「종묘(宗廟)」에 "종(宗)이란 높다[尊]는 뜻이고, 묘(廟)란 모습[貌]이라는 뜻이니, 선조의 존엄한 모습[尊貌]을 형상한 것이다. 내실[室]이 있는 까닭은 어째서인가? 살아 계실 때의 거처를 본뜬 것이기 때문이다."라고 했다. 『이아(爾雅)』「석궁(釋宮)」에 "내실 동쪽과 서쪽에 있는 곁채[4]를 묘(廟)라 한다."라고 했는데, 동쪽과 서쪽의 곁채란 동쪽의 사당과 서쪽의 사당이다.

---

3 『논어집주(論語集註)』와 『논어집주대전(論語集註大全)』에는 보이지 않는다.
4 『논어정의』에는 "箱"으로 되어 있다. 『이아(爾雅)』「석궁(釋宮)」을 근거로 고쳤다.

원문 『白虎通』「朝聘」云: "朝者, 見也." 『周官』「大宗伯」「注」, "朝猶早也, 欲其來之早." 此說朝卽朝夕以朝. 時見君謂之朝, 因而見君之地亦稱朝.

역문 『백호통의』「조빙(朝聘)」에 "조(朝)란 만나 본다[見]는 뜻이다."라고 했고, 『주관(周官)』「대종백(大宗伯)」의 「주」에 "조(朝)는 조(早)의 뜻과 같으니, 빨리 오기를 바란다는 뜻이다."[5]라고 했는데, 여기서 말한 조(朝)는 바로 아침저녁으로 만나 본다는 뜻이다. 당시에는 임금을 만나 보는 것을 조(朝)라고 했는데 이로 인해 임금을 만나 보는 장소 역시 조(朝)라 칭한다.

원문 舊說諸侯三朝, 在庫門外者曰外朝, 在雉門內者曰治朝, 在路門內者曰燕朝, 又曰射朝. 若以治朝·燕朝對外朝, 亦稱內朝. 「玉藻」諸侯"朝服以日視朝於內朝", 則治朝也. 「文王世子」公族"朝于內朝", 則燕射之朝也. 若以治朝對燕朝, 則治朝亦稱外朝. 「文王世子」"其在外朝", 據「注」卽治朝也. 江氏永『圖考』, "治朝·外朝皆是平地, 無堂階, 故謂之朝廷. 廷者, 平地也. 鄭注「文王世子」云: '外朝, 路寢門之外庭.'是也. 觀「司士」路門左·路門右之位可見. 「聘禮」, '使者夕幣于朝, 時管人布幕于寢門外.' 亦可見露門外是平地無堂. 「曾子問」'諸侯旅見天子, 雨霑服失容, 則廢.' 明在廷中也." 又曰: "外朝·治朝, 皆平地無堂, 惟路寢朝有堂有階."

역문 구설(舊說)에 제후는 세 조정[朝]이 있다고 하니, 고문(庫門) 밖에 있는 것을 외조(外朝)라 하고, 치문(雉門) 안에 있는 것을 치조(治朝)라 하며, 노문(路門) 안에 있는 것을 연조(燕朝)라 하고, 또 사조(射朝)라고도 한다. 만약 치조와 연조를 외조에 상대해서 말할 것 같으면 역시 내조(內朝)라 칭한다. 『예기(禮記)』「옥조(玉藻)」에 제후는 "조복(朝服) 차림으로 날마다

---

5   『주례주소(周禮注疏)』「춘관종백상(春官宗伯上)·대종백(大宗伯)」 정현(鄭玄)의 「주(注)」.

내조에서 조회를 본다"라고 했으니, 그렇다면 치조인 것이다. 「문왕세자(文王世子)」에는 공족(公族)은 "내조에서 조회한다"라고 했는데, 그렇다면 연사(燕射)[6] 때의 조정인 것이다. 만약 치조를 연조에 상대하면, 치조 역시 외조라 칭한다. 「문왕세자」에 "외조에 있으면"이라고 했는데, 「주」에 근거해 보니 바로 치조이다. 강영의 『향당도고』에 "치조와 외조는 모두 평지이니 사당[堂]의 계단이 없으므로 조정(朝廷)이라고 한 것이다. 정(廷)이란 평지(平地)라는 뜻이다. 정현이 「문왕세자」를 주석하면서 '외조는 노침문(路寢門)의 바깥 뜰이다.'라고 한 것이 바로 이것이다. 『주례(周禮)』「하관사마하(夏官司馬下)・사사(司士)」를 보면 노문 왼쪽과 노문 오른쪽의 자리에서 볼 수 있다. 『의례(儀禮)』「빙례(聘禮)」에 '사자(使者)가 저녁에 조정에서 폐백들을 진열하고 살펴보면, 바로 그때 관인(管人)은 침문 밖에 천막을 쳐 놓는다.'라고 했으니, 역시 노문 밖은 평지이며 사당이 없음을 알 수 있다. 『예기』「증자문(曾子問)」에 '제후들이 모여 천자를 만나 볼 때 비에 옷이 젖어 용의가 바르지 못할 때도 천자를 만나지 않는다.'라고 했으니, 평지의 가운데 있음이 분명하다."라고 했다. 또 "외조와 치조는 모두 평지여서 사당이 없고, 오직 노침조(路寢朝)만이 사당[堂]이 있고 계단이 있다."라고 했다.

원문 案, 三朝朝位皆平地. 鄭注「太僕」云: "燕朝朝於路寢之庭." 注「文王世子」云: "內朝, 路寢庭." 路寢卽燕寢, 別"寢"而言"庭", 明朝位在庭也. 『左傳』, "韓獻子從公立于寢庭." 卽是從公於內朝, 是燕朝朝位亦平地, 不獨治朝・外朝矣.

---

6   연사(燕射)는 연조(燕朝)의 잘못인 듯싶다.

역문 살펴보니, 삼조(三朝)의 조정 위치는 모두 평지이다. 정현은 『주례』「하관사마하 · 태복(太僕)」을 주석하면서 "연조에서는 노침(路寢)의 뜰에서 조회를 본다."라고 했고, 「문왕세자」를 주석하면서, "내조는 노침의 뜰이다."라고 했는데, 노침은 바로 연침(燕寢)으로 "침(寢)"을 구별해서 "정(庭)"이라고 했으니, 조정의 위치가 뜰에 있음을 밝힌 것이다. 『춘추좌씨전(春秋左氏傳)』「성공(成公)」 6년에 "한 헌자(韓獻子)가 진 경공(晉景公)을 뒤따라 들어가자 경공이 정침의 뜰[寢庭]에 섰다."라고 했는데, 바로 내조에서 경공을 뒤따라 들어갔다는 것으로, 이는 연조의 조정 위치도 역시 평지이니, 유독 치조와 외조의 조정만 평지에 있는 것이 아니라는 말이다.

원문 金氏鶚『禮說』, "凡言庭者, 皆廟寢堂下也. 若治朝 · 外朝皆無堂, 則亦無庭, 而名之曰廷, 所謂朝廷也. '庭'與'廷'字有別. 『說文』云: '庭, 宮中也; 廷, 朝中也.' 庭有堂, 故其文從广; 廷無堂, 而但爲平地, 故其文從廴." 案, 金說是也. 『玉篇』"庭, 堂階前也." 是庭雖平地, 必有堂階而後名之. 自來解者, "庭" · "廷"二文多混. 『禮說』又云: "「考工記」, '市朝一夫.' 夫, 百步也. 堂下至路門百步, 內朝之庭也; 路門至應門百步, 治朝之廷也; 應門之皋門百步, 外朝之廷也. 此爲天子之制, 其諸侯則無文以明之." 王氏塋『正義』引"楊隨安說, '諸侯之堂七雉, 三分其廣, 以其二爲之內庭, 三堂之深, 當爲七十步.'" 此義或待之. 外朝人君不常至, 治朝禮略, 君臣不能多言. 凡議政卒事, 皆於燕朝, 或於路寢. 夫子便便言, 當在燕朝. 然則此文"朝廷", 是擧治朝以賅燕朝矣.

역문 김악(金鶚)의 『예설(禮說)』에 "정(庭)이라고 하는 것은 모두 종묘[廟寢]의 사당[堂] 아래를 가리킨다. 만약 치조와 외조에 모두 사당이 없다면 또한 뜰[庭]도 없고, 게다가 정(廷)이라고 명명했으니, 이른바 조정이라는 것이다. '정(庭)' 자와 '정(廷)' 자는 구별이 있다. 『설문해자』에 '정(庭)은 궁궐 안[宮中]이다.[7] 정(廷)은 조정 안[朝中]이다.[8]'라고 했다. 정(庭)에는 사당이 있기 때문에 글자가 엄(广)으로 구성된 것이고, 정(廷)에는 사당이 없고 단지 평지이기 때문에 글자가 인(廴)으로 구성된 것이다."라고 했다.

살펴보니, 김악의 설이 옳다. 『옥편(玉篇)』에 "정(庭)은 사당의 계단 앞이다."라고 했으니, 정(庭)이 비록 평지이지만 반드시 사당과 계단이 있은 뒤에 정(庭)이라 명명할 수 있다. 예로부터 해석하는 사람 중에는 "정(庭)"과 "정(廷)" 두 글자에 대해 혼동하는 경우가 많다. 『예설』에 또 "『주례』「동관고공기하(冬官考工記下)·장인(匠人)」에 '저자와 조정은 사방 1부이다.[市朝一夫.]'라고 했는데, 1부(夫)는 1백 보(步)이다. 사당 아래에서 노문까지 1백 보는 내조의 뜰[庭]이며, 노문에서 응문(應門)까지 1백 보가 치조의 조정[廷]이며, 응문에서 고문(皐門)까지 1백 보가 외조의 조정이다. 이것은 천자의 제도이고 제후의 제도는 글로 밝힌 것이 없다."라고 했다. 왕류의 『향당정의』에 "양수안(楊隨安)이 말하길 '제후의 사당은 7치(雉)인데 그 너비를 삼분해서 2/3로 내정(內庭)을 삼으니, 3당(堂)의 깊이는 마땅히 70보(步)가 된다.'라고 했다."라는 말을 인용했는데, 이 뜻이 어쩌면 제후의 제도에 맞을 듯싶다. 외조에는 인군(人君)이 항상 오는 것이 아니고, 치조에서는 예가 소략하니 임금과 신하가 말을 많이 나눌 수 없다. 대체로 정치를 의론하고 일을 마치는 것을 모두 연조에서 하거나 혹은 노침에서 한다. 따라서 공자가 말을 잘한 것은 당연히 연조에 있을

---

7 『설문해자』권9: 정(庭)은 궁궐 안[宮中]이다. 엄(广)으로 구성되었고 정(廷)이 발음을 나타낸다. 특(特)과 정(丁)의 반절음이다.[庭, 宮中也. 從广廷聲. 特丁切.]

8 『설문해자』권2: 정(廷)은 조정 안[朝中]이다. 인(廴)으로 구성되었고 정(壬)이 발음을 나타낸다. 특(特)과 정(丁)의 반절음이다.[廷, 朝中也. 從廴壬聲. 特丁切.]

때이다. 그렇다면 이 글에서 "조정"은 치조를 거론해서 연조까지 포함한 것이다.

원문 "便便", 『史記』「世家」作"辯辯", 『書』"平章百姓", 伏「傳」作"辯章", 『史記』作"便章". "平秩南訛", 鄭作"辯秩", 伏「傳」作"便秩". 『詩』"平平左右" 毛「傳」, "平平, 辯治也." 『韓詩』作"便便", 是"平"·"便"·"辯"音近義同.

역문 "편편(便便)"은 『사기』「공자세가」에 "변변(辯辯)"으로 되어 있는데, 『서경(書經)』「요전(堯典)」의 "평장백성(平章百姓)"이 복생(伏生)의 「전」에는 "변장(辯章)"으로 되어 있고, 『사기』「오제본기(五帝本紀)」에는 "편장(便章)"으로 되어 있으며, "평질남와(平秩南訛)"가 정현의 「주」에는 "변질(辯秩)"로 되어 있고, 복생의 「전」에는 "편질(便秩)"로 되어 있다. 『시경(詩經)』「소아(小雅)·채숙(采菽)」에 "평평좌우(平平左右)"[9]라고 했는데, 모형(毛亨)의 「전」에 "평평(平平)은 분변하고 다스림[辯治]이다."라고 했고, 『한시(韓詩)』에는 "편편(便便)"으로 되어 있으니, "평(平)"과 "편(便)"과 "변(辯)"은 발음이 비슷하고 뜻이 같다.

● 「注」, "便便, 辯也."
● 正義曰: 『爾雅』「釋訓」, "諸諸·便便, 辨也." "辨"·"辯"同, 謂辯論之也. 夫子於宗廟每事問, 又簿正祭器, 於朝廷則對問政, 述儒行, 是言辯也.
○ 「주」의 "편편(便便)은 말을 잘한다[辯]는 뜻이다."
○ 정의에서 말한다.

---

9 "平平"의 발음에 대해 『모시주소(毛詩注疏)』에는 별다른 언급이 없고, 주희(朱熹)의 『시경집전(詩經集傳)』의 「주」에는 "발음은 편이다[音楩]"라고 했고, 호광등(胡廣等)의 『시전대전(詩傳大全)』의 「주」에는 "비(婢)와 연(延)의 반절음이다.[婢延反]"라고 했다.

『이아』「석훈(釋訓)」에 "제제(諸諸)와 편편(便便)은 말을 잘한다[辨]는 뜻이다."라고 했으니, "변(辨)"과 "변(辯)"은 같은 뜻으로 변론(辯論)한다는 말이다. 공자는 종묘에서 매사를 질문했고, 또 문서상으로 제기(祭器)의 숫자와 제물(祭物)의 종류를 확정하였으며,[10] 조정에서는 정치를 대문(對問)[11]하고 유행(儒行)을 계승해서 전하였는데, 이것이 말을 잘했다는 것이다.

朝, 與下大夫言, 侃侃如也; 與上大夫言, 誾誾如也. 【注】孔曰: "'侃侃', 和樂之貌. '誾誾', 中正之貌."

조회에서 하대부(下大夫)와 이야기할 때에는 화락했으며[侃侃], 상대부(上大夫)와 이야기할 때에는 치우치지 않고 정직하였다[誾誾]. 【주】 공안국(孔安國)이 말했다, "'간간(侃侃)'은 화락(和樂)한 모양이다. '은은(誾誾)'은 치우치지 않고 올바른[中正] 모양이다."

원문 正義曰: 據下文, 君在爲視朝, 則此言"朝"是君未視朝時也. 「玉藻」云: "朝辨色始入, 君日出而視之." 則臣入朝在君先.

역문 정의에서 말한다.

아랫글에 따르면 군주가 있을 때 조회를 보게 되니, 여기서 말한 "조회[朝]"는 군주가 아직 조회를 보지 않을 때이다. 『예기』「옥조」에 "조회

---

10 『맹자(孟子)』「만장하(萬章下)」: 공자는 먼저 문서상으로 제기(祭器)의 숫자와 제물(祭物)의 종류를 확정해서 계속 공급하기 어려운 사방의 귀한 음식은 문서로 정해 놓은 제물로 사용하지 못하게 하였다.[孔子先簿正祭器, 不以四方之食供簿正.]
11 대문(對問): 임금의 책문(策問)에 대책(對策)함. 임금이 하문(下問)한 데 대해 대답함.

[朝]는 날이 새어 색이 구별될 무렵에 신하들이 처음 들어오고, 군주는 해가 나오면 조회를 본다."라고 했으니, 그렇다면 신하가 조회에 들어가는 일은 군주보다 앞서 있다.

원문 秦氏蕙田『五禮通考』, "古者視朝之禮甚簡 旣朝而退, 君適路寢聽政, 臣適諸曹治事. 諸臣治事之所, 卽「匠人」所謂'外九室'是也. 其室在治朝之左右, 如今午門朝房矣. 康成箋『詩』以治事之所爲私朝, 蓋以卿 · 大夫議朝政於此, 故亦得名朝. 「曲禮」, '在朝言朝', 『論語』'朝與下大夫言, 與上大夫言', 皆指治事之朝." 案, 秦說亦通.

역문 진혜전(秦蕙田)의 『오례통고(五禮通考)』에 "옛날에 조회를 보는 예는 매우 간단해서 이미 조회를 마치고 물러나면 군주는 노침으로 나아가 정무를 청취하고, 신하는 여러 관청[諸曹]에 나아가 일을 다스린다. 여러 신하가 정사를 다스리는 장소는 바로 「장인」의 '밖으로 둔 9실(室)'[12]이 그곳이다. 그 실은 치조의 좌우에 있는데, 지금 오문(午門)[13]의 조방(朝房)[14]과 같다. 정강성(鄭康成: 정현)은 『시경』에 전(箋)을 달면서 정사를 다스리는 장소를 사조(私朝)라고 했는데, 대체로 경(卿)이나 대부(大夫)들은 이곳에서 조정의 정사를 의논했기 때문에 조정[朝]이라는 명칭을 얻게

---

12 『주례(周禮)』「동관고공기하(冬官考工記下) · 장인(匠人)」: 안으로 9실을 두어 구빈(九嬪)이 기거하게 하고, 안으로 9실을 두어 구경(九卿)이 그곳에서 조회하게 했다.[內有九室, 九嬪居之; 外有九室, 九卿朝焉.]

13 오문(午門): 북경 자금성(紫禁城)의 정문(正門)인 오조문(午朝門)을 줄여 부른 말이다. 신하들이 이곳에서 대기하며 조회에 참석하거나 분부를 받곤 했는데, 단문(端門)이라고도 한다.

14 조방(朝房): 본래 조정의 벼슬아치들이 조회 시간을 기다릴 때 사용하던 방인데, 제관(祭官)으로 차정된 관원의 재계 장소로도 사용되었다. 대궐 정문의 바깥쪽 곁에 있었으며 관아마다 따로 있었다. 직방(直房)이라고도 한다.

된 것이다. 「곡례하(曲禮下)」에 '조정에 있으면 조정에 대하여 토론한다.'라고 했는데, 『논어(論語)』의 '조정에서 하대부와 말하고 상대부와 말한다.[朝與下大夫言, 與上大夫言.]'라는 것은 모두 정사를 다스리는 조정을 가리킨다."라고 했다. 살펴보니, 진혜전의 설도 통한다.

원문 「王制」云: "大國三卿, 皆命於夫子, 下大夫五人; 次國三卿, 二卿命於天子, 一卿命於其君, 下大夫五人; 小國二卿, 皆命於其君, 下大夫五人." 孔「疏」, "崔氏云: '三卿者, 依周制而言, 謂立司徒兼冢宰之事, 立司馬兼宗伯之事, 立司空兼司寇之事. 故『左傳』云: "季孫爲司徒, 叔孫爲司馬, 孟孫爲司空."' '下大夫五人'者, 崔氏云: '謂司徒之下, 置小卿二人, 一是小宰, 一是小司徒; 司空之下, 亦置二小卿, 一是小司寇, 一是小司空也; 司馬之下, 惟置一小卿, 小司馬也.'"

역문 『예기』「왕제(王制)」에 "대국은 삼경(三卿)이니 모두 천자에게서 임명을 받고, 하대부가 5명이다. 다음 규모의 나라는 삼경이니, 두 명의 경은 천자에게서 임명을 받고 한 명의 경은 그 군주에게서 임명을 받으니, 하대부가 5명이다. 소국은 두 명의 경인데 모두 그 군주에게서 임명을 받으니, 하대부가 5명이다."라고 했는데, 공영달(孔穎達)의 「소」에 "최씨[崔氏: 최영은(崔靈恩)]가 이르기를 '삼경이라는 것은 주나라 제도를 따라서 말한 것이니, 사도(司徒)를 세워서 총재(冢宰)의 일을 겸하고 사마(司馬)를 세워서 종백(宗伯)의 일을 겸하고 사공(司空)을 세워서 사구(司寇)의 일을 겸함을 말한 것이다. 그러므로 『춘추좌씨전』에 "계손(季孫)이 사도가 되고 숙손(叔孫)이 사마가 되고 맹손(孟孫)이 사공이 되었다."라고 한 것이다.'라고 했다. '하대부가 5명'이라는 것은 최씨가 이르기를 '사도 아래, 소경(小卿) 두 명을 두는데, 한 명은 소재(小宰)이며 다른 한 명은 소사도(小司徒)이고, 사공 아래 역시 두 명의 소경(小卿)을 두니, 한 명은 소사구

(小司寇)이고 다른 한 명은 소사공(小司空)이며, 사마 아래에는 오직 한 명의 소경을 두니, 소사마(小司馬)이다.'라고 했다."라고 하였다.

원문 案, 崔說本何休『公羊傳』「注」. 王氏塋『正義』, 「王制」'上大夫卿', '下大夫五人', 是諸侯之上大夫卽卿, 而無中大夫也. 三卿對大夫爲上, 於三卿中又自分上·中·下, 「王制」有上卿·中卿·下卿是也. 五大夫對三卿爲下, 於五大夫中又自分上·下, 「王制」所謂'當其上大夫', '當其下大夫'是也."

역문 살펴보니, 최영은의 설은 본래 하휴(何休)의 『춘추공양전(春秋公羊傳)』「주」의 내용이다. 왕류의 『향당정의』에 "『예기』「왕제」의 '상대부인 경'과 '하대부 5명'은 제후의 상대부가 바로 경이고 중대부(中大夫)는 없는 것이다. 삼경은 대부보다 높고, 삼경 중에는 또 본래부터 상·중·하로 나뉘는데, 「왕제」의 상경(上卿)·중경(中卿)·하경(下卿)이 이것이다. 5명의 대부는 삼경에 대해 낮은 자리가 되는데, 5명의 대부 중에는 또 본래부터 상·하의 구분이 있으니, 「왕제」의 이른바 '상대부에 해당된다'라든가 '하대부에 해당된다'라고 한 것이 이것이다."라고 했다.

원문 案, 「大射儀」, "卿席賓東, 東上, 小卿賓西, 東上, 大夫繼而東上." 胡氏培翬『正義』, "五大夫, 爲卿之副貳, 故謂之小卿." 又云: "諸侯大夫, 不止五人, 惟三卿下五大夫謂之小卿, 其餘大夫不稱小卿, 故云'大夫'." 由胡說推之, 是五大夫下仍有大夫, 當是分職治事者. 如周官大小卿下之有群司矣, 此與小卿竝下大夫也. 夫子仕魯爲小司空·小司寇, 是下大夫, 而「孔子世家」及趙岐『孟子』「注」皆謂孔子爲大司寇.

역문 살펴보니, 『의례』「대사의(大射儀)」에 "경의 자리는 빈(賓)의 동쪽에 깔아 놓으니 동쪽이 상석이고, 소경의 자리는 빈의 서쪽에 깔아 놓으니 동

쪽이 상석이며, 대부의 자리는 연이어 깔아 놓는데 동쪽이 상석이다."라
고 했는데, 호배휘(胡培翬)의 『의례정의(儀禮正義)』에 "다섯 명의 대부[五
大夫]는 경의 보좌역[副貳]이 되기 때문에 소경이라고 한다." 했고, 또 "제
후의 대부는 다섯 명에 그치지 않으니 오직 삼경 아래 다섯 명의 대부만
소경이라 하고, 그 나머지 대부들은 소경이라고 칭하지 않기 때문에 '대
부'라고 하는 것이다."라고 했다. 호배휘의 설에 따라 미루어 보면, 이
다섯 명의 대부 아래에도 여전히 대부가 있으니, 당연히 직분을 나누어
일을 다스리는 자이다. 예를 들면 주나라의 관직에서 대경이나 소경 아
래의 여러 실무자[司]이니, 이들이 소경과 함께 모두 하대부인 것이다.
공자는 노(魯)나라에서 벼슬하여 소사공과 소사구가 되었는데, 이는 하대
부였던 것인데, 「공자세가」 및 조기(趙岐)의 『맹자(孟子)』「주」에서는 모
두 공자가 대사구(大司寇)가 되었다고 했다.

원문 案, 司寇爲司空兼官, 孟孫居之, 其小司寇, 則臧孫世爲此官. 定公時,
臧氏不見經傳, 意其時臧氏式微, 司寇職虛, 故孔子得爲之, 傳者虛張聖
功, 以爲孔子實爲大司寇矣.

역문 살펴보니, 사구는 사공이 겸하는 관직인데 맹손이 그 자리를 차지하
고 있었고, 그 소사구는 장손(臧孫)이 대대로 이 관직을 맡았다. 정공(定
公) 때에는 장씨(臧氏)가 경전에 보이지 않는데, 아마도 그 당시 장씨가
몰락[式微]해서 사구의 직책이 비었기 때문에 공자가 사구가 될 수 있었
던 것인 듯싶은데, 전하는 자가 성인의 공을 터무니없이 부풀리다 보니
공자가 실제로 대사구가 되었다고 생각했던 것이다.

원문 上大夫職尊, 孔子所事下大夫, 則與孔子同列者也. 不及上士以下者, 統
於下大夫也. 「世家」此文先"上大夫", 後"下大夫", 「聘禮」「注」引同. 馮氏

登府『異文考證』以爲此『古論』, 胡氏薰『鄕黨義考』據『魯論』, 謂"貴者未至, 而賤者先盈, 故先與下大夫相見, 進而與上大夫相見." 則是『魯論』據與言爲先後, 『古論』則據爵之秩次書之.

상대부는 직책이 존귀하고 공자가 섬긴 하대부는 공자와 반열이 동등한 자들이다. 상사(上士) 이하를 언급하지 않은 것은 하대부까지를 다 아울렀기 때문이다. 『사기』「공자세가」의 이 문장에서는 "상대부"를 먼저 언급하고, "하대부"를 뒤에 언급했는데, 『의례』「빙례」의 「주」에 인용한 것도 같다. 풍등부(馮登府)의 『논어이문고증(論語異文考證)』에서는 이것을 『고논어』라고 보았고, 호훈(胡薰)의 『향당의고(鄕黨義考)』에서는 『노논어』를 근거로, "존귀한 자들은 아직 당도하지 않았고, 신분이 낮은 자들이 먼저 자리에 찼기 때문에 먼저 하대부와 서로 만난 것이고, 들어가서 상대부와 서로 만난 것이다."라고 했는데, 그렇다면 『노논어』는 함께 이야기를 나눈 것을 근거로 선후를 나눈 것이고 『고논어』는 작위의 순서와 높낮이를 근거로 기록한 것이다.

● 「注」, "侃侃, 和樂之貌, 誾誾, 中正之貌."

● 正義曰: 『爾雅』「釋詁」, "衎, 樂也." 『說文』, "衎, 喜貌." "侃"·"衎"古通. 故「注」訓"侃"爲和樂, 謂"侃"爲"衎"之叚借也. 『後漢』「袁安傳」, "誾誾·衎衎, 得禮之容." 又『唐扶頌』, "衎衎誾誾." 竝本此文. 『說文』"侃"訓剛直, 於此義不相應. 若『漢書』「張敵傳」, "衎衎履忠進言." 『後漢』「樊準傳」, "每燕會則論難衎衎", 竝通"衎"爲"侃". 但文雖互通, 義則各有當也.

○ 「주」의 "간간(侃侃)은 화락(和樂)한 모양이다. 은은(誾誾)은 치우치지 않고 올바른[中正] 모양이다."

○ 정의에서 말한다.

『이아』「석고(釋詁)」에 "간(衎)은 즐거움[樂]이다."라고 했고, 『설문해자』에 "간(衎)은 즐거워하는 모양[喜貌]이다."[15]라고 했는데, "간(侃)"과 "간(衎)"은 옛날에는 통용되는 글자였다.

그러므로 「주」에서 "간(偘)"을 화락(和樂)이라고 새겼으니, "간(偘)"은 "간(衎)"의 가차자(假借字)가 된다는 말이다. 『후한서(後漢書)』 「원안전(袁安傳)」에 "은은(誾誾)과 간간(衎衎)은 예를 얻은 용모이다."라고 했고, 또 『예석(隸釋)』 「당부송(唐扶頌)」에 "화락하고 치우치지 않으며 정직하다.[衎衎誾誾.]"라고 했는데, 모두 이 글을 근거로 한 것이다. 『설문해자』에 "간(偘)"을 강직(剛直)이라고 새겼는데,[16] 여기에서의 뜻과는 상응하지 않는다. 『전한서』 「장창전(張敞傳)」에서 "강직하고 민첩하게 충성을 실천하고 충언을 개진했다.[衎衎履忠進言.]"[17]라고 한 것과 『후한서』 「번준전(樊準傳)」에서 "연회할 때마다 경전을 논란(論難)하며 즐거워했다"[18]라고 한 것 같은 경우에는, 모두 "간(衎)"을 통일해서 "간(偘)"의 뜻으로 썼다. 그러나 글자는 서로 통하지만 뜻은 각각 마땅함이 있는 것이다.

원문 『說文』, "誾, 和說而諍也." 或省作"言" 「玉藻」, "二爵而言言斯." 「注」, "言言, 和敬貌." 與許義近. 諍者, 辨論其是非也. 言不妄諧俗, 故「注」以 "中正"解之. 方氏東樹說, "此「注」本以'中正'詁'偘偘', '和樂'詁'誾誾' 傳寫倒誤." 案, "偘"通作"衎", 故訓和樂, "誾"有諍義, 故訓中正. 蓋事上不離於和樂, 而中正爲難; 接寮屬不離於中正, 而和樂爲難, 方說非是.

역문 『설문해자』에 "은(誾)은 화락하고 즐거워하면서[和說] 시비를 변론한

---

15 『설문해자』 권2: 간(衎)은 즐거움을 행하는 모양[行喜貌]이다. 행(行)으로 구성되었고 간(干)이 발음을 나타낸다. 공(空)과 한(旱)의 반절음이다.[衎, 行喜貌. 從行干聲. 空旱切.]

16 『설문해자』 권11: 간(偘)은 강직함[剛直]이다. 신(伩)으로 구성되었는데, 신(伩)은 신(信)의 고문이다. 천(川)으로 구성된 것은, 밤낮으로 쉬지 않는다는 뜻을 취한 것이다. 『논어(論語)』에 "자로는 강직했다."라고 했다. 공(空)과 한(旱)의 반절음이다.[偘, 剛直也. 從伩. 伩, 古文信. 從川, 取其不舍晝夜. 『論語』曰: "子路偘偘如也." 空旱切.]

17 『전한서(前漢書)』 안사고(顔師古)의 「주」에 "간간(衎衎)은 강직하고 민첩한[彊敏] 모양이다.[衎衎, 彊敏之貌也.]"라고 했다.

18 『후한서(後漢書)』 당(唐)나라 장회태자(章懷太子) 이현(李賢)의 「주」에 "간간(衎衎)은 화락(和樂)한 모양이다.[衎衎, 和樂貌也.]"라고 했다.

다는 뜻이다."¹⁹라고 했는데, 더러 생략해서 "언(言)"으로 쓰기도 한다. 『예기』「옥조」에 "두 잔을 받을 때는 표정이 화락하다.[二爵而言言斯.]"라고 했는데, 「주」에 "언언(言言)은 화락하면서도 경건한[和敬] 모양이다."라고 했으니, 허신(許愼)의 뜻과 근사하다. 쟁(諍)이란 그 시비를 변론함이다. 말이 망령되지 않으면서도 세속과 잘 조화를 이루기 때문에 「주」에서 "치우치지 않고 올바른 모양"으로 해석한 것이다. 방동수(方東樹)²⁰는 "이 「주」는 본래 '중정(中正)'으로 '간간(侃侃)'을 해석한 것이고, '화락(和樂)'으로 '은은(誾誾)'을 해석한 것인데 전사(傳寫)하는 과정에서 뒤바뀌어 잘못된 것이다."라고 했다. 살펴보니, "간(侃)"은 공통적으로 "간(衎)"으로 쓰기 때문에 화락으로 새긴 것이고, "은(誾)"에는 시비를 변론한다[諍]는 뜻이 있기 때문에 치우치지 않고 올바른 모양[中正]이라고 새긴 것이다. 대체로 윗사람을 모실 때는 화락함에서 벗어나지 않으면서도 치우치지 않

---

19 『설문해자』권3: 은(誾)은 화락하고 즐거워하면서[和說] 시비를 변론한다는 뜻이다. 언(言)으로 구성되었고 문(門)이 발음을 나타낸다. 어(語)와 건(巾)의 반절음이다.[誾, 和說而諍也. 從言門聲. 語巾切.]

20 방동수(方東樹, 1772~1851): 청나라 안휘(安徽) 동성(桐城) 사람. 자는 식지(植之), 만호는 의위주인(儀衛主人)이다. 어려서 아버지 방적(方績)에게 배웠고, 나중에 요내(姚鼐)에게 고문을 배웠다. 동성파(桐城派)의 대표적 인물이다. 제생(諸生)으로, 일찍이 등정정(鄧廷楨)의 막료로 있었다. 완원(阮元)과 교유했으며, 『강녕부지(江寧府志)』와 『광동통지(廣東通志)』의 편찬에 참여했다. 광동의 염주서원(廉州書院)과 소주서원(韶州書院), 숙송서원(宿松書院), 기문서원(祁門書院)에서 주강(主講)을 지냈다. 고염무(顧炎武), 만사대(萬斯大), 강번(江藩) 등의 청나라 고증학을 배척하고 정주(程朱)의 이학(理學)을 추종했다. 정주학과 육왕(陸王)의 심학(心學)의 차이점이 점(漸)과 돈(頓)에 있다고 보아, 돈오(頓悟)를 지향하는 심학을 배척했다. 저서에 『한학상태(漢學商兌)』와 『미능록(未能錄)』등이 있다. 『한학상태』는 건가(乾嘉)시대 학자들의 오류를 비판한 책인데, 조금 편향된 의견이 보인다. 또 『소매첨언(昭昧詹言)』을 썼는데, 시학(詩學)에 관한 이론서다. 문집 이름은 원래 『의위헌문집(儀衛軒文集)』이었는데, 나중에 증보되어 『고반집문록(考槃集文錄)』이라 불렸다.

고 올바르기는 어렵고, 동료와 접하면서 치우치지 않고 올바름에서 벗어나지 않으면서도 화락하기 어려우니, 방동수의 말은 틀렸다.

君在, 踧踖如也. 與與如也. 【注】馬曰: "'君在', 視朝也. '踧踖', 恭敬之貌, '與與', 威儀中適之貌."

임금이 있을 때는 공손하고 경건하였으며[踧踖], 점잖고 느긋하였다[與與]. 【주】마융(馬融)이 말했다. "'임금이 있다[君在]'라는 것은 조회를 보는 것이다. '축적(踧踖)'은 공손하고 경건한[恭敬] 모양이고, '여여(與與)'는 법도에 맞는 몸가짐[威儀]이 예에 맞는 모양이다."

- 正義曰: 「玉藻」云: "天子皮弁以日視朝, 諸侯朝服以日視朝於內朝. 朝, 辨色始入, 君日出而視之." 此時君正在朝, 故馬以"君在"爲"視朝". 皇「疏」, "君視之, 則一一揖卿·大夫, 而都一揖士. 當此之時, 則臣皆起恭敬之貌, 故孔子踧踖如也. 雖須踧踖, 又不得急速. '與與'猶徐徐也, 所以恭而安也." 案, 群臣當君揖時, 皆須還辟, 故有此容.

- 정의에서 말한다.

  『예기』「옥조」에 "천자는 피변(皮弁)을 하고 매일 조회를 보고, 제후는 조복(朝服)을 하고 매일 내조에서 조회를 본다. 조회[朝]는 날이 새어 색이 구별될 무렵에 신하들이 처음 들어오고, 임금은 해가 나오면 조회를 본다."라고 했는데, 이때는 임금이 바로 조회에 나와 있을 때이므로 마융은 "임금이 있다[君在]"라는 것을 "조회를 보는 것[視朝]"이라고 한 것이다. 황간의 「소」에 "임금이 조회를 볼 때는 일일이 경과 대부에게 읍(揖)하고, 사(士)에게는 모두 한 번만 읍한다. 이때를 당하여 신하는 모두 공손하고 경건한 모습을 일으키기 때문에 공자도 공손하고 경건한 모습[踧踖如]으로 있었던 것이다. 비록 모름지기 공손하고 경건한 모습이

더라도 또한 급하고 빠르게 할 수는 없다. '여여(與與)'는 서서(徐徐)와 같으니, 그래서 공손하면서도 편안했던 것이다."라고 했다. 살펴보니, 여러 신하는 임금이 읍할 때를 당해서는 모두 반드시 몸을 돌리고 자리를 피하면서 손을 들어 수평을 이루는 절[讓]을 하기 때문에 이러한 태도가 있는 것이다.

원문 『說文』, "趚, 行平易也. 踖, 長脛行也. 一曰趚踖." 『廣雅』「釋訓」, "踀踖, 敬畏也." 『詩』「節南山」, "蹙蹙靡所騁." 鄭「箋」, "蹙蹙, 縮小之貌." 『孟子』, "曾西蹵然", 「注」, "蹵, 猶蹙踖也." "蹙"・"蹵"・"踀"並與"趚"同. 「楚茨」, "執爨踖踖." 毛「傳」, "言爨竈有容也." 亦謂恭敬之容. 鄭此「注」云 "踀踖, 恭敬之貌" 卽本馬「注」. 『說文』, "趍, 安行也. 僩, 趨步僩僩也." 『漢書』「敍傳下」, "長倩僩僩." 「注」引蘇氏曰: "僩僩, 行步安舒也." 義皆可證. "威儀"猶容儀, "中適"猶言得宜也.

역문 『설문해자』에 "축(趚)은 길이 평탄해서 걷기 쉽다는 뜻이다.[21] 적(踖)은 정강이를 길게 뻗어서 걷는다는 뜻이다. 일설에는 축적(趚踖)이라고 한다.[22]"라고 했고, 『광아(廣雅)』「석훈(釋訓)」에, "축적(踀踖)은 경건하고 두려워함[敬畏]이다."라고 했다. 『시경』「절남산(節南山)」에는 "움츠러들어 갈 곳이 없다.[蹙蹙靡所騁.]"라고 했는데, 정현의 「전」에 "축축(蹙蹙)은 작게 오그라든[縮小] 모양이다."라고 했다. 『맹자』「공손추상(公孫丑上)」

---

21 『설문해자』권2: 척(趚)은 길이 평탄해서 걷기 쉽다는 뜻이다. 족(足)으로 구성되었고 숙(叔)이 발음을 나타낸다. 『시경(詩經)』에 "평탄하게 뚫린 큰길.[趚趚周道.]"이라고 했다. 자(子)와 육(六)의 반절음이다.[趚, 行平易也. 從足叔聲. 『詩』曰: "趚趚周道." 子六切.]

22 『설문해자』권2: 적(踖)은 정강이를 길게 뻗어서 걷는다는 뜻이다. 족(足)으로 구성되었고 석(昔)이 발음을 나타낸다. 일설에는 축적(趚踖)이라고 한다. 자(資)와 석(昔)의 반절음이다.[踖, 長脛行也. 從足昔聲. 一曰趚踖. 資昔切.]

에 "증서축연(曾西蹵然)"이라고 했는데,「주」에 "축(蹵)은 공경하고 삼간
다[蹵踖]는 뜻이다."라고 했으니, "축(蹵)"과 "축(蹵)"과 "축(跦)"은 모두 "축
(踧)"과 같은 뜻이다.『시경』「초자(楚茨)」에 "부엌일을 잡기를 공경히 한
다.[執爨踖踖.]"라고 했는데, 모형의「전」에 "부엌일을 함에 예에 맞는 용
모가 있다는 말이다."라고 했으니, 역시 공손하고 경건한 용모를 이른
다. 정현은 여기의「주」에서 "축적(踧踖)은 공손하고 경건한[恭敬] 모양"
이라고 했으니, 바로 마융의「주」를 근거로 한 것이다.『설문해자』에
"여(趣)는 편히 간다[安行]는 뜻이다.²³ 여(懊)는 종종걸음으로 걷기를 점
잖게 한다는 뜻이다.²⁴"라고 했다.『전한서』「서전하(敍傳下)」에 "장천(長
倩)²⁵은 걸음걸이가 점잖고 느긋했다[懊懊]."라고 했는데,「주」에 소림(蘇
林)을 인용해서 "여여(懊懊)는 걸음걸이가 편안하고 느긋하다는 뜻이다."
라고 했으니, 뜻을 모두 증명할 수 있다. "위의(威儀)"는 용의(容儀)와 같

---

23 『설문해자』권2: 여(䠥)는 편히 간다[安行]는 뜻이다. 주(走)로 구성되었고 여(與)가 발음을
나타낸다. 여(余)와 여(呂)의 반절음이다.[䠥, 安行也. 從走與聲. 余呂切.]

24 『설문해자』권10: 여(懊)는 종종걸음으로 걷기를 점잖게 한다는 뜻이다. 심(心)으로 구성되
었고 여(與)가 발음을 나타낸다. 여(余)와 여(呂)의 반절음이다.[懊, 趣步懊懊也. 從心與聲.
余呂切.]

25 장천(長倩, 기원전 109?~기원전 47): 중국 전한 때의 학자이자 관리인 소망지(蕭望之). 동해
(東海) 난릉(蘭陵) 사람으로 장천은 그의 자이다. 후창(后蒼)에게『제시(齊詩)』를 배웠고 하
후승(夏侯勝)에게『논어』와 예복(禮服)을 배웠으며, 백기(白奇)에게도 수학했다. 소제(昭
帝) 말년에 갑과(甲科)에 급제하여 낭관이 되었고, 선제(宣帝) 때 어사대부(御史大夫)와 태
자태부(太子太傅) 등을 지냈다. 감로(甘露) 3년(기원전 51년) 석거각회의(石渠閣會議)에 참
석하여 여러 학자와 오경(五經)의 동이(同異)에 대해 토론했다.『제시』와『노논어』를 전했
으며,『춘추곡량전(春秋穀梁傳)』과『춘추좌씨전(春秋左氏傳)』에도 밝았다. 학문은 주운(朱
雲) 등에게 전해졌다. 당시의 실력자 곽광(霍光)에게 압박을 받았지만 곽씨가 몰락한 뒤에
는 선제에게 신임을 얻어 지방장관과 법무장관, 황태자의 교육관 등을 역임했다. 곡물 납입
에 의한 속죄제(贖罪制)에 반대하는 등 도덕주의적 입장에 서서 환관(宦官)의 전횡을 막아
제도를 개혁하려 했지만, 중서령(中書令) 홍공(弘恭)과 석현(石顯)의 모함에 빠져 자살했다.

고, "중적(中適)"은 적절하다[得宜]는 말과 같다.

10-2

君召使擯, 【注】 鄭曰: "‘君召使擯’者, 有賓客使迎之"

임금이 불러서 빈(擯)을 시키면, 【주】 정현이 말했다. "‘임금이 불러서 빈을 시켰다’라는 것은 빈객(賓客)이 있으면 영접하게 했다는 말이다."

원문 正義曰: 『說文』, "召, 評也." 王逸 『招魂』 「序」, "以手曰招; 以言曰召."

역문 정의에서 말한다.

『설문해자』에 "소(召)는 부름[評]이다."[26]라고 했는데, 왕일(王逸)의 『초사(楚辭)』 「초혼(招魂)」의 「서」에 "손으로 부르는 것을 초(招)라 하고, 말로 부르는 것을 소(召)라 한다."라고 했다.

원문 江氏永 『群經補義』, "『史記』謂 ‘孔子爲魯司寇, 攝行相事.’ 非相國事也. 當時魯政, 專自季桓子, 孔子安得攝之? 所謂 ‘攝行相事’者, 攝相禮之事, 若夾谷之會, 孔子相是也. ‘君召使擯’, 亦是有賓客來, 重孔子知禮, 特使爲擯而兼相. 大夫當爲承擯, 何待於召? 所以特召者, 承擯兼攝上擯事也. ‘揖所與立’, 擯事也; ‘趨進’及 ‘賓退復命’, 攝相事也."

역문 강영의 『군경보의(群經補義)』에 "『사기』에 ‘공자는 노나라 사구가 되

---

26 『설문해자』 권2: 소(召)는 부름[評]이다. 구(口)로 구성되었고 도(刀)가 발음을 나타낸다. 직(直)과 소(少)의 반절음이다.[召, 評也. 從口刀聲. 直少切.]

어 재상의 일을 섭행했다.'라고 했으니, 국사(國事)를 도운 것은 아니다. 당시 노나라의 정치는 계환자(季桓子) 마음대로였으니, 공자가 어찌 섭행할 수 있었겠는가? 이른바 '재상의 일을 섭행했다'라는 것은 행례(行禮)를 돕는[相禮] 일을 섭행했다는 말이니, 협곡(夾谷)의 모임에서 공자가 도운 것 같은 것이 바로 그것이다. '임금이 불러서 빈을 시킨 것' 역시 빈객이 오면 공자가 예를 앎을 중용해 특별히 국빈을 접대하는 빈으로 삼아 재상의 일을 겸임시킨 것이다. 대부는 당연히 승빈(承擯)[27]이 되는데, 어째서 부름을 기다린 것일까? 특별히 부른 까닭은 승빈이 상빈(上擯)의 일을 겸해서 섭행하도록 했기 때문이다. '함께 서 있는 사람들에게 읍하는 것'은 빈의 일이고, '종종걸음으로 나아가는 것'과 '손님이 물러나면 복명하는 것'은 재상의 일을 섭행한 것이다."라고 했다.

원문 案,『釋文』, "擯, 本又作儐, 亦作賓, 皆同." 「孔子世家」正作"儐".『說文』, "儐, 導也. 從人賓聲. 擯, 儐或從手." 是"擯"·"儐"一字. 或省作"賓",『史記』「廉藺列傳」"設九賓於廷",『漢書』「叔孫通傳」"大行設九賓". 即九擯也.

역문 살펴보니,『경전석문(經典釋文)』에 "빈(擯)은 판본에 따라 또 빈(儐)으로 되어 있고, 또 빈(賓)으로도 되어 있는데, 모두 같은 뜻이다."라고 했다. 「공자세가」에는 바로 "빈(儐)"으로 되어 있다.『설문해자』에 "빈(儐)은 인도한다[導]는 뜻이다. 인(人)으로 구성되었고 빈(賓)이 발음을 나타낸다. 빈(擯)은 빈(儐)의 혹체자인데 수(手)로 구성되었다."[28]라고 했으니,

---

27 『예기(禮記)』「빙의(聘義)」에 "경(卿)을 상빈(上擯)으로 삼고 대부(大夫)를 승빈(承擯)으로 삼고 사(士)를 소빈(紹擯)으로 삼아서 임금이 친히 빈(賓)을 대접한다.[卿爲上擯, 大夫爲承擯, 士爲紹擯, 君親禮賓.]"라고 했다.

28 『설문해자』권8: 빈(儐)은 인도한다[導]는 뜻이다. 인(人)으로 구성되었고 빈(賓)이 발음을 나타낸다. 빈(擯)은 빈(儐)의 혹체자인데, 수(手)로 구성되었다. 필(必)과 인(刃)의 반절음이

이 "빈(擯)"과 "빈(儐)"은 같은 글자이다. 더러 생략해서 "빈(賓)"으로 쓰기도 하는데, 『사기』 「염인열전(廉藺列傳)」에 "조정에 구빈(九賓)의 예를 세워야 한다."라고 했고, 『전한서』 「숙손통전(叔孫通傳)」에 "구빈(九賓)의 예를 세우는 일을 크게 거행했다."라고 했으니, 바로 구빈(九擯)인 것이다.

원문 『周官』「司儀」云: "凡諸公相爲賓, 主國五積, 三問, 皆三辭, 拜受, 皆旅擯. 主君郊勞, 交擯, 三辭. 及將幣, 交擯, 三辭, 車逆拜辱. 諸公之臣相爲國客. 及大夫郊勞, 旅擯, 三辭. 及將幣, 旅擯, 三辭." 據此, 是兩君相見用交擯攬, 故惟主君郊勞及將幣行之. 將幣, 亦兩君相見也. 若五積三問, 是主國遣卿大夫爲之. 臣與賓君行禮用旅擯. 其聘禮則君待使臣, 亦君與臣行禮用旅擯也. 交擯者, 敵體之禮; 旅擯者, 君臣相行之禮. 旅擯猶「覲禮」言"傳擯"也, 在主曰擯, 在賓曰介.

역문 『주례』 「추관사구하(秋官司寇下)·사의(司儀)」에 "모든 공(公)은 서로 간에 손님[賓]이 되는데, 주국(主國)에서는 5자(五積)²⁹를 보내 주고 세 번 도중의 안부를 물으면 손님은 모두 세 번 사양한 다음 절하고 받는데, 매번 빈(擯)을 배열하여 영접한다. 주국의 임금이 교외에서 위로할 때는 빈으로 하여금 말을 전달[交擯]하게 하며, 손님은 세 번 사양한다. 폐백을 전달할 때에 미쳐서 빈으로 하여금 말을 전달[交擯]하게 하며, 주국의 임금이 세 번 사양한 뒤에 수레를 타고 손님을 영접하고 손님이 와 준데 사례하여 절한다. 모든 공의 신하가 보좌관[相]이 되어서 국가의 손님을 대접한다. 대부가 교외에서 위로할 때는 빈을 배열하여 영접하면 손

다.[儐, 導也. 從人賓聲. 擯, 儐或從手. 必刃切.]

29 5자(五積): 자(積)는 재용(財用)을 뜻한다. 주국(主國)이 공(公)일 경우에는 빈(賓)이 오고 갈 때 각각 다섯 차례에 걸쳐 양식, 건초, 생뢰(牲牢) 등을 제공하는 것이다.

님은 세 번 사양한다. 폐백을 전달할 때에 미쳐서 빈을 배열하여 영접하면 손님은 세 번 사양한다."라고 했다. 여기에 의거해 보면, 두 군주가 서로 만나 볼 때는 말을 전달하는 빈[交擯]을 이용하기 때문에 오직 주국의 군주만 교외에서의 위로와 폐백의 전달을 행할 수 있다. 폐백의 전달 역시 두 나라의 군주가 서로 만나보는 것이다. 5자를 보내 주는 것과 세 번 도중의 안부를 묻는 것과 같은 경우는 주국에서 경이나 대부를 보내서 행한다. 신하가 손님이나 군주와 예를 행할 때는 빈을 배열해서 영접한다. 빙례(聘禮)에서는 군주가 사신을 대할 때에도 군주가 신하와 함께 예를 행하면서 빈을 배열해서 영접하는 예를 쓴다. 두 군주가 서로 만나 볼 때 말을 전달하는 빈[交擯]이란 대등한 관계[敵體]에서 사용하는 예이고, 빈을 배열해서 영접하는 예[旅擯]는 군주와 신하가 서로 행하는 예다. 여빈(旅擯)은 『의례』「근례(覲禮)」에서 말한 "전빈(傳擯)"과 같은 것이니, 주인의 입장에서는 빈이라 하고 손님의 입장에서는 개(介)라고 한다.

원문 鄭注「司儀」謂"賓‧介亦稱擯"者, 依經立文叚借之義也.「聘禮」云: "卿爲上擯, 大夫爲承擯, 士爲紹擯."「主」云: "紹, 繼也, 其位相承繼而出也. 主君, 公也, 則擯者五人; 侯‧伯也, 則擯者四人, 子‧男也, 則擯者三人." 此依『周官』「大行人」言之. 若然, 是天子諸侯禮, 賓‧擯數同也. 陵氏廷堪『禮經釋例』引敖繼公說, "諸侯禮, 賓‧擯當用三人. 猶以諸侯同天子之制爲疑, 而先鄭注「司儀」謂主擯九人, 後鄭謂七人, 則反蹈於天子之數, 其不然也明矣. 至兩君相見交擯之數, 先鄭「注」無明文, 後鄭謂亦用九人, 其賓‧介則交擯‧旅擯同用九人."

역문 정현이「사의」를 주석하면서 "빈(賓)과 개도 역시 빈(擯)이라 칭한다"라고 한 것은 경(經)에 의거해서 글을 지으면서 뜻을 가차(叚借)한 것이다. 『의례』「빙례」에 "경을 상빈으로 삼고 대부를 승빈으로 삼고 사를 소빈으로 삼는다."라고 했는데, 「주」에 "소(紹)는 계(繼)이니, 그 자리가 서로 이어져서 나온다는 뜻이다. 주국의 군주가 공작(公爵)이면 빈(擯)이 5명이고, 후작(侯爵)이나 백작(伯爵)이면 빈이 4명이며, 자작(子爵)이나 남작(男爵)이면 빈이 4명이다."라고 했는데, 이는 『주례』「추관사구하 · 대행인(大行人)」을 근거로 말한 것이다. 만약 그렇다면 이는 천자나 제후의 예로서 빈(賓)과 빈(擯)의 수는 같다. 능정감(陵廷堪)의 『예경석례(禮經釋例)』에 오계공(敖繼公)[30]의 말을 인용해서 "제후의 예는 손님과 빈(擯)은 마땅히 3명을 쓴다. 제후가 천자의 제도와 같다는 것도 오히려 의심스러운데 선정[先鄭: 정중(鄭衆)]은 「사의」를 주석하면서 주국의 빈이 9명이라 하고, 후정(後鄭: 정현)은 7명이라고 하니, 그렇다면 도리어 천자의 숫자를 넘어서게 되므로 그렇지 않다는 것이 분명하다. 심지어 두 나라의 군주가 서로 만나 볼 때 말을 전달하는 빈[交擯]의 수는 선정의 「주」에는 명백하게 기록된 문구가 없고, 후정은 역시 9명을 쓴다고 했으니, 그때의 빈(賓)과 개는 교빈(交擯)과 여빈으로 똑같이 9명을 쓴다."라고 했다.

원문 案, 「大行人」言"介九入", 乃上公朝覲天子之禮, 非謂群侯兩君相見及遣使行聘賓 · 介用九人也. 「聘義」云: "聘禮上公七介, 侯 · 伯五介, 子 · 男三介, 所以明貴賤也." 然則聘賓至多不過七介, 故「禮器」云: "七介以相

---

30 오계공(敖繼公, ?~?): 원나라 복주(福州) 장락(長樂) 사람. 이름을 계옹(繼翁)이라 하기도 한다. 자는 군선(君善) 또는 군수(君壽)다. 오흥(吳興)에 집을 두고 작은 누대를 지어 그 안에서 기거했는데, 겨울에도 화로를 피우지 않고 여름에도 부채질을 하지 않으면서 힘써 책을 읽었다. 처음에 정성위(定成尉)를 지냈고, 진사가 되어 대책(對策)을 냈다가 당시 재상의 비위를 거슬러 끝내 벼슬하지 못했다. 이에 더욱 경학(經學) 연구에 매진했다. 성종(成宗) 대덕(大德) 연간에 추천을 받아 신주교수(信州敎授)에 제수되었지만, 부임하기도 전에 죽었다. 『의례(儀禮)』를 깊이 연구하여 『의례집설(儀禮集說)』을 저술했다.

見也." 旣上公賓·介七人, 則意主擯如爲上公之國, 亦用七人. 侯·伯之國五人, 子·男之國三人, 擯介皆得相當. 而康成謂"交擯各陳九介", 亦非也. 先鄭以交擯·旅擯皆傳辭. 後鄭以交擯傳辭, 旅擯不傳辭, 故其注「司儀」云: "旅讀爲'鴻臚'之臚, 陳之也." 謂陳擯位也.

역문 살펴보니, 「대행인」에 "사신을 돕는 수행원[介]이 9명"이라고 했는데, 바로 상공(上公)이 천자를 조근(朝覲)할 때의 예이지 군후(群侯)인 두 나라의 군주가 서로 만나 볼 때와 사신을 보내 빙례를 행할 때 빈(賓)과 개를 9명을 쓴다는 말이 아니다. 『예기』「빙의(聘義)」에 "빙례에 상공은 사신을 돕는 수행원[介]이 7명[七介]이고, 후작과 백작은 5명[五介], 자작과 남작은 3명[三介]이니, 귀천(貴賤)을 밝히기 위한 것이다."라고 했다. 그렇다면 사신[聘賓]의 수는 아무리 많아도 7명[七介]을 넘지 않으니, 그러므로 『예기』「예기(禮器)」에 "7명의 사신을 돕는 수행원[七介]을 두고 상견례(相見禮)를 한다."라고 한 것이다. 이미 상공의 빈(賓)과 개의 수가 7명이라면 아마도 주국의 빈(擯)도 상공의 나라와 같게 해서 역시 7명을 쓸 것이다. 후작과 백작의 나라는 5명이고, 자작과 남작의 나라는 3명이어야 빈개(擯介)의 숫자가 모두 서로 맞아떨어질 수 있는 것이다. 그런데도 강성(정현)은 "교빈은 각각 9명을 배열한다"라고 했으니, 역시 잘못이다. 선정은 교빈과 여빈 모두 말을 전달한다고 했다. 후정은 교빈은 말을 전달하지만, 여빈은 말을 전달하지 않는다고 생각했기 때문에 「사의」를 주석하면서 "여(旅)는 '홍려(鴻臚)'라고 할 때의 여(臚)의 뜻으로 읽어야 하니, 늘어놓는다[陳之]는 뜻이다."라고 한 것이니, 빈(擯)의 자리를 배열한다는 말이다.

원문 其注「聘禮」云: "賓出次直闑西, 北面, 上擯在闑東閾外, 西面. 其相去也, 公之使者七十步, 侯·伯之使者五十步, 子·男之使者三十步. 此旅擯

耳, 不傳命. 上介在賓西北, 東面, 承擯在上擯東南, 西面, 各自次序而下, 末介‧末擯, 旁相去三丈六尺. 上擯出請事, 進, 南面揖賓, 俱前. 賓至末介, 上擯至末擯, 亦相去三丈六尺止, 揖而請事, 還入告于公.”此鄭以旅擯之禮, 上擯面賓請事, 不須承擯紹擯傳辭, 說與先鄭異也. 先從叔丹徒君『騈枝』曰:“「叔孫通傳」, ‘大行設九賓, 臚句傳.’‘賓’與‘擯’, ‘臚’與‘旅’, 古今字也. 蘇林曰:‘上傳語告下爲臚, 下告上爲句.’莊周曰:‘大儒臚傳.’然則臚擯猶傳擯也.「聘義」曰:‘介紹而傳命, 君子於其所尊, 弗敢質, 敬之至也.’又曰:‘三讓而後傳命, 安在其不傳辭哉?’康成讀‘旅’爲‘鴻臚’之‘臚’是矣. 而訓爲臚陳, 故有‘但陳擯位不傳辭’之說, 蓋不然也.”謹案,『騈枝』說卽先鄭義.

역문 정현은 『의례』「빙례」를 주석하면서 “손님이 곧장 문 중앙에 박아 놓은 말뚝[闃]의 서쪽으로 나와 북쪽을 향하면 상빈은 문지방 동쪽 역(闑) 밖에 자리하고 서쪽을 향한다. 그 서로 간의 거리는 공의 사자는 70보이고 후작과 백작의 사자는 50보이며, 자작과 남작의 사자는 30보이다. 이들은 여빈일 뿐이므로 명을 전달하지 않는다. 상개(上介)는 손님의 서북쪽에서 동쪽을 향해 있고, 승빈은 상빈의 동남쪽에서 서쪽을 향해 있는데, 각각 순서대로 내려온다. 말개(末介)와 말빈(末擯)은 옆으로 서로 간의 거리가 3길[丈] 6자[尺]이다. 상빈이 나와서 일을 청할 땐 나아가 남면하여 빈에게 읍하고 함께 앞으로 나아간다. 손님은 말개에게 다가가고 상빈은 말빈에게 다가가는데, 역시 서로 간의 거리가 3길 6자 되는 지점에서 멈춰서 읍하고 일을 청한 다음 되돌아 들어가 공에게 아뢴다.” 라고 했는데, 여기서 정현은 여빈의 예를 가지고 상빈이 손님을 향해 일을 청하면 반드시 승빈이나 소빈이 말을 전달하는 것은 아니라고 했으니, 선정의 말과는 다르다. 작고하신 종숙(從叔) 단도군(丹徒君)의 『논어변지(論語騈枝)』에 “『전한서』「숙손통전」에 ‘구빈(九賓)의 설치를 크게 행하고, 위아래로 말을 전하게 했다.'라고 했는데, '빈(賓)'과 '빈(擯)', '여(臚)'와 '여(旅)'는 고금자(古今字)의 관계이다. 소림은 '윗사람이 말을 전하여 아랫사람에게 알리는 것이 여(臚)이고, 아랫사람이 윗사람에게 아뢰는 것이 구(句)이다.'[31]라고 했고, 장주(莊周)는 '대유(大儒)가 전하는 말을 했다[臚傳].'[32][33]라고 했으니, 그렇다면 여빈은 전빈(傳擯)과 같은 것이다. 『예기』「빙의」에 '사신을 돕는 수행원[介]이 이어서 명을 전하면 군자는 자신이 높이는 분에게 감히 곧바로 상대하지 못하여 소개하는 절차를 두는 것은 공경함[34]이 지극한 것이다.'라고 했고, 또 '세 번 사양한 뒤에 명을 전한다.'라고 했으니, 어디에 말을 전하지 않았다는 것이 있는가? 강성이 '여(旅)'를 '홍려'라고 할 때의 '여(臚)'의 뜻으로 읽은 것이 옳다. 그리고 배열하다[臚陳]의 뜻으로 새겼기 때문에 '다만 빈(擯)의 자리를 배열할 뿐, 말을 전하지는 않는다'라는 말이 있게 됐으니, 아마도 옳지 않은 듯하다."라고 했다. 삼가 살펴보니, 『논어변지』의 설명이 바로 선정의 뜻이다.

원문 吳氏廷華『儀禮章句』, "謂不傳辭, 何必旅擯? 愚竊謂旅擯行於國中, 上擯往來傳君命, 於禮尙不失. 若五積三問, 及郊勞, 君不在行, 而上擯輒自

---

31 『전한서(前漢書)』 권43, 「역육주유숙손전(酈陸朱劉叔孫傳)」 소림(蘇林)의 「주」.

32 여전(臚傳): 윗사람의 말을 아랫사람에게 전하는 것 또는 그 사람을 일컫는다.

33 『장자(莊子)』「외물(外物)」: 유자(儒者)들이 『시경』과 『주례』를 행위의 기준으로 삼아 타인의 무덤을 도굴하고 있었는데 대유(大儒)가 무덤 위에서 무덤 아래에 있는 소유(小儒)에게 물었다. "동방에 해가 떠오르고 있다. 작업이 어느 정도 진척되고 있는가?"[儒以詩禮發冢, 大儒臚傳曰: "東方作矣, 事之何若?"]

34 『예기주소(禮記註疏)』 정현의 「주」에 "질(質)은 바로잡아 스스로를 서로 대등하게 함을 말한다.[質, 謂正自相當.]"라고 했다.

詣賓請事, 雖以君命辭之許之, 然一無往還之節, 直情徑行, 似非禮所宜.
且『論語』此文有復命事, 明是聘賓用旅擯而左右揖, 既左右揖, 知有傳辭
無疑矣. 「司儀」於'諸侯將幣, 交擯, 三辭'下云: '車逆拜辱, 賓車進, 答拜.'
「注」謂'既三辭, 主君乘車出大門而迎賓', 是將幣時, 主君尚在門內. 「曲
禮」「疏」謂'諸侯至主國大門外, 主人及擯出門相接, 行交擯三辭之禮.' 是
將幣之時, 主君已在門外. 若然, 是主君先乘車出大門外, 降車行將幣, 交
擯三辭, 禮竟, 復升車向前迎賓也."其說與鄭小異, 以孔「疏」爲長. 孔「疏」
又謂聘禮賓至門外, 主君立大門內, 不出限行旅擯禮. 江氏永『圖』聘禮君
立大門內, 從孔說也. 「聘體」云: "公迎賓於大門內." 「聘義」云: "君親拜迎
於大門之內." 則知旅擯之禮, 主君不出門限也. 旅擯是君與臣行禮, 君不
出限, 則兩君相見, 行交擯禮, 君必出限可知.

역문 오정화(吳廷華)[35]의 『의례장구(儀禮章句)』에 "말을 전달하지 않는다고
했다면 어째서 여빈이 필요한가? 내가 가만히 생각해 보니, 여빈은 나라
안에서 시행하고 상빈은 왕래하면서 임금의 명을 전하기 때문에 예에서
는 여전히 없애지 않는 것이다. 5자를 보내 주는 것과 세 번 도중의 안
부를 묻는 것, 그리고 교외에서 위로하는 것과 같은 일은 임금이 부재한
상태에서 행해지지만, 상빈이 문득 스스로 손님에게 나아가 일을 청하

---

35 오정화(吳廷華, 1682~1755): 청나라 절강(浙江) 전당(錢塘) 사람. 원명은 난방(蘭芳)이고,
자는 중림(中林)이며, 호는 동벽(東壁)이다. 강희(康熙) 53년(1714) 거인(擧人)이 되어 내각
중서(內閣中書)를 거쳐 홍화통판(興化通判)을 지냈다. 건륭(乾隆) 연간에 『삼례의소(三禮
義疏)』를 편수하는 데 참여했다. 10년 동안 재직하면서 경전의 이동(異同)을 철저하게 살펴
상당수 바로잡았다. 방포(方苞), 이불상(李紱相)과 교분이 깊었다. 육경(六經)의 전주(箋注)
를 깊이 연구했으며, 「상례(喪禮)」의 해석에 정밀했다. 장이기(張爾岐)의 『의례정주구두(儀
禮鄭注句讀)』와 왕문청(王文淸)의 『의례분절구두(儀禮分節句讀)』의 미진한 부분을 보완하
고 선유(先儒)의 견해를 절충하여 『의례장구(儀禮章句)』를 편찬했다. 그 밖의 저서에 『의례
훈해(儀禮訓解)』와 『삼례의의(三禮疑義)』, 『동벽서장집(東壁書莊集)』 등이 있다.

는 것은 비록 임금의 명으로 말하도록 승인했다 하더라도 주고받는 예절이 전혀 없이 자기가 생각한 바를 바로 시행하는 것[直情徑行]이니, 예의상 마땅한 것이 아닌 듯하다. 또『논어』의 이 글에는 복명(復命)의 일이 있는데, 분명 손님을 초빙했을 때는 여빈을 써서 좌우로 읍을 하는 것이니, 이미 좌우로 읍을 했다면 의심할 것도 없이 전하는 말이 있었음을 알 수 있다. 「사의」에는 '제후가 폐백을 전달할 때에 미쳐서 빈(擯)으로 하여금 말을 전달[交擯]하게 하며, 주국의 임금이 세 번 사양한다.'라는 말 아래 '수레를 타고 손님을 영접하고 손님이 와 준 데 사례하여 절하면 손님의 수레가 나아가 답배한다.'라고 했는데, 「주」에 '이미 세 번 사양하고 난 뒤에 주국의 임금은 수레를 타고 대문을 나가 손님을 영접한다.'라고 했으니, 이는 장차 폐백을 전달하려고 할 때 주국의 임금은 아직 문안에 있는 것이다. 『예기』「곡례상(曲禮上)」의 「소」에 '제후가 주국의 대문 밖에 이르면, 주인과 빈이 문을 나와 서로 영접하고, 교빈이 세 번 사양하는 예를 행한다.'라고 했는데, 이는 장차 폐백을 전달하려고 할 때 주국의 임금이 이미 문밖에 있는 것이다. 만약 그렇다면 이는 주국의 임금이 먼저 수레를 타고 대문 밖으로 나가서 수레에서 내려 폐백을 전달할 때 교빈이 세 번 사양하고 예를 마치면 다시 수레를 타고 앞으로 나아가 손님을 영접한다는 것이다.'라고 했는데, 오정화의 설명은 정현과는 조금 다르니, 공영달의 「소」를 더 낮게 여긴 것이다. 공영달의 「소」에서는 또 빙례에서 손님이 문밖에 이르면 주국의 임금은 대문 안에 서서 문지방을 넘지 않은 상태에서 여빈의 예를 행한다고 했다. 강영의 『빈개전명도(擯介傳命圖)』에는 빙례에서 임금이 문안에 서 있는데, 공영달의 설을 따른 것이다. 『의례』「빙례」에 "공이 대문 안에서 손님을 영접한다."라고 했고,『예기』「빙의」에 "임금이 직접 대문 안에서 절하고 영접한다."라고 했으니, 그렇다면 여빈의 예는 주국의 임금이 문지방을 넘지 않는다는 것을 알 수 있다. 여빈은 임금과 신하가 행하는 예이므로, 임금이 문지방을 넘지 않는 것이라면, 두 나라 임금의 상견례에서는 교빈의 예를 행하고 임금이 반드시 문지방을 넘는다는 것을 알 수 있다.

원문 又案,「聘禮」"賓至于朝", 謂外朝也, 在大門外. 鄭注「聘禮」, "旅擯相去三丈六尺", 門容二徹參个, 旁加各一步. 此據「考工記」以爲應門也. 應門天子之中門, 諸侯則曰致問, 其說亦誤. 故江氏『擯介傳命圖』仍依鄭君「朝士」「注」"外朝在大門外"也. 此篇紀夫子行事, 而考之『春秋』, 夫子仕魯時, 無諸侯大夫來聘事. 江氏永憪『圖考』謂"聘問之禮, 大聘爲聘, 使卿; 小聘爲問, 使大夫. 大夫以小聘往來, 不書於『春秋』." 又『群經補義』謂"晏子嘗聘魯, 而『春秋』不書, 晏子未爲卿也. 孔子爲司寇, 亦是大夫, 故出聘亦不書." 其說竝是. 君朝用交擯, 臣聘用旅擯,『論語』此文, 專指旅擯.

역문 또 살펴보니, 「빙례」의 "손님이 조정에 이르렀다[賓至于朝]"라는 것은 외조를 말하는 것이니, 대문 밖에 있는 것이다. 정현은 「빙례」를 주석하면서 "여빈의 서로 간의 거리는 3길 6자"라고 했는데, 문(門)은 2철(徹) 3개(个)를 수용하고,[36] 옆으로 각각 1보를 더한다. 이는 『주례』「동관고공기(冬官考工記)」에 의거하면 응문이라고 하는 것이다. 응문은 천자의 중문(中門)이고, 제후는 치문이라 하니, 그 설명 역시 잘못이다. 그러므로 강씨(江氏)의 『빈개전명도』에는 정군(鄭君)이 「조사(朝士)」의 「주」에서 "외조는 대문 밖에 있다"라고 한 것을 그대로 의거한 것이다. 이 편은 공자의 행적과 일을 엮어 놓은 것인데, 『춘추(春秋)』에 고증해 보면, 공

---

36 『주례』「동관고공기하·장인」에 "응문은 2철과 3개를 수용한다.[應門二徹參个]"라고 했는데, 2철은 8자이고 3개는 24자이다.

자가 노나라에서 벼슬할 당시 제후나 대부가 빙문을 온 일이 없다. 강영은 『향당도고』에서 "빙문의 예는 3년에 한 번 하는 대빙(大聘)을 빙(聘)이라 하며 경을 사신으로 보내고, 해마다 한 차례 하는 소빙(小聘)은 문(問)이라 하며 대부를 사신으로 보낸다. 대부는 소빙으로 왕래하는데, 『춘추』에는 기록하지 않았다."라고 했고, 또 『군경보의』에 "안자(晏子)가 일찍이 노나라를 빙문했지만 『춘추』에는 기록하지 않았으니, 안자가 경이 되지 않았기 때문이다. 공자는 사구가 되었으니 역시 대부였으므로 빙문을 나갔지만 역시 기록하지 않은 것이다."라고 했으니, 그 말이 모두 옳다. 임금이 조회할 때는 교빈을 쓰고, 신하가 빙문할 때는 여빈을 쓰니, 『논어』의 이 글은 오로지 여빈을 가리킨다.

色勃如也, 【注】 孔曰: "必變色." 足躩如也. 【注】 包曰: "'足躩', 盤辟貌."

얼굴빛은 기운이 왕성하였고, 【주】 공안국이 말했다. "반드시 얼굴빛을 바꿨다는 말이다." 발걸음은 회피하듯 머뭇거리며 조심스러웠다. 【주】 포함(包咸)이 말했다. "'족확(足躩)'은 발걸음을 회피하듯 머뭇거리며 조심하는 모양[盤辟]이다."

원문 正義曰: 『北堂書鈔』 「禮儀部」 七引鄭此 「注」 云: "勃, 矜莊貌也." 案, 『呂覽重言』 「注」, "矜, 嚴也." 嚴者, 敬也. 「玉藻」 "色容莊", 「注」 謂 "勃如戰色." 『說文』 兩引 "勃如" 句, 一作 "孛", 一作 "艴". 『汗簡』 云: "艴見 『古論語』, 竊謂 '孛', 亦 『古論』 異文. 作 '勃' 者, 其 『齊·魯論』 與!" 『說文』, "孛, 𩑢也." 人色 𩑢者, 盛也, 謂夫子盛氣貌也. 『廣雅』 「釋訓」, "勃勃, 盛也." "勃"·

"孛"義同. 許意與鄭似異實同, 蓋許言其形, 鄭言其義也.

역문 정의에서 말한다.

『북당서초(北堂書鈔)』「예의부(禮儀部)」7에 정현의 이「주」를 인용해서 "발(勃)은 장중한 모양[矜莊貌]이다."라고 했다. 살펴보니, 『여람중언(呂覽重言)』의 「주」에 "긍(矜)은 엄(嚴)이다."라고 했는데, 엄(嚴)이란 장중함[敬]이다. 『예기』「옥조」에 "얼굴빛의 모양은 장엄[莊]해야 한다"라고 했는데, 「주」에 "장중하고 경외하는 기색[勃如戰色]"이라고 했다. 『설문해자』에 두 번 "발여(勃如)"라는 문구를 인용했는데, 한 번은 "발(孛)"로 되어 있고,[37] 또 한 번은 "불(艴)"로 되어 있다.[38] 『한간(汗簡)』에 "불(艴)은 『고논어』에 보이는데 아마도 '발(孛)' 역시 『고논어』에서는 표현을 달리했을 듯싶다. '발(勃)'로 되어 있는 것은 『제논어』와 『노논어』일 듯싶다!"라고 했다. 『설문해자』에 "발(孛)은 성하다[𡨄]는 뜻이다."라고 했으니, 사람의 얼굴빛이 성하다[𡨄]는 것은 왕성하다[盛]는 뜻이니, 기운이 왕성한 공자의 모습을 이른다. 『광아』「석훈」에 "발발(勃勃)은 왕성하다[盛]는 뜻이다."라고 했으니, "발(勃)"과 "발(孛)"은 뜻이 같다. 허신의 뜻이 정현과 다른 것 같지만 실제로는 같으니, 허신은 그 외형을 말한 것이고, 정현은 그 뜻을 말한 것이다.

---

37 『설문해자』권6: 발(孛)은 성하다[𡨄]는 뜻은 패(宋)로 구성되었고, 사람의 안색이라는 뜻은, 자(子)로 구성되었다. 『논어』에 "얼굴빛은 기운이 왕성하였다[色孛如也]."라고 했다. 포(蒲)와 매(妹)의 반절음이다.[孛, 𡨄也, 從宋; 人色也, 從子. 『論語』曰: "色孛如也." 蒲妹切.]

38 『설문해자』권9: 불(艴)은 얼굴빛이 왕성하다는 뜻이다. 색(色)으로 구성되었고 불(弗)이 발음을 나타낸다. 『논어』에 "얼굴빛은 기운이 왕성하였다[色艴如也]."라고 했다. 포(蒲)와 몰(没)의 반절음이다.[艴, 色艴如也. 從色弗聲. 『論語』曰: "色艴如也." 蒲没切.]

- 「注」, "足躩, 盤辟貌."
- 正義曰:『說文』, "躩, 足躩如也." 本此文. 包云"盤辟"者,『說文』, "般, 辟也. 象舟之旋, 從舟從殳." 殳令舟旋者也.『爾雅』「釋言」, "般, 還也."『漢書』「何武傳」, "槃辟雅拜." "槃"與"般"·"盤"並同.「大射儀」"賓辟"「注」, "辟, 逡遁不敢當盛." 卽此「注」意.『書鈔』「禮儀部」七引鄭此「注」云: "躩如, 逡巡貌." 逡巡, 亦盤辟之義.

○ 「주」의 "족확(足躩)은 발걸음을 회피하듯 머뭇거리며 조심하는 모양[盤辟]이다."

○ 정의에서 말한다.

『설문해자』에 "확(躩)은 발걸음을 회피하듯 머뭇거리며 조심하는 모양[足躩]이다."[39]라고 했는데, 이 문장을 근거로 한 것이다. 포함이 "반벽(盤辟)"이라고 한 것은,『설문해자』에 "반(般)은 회피한다[辟]는 뜻이다. 배가 도는 모습을 형상한 것이고, 주(舟)로 구성되었으며 수(殳)로 구성되었다."[40]라고 했는데, 수(殳)가 배로 하여금 돌게 하는 것이다.『이아』「석언(釋言)」에 "반(般)은 돈다[還]는 뜻이다."라고 했고『전한서』「하무전(何武傳)」에 "돌아서서 피한 다음 한쪽 무릎을 꿇고 절하였다.[槃辟雅拜.]"라고 했으니 "반(槃)"과 "반(般)"과 "반(盤)"은 모두 뜻이 같은 글자이다.『의례』「대사의」에 "손님은 피한다[賓辟]"라고 한 것의「주」에 "피(辟)는 뒷걸음치고 피하면서 성대함을 감당하지 못하는 것이다."라고 했으니, 바로 이「주」의 뜻이다.『북당서초』「예의부」7에 정현의 이「주」를 인용하면서 "확여(躩如)는 뒷걸음치면서 물러나는 모양이다.[逡巡貌.]"라고 했는데, 준순(逡巡) 역시 반벽(盤辟)의 뜻이다.

---

39 『설문해자』권2: 확(躩)은 발자국을 마음대로 떼지 못하고 머뭇거리며 조심하는 모양[足躩]이다. 족(足)으로 구성되었고 확(矍)이 발음을 나타낸다. 구(丘)와 박(縛)의 반절음이다.[躩, 足躩如也. 從足矍聲. 丘縛切.]

40 『설문해자』권8: 반(般)은 회피함[辟]이다. 배가 도는 모습을 형상한 것이고, 주(舟)로 구성되었으며 수(殳)로 구성되었는데, 수(殳)가 돌게 하는 것이다. 반(舣)은 반(般)의 고문인데 지(支)로 구성되었다. 북(北)과 반(潘)의 반절음이다.[般, 辟也. 象舟之旋, 從舟. 從殳, 殳, 所以旋也. 舣古文般從支. 北潘切.]

揖所與立, 左右手, 衣前後襜如也. 【注】鄭曰: "揖左人, 左其手; 揖
右人, 右其手. 一俛一仰, 衣前後, 襜如也."

함께 서 있는 사람에게 읍할 때 손을 왼쪽과 오른쪽으로 돌렸는
데, 옷의 앞뒤 자락이 가지런하였다. 【주】정현이 말했다. "왼쪽에 있는
사람에게 읍할 때는 손을 왼쪽으로 돌리고, 오른쪽에 있는 사람에게 읍할 때는 손을
오른쪽으로 돌린 것이다. 한 번 머리를 숙였다가 들 때마다 옷의 앞뒤 자락이 가지런
하였다."

원문 正義曰: 皇本"左右"下有"其"字.

역문 정의에서 말한다.

황간본에는 "좌우(左右)" 아래 "기(其)" 자가 있다.

- 「注」, "揖左"至"如也".
- 正義曰: 夫子時爲承擯, 左立者是紹擯, 右立者是上擯, 每一傳辭則宜揖也. 「司儀」云: "凡行
  人之儀, 不朝不夕, 不正其主面, 亦不背客." 「注」, "謂擯介傳辭時也, 不正東鄕, 不正西鄕,
  常視賓主之前, 卻得兩鄕之而已." 據此, 則擯介雖東西平列, 而面之所鄕, 不能咸正, 則自上
  擯望承擯, 稍在後爲東南也. 推之紹擯, 亦在承擯東南, 而承介在上介西北, 末介又在承介西
  北, 故「聘禮」「疏」謂"上擯位次宜稍在承擯西, 得以轉身望承擯在東南也."
- 「주」의 "읍좌(揖左)"부터 "여야(如也)"까지.
- 정의에서 말한다.

  공자는 당시 승빈이 되었으니, 왼쪽에 서 있는 자는 소빈이고, 오른쪽에 서 있는 자는 상빈인
  데, 한 번 말을 전할 때마다 마땅히 읍하는 것이다. 『주례』「사의」에 "행인(行人)의 예절은
  접대할 때는 아침도 없고 저녁도 없고, 군주의 얼굴을 똑바로 보지 않으며 또한 손님을 등지

지 않는다."라고 했는데, 「주」에 "빈(擯)이 서로 간에 말을 전할 때, 동쪽을 정면으로 향하지 않고, 서쪽을 정면으로 향하지 않으며, 항상 손님과 군주의 앞쪽을 응시해야, 도리어 양쪽을 다 향할 수 있을 뿐이라는 말이다."라고 했다. 이 말에 의거해 보면 빈개(擯介)가 비록 동서로 고르게 정렬해 있더라도 얼굴이 향하는 곳은 모두가 정면을 똑바로 향할 수가 없으니, 그렇다면 상빈의 자리로부터 승빈의 자리를 바라보면 조금씩 뒤에 있으면서 동남쪽으로 자리하게 된다. 소빈까지 미루어 보아도 역시 승빈의 동남쪽에 있고, 승개(承介)는 상개의 서북쪽에 있으며, 말개는 또 승개의 서쪽에 있기 때문에 『의례』「빙례」의 「소」에 "상빈의 자리 순서[位次]는 마땅히 조금씩 승빈의 서쪽에 있어야 몸을 돌려 동남쪽에 있는 승빈을 바라볼 수 있다."라고 한 것이다.

원문 江氏永『圖考』, "擯者, 雁行立於東方, 西面北上." 是以南·北爲左·右, 東·西爲前·後. 其傳主命達於賓, 當左其手, 則左臂縮而右臂伸, 右者隨之而左. 其傳賓命達主, 當右其手, 右肱短而左肱長, 則左者亦緣之而右矣. 至傳辭之法, 在朝禮則上擯奉主君之命, 問賓所以來之意, 恐其以他事至, 不欲自承以人來詣己也. 上擯揖而傳與承擯, 承擯復揖而傳與末擯, 末擯與末介, 東西相直, 則向末介揖而傳問之也. 末介揖而傳與承介, 承介揖而傳與上介, 上介乃傳以告於賓, 賓稱己所以來之意, 以告於上介, 復遞傳以至於上擯, 上擯以告於君. 君辭不敢當, 而命上擯復傳於承擯, 遞傳至賓. 賓對主君又辭, 賓終請不獲辭, 是爲三辭, 主君乃進車迎賓也.

역문 강영의 『향당도고』에 "빈(擯)은 동쪽에서 기러기처럼 나란히 줄지어 서서 서쪽을 향하고 북쪽을 상석으로 삼는다."라고 했는데, 이는 남(南)과 북(北)을 왼쪽과 오른쪽으로 삼고, 동(東)과 서(西)를 앞쪽과 뒤쪽으로 삼은 것이다. 따라서 손님에게 주군의 명을 전달할 때는 당연히 그 손을 왼쪽으로 해야 하니, 왼팔을 오므리고 오른팔을 펴며, 오른쪽이었던 것이 그에 따라 왼쪽이 되는 것이다. 손님의 명을 주군에게 전달할 때는 당연히 손을 오른쪽으로 하기 때문에 오른 팔뚝이 짧아지고 왼 팔뚝이 길어지니, 그렇다면 왼쪽이었던 것도 그에 따라 오른쪽이 되는 것이다. 말을 전달하는 예법에서 조례(朝禮)에서는 상빈이 주국 군주의 명을 받들어 손님이 오게 된 뜻을 묻는데, 만약 그가 다른 일로 왔다면 스스로를 높여 남이 자기에게로 나오기를 바라지 않는 것이다. 상빈이 읍하면서 승빈에게 전달해 주면 승빈은 다시 읍하고 말빈에게 전달해 주는데, 말빈과 말개는 동서로 서로 마주 보고 있으니, 말개를 향해 읍하고 질문을 전달한다. 말개가 읍하고 승개에게 전달해 주면 승계는 읍하고 상개에게 전달해 주며, 상개는 이에 손님에게 전하여 아뢰고, 손님은 자기가 오게 된 뜻을 설명하여 상개에게 아뢰고 다시 번갈아 가며 전해서 상빈에게까지 이르면 상빈은 군주에게 아뢴다. 군주는 감당할 수 없다고 사양하면서 상빈에게 명하여 다시 승빈에게 전하게 하고, 번갈아 가며 손님에게까지 전한다. 손님은 주국의 군주에게 또 사양하고, 손님이 끝내 사양을 받아들일 수 없음을 청하는데, 이렇게 해서 세 번 사양하게 되면 주국의 군주가 이에 수레를 들이고 손님을 영접하는 것이다.

원문 其聘禮, 則上擯述君命請事, 遞傳至賓, 賓辭遞傳至上擯, 上擯述君命辭之, 至不獲已, 始命紹擯入復於君, 而君出迎賓也. 當擯者揖時, 必俛其首, 及揖畢, 而仍仰立, 故曰"一俛一仰". 揖分左右, 故衣之前後, 亦與爲轉移也.

역문 빙례에서는 상빈이 군주의 명을 진술하고 일을 청하고 번갈아 가며 전달해서 손님에게까지 이르고, 손님이 사양하면 번갈아 가며 전해서 상빈에게까지 이르며, 상빈이 군주의 명을 진술하고 사양해서 마지못함에 이르게 되면 비로소 소빈에게 명하여 들어가 군주에게 복명하게 하면 군주는 나가서 손님을 영접하는 것이다. 빈자(擯者)는 읍할 때를 당해 반드시 그 머리를 숙이고, 읍이 끝날 때에 이르면 그대로 머리를 들고

서 있기 때문에 "한 번 머리를 숙였다가 들 때마다[一俛一仰]"라고 한 것이다. 읍은 왼쪽과 오른쪽으로 나누어서 하기 때문에 옷의 앞뒤 자락 역시 같이 옮겨지게 되는 것이다.

원문 <u>江氏永</u>『圖考』, "衣之前面西, 衣之後背東, 手之右者既左, 則面西者可移之左, 而背之負繩乃向根闑之閒矣. 手之左者既右, 則背東者可移之右, 而裳有後裾, 乃向車衡之閒矣." "襜襜", 動搖之貌. 故皇「疏」引江熙曰: "揖兩手, 衣裳襜如動也."『楚辭』「九歎」"裳襜襜而含風兮", <u>洪慶善</u>『補注』 "襜襜, 衣動貌."

역문 강영의『향당도고』에 "옷의 앞쪽은 서쪽을 향하고 옷의 뒤쪽은 동쪽을 등지며, 오른손이 이미 왼쪽으로 갔다면 서쪽을 향했던 것은 왼쪽으로 옮길 수 있고, 옷의 등 쪽에 상하의의 뒷부분을 이어 일직선으로 곧게 내려온 솔기[負繩]는 결국 문설주[根]와 문 중앙에 박아 놓은 말뚝[闑] 사이를 향하게 된다. 오른손이 이미 왼쪽으로 갔다면 동쪽을 등지고 있는 것은 오른쪽으로 옮길 수 있고, 아랫도리의 뒷자락은 이에 수레를 끄는 가로장 사이를 향한다."라고 했다. "첨첨(襜襜)"은 움직이는[動搖] 모양이다. 그러므로 황간의「소」에는 강희(江熙)[41]가 "두 손으로 읍할 때 위·아랫도리가 마치 하늘하늘 움직이는 것 같았다."라고 한 것을 인용했다.『초사』「구탄(九歎)」에 "치맛자락 하늘하늘 바람을 머금었어라[裳襜襜而含風兮]"라고 했는데, 홍경선(洪慶善)[42]의『초사보주(楚辭補注)』에 "첨

---

41 강희(江熙, ?~?): 동진(東晉)의 학자. 자는 태화(太和). 제양(濟陽) 사람이다. 저서에『논어강씨집해(論語江氏集解)』가 있다.

42 홍경선(洪慶善, 1090~1155): 남송 진강(鎭江) 단양(丹陽) 사람. 이름은 홍조(興祖)이고, 경선(慶善)은 그의 자이며, 호는 연당(練塘)이다. 휘종(徽宗) 정화(政和) 8년(1118) 진사가 되었다. 고종(高宗) 초에 비서성정자(秘書省正字)가 되었다가 태상박사(太常博士)로 옮겼다.

첨(襜襜)은 옷이 움직이는[衣動] 모양이다."라고 했다.

趨進, 翼如也. 【注】孔曰: "言端好."

빠른 걸음으로 나아갈 때는 경건하고 공손하였다. 【주】공안국이 말
했다. "단정하고 아름다웠다는 말이다."

원문 正義曰: 江氏永『群經補義』, "趨進, 謂廟中相禮時, 非迎賓入門時, 入門
不謂之進. 進者, 行步向前, 『左傳』所謂'公孫傁趨進'・'王孫賈趨進'是也.
「聘禮」云: '納賓, 賓入門左, 三揖, 至于階, 三讓. 公升二等, 賓升西楹西,
東面, 擯者退中庭. 賓致命, 公左還, 北鄉, 擯者進, 公當楣再拜.' 所謂'趨
進'在此時, 謂從中庭進至阼階, 而釋辭于賓, 以相公拜也. 所釋之辭云:
'子以君命在寡君, 寡君拜君命之辱.' 是也. 是時急遽, 行步必趨, 禮不言
趨, 省文也."

역문 정의에서 말한다.

　　강영의 『군경보의』에 "빠른 걸음으로 나아간다[趨進]는 것은 종묘 안

소흥(紹興) 4년(1134) 황명에 응해 상서(上書)했는데, 조정의 기강 문란을 논해 재상의 미움
을 사 태평관(太平觀)을 관리하게 되었다. 광덕군(廣德軍)을 맡아 다스리다가 제점강동형옥
(提點江東刑獄)을 거쳐 진주(眞州)와 요주(饒州)의 지주(知州)를 지냈는데, 가는 곳마다 혜
정을 베풀었다. 진회(秦檜)의 눈 밖에 나서 소주(昭州)로 쫓겨났다가 그곳에서 죽었다. 저서
에 『주역통의(周易通義)』와 『좌역고이(左易考異)』, 『고금역총지(古今易總志)』, 『논어설(論
語說)』, 『좌씨통해(左氏通解)』, 『고경서찬(考經序贊)』, 『노장본지(老莊本旨)』, 『초사보주
(楚辭補注)』, 『초사고이(楚辭考異)』 등이 있다.

에서 예를 도울 때를 말하는 것으로, 손님을 맞이해서 문으로 들어갈 때가 아니니, 문으로 들어갈 때는 진(進)이라고 하지 않는다. 진(進)이란 앞을 향해 나아가는 것이니 『춘추좌씨전』에서 '제(齊)나라 대부 공손(公孫)수(傁)가 종종걸음으로 나아갔다'[43]라고 한 것이나 '왕손가(王孫賈)가 종종걸음으로 나아갔다'[44]라고 한 것이 바로 그것이다. 『의례』「빙례」에 '손님을 받을 때 손님은 문의 좌측으로 들어와 세 번 읍을 하고 계단에 이르러 세 번 손을 들어 수평을 이루는 절[讓]을 한다. 주국의 임금이 먼저 두 개의 층계를 올라가 앞서면, 손님이 뒤를 따라 계단을 올라 당 위 서쪽 기둥의 서쪽에서 동쪽을 향해 서고, 상빈은 뜰 가운데로 물러난다. 손님이 자기 임금의 명을 전달하면, 주국의 임금은 왼쪽을 향해 몸을 돌려 북쪽을 향해 서고, 상빈이 앞으로 나오면 주국의 임금이 당 위의 상인방을 마주하고 서서 두 번 절을 한다.'라고 했는데, 이른바 '빠른 걸음으로 나아간다[趨進]'는 것은 이때에 있는 일이니, 마당 가운데[中庭]를 따라 조계(阼階)에 나아가 이르고, 손님에게 축사를 풀어서 말하여 주국의 임금이 절하는 것을 돕는다. 이때 풀어서 하는 말에 '그대가 임금의 명으로 우리 임금[寡君]께 오시매, 우리 임금께서는 귀국 군주의 명이 욕보심에 절하십니다.'라고 하는 것이 바로 이것이다. 이때는 급하고 갑작스럽기 때문에 걸음걸이를 반드시 빠르게 움직이는데, 예에서 종종걸음[趨]을 말하지 않는 것은 글자를 생략한 것이다."라고 했다.

원문 又『鄕黨圖考』云: "拜擯者從中庭進至阼階西, 有數十步, 不宜紆緩, 故必當趨. 趨則急遽, 或至垂手掉臂, 難其容, 故特記容. 趨進必有辭, 辭無

---

43 『춘추좌씨전(春秋左氏傳)』「소공(昭公)」 12년.

44 『춘추좌씨전』「정공(定公)」 8년.

常者, 不能記; 辭有常者, 不必記也." 今案, <u>江氏</u>據「聘禮」謂說是也. <u>凌氏</u>
<u>曙</u>『典故覈』, "「公食大夫禮」食聘賓也, 始賓升, 擯者在中庭, 釋辭相拜,
公退于箱, 擯者退, 負東塾而立, 及公將侑幣, 擯者進相幣, 是‘趨進’也."

역문 또 『향당도고』에 "빈(擯)에게 절하는 자는 마당 가운데를 따라 조계의
서쪽에 나아가 이르는데, 수십 보의 거리가 되므로 지체해서는 안 되기
때문에 반드시 종종걸음[趨]을 걷는 것이 당연하다. 종종걸음을 걷다 보
면 급작스럽고 빨라지기도 하다가 혹 손을 늘어뜨리고 팔을 휘젓기도
해서 용의[容]를 갖추기 어렵기 때문에 특별히 용의[容]를 기록한 것이다.
종종걸음으로 나아갈 때는 반드시 말하는 것이 있는데, 일정함이 없는
말은 기록할 수 없고, 일정함이 있는 말이라도 반드시 기록하는 것은 아
니다."라고 했다. 이제 살펴보니, 강씨(江氏)가 「빙례」를 근거로 했다는
것은 이것을 이야기했다는 말이다. 능서(凌曙)의 『사서전고핵(四書典故
覈)』에 "「공사대부례(公食大夫禮)」는 사신[聘賓]을 대접하는 것이니, 처음
손님이 당에 오르면 빈자는 마당 가운데 있다가 축사를 풀어서 말하며
서로 절하고 주국의 군주[公]가 곁채로 물러나면 빈자는 물러나 동숙(東
塾)을 등지고 서 있고, 주국의 군주가 폐백을 전달하려 할 때에 미처 빈
자가 나아가 폐백 전달을 도우니, 이것이 ‘종종걸음으로 나아간다’라는
것이다."라고 했다.

원문 案, 此亦見「聘禮」, 所謂"禮賓"也. 竊又意士介覿授幣時, 擯者自廟門外
進至中庭, 亦是"趨進", 當竝數之, 義爲備矣. 『典故覈』又云: "凡趨有二
法. 一曰徐趨. 君之徐趨接武, 大夫徐趨繼武, 士徐趨中武. 其行皆足不離
地, 擧前曳踵, 謂之圈豚行. 一曰疾趨, 其步不繼武, 中武, 但身須小折, 而
頭直手足正.「玉藻」曰: ‘疾趨則欲發, 而手足無移.’ 又曰: ‘端行頤霤如矢,
弁行剡剡起屨.’ 此‘趨進’, 是疾趨也." "翼如", 『說文』引作"趩如", 此出『古

『論語』.

역문 살펴보니, 이것 역시 「빙례」에 보이는데, 이른바 "예빈(禮賓)"이라는 것이다. 가만히 또 생각해 보니, 사개(士介)가 폐백을 바칠 때를 보면 빈자가 묘문(廟門) 밖으로부터 마당 가운데로 나아가 이르는 것 역시 "종종 걸음으로 나아가는 것"이니, 마땅히 이것도 함께 계산해야 뜻이 갖추어지게 된다. 『사서전고핵』에는 또 "종종걸음[趨]에는 두 가지 방법이 있다. 하나는 느린 종종걸음[徐趨]이라고 하는데, 군주의 느린 종종걸음은 두 발의 발자국이 반이 겹쳐지도록 하고, 대부의 느린 종종걸음은 두 발의 발자국이 서로 이어지도록 하며, 사의 느린 종종걸음은 두 발의 발자국 사이에 한 발자국이 들어가도록 한다. 그 걸음걸이는 모두 발이 땅에서 떨어지지 않은 상태에서 발끝을 들고 뒤꿈치를 끄는데, 이를 권돈행(圈豚行)이라고 한다. 다른 하나는 빠른 종종걸음[疾趨]이라고 하는데, 그 발자국은 두 발의 발자국이 서로 이어지지 않고, 두 발의 발자국 사이에 한 발자국이 들어가도록 하는데, 다만 몸은 반드시 조금 꺾되 머리는 곧게 세우고 손과 발은 바르게 해서 걷는다. 「옥조」에 '빠른 종종걸음[疾趨]은 황급히 가려고 하면서도 손과 발을 움직이는 방법은 예에서 벗어나지 않게 한다.'라고 했고 또 '몸을 곧게 하여 걸어갈 때는 턱을 처마의 낙수받이처럼 드리우고서 화살처럼 곧게 가며, 급하게 걸어갈 때는 벌떡 몸을 일으켜 신을 일으킨다.'라고 했으니, 여기에서 '빠른 걸음으로 나아가는 것[趨進]'은 바로 빠른 종종걸음[疾趨]인 것이다."라고 했다. "익여(翼如)"는 『설문해자』에서 인용하며 "익여(趨如)"라 하였는데,[45] 이는

---

[45] 『설문해자』 권2: 익(趨)은 빠른 걸음으로 나아갈 때 경건하고 공손하다는 뜻이다. 주(走)로 구성되었고 익(翼)이 발음을 나타낸다. 여(與)와 직(職)의 반절음이다.[趨, 趨進趨如也. 從走翼聲. 與職切.]

『고논어』에서 나온 것이다.

- 「注」, "言端好."

- 正義曰: 『爾雅』「釋詁」, "翼, 敬也." 「釋訓」, "翼翼, 恭也." 恭敬則端正可知. 賈子「容經」, "趨 以微磬之容, 飄然翼然, 肩狀若流, 足如射箭."

○ 「주」의 "단정하고 아름다웠다는 말이다."

○ 정의에서 말한다.

『이아』「석고」에 "익(翼)은 경건함[敬]이다."라고 했고, 「석훈」에 "익익(翼翼)은 공손함[恭]이 다."라고 했으니, 공손하고 경건하다면 단정하다는 것을 알 수 있다. 가의(賈誼)의 『신서(新 書)』「용경(容經)」에 "빨리 걸을 때는 약간 굽은 자세로 사뿐사뿐 공손하게 걷되 어깨의 모습 은 물이 흐르듯 유연하게 하고 발은 시위를 떠난 화살처럼 쭉쭉 내뻗어야 한다."라고 했다.

賓退, 必復命曰: "賓不顧矣."【注】鄭曰: "'復命', 復白君, '賓已去矣.'"

빈객이 물러가면 반드시 보고하기를 "빈객이 뒤돌아보지 않고 떠 났습니다."라고 했다. 【주】정현이 말했다. "'복명(復命)'이란 임금에게 '빈객 이 이미 떠났습니다.'라고 다시 아뢴다[復白]는 것이다."

원문 正義曰: 「司儀」言聘事云: "出及中門之外, 問君, 客再拜對, 君拜, 客辟 而對. 君問大夫, 客對. 君勞客, 客再拜稽首, 君答拜, 客趨辟." 「聘禮」云: "擯者出請事, 賓告事畢. 擯者入告公, 公出送賓. 及大門內, 公問君, 賓對, 公再拜. 公問大夫, 賓對, 公勞賓, 賓再拜. 送, 賓不顧." 「注」云: "公既拜,

客趨辟, 君命上擯送賓出, 反告賓不顧, 於此, 君可以反路寢矣." 下引此文
云云.

역문 정의에서 말한다.

　『주례』「사의」에 빙문하는 일[聘事]에 대해 말하기를 "나가서 중문 밖
에 이르러, 손님 나라 군주의 안부를 물으면 손님은 재배하고 대답하고,
주국의 군주가 절하면 손님은 피하면서 대답한다. 군주가 대부의 안부
를 물으면 손님은 대답한다. 군주가 손님을 위로하면 손님은 재배하고
머리를 조아리고, 군주가 답배하면 손님은 종종걸음으로 피한다."라고
했고, 『의례』「빙례」에 "빈자가 나와서 일을 청하면 손님은 일이 다 끝
났음을 아뢴다. 빈자가 문안으로 들어가 군주[公]에게 아뢰면 군주는 문
밖으로 나와 손님을 전송한다. 대문 안에 이르러서는 주국의 군주가 손
님 나라 군주에게 안부를 물으면 손님은 대답하고 군주[公]는 재배한다.
군주가 대부의 안부를 물으면 손님은 대답하고, 군주가 손님을 위로하
면 손님은 재배한다. 전송할 때 손님은 뒤돌아보지 않는다."라고 했는
데, 「주」에 "군주[公]가 이미 절하면 손님이 종종걸음으로 피하고, 군주
가 상빈에게 명하여 손님이 나가는 것을 전송하게 하면, 되돌아와 손님
이 뒤돌아보지 않고 갔다고 아뢰니, 이에 군주는 노침으로 되돌아올 수
있다."라고 하면서 그 아래 이 글을 인용해서 말했다.

원문 案, 「司儀」言君送賓"在中門之外", 「聘禮」言"在大門內", 是二禮文同.
鄭「注」謂"君命上擯送賓出者, 謂出大門外也." 「司儀」言諸侯相朝云: "及
出, 車送, 三請三進, 再拜; 賓三還三辭, 告辭." 「注」云: "三進, 請賓就車
也. 主君每一請, 車一進, 欲遠送之也. 三還三辭, 主君一請者, 賓亦一還
一辭." 考彼文言"辟"是賓退, "告辟"則上擯之事. 主君迎賓於大門外, 則送
賓亦於大門外, 故但有告辟, 無命上擯送賓及上擯復命事也.

역문 살펴보니, 『주례』「사의」에서 군주가 손님을 전송할 때 "중문 밖에 있다"라고 했고, 『의례』「빙례」에서는 "대문 안에 있다"라고 했는데, 이 두 개의 예문(禮文)은 같은 뜻이다. 정현의 「주」에 "군주가 상빈에게 명하여 손님이 나가는 것을 전송하게 한다는 것은 대문 밖으로 나간다는 말이다."라고 했고, 『주례』「사의」에서 제후가 서로 조회하는 것을 언급하면서 "나갈 때에 미쳐 수레를 전송하면서 세 번 청하고 세 번 나아가 재배하고, 빈이 세 번 뒤돌아보고 세 번 사양하면 떠난 것을 아뢴다[告辭]."라고 했는데, 「주」에 "세 번 나아감[三進]은 손님에게 수레로 나아갈 것을 청하는 것이다. 주국의 군주가 한 번 청할 때마다 수레가 한 번씩 나아가는 것은 멀리까지 전송하고자 함이다. 세 번 뒤돌아보고 세 번 사양하는 것은 주국의 군주가 한 번 청하는 것에 따라 손님 역시 한 번 뒤돌아보고 한 번 사양한다는 것이다."라고 했는데, 앞의 글에서 말한 "피(辟)"가 손님이 떠난 것임을 상고해 보면 "떠난 것을 아뢴다[告辭]"라는 것은 상빈의 일이다. 주국의 군주가 손님을 대문 밖에서 영접했다면, 손님을 전송하는 것 역시 대문 밖에서 하는 것이기 때문에 단지 떠났음을 보고하는 일만 있을 뿐, 상빈에게 명하여 손님을 전송하게 하고, 상빈에게 복명하게 하는 일은 없다.

원문 『說文』, "顧, 還視也." 『詩』「匪風」「箋」, "迴首曰顧." 賓退所以不顧者, 不敢當盛, 且以示有終也. 「公食大夫禮」言"禮賓畢, 公送于大門內再拜, 賓不顧." 又「聘禮」言聘賓問卿面卿及介面卿畢, "賓出, 大夫送于外門外, 再拜, 賓不顧." 鄭注「公食大夫」云: "初來, 揖讓而退不顧, 退禮略也, 示難進易退之義." 又「有司徹」, "尸出, 侑從, 主人送于廟門之外, 拜, 尸不顧." 則凡賓客退皆不顧.

역문 『설문해자』에 "고(顧)는 뒤돌아봄[還視]이다."[46]라고 했고, 『시경』「비풍(匪風)」의 「전」에 "머리를 돌리는 것을 고(顧)라 한다."라고 했으니, 손님이 떠나가면서 뒤돌아보지 않는 까닭은 성대한 대접을 감당하지 못하고 또 그렇게 함으로써 유종의 미를 보여 준 것이다. 『의례』「공사대부례」에 "예빈(禮賓)을 마치고 주군[公]이 대문 안에서 전송하고 재배하면 손님은 뒤돌아보지 않는다."라고 했고, 또 「빙례」에 방문한 손님이 경에게 질문하고 경을 마주하는 것과 개가 경을 마주하는 예를 마치는 것에 대해 말하면서 "손님이 문밖으로 나가면 대부는 외문(外門) 밖에서 전송하고 재배하고, 손님은 뒤돌아보지 않는다."라고 했는데, 정현은 「공사대부례」를 주석하면서 "처음 왔을 때 읍양(揖讓)을 하고, 떠나가면서 뒤돌아보지 않으니, 떠나가는 예가 생략된 것은 나아가기를 어렵게 하고 떠나가기를 쉽게 한다는 뜻을 보인 것이다."라고 했고, 또 「유사철(有司徹)」에 "시동이 나오면 시동에게 음식을 권하는 유(侑)가 따르고, 주인은 묘문 밖에서 전송하고 절하는데, 시동은 뒤돌아보지 않는다."라고 했으니, 그렇다면 무릇 빈객이 떠나갈 때는 모두 뒤돌아보지 않는 것이다.

원문 凌氏廷堪『禮經釋例』, "凡拜送之禮, 送者拜, 去者不答拜." 歷引「鄕飮酒」·「鄕射」·「特牲饋食」·「士冠」·「士昏」·「士相見」·「有司徹」及此朝聘禮爲言, 知賓退皆不答拜, 不答拜, 則亦不顧矣. 江氏永『圖考』, "「鄕黨」記復命, 若非君有命, 何以謂之復命乎? 經但言'賓不顧', 無命上擯送賓, 及擯者復命之文者, 文不具耳." 又云: "「聘禮」云'賓請有事于大夫, 公禮辭, 許', 「注」謂'上擯送賓出, 賓東面而請之, 擯者反命因告之.' 是復命時有二事: 一告賓不顧, 一告賓請明日有事于大夫也. 當時有無未可知, 惟

---

46 『설문해자』 권9: 고(顧)는 뒤돌아봄[還視]이다. 혈(頁)로 구성되었고 고(雇)가 발음을 나타낸다. 고(古)와 모(慕)의 반절음이다.[顧, 還視也. 從頁雇聲. 古慕切.]

孔子是攝上擯, 則召是特召, 君命爲尤重矣." 案, 孔子本爲承擯, 及人廟相
禮, 出大門送賓, 皆是攝上擯. 惟公送賓出時, 承擯·紹擯皆在, 如初賓來
時之禮, 而孔子已攝上擯, 則承擯當已別遣人爲之.

역문 능정감의 『예경석례』에는 "모든 절하면서 전송하는 예는 전송하는
자가 절하고, 떠나가는 자는 답배하지 않는다."라고 하면서, 「향음주례
(鄕飮酒禮)」·「향사례(鄕射禮)」·「특생궤사례(特牲饋食禮)」·「사관례(士冠
禮)」·「사혼례(士昏禮)」·「사상견례(士相見禮)」·「유사철」및 이 조빙의
예를 낱낱이 인용해서 언급했는데, 손님이 떠나갈 때 모두 답배를 하지
않았으니, 답배를 하지 않았다면 역시 뒤돌아보지 않았음을 알 수 있다.
강영의 『향당도고』에 "『논어』「향당」에 복명을 기록했는데, 만약 군주
의 명이 있었던 것이 아니라면 어째서 복명이라고 한 것인가? 경에서는
다만 '손님이 뒤돌아보지 않았다'라고만 하고, 상빈에게 손님을 전송할
것과 빈자가 복명했다는 글이 없는 것은 글자가 갖추어지지 않은 것일
뿐이다."라고 했고, 또 "「빙례」에 '손님이 대부에게 일이 있는지를 청하
면 주군[公]은 예로써 사양했다가 허락한다'라고 했는데, 「주」에 '상빈이
손님을 전송해서 나가면 손님은 동쪽을 향해 청하고, 빈자는 반명(反命)
하고 그에 따라 아뢴다.'라고 했으니, 이는 복명할 때에 두 가지 일이 있
는 것으로, 한 가지는 손님이 뒤돌아보지 않았다고 아뢰는 것이고, 다른
하나는 손님이 다음 날 대부에게 일이 있는지를 질문했음을 아뢰는 것
이다. 당시에 이런 일이 있었는지 없었는지는 알 수 없고, 오직 공자가
상빈을 겸하였을 뿐이었다면 이때의 부름은 특별한 부름이었으므로 군
주의 명이 더욱 중하였을 것이다."라고 했다.

원문 案, 孔子本爲承擯, 及人廟相禮, 出大門送賓, 皆是攝上擯. 惟公送賓出
時, 承擯紹擯皆在, 如初賓來時之禮, 而孔子已攝上擯, 則承擯當已別遣人

爲之.

역문 살펴보니, 공자는 본래 승빈이 되었으니, 남의 사당에서 예를 돕거나 대문을 나와 손님을 전송함에 미쳐서는 모두 상빈의 역할을 겸한 것이다. 오직 주군[公]이 손님을 전송하면서 나올 때는 승빈과 소빈이 모두 있으니, 처음 손님이 왔을 때의 예와 같이 할 뿐이고, 공자가 이미 상빈의 역할을 겸했다면 승빈의 역할은 마땅히 이미 별도로 사람을 보내서 했을 것이다.

10-3

入公門, 鞠躬如也, 如不容. 【注】孔曰: "斂身."

궁궐의 문에 들어갈 때는 몸을 삼가고 경건하게 해서 마치 발을 들여놓을 수 없는 것처럼 하였다. 【주】공안국이 말했다. "몸을 움츠림이다."

원문 正義曰: 此及下節言孔子爲聘賓事也. "公門"者, 諸侯之外門·中門, 卽庫門·雉門也. 戴氏震『三朝三門考』云: "天子之室, 有皋門, 有應門, 有路門; 諸侯之室, 有庫門, 有雉門, 有路門. 皋門, 天子外門, 庫門, 諸侯外門. 應門, 天子中門; 雉門, 諸侯中門. 異其名, 殊其制, 辨等威也. 案,「聘禮」云: '賓皮弁聘, 至于朝.' 朝在庫門外. 又云: '公皮弁迎賓于大門內, 大夫納賓, 賓入門左.' 則賓由外朝至庫門內, 復入雉門也. 二者皆爲公門. 公者, 君也.「曲禮」大夫·士出入公門, 彼據己國, 此稱所聘之國, 辭亦同也."

역문 정의에서 말한다.

이 글과 아래 구절은 공자가 빙빈(聘賓)의 일을 수행했던 것을 말한 것이다. "공문(公門)"이란 제후의 외문과 중문, 즉 고문(庫門)과 치문이다. 대진(戴震)의 『삼조삼문고(三朝三門考)』에 "천자의 궁실에는 고문(皐門)·응문·노문이 있고, 제후의 궁실에는 고문(庫門)·치문·노문이 있다. 고문(皐門)은 천자의 외문이며 고문(庫門)은 제후의 외문이다. 응문은 천자의 중문이며 치문은 제후의 중문이다. 명칭을 달리하고 제도를 달리하는 것은 등위(等威)를 변별한 것이다. 살펴보니, 『의례』「빙례」에 '손님은 피변을 입고 방문해서 조정에 이른다.'라고 했는데, 조정은 고문(庫門) 밖에 있는 것이고. 또 '주국의 군주[公]는 피변을 입고 대문 안에서 손님을 영접하고, 대부가 손님을 안내해서 들어오게 하면 손님은 문 왼쪽으로 들어간다.'라고 했으니, 손님은 외조를 따라 고문 안으로 들어왔다가 다시 치문으로 들어가는 것이다. 고문과 치문 둘 다 공문이 된다. 공(公)은 주국의 군주이다. 「곡례상」의 '대부와 사가 공문을 출입한다.'[47]라는 것은 자기 나라에서 공문을 출입할 때를 말한 것이고, 앞의 것은 방문한 나라를 일컬은 것이지만 역시 같은 말이다."라고 했다.

원문 王氏引之『經義述聞』以"入門"爲廟門, 云: "公衍字也. 「聘禮」「記」, '執圭入門, 鞠躬如也.' 正與此同." 案, 「聘」「記」雖雜說孔子行事, 其文不必與『論語』悉同. 彼於"執圭"下言"入門", 自指廟門, 『論語』"公門", 則以朝門賅廟門也. 且以『詩』言"公庭萬舞"觀之, 廟庭稱公, 卽此公門爲廟門, 奚不可者? 而王氏以"公"爲衍字, 非也.

역문 왕인지(王引之)의 『경의술문(經義述聞)』에 "문에 들어감"을 묘문이라

---

47 『예기』「곡례상(曲禮上)」: 대부와 사는 공문에서 수레를 내려 노마를 보면 경례한다.[大夫·士下公門, 式路馬.]

하면서 말하길, "공(公)은 연자(衍字)이다. 「빙례」「기」에 '홀[圭]을 가지고 문을 들어갈 때는 몸을 삼가고 경건하게 한다.'라고 했으니, 바로 이와 똑같다."라고 했다. 살펴보니, 「빙례」「기」가 비록 공자의 행적과 일을 섞어서 말한 것이지만 그 글자가 반드시 『논어』와 모두 같아야 하는 것은 아니다. 여기서는 "집규(執圭)" 아래 "문에 들어갈 때[入門]"라고 했으니, 본래 묘문을 가리키는 것이지만, 『논어』의 "공문"은 조문(朝門)으로서 묘문을 포함한 것이다. 또 『시경』에서 "궁전의 뜰에서 온갖 춤을 춘다[公庭萬舞]"[48]라고 한 것을 가지고 살펴보면, 묘정(廟庭)을 공이라 일컬은 것이니, 바로 여기의 공문을 묘문이라고 하는 것이 어째서 불가한 것인가? 따라서 왕씨(王氏)가 "공(公)"을 연자라고 한 것은 틀린 것이다.

원문 『書鈔』「禮儀部」七引鄭此「注」云: "鞠躬, 自歛斂之貌也." 案, 『聘禮』「注」引此下文 "執圭, 鞠躬如也." 『釋文』 "躬"作"窮". 『廣雅』「釋訓」, "趵𨂂, 謹敬也." 王氏念孫 『疏證』引此文說之云: "踧踖·鞠躬, 皆雙聲以形容之, 故皆言'如'. 『史記』「韓長孺傳」「贊」, '斯鞠躬君子也.' 「太史公自序」, '務在鞠躬, 君子長者.' 『漢書』「馮奉世傳」「贊」, '鞠躬履方.' 顔師古「注」云: '鞠躬, 謹敬貌.'" 皆當讀爲鞠窮. 盧氏文弨 『鍾山札記』·段氏玉裁 『說文注』說略同. 段又引 "「魯世家」'趵𨂂如畏然', 徐廣云: '見 『三蒼』, "謹敬貌也. 音穹窮.""" 則"鞠躬"者, "趵𨂂"之叚借.

역문 『북당서초』「예의부」권7에는 정현이 이에 대한 「주」에서 "국궁(鞠躬)은 스스로 움츠리는 모양이다."라고 한 것을 인용했는데, 살펴보니 「빙례」의 「주」에 이 아래의 문장인 "홀을 잡을 때는 몸을 삼가고 경건하게

---

48 『시경』「국풍(國風)·패(邶)·간혜(簡兮)」.

했다."를 인용했다. 『경전석문』에는 "궁(躬)"이 "궁(窮)"으로 되어 있다. [49]
『광아』「석훈」에 "궁궁(匑匑)은 삼가고 경건함이다."라고 했다. 왕염손
(王念孫)의 『광아소증(廣雅疏證)』에 이 글을 인용해서 설명하기를 "축적
(踧踖)과 국궁(鞠躬)은 모두 쌍성(雙聲)을 가지고 형용한 것이기 때문에 모
두 '여(如)'라고 말한 것이다. 『사기』「한장유전(韓長孺傳)」의 「찬」에 '삼
가고 경건한 행동으로 존경받는 군자가 되었을 것이다.[斯鞠躬君子也.]'라
고 했고, 「태사공자서(太史公自序)」에 '삼가고 경건하게 처신하니 군자
요, 장자로다.[務在鞠躬, 君子長者.]'라고 했으며, 『전한서』「풍봉세전(馮奉
世傳)」의 「찬」에 '몸가짐을 삼가고 경건하였고 발걸음은 방정하고 곧았
다.[鞠躬履方.]'라고 했는데, 안사고(顔師古)의 「주」에 '국궁(鞠躬)은 삼가고
경건한 모습이다.'라고 했다." 하였으니, 모두 마땅히 삼가고 경건하다
[鞠窮]는 뜻으로 읽어야 한다. 노문초(盧文弨)의 『종산찰기(鍾山札記)』와
단옥재(段玉裁)의 『설문해자주(說文解字注)』의 설명은 대략 같다. 단옥재
는 또 인용하기를 "『사기』「노주공세가(魯周公世家)」의 '몸을 삼가고 경건
하게 해서 두려운 듯했다[匑匑如畏然]'라고 한 곳의 「주」에, 서광(徐廣)이
'『삼창(三蒼)』에 보이니, "삼가고 경건한 모양이다. 소리는 궁궁(穹窮)이
다."라고 했다.'라고 하였다." 했으니, 그렇다면 "국궁(鞠躬)"은 "궁궁(匑
匑)"의 가차자인 것이다.

원문 孫氏志祖『讀書脞錄』, "蓋鞠躬與踧踖一例, 若作曲身解, 則當云'躬鞠如
也', 方與'色勃如也, 足躩如也.' 句法合矣." 案, "鞠躬"義爲謹敬. 鄭君以爲
"歙斂之貌"者, 『後漢書』「張衡傳」「注」"歙, 斂也", 二字訓同, 亦謹敬之義.

『老子』云: "歙歙爲天下渾其心." 『釋文』引顧「注」, "歙歙, 危懼貌." 義可
證. "如不容"者, 言謹畏之形, 若無所容厠足也.

역문 손지조(孫志祖)의 『독서좌록(讀書脞錄)』에 "대체로 국궁(鞠躬)과 축적(踧
踖)은 똑같은 용례로서, 만약 몸을 구푸린다는 뜻으로 해석한다면 마땅
히 '궁국여야(躬鞠如也)'라고 해야 비로소 '얼굴빛은 기운이 왕성하였고,
발걸음은 회피하듯 머뭇거리며 조심하였다.[色勃如也, 足躩如也.]'라고 한
구절과 구법(句法)이 일치한다."라고 했다. 살펴보니, "국궁(鞠躬)"의 뜻
은 삼가고 경건함이다. 정군이 "움츠리는[歙斂] 모양이다."라고 한 것은,
『후한서』「장형전(張衡傳)」의 「주」에 "흡(歙)은 움츠림[斂]이다."라고 했
는데, 두 글자의 새김이 같으니 역시 삼가고 경건하다는 뜻이다. 『노자
(老子)』에 "흡흡(歙歙)하게 천하를 마음으로 감싼다."라고 했는데, 『경전
석문』에 고환(顧歡)[50]의 「주」를 인용해서 "흡흡(歙歙)은 움츠리고 두려워
하는[危懼] 모양이다."라고 했으니, 뜻을 증명할 수 있다. "여불용(如不容)"
이란 삼가고 두려워하는 모습이 마치 발 디딜 만큼의 공간도 허용됨이
없는 것처럼 했다[51]는 말이다.

---

50 고환(顧歡, 420~483): 남조(南朝)시대의 저명한 도사(道士)이다. 자는 경이(景怡)이며, 또
다른 자는 현평(玄平)이다. 오군(吳郡) 염관[鹽官: 지금의 절강성(浙江省) 해녕현(海寧縣)]
사람. 저서에 『진적(眞迹)』과 『이하론(夷夏論)』 등이 있다.

51 『장자』「외물」에 "'쓸모없음'을 알아야만 비로소 쓸모 있음에 대해 더불어 말할 수 있다. 무
릇 천지는 넓고 또 크지 않은 것이 아니지만 실제로 사람이 필요로 하는 것은 발로 밟는 크
기만큼의 공간일 뿐이다. 그러나 그렇다고 해서 발의 크기를 측량하여 그 공간만 남기고 주
위의 나머지 땅을 깊이 파 황천(黃泉)까지 도달하게 한다 치면, 그러고서도 발 딛는 공간이
사람들에게 여전히 쓸모 있는 땅이 될 수 있겠는가[知無用, 而始可與言用矣. 夫地非不廣且
大也, 人之所用, 容足耳. 然則厠足而墊之, 致黃泉人尙有用乎?]'라고 했다.

- 「注」, "斂身."

- 正義曰:「注」以"鞠"爲"斂", "躬"爲"身". 『說文』云: "𩣡, 曲脊也." "鞠"‧"𩣡"音同. 王氏念孫 『廣雅疏證』謂"孔義與'匔匔'同, 其說恐未必然."

○ 「주」의 "몸을 움츠림이다."

○ 정의에서 말한다.

「주」에서는 "국(鞠)"을 "움츠림[斂]"의 뜻으로 보고, "궁(躬)"을 "몸[身]"의 뜻으로 본 것이다. 『설문해자』에 "국(𩣡)은 등뼈를 굽힌 것[曲脊]이다."[52]라고 했는데, "국(鞠)"과 "국(𩣡)"은 소리가 같다. 왕염손의 『광아소증』에 "공안국의 뜻은 '몸을 굽힌다[匔匔]'는 뜻과 같으니, 그의 설명이 어쩌면 반드시 맞는 것만은 아닌 듯하다."라고 했다.

立不中門, 行不履閾. 【注】孔曰: "'閾', 門限."

서 있을 때는 문 가운데에 서지 않고, 다닐 때는 문지방을 밟지 않았다. 【주】 공안국이 말했다. "'역(閾)'은 문지방[門限]이다."

원문 正義曰: "立"卽位也. 下文"復其位", 承此言之. 「聘禮」言"賓及廟門, 公 揖入, 立于中庭, 賓立接西塾." 「注」云: "接, 近也." 西塾, 在廟門之外, 所 謂"門側之堂謂之塾"也. 賓與主人同至廟門, 而君先入以省內事, 故賓在門 外閾西, 近西塾之地, 立少俟, 此立不知何面. 胡氏培翚『正義』引蔡說賓是

---

52 『설문해자』 권9: 국(𩣡)은 등뼈를 굽힌 것[曲脊]이다. 포(勹)로 구성되었고, 국(鞠)의 생략형 이 발음을 나타낸다. 거(巨)와 육(六)의 반절음이다.[𩣡, 曲脊也. 從勹, 鞠省聲. 巨六切.]

東面. 案,「雜記」, "弔者即位于門西, 東面, 其介在其東南, 西上, 西於門." 「注」 "賓立門外, 不當門." 以此例之, 知聘賓亦東面. 「曲禮」云: "爲人子者, 立不中門." 可知中門爲尊者之迹, 人臣人子, 皆當辟之.

역문 정의에서 말한다.

"입(立)"은 자리함[位]이다. 아래 문장에 "임금의 자리를 다시 지난다[復其位]"라고 한 것은 이 구절을 받아서 말한 것이다. 『의례』「빙례」에 "손님이 묘문에 이르면 주국의 군주[公]는 읍하고 들어가 뜰 가운데 서 있고, 손님은 서숙(西塾) 가까이에 서 있는다."라고 했는데,「주」에 "접(接)은 가까움[近]이다."라고 했다. 서숙은 묘문 밖에 있으니, 이른바 "문 곁에 있는 당(堂)을 숙(塾)이라 한다"라는 것이다. 손님과 주인이 함께 묘문에 이르면 주군이 먼저 들어가 안의 일을 살피기 때문에 손님은 문밖 얼(闃)의 서쪽에 있으면서 서숙 가까운 곳에 서서 잠시 기다리는데, 이때 서 있으면서 어느 쪽을 향하는지는 알 수 없다. 호배휘의 『의례정의』에는 채덕진(蔡德晉)[53]의 말을 인용해서 손님은 동쪽을 향한다고 했다. 살펴보니 『예기』「잡기(雜記)」에 "조문하는 자는 문의 서쪽에서 자리에 나아가 동향하고, 그 부사[介]들은 그 동남쪽에서 서쪽을 상석으로 하고 문의 서쪽에 있는다."라고 했는데,「주」에 "손님은 문밖에 서 있고, 문 중앙으로 출입하지 않는다."라고 했으니, 이로 비추어 보면 빙문하는 손님

---

53 채덕진(蔡德晉, ?~?): 청나라 강소(江蘇) 무석(無錫) 사람. 자는 인석(仁錫) 또는 신석(宸錫)이고, 호는 경재(敬齋)이다. 옹정(雍正) 4년(1726) 거인(擧人)이 되었다. 건륭(乾隆) 연간에 예부상서(禮部尙書) 양명시(楊名時)의 천거로 국자감학정(國子監學正)을 지내고, 공부사무(工部司務)로 옮겼다. 송·원·명나라 이래 여러 학자의 학설과 주소(注疏) 등을 참고하여 예경(禮經)의 뜻을 해석한 『예경본의(禮經本義)』를 지었다. 또한 주·진·양한(周秦兩漢)의 서적과 선현들의 예(禮)에 대한 격언을 모아 『예전본의(禮傳本義)』도 저술했다. 그 밖의 저서에 『통례(通禮)』와 『시경본의(詩經本義)』 등이 있다.

역시 동쪽을 향함을 알 수 있다. 『예기』「곡례상」에 "자식 된 사람은 서 있을 때 문 가운데에 서지 않는다."라고 했으니, 문 가운데는 존귀한 자들의 자취이므로 신하 된 사람이나 자식 된 사람은 모두 마땅히 그곳을 피해야 함을 알 수 있다.

원문 鄭此「注」云: "立行不當棖闑之中央." 經言立法, 鄭君兼"行"言之者, 行謂入門也. 「玉藻」云: "賓入不中門." 蓋擯者自廟門出請賓, 賓由所立處稍進身向東, 復轉身向北, 由闑西入門, 是爲入不中門. 「玉藻」云: "公事自闑西." 「注」謂"聘享"是也. 其聘賓私覿, 則與臣入君門同. 「玉藻」云: "私事自闑東." 私事卽私覿是也. 「曲禮」云: "大夫·士出入君門, 由闑右." 孔「疏」謂"右在東.". 此爲臣入君門法. 彼入門由闑東, 亦不得中門, 以此文例之可知矣.

역문 정현은 여기에 대한 「주」에서 "서 있거나 다닐 때 마땅히 문설주나 문 중앙에 박아 놓은 말뚝[棖闑]의 중앙에 서 있거나 다니지 않아야 한다."라고 했다. 경에서는 서는[立] 법을 말했는데, 정군은 "다니는 것[行]"을 아울러 말했으니, 다닌다[行]는 것은 문으로 들어간다는 말이다. 『예기』「옥조」에 "손님은 들어올 때 문 가운데를 지나지 않는다."라고 했는데, 빈자가 묘문에서 나가 손님에게 내빙한 뜻을 청하면 손님은 서 있는 자리에서 조금 앞으로 나와 몸이 동쪽을 향했다가 다시 몸을 돌려 북쪽을 향해서 문 중앙에 박아 놓은 말뚝[闑] 서쪽을 따라 문을 들어오니, 이것이 문 한가운데를 지나지 않는 것이 된다. 「옥조」에 "공적인 일에는 문 중앙에 박아 놓은 말뚝[闑]의 서쪽으로 들어간다."라고 했는데, 「주」에 "빙례나 향례(享禮)이다."라고 한 것이 바로 그것이다. 빙문한 손님이 사적으로 만나 볼 때 신하와 함께 주군의 문으로 들어오는 것은 같다. 「옥조」에 "사적인 일에는 얼의 동쪽으로 들어간다."라고 했는데, 사적인 일이란 사적으로 만나 본다는 것이 바로 그것이다. 「곡례상」에 "대부와 사는 주군의 문을 출입하되, 얼의 오른쪽을 따라 출입한다."라고 했는데, 공영달의 「소」에 "오른쪽은 동쪽이다."라고 했으니, 이것이 신하가 군주의 문을 들어가는 법이다. 앞의 문을 들어갈 때 얼의 동쪽을 따라 들어가는 것 역시 문 가운데를 지날 수 없다는 것이니, 이 글을 가지고 비추어 보면 알 수 있을 것이다.

원문 "棖"者, 『爾雅』「釋宮」, "棖謂之楔." 鄭注「玉藻」云: "棖, 楔也." 「丰」詩「箋」云: "棖, 門梱上木近邊者." 皇「疏」云: "門左右兩橙, 各豎一木, 名之爲棖. 棖以禦車過, 恐觸門也." "闑"者, 「釋宮」云: "橜謂之闑." 又云: "橜在地者謂之臬." 郭「注」, "卽門橜也." 案, "闑"・"臬"字同, 以木爲之, 置於門中, 以爲界別. 皇「疏」云: "門中央有闑, 闑以硋門, 兩扇之交處也." 「曲禮」「疏」亦云: "中央有闑." 是皇・孔謂門止有一闑, 而『儀禮』賈「疏」謂有二闑, 誤矣. 「玉藻」云: "君入門, 介拂闑, 大夫中棖與闑之閒, 士介拂棖." 「注」云: "此謂兩君相見也. 君入必中門, 上介夾闑, 大夫介士介雁行於後, 示不相沿也." 此說入公門之法, 君臣同行一門, 亦所謂"公事自闑西"者也. 君入中門, 臣辟君, 故用雁行法. 上介拂闑, 而鄭云: "夾闑"者, 謂上介行闑西, 與上擯行闑東相夾也. 以彼文例之, 此孔子爲聘賓入廟門, 當亦自闑西, 與上介之拂闑相似矣.

역문 "문설주[棖]"란, 『이아』「석궁」에 "문설주[棖]를 설(楔)이라 한다."라고 했고, 정현은 「옥조」를 주석하면서 "정(棖)이란 문설주[楔]이다."라고 했으며, 『시경』「국풍(國風)・정(鄭)・봉(丰)」의 「전(箋)」에 "정(棖)은 문지방 위의 나무 중에서 가장자리에 가까운 것이다."라고 했다. 황간의 「소」에 "문의 좌우에 있는 두 개의 박달나무 가장자리에 각각 나무 하나를 세우고 그것을 이름하여 문설주[棖]라고 한다. 문설주로 수레가 지나가는 것을 막으니, 이는 문에 부딪힐까 염려해서다."라고 했다. "얼(闃)"이란 「석궁」에 "말뚝[橜]을 얼(闃)이라 한다."라고 했다. 또 "말뚝이 땅에 박혀 있는 것을 얼(臬)이라 한다."라고 했는데, 곽박(郭璞)의 「주」에 "바로 문의 중앙에 박혀 있는 말뚝[橜]이다."라고 했다. 살펴보니, "얼(闃)"과 "얼(臬)"은 뜻이 같은 글자이고, 나무로 만들어 문 가운데 설치해서 경계의 구별로 삼는다. 황간의 「소」에 "문 중앙에 말뚝[闃]이 있으니, 말뚝으로 문을 막아서 두 짝의 사립문이 서로 교차되는 곳이다."라고 했다. 「곡례상」의 「소」에도 "중앙에 얼이 있다."라고 했는데, 황간과 공영달은 문이 멎는 지점에 하나의 얼이 있다고 말한 것이니, 『의례』가공언(賈公彦)의 「소」에 두 개의 얼이 있다는 것은 잘못된 것이다. 「옥조」에 "군주가 대문에 들어올 때 상개는 얼을 스치듯 서 있고, 대부로서 개나 빈이 된 자는 문설주[棖]와 얼의 중간에 있으며, 사로서 개나 빈이 된 자는 서쪽이나 동쪽의 문설주[棖]를 스치듯 서 있는다."라고 했는데, 「주」에 "이는 두 나라의 군주가 서로 만나 볼 때를 말한 것이다. 군주는 반드시 문 중앙으로 들어오는데, 이때 상개는 얼을 끼고 서 있고 대부로서 개가 된 자나 사로서 개가 된 자는 그 뒤에 기러기처럼 늘어서서 서로 이어져 있지 않은 것처럼 보인다."라고 했으니, 이는 공문을 들어가는 예법을 말한 것으로, 군주와 신하가 하나의 문을 함께 통행하는 것 역시 이른바 "공적인 일에는 얼의 서쪽으로 들어간다"라는 것이다. 군주가 문 중앙으로 들어가면 신하는 군주를 피하기 때문에 안행법(雁行法)을 쓰는 것이다. 상개는 얼을 스치듯 서 있는데, 정현이 "얼을 끼고 서 있다"라고 한 것은 상개는 얼의 서쪽으로 통행하니, 상빈이 얼의 동쪽을 통행하는 것과 서로 끼고 있다는 말이다. 이 글에 의거해 보면, 여기에서 공자가 빙빈이 되어 묘문을 들어갈 때, 역시 얼의 서쪽으로 들어가는 것이 마땅하니, 상개가 얼을 스치듯 서 있는 것과 서로 비슷했을 것이다.

원문 "履"者, 踐也. 「曲禮」云: "大夫士出人君門, 不踐閾." "踐閾"卽"履閾". 彼「疏」云: "所以爾者, 一則自高, 二則不淨, 竝爲不敬."是也. 焦氏循惑於賈「疏」"二闑"之說, 遂謂兩闑中間有閾, 兩闑外無閾, 以通車行, 至掩門, 則徹去兩闑與閾, 而別設門限. 又謂云履云踐, 是度越之, 非蹴其上. 其說雜見所箸『禮記輔疏』·『群經宮室圖』·『雕菰樓文集』中. 案, "閾"卽門限, 不得分爲二門, 是一闑, 故由門出入, 嫌於中門. 若有兩闑, 則君行兩闑之中, 臣行棖·闑之中, 判然異路, 何至人臣貿然直行, 而與君同中門, 且至履其閾也? "履"·"踐"竝爲蹴其上, 解爲度越, 亦無據. 此皆焦氏之誤, 所當辨正者也. 竊謂凡門皆有閾, 然門啓時, 或去其閾以通車行, 惟廟門不行車, 故閾常設而不去. 其閾或寬以庳, 故行者多至踐履其上, 夫子則以不履爲敬也.

역문 "이(履)"는 밟는다[踐]는 뜻이다. 「곡례상」에 "대부와 사는 주군의 문을 출입하되, 문지방을 밟지 않는다.[不踐閾.]"라고 했는데. "천역(踐閾)"이 바로 "이역(履閾)"이다. 이것에 대한 공영달의 「소」에 "그렇게 하는 까닭은, 한편으로는 스스로를 높이는 것이고 또 한편으로는 깨끗하지 않기 때문이니, 두 가지 모두 불경(不敬)이 된다."라고 한 것이 그 뜻이다. 초순(焦循)은 가공언 「소」의 "두 얼"이라는 설에 미혹되어 마침내 두 얼의 중간에 문지방[閾]이 있고, 두 얼 밖에는 문지방이 없어서 수레가 통행하여 엄문(掩門)에 다다른다고 했는데, 그렇다면 두 개의 얼과 문지방을 철거하고서 별도로 문지방[門限]을 설치한다는 것이다. 또 이(履)니 천(踐)이니 하는 것은 넘어간다는 것이지 그 위를 밟고 있다는 것이 아니다. 초순의 설명은 그가 지은 『예기보소(禮記輔疏)』와 『군경궁실도(群經宮室圖)』와 『조고루문집(雕菰樓文集)』 중에 뒤섞여서 보인다. 살펴보니, "역(閾)"은 바로 문지방[門限]인데, 이것으로 구분해서 두 개의 문이라고 할 수 없으며, 여기에 얼은 하나만 박기 때문에 문을 따라 출입할 때 문 중앙을 꺼리는 것이다. 만약 두 개의 얼이 있다면 군주는 두 얼의 가운데로 통행하고 신하는 문설주와 얼의 가운데를 통행해서 확연하게 길을 달리하니 어떻게 신하들이 번갈아 가며 곧장 다니면서 군주와 함께 문 중앙을 지나치고 또 그 문지방을 밟을 수 있겠는가? "이"와 "천"은 모두 그 위를 밟고 있다는 뜻이 되기 때문에, 넘어간다고 해석하는 것 역시 근거가 없다. 이는 모두 초씨(焦氏)의 잘못이니, 마땅히 분명하게 바로잡아야 할 것들이다. 생각해 보면 모든 문은 다 문지방이 있지만, 문이 열릴 때 혹은 그 문지방을 제거해서 수레가 통행할 수 있게 하는데, 오직 묘문만큼은 수레를 통행시키지 않기 때문에 문지방을 항상 두고 제거하지 않는다. 그 문지방이 더러 넓고 낮기 때문에 다니는 사람들이 많이들 그 위를 밟기도 하는데, 공자는 밟지 않는 것을 공경으로 삼았던 것이다.

- 「注」, "閾, 門限."
- 正義曰:「釋宮」云: "柣謂之閾." 郭「注」, "閾, 門限." 邵氏晉涵『正儀』, "柣, 『說文』作'榍', 云: '限也. 閾, 門榍也.'『繫傳』云: '榍所以爲限閾.' 閾亦名梱.「士冠禮」「注」, "閾, 閫也."「曲禮」「注」, '閫, 門限也.'" 案, 『說文』"限"下云: "一曰門榍也." 然則柣也, 閾也, 榍也, 梱也, 門限也, 五名實一物. 但『說文』訓"閫"亦謂"閾", 闃者, 門中所植之木, 與門限別, 故鄭注「曲禮」以"闃"爲門橜, 不用許說.
- ○「주」의 "역(閾)은 문지방[門限]이다."
- ○ 정의에서 말한다.

　　『이아』「석궁」에 "문지방[柣]을 역(閾)이라 한다."라고 했는데, 곽박의 「주」에 "역(閾)은 문지방[門限]이다."라고 했고, 소진함(邵晉涵)의 『이아정의(爾雅正儀)』에 "질(柣)은 『설문해자』에 '질(榍)'로 되어 있고, '문지방[限]'이다.[54] '역(閾)은 문지방[門榍]이다.[55]'라고 했다. 『설문

---

[54] 『설문해자』 권6: 질(榍)은 문지방[限]이다. 목(木)으로 구성되었고 설(屑)이 발음을 나타낸

계전(說文繫傳)』에 '설(楔)은 문지방[限閾]을 만드는 것이다.'라고 했는데, 문지방[閾]은 또 곤(梱)이라고도 한다. 『의례』「사관례」의 「주」에 '역(閾)은 문지방[閫]이다.'라고 했고, 『예기』「곡례상」의 「주」에 '곤(閫)은 문지방[門限]이다.'[56]라고 했다."라고 하였다. 살펴보니 『설문해자』에 "한(限)" 아래에 "다른 뜻으로는 문지방[門榍]이라고 한다."[57]라고 했으니, 그렇다면 질(秷)도 역(閾)이며, 질(楔)이며, 곤(梱)이며, 문지방[門限]이니, 이름은 다섯 가지이지만 실제로는 같은 물건이다. 다만 『설문해자』에서는 "얼(闑)"을 새기면서 또 "문지방[閫]"이라고 했는데,[58] 얼이란 문 중앙에 박아 놓은 말뚝이니 문지방과는 구별되기 때문에 정현은 「곡례상」을 주석하면서 "얼"을 문의 말뚝[門橜]이라고 해서 허신의 말을 사용하지 않았다.

過位, 色勃如也, 足躩如也. 【注】包曰: "過君之空位." 其言似不足者.

임금의 자리를 지날 때 얼굴빛은 기운이 왕성하였고, 발걸음은 회피하듯 머뭇거리며 조심스러웠다. 【주】포함이 말했다. "임금의 빈자

다. 선(先)과 결(結)의 반절음이다.[榍, 限也. 從木屑聲. 先結切.]

55 『설문해자』권12: 역(閾)은 문지방[門榍]이다. 문(門)으로 구성되었고 혹(或)이 발음을 나타낸다. 『논어』에 "다닐 때는 문지방을 밟지 않았다.[行不履閾.]"라고 했다. 역(閾)은 역(閾)의 고문인데 혁(洫)으로 구성되었다. 우(于)와 핍(逼)의 반절음이다.[閾, 門榍也. 從門或聲. 『論語』曰: "行不履閾." 閾, 古文閾從洫. 于逼切.]

56 『예기』「곡례상」의 「주」에는 "閾, 門限也."라는 표현과 "梱, 門限也."라는 표현 두 가지밖에 없다. 『예기』「곡례(曲禮)」에는 "閫" 자가 없다.

57 『설문해자』권14: 한(限)은 막음[阻]이다. 다른 뜻으로는 문지방[門榍]이라고 한다. 부(𨸏)로 구성되었고 간(艮)이 발음을 나타낸다. 호(乎)와 간(簡)의 반절음이다.[限, 阻也. 一曰門榍. 從𨸏艮聲. 乎簡切.]

58 『설문해자』권12: 얼(闑)은 문지방[門梱]이다. 문(門)으로 구성되었고 얼(臬)이 발음을 나타낸다. 어(魚)와 열(列)의 반절음이다.[闑, 門梱也. 從門臬聲. 魚列切.]

리를 지나감이다." 그 말은 잘하지 못하는 사람 같았다.

원문 正義曰: 從叔丹徒君『駢枝』曰: "'過位'者, 過主君之位, 廟門之內, 中庭
之位也. 主君先入門右, 卽中庭之位俟賓, 賓後入門左, 及中庭, 乃與主君
竝行, 故以'過位'爲節. 而'色勃如'·'足躩如', 事彌至, 容彌蹙也."

역문 정의에서 말한다.

　　종숙 단도군의 『논어변지』에 "'과위(過位)'는 주군의 자리를 지나감이
니, 묘문 안뜰 중앙에 있는 자리이다. 주군이 먼저 문 오른쪽으로 들어
와 뜰 중앙의 자리로 나아가 손님을 기다리면 손님은 뒤에 문 오른쪽으
로 들어와 뜰 가운데로 다가가는데, 주군과 나란히 가기 때문에 '임금의
자리를 지날 때[過位]'에서 구두를 끊은 것이다. 그리고 '얼굴빛은 기운이
왕성함[色勃如]'과 '발걸음은 회피하듯 머뭇거리며 조심스러움[足躩如]'은
섬김이 지극할수록 용모가 더욱 위축된 것이다."라고 했다.

원문 鄭此「注」云: "'過位', 謂入門右北面君揖之位." 王氏『正義』引胡綋曰:
"「聘禮」'賓入門左, 介皆入門左, 北面西上, 三揖, 至於階.'「注」, '君與賓
也, 入門將曲揖, 旣曲, 北面揖.' 此卽『論語』「注」所云'北面君揖之位'也.
'中庭', 據鄭注「昏禮」及賈「疏」所釋, 則中庭, 南北之中也. 三分庭一, 在
北設碑, 是「聘禮」所云'公揖入立於中庭'者, 其位在碑南, 當庭之中. 行聘
之時, 公入門而右, 賓入門而左, 則鄭注'過位'所云'入門右'者, 據君言之.
賓入門左, 北面西上, 旣曲, 則賓主俱北面揖, 當碑又揖. 揖時賓在左, 君
位在中庭之右, 由是三讓升階, 則過君所立之位, 故云'入門右北面君揖之
位'也. 聘禮君行一, 臣行二, 賓主三揖時, 君位在右而居前, 賓在左而稍退
居後, 故揖之後, 必過君揖之位也."

역문 정현은 여기의 「주」에서 "'임금의 자리를 지날 때[過位]'란 문 오른쪽으로 들어가 북쪽을 향해 주군이 읍하는 자리를 말한다."라고 했다. 왕류의 『향당정의』에는 호진(胡紹)[59]이 "「빙례」에 '손님이 문 왼쪽으로 들어오면 개는 모두 문 왼쪽으로 들어와 북쪽을 향해 서쪽을 상석으로 삼아 세 번 읍하고 계단에 이른다.'라고 했는데, 「주」에 '주군과 손님은 문을 들어가면서 길이 막 꺾이려 할 때 읍하고, 이미 꺾어져서는 북쪽을 향해 읍한다.'라고 했으니, 이것이 바로 『논어』「주」에서 말한 '북쪽을 향해 가 읍하는 자리'라는 것이다. '뜰 가운데[中庭]'란 정현이 『의례』「혼례(昏禮)」를 주석한 것과 가공언의 「소」에서 해석한 것에 의거해 보면 뜰 가운데[中庭]는 남북(南北)의 가운데이다. 뜰의 1/3 북쪽에 비(碑)를 설치하는데, 이것이 「빙례」에서 말한 '주국의 군주[公]는 읍하고 들어가 뜰 가운데 서 있는다'라는 것이니, 그 자리는 비의 남쪽에 있고 뜰의 중앙에 해당된다. 빙례를 갈 때 주국의 군주[公]는 문을 들어가 오른쪽으로 가고 손님은 문을 들어가 왼쪽으로 가니, 그렇다면 정현이 '과위(過位)'를 주석하면서 말한 '문 오른쪽으로 들어간다[入門右]'라는 것은 군주의 입장에서 말한 것이다. 손님은 문 왼쪽으로 들어가 북쪽을 향하고 서쪽을 상석으로 해서 서고, 이미 꺾어졌으면 손님과 주군은 모두 북쪽을 향해 읍하고 비 앞에 당도해서 또 읍한다. 읍할 때 손님은 왼쪽에 있고 주군의 자리는 뜰 중앙의 오른쪽에 있는데, 이대로 세 번 손을 들어 수평을 이루는 절[讓]을 하면서 계단에 오르면 군주가 서 있는 자리를 지나게 되므로 '문 오른쪽으로 들어가 북쪽을 향해 주군이 읍하는 자리'라고 한 것이다. 빙례를 거행할 때에는 주군이 한 계단을 오르면 신하는 두 계단을 오르

---

59 호진(胡紹, 1438~?): 강서(江西) 길안부(吉安府) 여릉현(廬陵縣) 사람. 자는 왈신(曰紳)으로, 명나라 사람이며, 진사 출신이다.

는데, 손님과 주군이 세 번 읍할 때 주군의 자리는 오른쪽에 있으면서 앞에 머물고 손님의 자리는 왼쪽에 있으면서 조금 물러나 뒤에 머물기 때문에 읍한 뒤에는 반드시 주군이 읍하는 자리를 지나게 되는 것이다.” 라고 했다.

원문 今案, 胡說卽本『騈枝』而義加詳, 但引申鄭「注」則未然. 蓋統鄭「注」全觀之, 知以爲臣朝君也. 其曰“入門右”者, 謂入雉門之右, 所謂“大夫·士出入君門由闑右”者也. 由是北面行至治朝之廷, 君視朝, 揖群臣畢, 退適路寢, 臣適私朝治事. 若有政事當議者, 君命臣隨至路寢之庭, 或升路寢之堂議之. 其由治朝入路門, 過君治朝揖群臣之位, 故曰“君揖之位”. 此則鄭義在朝非在廟, 在己國朝君, 非在他國行聘也. 必知鄭說不然者, 「鄕黨」言禮, 雖不盡爲『周禮』所有, 然若此節及下“執圭”節, 皆見「聘」「記」, 尙不足爲據耶? 鄭注「聘記」引『論語』此文, 而注『論語』不據「聘記」者, 鄭注『論語』在前, 所謂“人閒行已久”, 不復追改矣. “過位”所以有言者, 『騈枝』云: “有揖讓之禮, 卽有應對之辭.” 是也.

역문 이제 살펴보니 호진의 설은 『논어변지』를 근거한 것으로 뜻이 더 자세한데, 다만 정현의 뜻을 인용해서 확대한 것은 옳지 않다. 정현의 「주」를 통합해서 전반적으로 살펴보면 신하가 군주를 조현(朝見)한 것임을 알 수 있다. 그가 “문 오른쪽으로 들어간다”라고 한 것은 치문 오른쪽으로 들어갔다는 말이니, 이른바 “대부와 사는 주군의 문을 출입하되, 얼의 오른쪽을 따라 출입한다.”라는 것이다. 이렇게 해서 북쪽을 향해 가서 군주가 신하들의 정사를 청문하는 조정[治朝之廷]에 이르면 군주는 조회를 보게 되는데, 여러 신하와 읍하는 것을 마치면 물러나 노침으로 가고, 신하들은 사조(私朝)로 가서 정사를 다스린다. 만약 마땅히 의논해야 할 정사가 있으면 군주는 신하에게 명하여 노침의 뜰로 따라오게 하거나 혹은 노침의 당(堂)에 오르게 해서 의논한다. 치조하는 장소에서부터 노문으로 들어가는데, 군주가 치조하며 여러 신하와 읍하는 자리를 지나기 때문에 "군주가 읍하는 자리"라고 한 것이다. 이렇다면 정현의 뜻은 조정에 있을 때이지 종묘에 있을 때가 아니며, 자기 나라에 있으면서 군주를 조회한 것이지 다른 나라에 있으면서 빙문을 행한 것이 아니다. 정현의 말이 옳지 않다는 것을 반드시 알아야 하니, 「향당」에서 말한 예(禮)가 비록 『주례』에 있는 것을 다 한 것은 아니지만, 이 구절 및 아래 "집규(執圭)" 구절과 같은 것은 모두 『의례』「빙례」의 「기」에 보이는데, 그래도 근거가 되기에 부족하겠는가? 정현이 「빙례」의 「기」를 주석하면서 『논어』의 이 글을 인용했으면서, 『논어』를 주석하면서 「빙례」의 「기」를 근거로 하지 않은 것은, 정현이 『논어』를 주석한 것이 앞섰기 때문이니, 이른바 "사람이 그사이 행한 지가 이미 오래되었다"라는 것으로 다시 소급해서 고치지 않은 것이다. "임금이 읍하던 자리를 지날 때[過位]" 말을 하는 까닭에 대해 『논어변지』에서는 "읍양(揖讓)의 예가 있으면 바로 응대(應對)하는 말이 있다."라고 했는데, 옳다.

- ●「注」, "過君之空位."
- ● 正義曰: 君退適路寢, 則治朝之位虛, 故曰 "空位", 此鄭「注」所本.
- ○「주」의 "임금의 빈자리를 지나감이다."
- ○ 정의에서 말한다.

  임금이 물러나 노침으로 가면 신하들의 정사를 청문하던 자리[治朝之位]가 비기 때문에 "빈자리[空位]"라고 한 것인데, 이 말을 정현의 「주」에서 근거로 삼았다.

攝齊升堂, 鞠躬如也, 屛氣似不息者. 【注】孔曰: "皆重愼也. 衣下曰'齊', '攝齊'者, 摳衣也."

옷자락을 가다듬고서 당에 오를 때는 몸을 삼가고 경건하게 하였으며, 숨을 죽여 마치 숨 쉬지 않는 사람 같았다. 【주】공안국이 말했다. "모두 몸가짐을 신중(愼重)히 한 것이다. 옷의 아랫자락을 '자(齊)'라고 하니, '섭자(攝齊)'는 옷자락을 추어올린 것이다."

원문 正義曰:『駢枝』云: "攝, 斂也, 整也. 擧足登階, 齊易發揚, 故以收斂整飭爲難. 「士冠禮」'攝酒'「注」云: '攝猶整也.'「襄」十四年「傳」, '書於伐秦, 攝也.'「注」云: '能自攝整.'「旣醉」, '朋友攸攝.'『正義』云: '攝者收斂之言.'" 又引『戰國策』, '攝衽抱几.'「弟子職」, '攝衣共盥.'「管晏列傳」, '晏子懼然, 攝衣冠.' 皆'攝'訓'整'之證." 謹案, 賓執圭升堂, 此時衣之下齊整齊, 故曰"攝齊", 猶上節言"衣前後襜如"者, 皆是自然合禮, 不假手爲更動也. "齊"與"齋"同. 『漢書』「朱雲傳」·唐貞觀中『孔子廟堂碑』俱引作"齋", 用正字也.

역문 정의에서 말한다.

『논어변지』에 "섭(攝)은 단속[斂]이며 정돈[整]이다. 다리를 들어 계단을 오를 때 옷자락이 쉽게 펄럭이기 때문에 거두어들여서 단속하고 단정하게 꾸미는 것을 어렵게 한다. 『의례』「사관례」에서 '술을 정돈함[攝酒]'이라고 한 곳의 「주」에 '섭(攝)은 정돈[整]과 같다.'라고 했고,『춘추좌씨전』「양공(襄公)」14년의 「전」에 '진(秦)나라 토벌에 대해 기록한 것은 잘 정돈[攝]했기 때문이다.'라고 했는데, 「주」에 '능히 스스로 정돈함이다[能

自攝整].'라고 했으며, 『시경』「대아(大雅)·기취(旣醉)」에 '벗들이 단속해 주었다[朋友攸攝].'라고 했는데, 『시경정의(詩經正義)』에 '섭(攝)이란 거두어들이고 단속한다[收斂]는 말이다.'라고 했다."라고 하였다. 또 "『전국책(戰國策)』에 '옷깃을 가다듬고[攝袵], 궤안(几案)을 설치한다.' 했고, 『관자(管子)』「제자직(弟子職)」에서 '옷매무새를 가다듬고[攝衣] 세숫물을 받든다.'라고 했으며, 『사기』「관안열전(管晏列傳)」에서 '안자가 놀라며 옷매무새를 가다듬었다[攝衣冠].'라고 했는데, 모두 '섭(攝)'을 '정돈[整]'으로 새긴 증거이다."라는 말을 인용해 놓았다. 삼가 살펴보니, 손님이 홀[執]을 잡고 당에 오르는데, 이때 옷의 아랫자락이 가지런하게 정돈되었기 때문에 "옷자락을 가다듬고서[攝齊]"라고 했으니, 앞 절의 "옷의 앞뒤 자락이 가지런했다"라는 말과 같은 것으로, 모두 자연스럽게 예에 일치해서 남의 손을 빌려 다시 움직이지 않았다는 것이다.

"자(齊)"와 "자(齋)"는 같은 글자이다. 『전한서』「주운전(朱雲傳)」과 당(唐)나라 정관(貞觀) 연간의 『공자묘당비(孔子廟堂碑)』에는 모두 "자(齋)"로 되어 있으니, 정자(正字)를 쓴 것이다.

원문 "升堂"者, 升, 登也. 諸侯堂高七尺, 見「禮器」.「聘禮」言"賓至于階, 三讓, 公升二等, 賓升西楹西, 東面." 是賓升階, 後君一等.「曲禮」云: "主人與客讓登, 主人先登, 客從之, 拾級聚足, 連步以上. 上於東階, 則先右足, 上於西階, 則先左足."「注」云: "拾當爲涉. 級, 等也. 涉等聚足, 謂前足躡一等, 後足從之倂. '連步以上', 重蹉跌也. 連步, 謂足相隨不相過也."「曲禮」此文, 是賓主升階法, 此聘賓禮亦當同. 若急趨君命, 則有越等, 謂之栗階.「燕禮」「記」云: "凡公所辭皆栗階." 又云: "栗階不過二等."「注」云: "左右各一發而升堂." 則與聚足連步之禮異矣.

역문 "승당(升堂)"에서 승(升)은 오른다[登]는 뜻이다. 제후의 당 높이는 7자인데 『예기』「예기」에 보인다. 『의례』「빙례」에 "손님은 계단에 이르러 세 번 손을 들어 수평을 이루는 절[讓]을 하고, 주국의 군주[公]가 두 개의 층계를 올라가 앞서면 손님은 계단을 올라 서쪽 기둥의 서쪽에서 동쪽을 향해 선다."라고 했으니, 이는 손님이 계단에 오른 뒤에 군주가 한 계단을 오른다는 것이다. 『예기』「곡례상」에 "주인은 손님과 절[讓]을 하며 층계를 오르는데, 주인이 먼저 오르고 객이 따라서 오르니, 한 계단을 오를 때마다 발을 모으면서 걸음을 이어서 오른다. 동쪽 계단을 오를 때는 오른발을 먼저 올리고, 서쪽 계단을 오를 때는 왼발을 먼저 올린다."라고 했는데, 「주」에 "'습(拾)'은 '섭(涉)'이 되어야 마땅하다. 급(級)은 계단[等]이다. '한 계단을 오를 때마다 발을 모은다[涉等聚足]'라는 것은 앞발이 한 계단을 오르면 뒷발이 따라와서 나란해진다는 말이다. '걸음을 이어서 오른다'라는 것은 발을 헛디뎌 넘어질까 엄중히 함이다. 걸음을 잇는다는 것은 발이 서로 따르며, 서로 지나치지 않는다는 말이다."라고 했다. 「곡례(曲禮)」의 이 글은 손님과 주인이 계단을 오르는 예법인데, 이는 빙빈의 예에서도 당연히 같다. 만약 군주의 명으로 급히 달려갈 때라면 계단을 건너 두 발을 교차해 가면서 한 계단씩 오르는 경우도 있는데, 이를 율계(栗階)라고 한다. 「연례(燕禮)」「기」에 "무릇 주국의 군주[公]가 사양하면 모두 율계를 한다."라고 했고, 또 "율계를 하되 두 계단을 지나치지 않는다."라고 했는데, 「주」에 "왼쪽과 오른쪽 발을 각각 한 번 내딛어 당에 오르는 것이다."라고 했으니, 발을 모아서 오르는 것[聚足]과 발을 이어서 걷는 것[連步]의 예법은 다른 것이다.

"屛氣"者, 『說文』, "屛, 蔽也." 『廣雅』「釋詁」, "屛, 藏也. 摒, 除也." 義皆相近. 『說文』, "息, 喘也. 從心從自, 自亦聲." 案, "自"卽鼻也. 夫子屛攝其氣, 若呼吸俱泯者, 蓋氣容宜肅也. 「士相見禮」「疏」引『論語』「鄕黨」

云: "孔子與君圖事於庭, 圖事於堂." 說者以爲約鄭「注」之文, 愚輒憶他書引此文, 亦以爲鄭「注」也. "圖事於庭", 庭卽路寢之庭, 疑鄭此文釋"其言似不足"之義. "圖事於堂", 則此"升堂"是也. 『書鈔』「禮儀部」七引鄭「注」云: "屛氣自靜, 以俟君言也." "俟君言", 謂所圖事之言, 此則鄭義以爲常朝也. 陳氏壽祺『左海經辨』謂"鄭云圖事, 卽是謀聘." 似是臆測.

역문 "숨을 죽임[屛氣]"

『설문해자』에 "병(屛)은 가림[蔽]이다."[60]라고 했고 『광아』「석고(釋詁)」에 "병(屛)은 감춤[藏]이다. 병(摒)은 제거함[除]이다."라고 했으니, 뜻이 모두 서로 비슷하다. 『설문해자』에 "식(息)은 숨[喘]이다. 심(心)으로 구성되었고 자(自)로 구성되었으며, 자(自)가 또한 발음을 나타낸다."[61]라고 했다. 살펴보니, "자(自)"는 바로 코[鼻]이다. 공자가 그 숨을 가리고 단속해서 마치 호흡이 모두 없어진 것처럼 한 것이니, 바로 '숨소리의 용모는 마땅히 엄숙해야 한다'[62]라는 것이다. 『의례』「사상견례」의 「소」에 『논어』「향당」을 인용하면서 "공자는 군주와 함께 뜰에서 일을 도모하기도

---

60 『설문해자』권8: 병(屛)은 가림[蔽]이다. 시(尸)로 구성되었고 병(幷)이 발음을 나타낸다. 필(必)과 영(郢)의 반절음이다.[屛, 蔽也. 從尸幷聲. 必郢切.]

61 『설문해자』권10: 식(息)은 숨[喘]이다. 심(心)으로 구성되었고 자(自)로 구성되었으며, 자(自)가 또한 발음을 나타낸다. 상(相)과 즉(卽)의 반절음이다.[息, 喘也. 從心從自, 自亦聲. 相卽切.]

62 『예기』「옥조(玉藻)」: 군자의 용모는 우아하여 존중할 대상을 보면 몸가짐을 정돈하고 삼간다. 발의 움직임을 무겁게 하고, 손 모양을 공손히 하고, 눈 모양을 단정히 하고, 입은 꼭 다물고, 목소리는 조용히 하고, 머리는 곧게 세우고, 숨쉬기는 조용하게 하고, 서 있는 모양은 덕스럽게 하고, 얼굴빛은 장엄하게 하고, 앉을 때는 시동처럼 하고 조정에서 물러나 한가롭게 거처할 때와 제사에서 고유할 때는 온화한 용모를 지닌다.[君子之容舒遲, 見所尊者齊遬. 足容重; 手容恭; 目容端; 口容止; 聲容靜; 頭容直; 氣容肅; 立容德; 色容莊, 坐如尸, 燕居告溫溫.]

하고 당에서 일을 도모하기도 했다."라고 했는데, 설자들은 정현 「주」의 글을 요약한 것이라고 하고, 내가 얼핏 다른 책에서 이 글을 인용한 것을 추측해 보아도 역시 정현의 「주」라고 생각한다. "뜰에서 일을 도모했다"라고 했는데, 뜰은 바로 노침의 뜰이니, 아마도 정현의 이 글은 "말을 잘하지 못하는 사람 같았다"라는 뜻을 해석한 것인 듯싶다. "당에서 일을 도모했다"라고 했으니, 그렇다면 이는 "당에 오른다"라고 한 것이 바로 이것이다. 『북당서초』「예의부」권7에 정현의 「주」를 인용해서 "숨을 죽이고 스스로 조용히 해서 군주의 말을 기다린 것이다."라고 했는데, "군주의 말을 기다린다"라는 것은 이를테면 일을 도모하는 말이니, 이는 정현이 생각하기에는 평소 하는 조회라고 여긴 것이다. 진수기(陳壽祺)[63]의 『좌해경변(左海經辨)』에 "정현이 일을 도모했다고 하는 것은 바로 빙문을 도모했다는 것이다."라고 했는데, 맞는 것 같지만 억측이다.

- 「注」, "衣下"至"衣也".

- 正義曰: 「曲禮」, "兩手摳衣, 去齊尺." 「注」云: "齊, 裳下緝也." "裳下"卽此「注」"衣下", 衣·

---

[63] 진수기(陳壽祺, 1771~1834): 청나라 복건(福建) 민현(閩縣) 사람. 자는 공보(恭甫) 또는 위인(葦仁)이고, 호는 좌해(左海) 또는 산사(珊士)이며, 만년에 자호를 은병산인(隱屏山人)이라 했다. 가경(嘉慶) 4년(1799) 진사가 되어 한림원(翰林院)의 서길사(庶吉士)와 편수(編修) 등을 지냈다. 가경 14년(1809) 회시동고관(會試同考官)을 지냈다. 부모가 죽은 뒤에는 출사하지 않았다. 천주(泉州) 청원서원(淸源書院)과 복주(福州) 오봉서원(鼇峰書院)의 주강(主講)을 역임했다. 전대흔(錢大昕), 단옥재, 왕염손, 정요전(程瑤田) 등과 교유했고, 장혜언(張惠言), 왕인지와 이름을 나란히 했다. 처음에는 송명이학(宋明理學)을 공부하다가 나중에는 오로지 한학(漢學)만을 연구했다. 저서에 『좌해경변(左海經辨)』과 『오경이의소증(五經異義疏證)』, 『상서대전정본(尚書大傳定本)』, 『홍범오행전집본(洪範五行傳輯本)』이 있고, 아들 진교종(陳喬樅)이 완성한 『금문상서경설고(今文尚書經說考)』와 『삼가시유설고(三家詩遺說考)』 등이 있다.

裳得通稱也. 『說文』, "攝, 引持也. 摳, 繑也. 一曰'摳衣.'" 段「注」疑"繑"爲"矯"字之譌. 矯者, 擧也. 即席摳衣, 下去地尺, 若此"摳衣", 當相似矣.

○ 「주」의 "의하(衣下)"부터 "의야(衣也)"까지.

○ 정의에서 말한다.

『예기』「곡례상」에 "두 손으로 옷자락을 추어올려 옷자락이 땅에서 한 자쯤 떨어지게 한다."라고 했는데, 「주」에 "옷자락[齊]이란 아랫도리 밑부분에 꿰매서 단을 넣은 부위이다."라고 했으니, "아랫도리 밑부분[裳下]"은 바로 이 「주」의 "옷의 아랫자락[衣下]"이고, 의(衣)와 상(裳)은 통칭할 수 있는 것이다. 『설문해자』에 "섭(攝)은 끌어당겨서 잡아 둔다[引持]는 뜻이다.[64] 구(摳)는 바지 끝[繑]이다. 일설에는 '옷자락을 추어올림'이라고 한다.[65]"라고 했는데, 단옥재의 「주」에는 "교(繑)"를 "교(矯)" 자가 바뀐 것 같다고 했다. 교(矯)는 든다[擧]는 뜻이다. 자리에 나아가 옷자락을 추어올려 아래로 땅에서 한 자 떨어지게 하는 것이니, 여기의 "옷자락을 추어올림"과 같은 것도 마땅히 서로 같아야 한다.

원문 『駢枝』斥此「注」云: "拾級聚足, 連步以上, 自不致有傾跌失容之患, 不必摳衣也. 摳謂之攘, 攘謂之揭, 揭謂之撅. 子事父母, 不涉不撅, 侍坐於君子, 暑毋褰裳, 避不敬也, 獨奈何升堂見君, 而反以摳衣爲敬乎? 此可知其不然也."

역문 『논어변지』에서는 이 「주」를 배척하면서 "한 계단을 오를 때마다 발을 모으면서 걸음을 이어서 오르니, 스스로 넘어져 용모를 잃을 근심이 있는 지경에 이르지 않으면 굳이 옷을 추어올릴 필요가 없다. 구(摳)를

---

64 『설문해자』 권12: 섭(攝)은 끌어당겨서 잡아 둔다[引持]는 뜻이다. 수(手)로 구성되었고 섭(聶)이 발음을 나타낸다. 서(書)와 섭(涉)의 반절음이다.[攝, 引持也. 從手聶聲. 書涉切.]

65 『설문해자』 권12: 구(摳)는 바지 끝[繑]이다. 일설에는 "옷을 추어올리고 당을 오른다."라고 한다. 수(手)로 구성되었고 구(區)가 발음을 나타낸다. 구(口)와 후(侯)의 반절음이다.[摳, 繑也. 一曰: "摳衣升堂." 從手區聲. 口侯切.]

추어올림[攐]이라 하고, 추어올림을 게(揭)라 하며, 게(揭)를 걸음[揢]이라 한다. 자식이 부모를 섬길 때는 물을 건너는 경우가 아니면 옷을 걷지 않으며, 군자를 모시고 앉아 있을 때는 날씨가 더워도 바지를 걷어 올리지 않음이 불경스러움을 피하는 것인데, 유독 어째서 당에 올라 군주를 알현하면서는 반대로 옷을 추어올리는 것을 공경으로 삼는단 말인가? 이에 그것이 옳지 않음을 알 수 있다."라고 했다.

出, 降一等, 逞顏色, 怡怡如也. 【注】 孔曰: "先屏氣, 下階舒氣, 故怡怡如也." 沒階, 趨進, 翼如也. 【注】 孔曰: "'沒', 盡也, 下盡階." 復其位, 踧踖如也. 【注】 孔曰: "來時所過位."

나와서 한 계단을 내려서서는 낯빛을 펴서 화락한 듯하였다. 【주】 공안국이 말했다. "먼저는 숨을 죽였다가 계단을 내려와서는 숨을 맘껏 폈으므로 화락한 듯했던 것이다." 층계를 다 내려와서는 빠른 걸음으로 나아가는 모습이 새가 날개를 편 듯하였다. 【주】 공안국이 말했다. "몰(沒)'은 진(盡)이니 층계를 다 내려온 것이다." 제자리로 돌아와서는 공손하고 경건하였다. 【주】 공안국이 말했다. "올 때 지나온 자리이다."

正義曰: "出"者, 「聘禮」云: "賓降介逆出, 賓出." 謂賓出廟門, 仍接於西塾也. 『駢枝』云: "聘享每訖, 卽出廟門以俟命, '出'字爲下文之目." "等"者, 階之級也. 「曲禮」"拾級", 「注」"級, 等也"是也. 「士冠禮」"降三等", 「注」云: "下至地." 「疏」引賈·馬說, "天子堂九尺, 階九等; 諸侯堂七尺, 階七等; 大夫堂五尺, 階五等; 士堂三尺, 階三等."

정의에서 말한다.

"나옴[出]"

『의례』「빙례」에 "손님이 당에서 내려오면 개는 들어올 때와 반대로 문을 나가고, 손님이 나간다."라고 했는데, 손님이 묘문을 나가서도 그대로 서숙에 근접해 있다는 말이다. 『논어변지』에 "빙례와 향례가 끝날 때마다 즉시 묘문을 나가 명을 기다리니, '출(出)' 자는 다음에 나오는 문장의 항목이 된다."라고 했다. "등(等)"은 층계의 계단이다. 『예기』「곡례상」에 "한 계단을 오를 때마다 발을 모은다[拾級]"라고 했는데, 「주」에서 "급(級)은 계단[等]이다."라고 한 것이 바로 이것이다. 『의례』「사관례」에 "세 계단을 내려가[降三等]"라고 했는데, 「주」에 "내려가 땅에 이르는 것"이라 했고, 「소」에 가규(賈逵)와 마융의 설을 인용해서 "천자의 당은 아홉 자[尺]에 층계가 아홉 계단이고, 제후의 당은 일곱 자에 층계가 일곱 계단이며, 대부의 당은 다섯 자에 층계가 다섯 계단이고, 사의 당은 석 자에 층계가 세 계단이다."라고 했다.

胡氏培翬『正義』引程瑤田云: "'階三等'者, 連堂廉而言. 若除堂廉言, 則九尺之堂, 其階止八等, 七尺者六等, 五尺者四等, 三尺者二等也. 所謂'盡等不升堂'者, 當是盡其廉下之等, 而不踐廉以升堂也." 張惠言云: "降三等而下至地, 則凡階, 上等卽堂廉也. 「公食大夫禮」食賓, '受醬湆等, 皆自昨階降堂受.' 「注」云: '降堂, 謂止階上.' 則堂廉上也. 「士昏禮」廟見, '婦降堂取笲菜', 「注」, '降堂, 階上也.' 婦人無降階之事, 則在堂廉上又可知. 蓋堂之界, 以庪爲限, 庪以前卽爲階, 自堂而出至階廉, 卽爲降堂. 階一等, 乃爲降階. 在階之上等, 接簷下, 爲盡階不升堂." 今案, 鄭氏·張氏義同, 胡君以其說爲然. 胡又云: "賓降一等, 在二等之上." 則此文"出降一等"之義也.

역문 호배휘의『의례정의』에는 정요전(程瑤田)⁶⁶이 "'층계의 세 계단'은 당의 모서리[堂廉]까지 연결해서 한 말이다. 만약 당의 모서리를 빼고 말하면 아홉 자의 당은 그 층계가 여덟 계단에서 그치고 일곱 자인 것은 여섯 계단, 다섯 자인 것은 네 계단, 석 자인 것은 두 계단인 것이다. 이른바 '계단을 다 올라가고 당에는 오르지 않는다'⁶⁷라는 것은 당연히 당의 모서리 아래 계단까지 다 오르되 모서리를 밟고 당 위에 오르지 않았다는 말이다."라고 한 것을 인용했다. 장혜언(張惠言)⁶⁸은 "세 계단을 내려가

---

66 정요전(程瑤田, 1725~1814): 청나라 안휘 흡현(歙縣) 사람. 안휘파(安徽派) 경학(經學)과 유학(儒學)의 대표 인물 중 하나이다. 초명은 역(易)이고, 자는 역전(易田) 또는 역주(易疇), 백역(伯易)이며, 호는 양당(讓堂) 또는 줍하(葺荷), 줍옹(葺翁), 줍랑(葺郞), 양천과객(讓泉過客), 양천노인(讓泉老人), 수장인(壽丈人) 등이다. 대진(戴震), 김방(金榜)과 함께 강영에게 수학했다. 명물(名物)과 훈고(訓詁)에 정통했고, 고증(考證)에 뛰어났다. 수학·천문·지리·생물·농업종식·수리·병기·농기·문자·음운 등의 영역을 깊이 연구했으며, 일대의 통유(通儒)라 부를 만했다. 의리(義理)와 제도(制度), 훈고, 명물, 성률(聲律), 상수(象數) 등을 상세히 고증한『통예록(通藝錄)』과 경사(經史)를 근거로 정현의『예기주(禮記注)』를 바로잡은『의례상복문족징기(儀禮喪服文足徵記)』를 저술했다. 그 밖의 저서에『우공삼강고(禹貢三江考)』와『주비구수도주(周髀矩數圖注)』,『의례경주의직(儀禮經注疑直)』,『종법소기(宗法小記)』,『해자소기(解字小記)』,『논학소기(論學小記)』,『논학외편(論學外篇)』,『고공창이소기(考工創異小記)』,『성률소기(聲律小記)』,『경절고의(磬折古義)』,『석궁소기(釋宮小記)』,『구혁강리소기(溝洫疆里小記)』등이 있다.

67 『예기』「증자문(曾子問)」.

68 장혜언(張惠言, 1761~1802): 청나라 강소 무진(武進) 사람. 자는 고문(皐聞) 또는 고문(皐文)이고, 호는 명가(茗柯)이다. 처음에 병려문을 잘 지었는데, 문체가 아주 화려했다. 사(詞)에도 능해, 상주사파(常州詞派)를 창시했다. 나중에 고문(古文)에 전념해 한유(韓愈)와 구양수(歐陽脩)를 배웠는데, 이를 영호파고문(陽湖派古文)이라 불렀다. 경학에도 전념하여『주역』에 있어서는 우번(虞翻)을 종주로 삼았는데, 혜동(惠棟)의 우씨역학(虞氏易學)을 따르고 정현, 순상(荀爽)의 주소(注疏)를 겸하여 맹희(孟喜)로부터 전하(田何), 양숙(楊叔)에 이르기까지 계통을 정리한『주역우씨역(周易虞氏易)』을 지었다.『의례』는 정현을 종주로 삼았는데, 송나라 양복(楊復)이 지은『의례도(儀禮圖)』를 보충하여 별도의『의례도』를 지었다.

땅에 이르니, 그렇다면 층계를 다 올랐다는 것은 계단을 올라가 당의 모서리에 닿는 것이다. 『의례』「공사대부례」에 손님에게 음식을 대접할 때, '장(醬)과 탕국[湆] 등을 받는데, 모두 동쪽의 층계를 통해 당에서 내려와 받는다.'라고 했는데, 「주」에 '당에서 내려온다는 것은 층계 위에 멈춘다는 말이다.'라고 했으니, 바로 당의 모서리인 것이다. 『의례』「사혼례」에 사당에서 알현할 때, '신부는 당을 내려가 푸성귀가 담긴 상자를 취하여 들고 들어간다.'라고 했는데, 「주」에 '당을 내려감은 층계 위에 있다는 것이다.'라고 했으니, 신부가 층계를 내려가는 일이 없다면 당의 모서리 위에 있다는 것을 또 알 수 있다. 당의 경계는 시렁[楣]으로 경계를 삼으니, 시렁 이전이 바로 층계가 되고 당으로부터 나와서 층계에 이르기까지가 모서리가 되기 때문에 바로 당을 내려감이 되는 것이다. 층계 한 계단을 내려가야 이에 층계를 내려가는 것이 된다. 층계의 맨 위 계단 처마 아래에 인접해 있는 것이 '층계의 맨 위에까지 올라가되 당에는 올라가지 않은 것'이 된다."라고 했다. 이제 살펴보니, 정씨와 장씨의 뜻은 같고, 호군(胡君)은 그들의 말이 옳다고 여겼다. 호배휘는 또 "손님은 한 계단을 내려와 두 계단 위에 있는다."라고 했는데, 바로 이 글의 "나와서 한 계단을 내려온다[出降一等]"라는 뜻이다.

원문 "怡怡"者, 『爾雅』「釋詁」"怡怡, 樂也." 『說文』, "怡, 和也." "樂" · "和" 義同. "沒階"者, 謂降西階盡等, 下至地也. 『說文』, "階, 陛也." 『詩』「瞻卬」

음운학에도 정밀하여 『설문해성보(說文諧聲譜)』를 지었지만 다 이루지 못해 아들 장성손(張成孫)이 완성했다. 그 밖의 저서에 『우씨역례(虞氏易禮)』와 『우씨역사(虞氏易事)』, 『우씨역언(虞氏易言)』, 『우씨역후(虞氏易候)』, 『주역순씨구가의(周易荀氏九家義)』, 『역도조변(易圖條辨)』, 『역의별록(易義別錄)』, 『주역정씨의(周易鄭氏義)』, 『독의례기(讀儀禮記)』, 『명가문편(茗柯文編)』, 『명가사(茗柯詞)』, 『사선(詞選)』, 『칠십가사초(七十家詞鈔)』 등이 있다.

「箋」, "階, 所由上下也."

역문 "화락함[怡怡]"

『이아』「석고」에 "이이(怡怡)는 화락함[樂]이다."라고 했고, 『설문해자』
에 "이(怡)는 화평함[和]이다."[69]라고 했으니, "낙(樂)"과 "화(和)"는 뜻이 같
다. "층계를 다 내려왔다[沒階]"라는 것은 서쪽 층계로 계단을 다 내려와
땅에 이르렀다는 말이다. 『설문해자』에 "계(階)는 층계[陛]이다."[70]라고
했고, 『시경』「첨앙(瞻卬)」의 「전」에 "계(階)는 말미암아서 오르내리는
곳이다."라고 했다.

원문 洪氏頤烜『禮經宮室答問』, 「鄉射禮」, '賓降, 立于西階西, 當西序.' 又
云: '賓降立于階西, 當序' 西階在西序之東, 東階當在東序之西. 「聘禮」,
'賓升西楹西, 東面, 公當楣再拜, 賓三退, 負序.' 西楹西已當階, 又三退,
然後負序, 則階必當楹·序之中. 階上北直房戶, 其兩階相去亦東西四筵
之地.'

역문 홍이훤(洪頤烜)의 『예경궁실답문(禮經宮室答問)』에 "『의례』「향사례」에
'손님은 내려가 서쪽 층계의 서쪽 서서(西序)[71]에 해당하는 곳에 선다.'라
고 했고, 또 '손님은 내려가 층계 서쪽 서(序)에 해당하는 곳에 선다.'라
고 했는데, 서쪽 층계는 서서의 동쪽에 있으니, 동쪽 층계는 당연히 동
서(東序)의 서쪽에 있다. 「빙례」에 '손님은 계단을 올라 당 위 서쪽 기둥

---

69 『설문해자』 권10: 이(怡)는 화평함[和]이다. 심(心)으로 구성되었고 태(台)가 발음을 나타낸
   다. 여(與)와 지(之)의 반절음이다.[怡, 和也. 從心台聲. 與之切.]

70 『설문해자』 권14: 계(階)는 층계[陛]이다. 부(阜)로 구성되었고 개(皆)가 발음을 나타낸다.
   고(古)와 해(諧)의 반절음이다.[階, 陛也. 從阜皆聲. 古諧切.]

71 서서(西序): 당 위에는 동쪽과 서쪽에 각기 하나의 담장이 있는데, 동쪽에 있는 것을 동서,
   서쪽에 있는 것을 서서라 한다.

의 서쪽에서 동쪽을 바라보고 서 있는다. 주국의 군주[公]가 당 위의 상인방[楣]을 마주하고 서서 두 번 절을 하면 손님은 세 번 뒤로 물러났다가 서서를 등지고 서 있는다.'라고 했으니, 서쪽 기둥의 서쪽은 이미 층계에 해당되고, 또 세 번 뒤로 물러난 뒤에 서서를 등지고 있다면 층계는 반드시 기둥과 서서의 중간에 해당된다. 층계 위에서 북쪽은 바로 방의 지게문에 해당되고, 그 양쪽 층계의 서로 간의 거리는 또한 동에서 서까지 사방으로 대자리를 까는 자리이다."라고 했다.

원문 『釋文』云: "沒階趨, 一本作'沒階趜進', 誤." 臧氏琳『經義雜記』, "『史記』「世家」作'沒階趜進', 「聘禮」「注」引『論語』同. 「曲禮」·「士相見禮」「疏」引並有'進'字, '趜進'者, 趜前之謂也. 舊有此字, 非誤." "復其位"者, 『騈枝』云: "復聘賓之位, 廟門之外, 接西塾之位也." 謹案, 此節自"入公門"至"私覿", 皆說聘問之事, 而分言者, 一記所歷門位堂階之容, 一記執圭之容也. 「聘禮」「記」, "賓入門皇, 升堂讓, 將授志趨. 下階, 發氣怡焉, 再三擧足, 又趨, 及門正焉." 「注」云: "皇, 自莊盛也. 讓, 謂擧手平衡也. 志猶念也. 念趨, 謂審行步也. 孔子之執圭, 鞠躬如也."云云. "再三擧足, 自安定乃復趨也. 孔子之升堂, 鞠躬如也."云云. 又「注」"及門正焉"句云: "容色復故, 此皆心變見於威儀." 是此節爲聘禮, 明明載之「記」中, 而鄭君卽以『論語』文釋之, 惜其先注『論語』時, 未能據之也. 古義湮晦, 至『騈枝』而始明. 同時凌氏廷堪『禮經釋例』·王氏引之『經義述聞』並稱其精審, 厥後胡紹亦略本之, 此可無疑者矣.

역문 『경전석문』에는 "몰계추(沒階趨)가 어떤 판본에는 '몰계추진(沒階趜進)'으로 되어 있는데, 잘못이다."라고 했다. 장림(臧琳)의 『경의잡기(經義雜記)』에 "『사기』「공자세가」에 '몰계추진(沒階趜進)'[72]으로 되어 있고, 「빙례」의 「주」에 『논어』를 인용한 것도 같다. 『예기』「곡례상」의 「소」와

『의례』「사상견례」의 「소」에 인용한 것은 모두 '진(進)' 자가 있는데, '추진(趨進)'이란 종종걸음으로 앞으로 간다는 말이다. 옛날에도 이 글자가 있었으니 잘못이 아니다."라고 했다.

"복기위(復其位)"

『논어변지』에 "빙빈의 자리로 되돌아온 것으로, 묘문 밖 서숙에 인접한 자리이다."라고 했다. 삼가 살펴보니, 이 구절의 "궁궐의 문을 들어갈 때[入公門]"부터 "사적으로 만나 볼 때[私覿]"까지는 모두 빙문의 일을 설명한 것인데, 나누어서 말한 것은 한편으로는 지나치는 문과 자리와 당과 층계의 위용을 기록한 것이고, 또 한편으로는 홀을 잡고 있는 용모를 기록한 것이다. 『의례』「빙례」의 「기」에 "손님은 문을 들어와 엄숙한 태도를 취하고, 당으로 올라가면서는 절[讓]을 하며 장차 홀을 바치려 할 때는 행보(行步)를 살핀다. 층계를 내려와서는 숨을 내쉬고 화평하게 있으면서 두세 번 발을 들었다가 종종걸음으로 문에 이르러 용모와 안색(顏色)을 본래대로 바르게 한다."라고 했는데, 「주」에 "황(皇)은 스스로를 엄숙[莊盛]하게 한다는 뜻이다. 양(讓)은 손을 들어 수평을 이룬다는 뜻이다. 지(志)는 염(念)과 같으니, 염추(念趨)란 행보를 살핀다는 말이다. 공자는 홀을 잡을 때 몸을 삼가고 경건하게 했다."라고 운운했으며, 또 "두세 번 발을 드는 것은 스스로를 안정시켰다가 이내 다시 종종걸음을 하려는 것이다. 공자는 당에 오를 때 몸을 삼가고 경건하게 했다."라고 운운했다. 또 「주」에서 "문에 이르러 용모와 안색을 본래대로 바르게 한다[及門正焉]"라는 구절에 대해, "용모와 안색을 본래대로 회복함이니, 이는 모두 마음이 변해서 위의에 나타난 것이다."라고 했는데, 이 구절은

---

72 『사기(史記)』「공자세가(孔子世家)」에는 "趨進"만 있고, "沒階"는 없다.

빙례를 행하는 의의를 분명하게 「기」에다 기재한 것인데, 정군이 『논어』의 글을 가지고 해석했으니, 안타깝게도 그는 먼저 『논어』를 주석할 때 이것을 근거로 삼지 못했던 것이다. 고의(古義)가 어둠에 잠기었다가 『논어변지』에 이르러서야 비로소 밝혀지게 되었다. 동시에 능정감의 『예경석례』와 왕인지의 『경의술문』에서도 모두 그 정밀하고도 자세함을 칭찬하였고, 그 뒤에 호진도 대략 그것을 근거로 삼았으니 이는 의심하지 않아도 될 만하다.

원문 鄭君及包 · 孔「注」, 皆以此節爲趨朝. 然上節言"朝"及"君在", 已說趨朝之事, 不應中隔以爲擯, 而復言趨朝也. 陳氏壽祺『左海經辨』據鄭「注」"圖事於庭, 於堂"之言, 謂"是孔子於己國與君謀聘", 則與平時議政事何異? 且孔子在本國圖事, 與「聘」「記」言"賓入門升堂"亦不合, 則知陳說非也. 宋氏翔鳳『發微』以爲擯禮, 不知擯者本不升堂, 且上節已言"趨進", 此不必復記矣. 說旣多岐, 而其中門位 · 堂階, 又人自爲義, 今皆刊落, 不欲繁溷學者耳目焉.

역문 정군 및 포함이나 공안국의 「주」는 모두 이 구절을 조정에 달려간 것이라고 한다. 그러나 앞 구절에서 "조정[朝]" 및 "임금이 있을 때[君在]"를 말하면서 이미 조정으로 달려간 일을 설명했으니, 가운데를 건너뛰고 빈이 되었는데도 다시 조정에 달려간 것을 말해서는 안 된다. 진수기의 『좌해경변』에서는 정현 「주」의 "뜰과 당에서 일을 도모했다"라는 말을 근거로 "이는 공자가 자기 나라에서 임금과 빙문을 도모한 것"을 말한다고 했는데, 그렇다면 평상시 정사를 의론한 것과 무엇이 다른가? 또 공자가 본국에서 일을 도모한 것은 「빙례」의 「기」에서 "손님이 문으로 들어와 당에 오르는 것"과도 일치하지 않으니, 그렇다면 진수기의 말이 틀렸다는 것을 알 수 있다. 송상봉(宋翔鳳)의 『논어발미(論語發微)』에서는 빈의 예라고 했는데, 빈자는 본래 당에 오르지 않는다는 것을 모르는 말이고, 또 앞 구절에서 이미 "빠른 걸음으로 나아감[趨進]"을 말했으니 여기서는 굳이 다시 기록할 필요는 없었을 것이다. 말이 이미 갈래가 많은데다가 그 중문의 위치나 당의 층계에 대해서도 또 사람들이 저마다 뜻을 갖다 붙였지만 지금 모두 떨어 버린 것은 배우는 자들의 눈과 귀를 어지럽히고 혼란시키지 않고자 해서이다.

● 「注」, "先屏"至"如也".
● 正義曰: 上文言"屛息", 息卽氣也. 顏色是氣之見於外者, 故「注」明之. 「聘」「記」云: "下階, 發氣怡焉."「注」, "發氣, 舍息也." "舍"與"舒"音同, "舒"與"逞"義同.『方言』, "逞, 解也, 快也."『說文』, "逞, 通也." 義俱相近. "下階"者,「釋言」云"降, 下也."

○ 「주」의 "선병(先屏)"부터 "여야(如也)"까지.
○ 정의에서 말한다.

앞의 문장에서 "숨을 죽이다[屛息]"라고 했는데, 식(息)은 바로 숨[氣]이다.[73] 안색은 기(氣)가 밖으로 드러난 것이므로 「주」에서 그것을 분명히 한 것이다. 「빙례」의 「기」에 "층계를 내려와서는 숨을 내쉬고 화평하게 있다."라고 했는데, 「주」에 "발기(發氣)는 숨을 내쉰다[舍息]는 뜻이다."라고 했으니, "사(舍)"와 "서(舒)"는 발음이 같고, "서(舒)"와 "영(逞)"은 뜻이 같다.『방언(方言)』에 "영(逞)은 풀다[解]의 뜻이며, 즐겁다[快]는 뜻이다."라고 했다.『설문해자』에 "영(逞)은 통함[通]이다."[74]라고 했으니 뜻이 모두 서로 가깝다. "층계를 내려온다[下

---

73 앞의 문장에서는 "숨을 죽여 마치 숨 쉬지 않는 사람 같았다.[屛氣似不息者.]"라고 했으니, 여기서는 "앞의 글에서 '숨을 죽인다[屛氣]'라고 했는데, 기(氣)는 바로 숨[息]이다.[上文言'屛氣', 氣卽息也.]"로 했어야 옳을 듯하다.
74 『설문해자』 권2: 영(逞)은 통함[通]이다. 착(辵)으로 구성되었고 정(呈)이 발음을 나타낸다. 초(楚)나라에서는 빨리 가는 것을 영(逞)이라 한다.『춘추전(春秋傳)』에 "어디에 간들 그 욕망을 빨리 채우지 못하겠습니까?"라고 했다. 축(丑)과 영(郢)의 반절음이다.[逞, 通也. 從辵

階"라고 했는데, 『이아』「석언」에 "강(降)은 내린다[下]는 뜻이다."라고 했다.

10-4

執圭, 鞠躬如也, 如不勝. 【注】包曰: "爲君使聘問隣國, 執持君之圭. '鞠躬'者, 敬愼之至."

홀[圭]을 잡을 때는 몸을 삼가고 경건하게 해서 마치 그 무게를 이기지 못하는 듯이 하였다. 【주】 포함이 말했다. "임금의 사신이 되어 이웃 나라를 빙문할 때 임금의 홀을 잡은 것이다. '국궁(鞠躬)'이란 경건함과 신중함[敬愼]을 지극히 한 것이다."

원문 正義曰: 『說文』, "圭, 瑞玉也, 上圜下方." 古文"圭"作"珪". 又云"剡上爲圭." 『白虎通』「文質篇」, "珪以爲信者何? 珪者, 兌上, 象物始生, 見於上也. 萬物之始, 莫不自潔, 珪之爲言潔也. 上兌, 陽也; 下方, 陰也." "上兌"卽剡上, 亦卽上圜. 凡諸圭形, 當略相同. 『周官』「大宗伯」, "王執鎭圭." 又云: "公執桓圭, 侯執信圭, 伯執躬圭, 子執穀璧, 男執蒲璧."「注」云: "桓圭, 蓋亦以桓爲瑑飾, 長九寸. 信當爲身, 身圭 · 躬圭, 蓋皆象以人形爲瑑飾, 圭皆長七寸, 穀 · 蒲二玉, 蓋或以穀爲飾, 或以蒲爲瑑飾, 璧皆徑五寸."

역문 정의에서 말한다.

『설문해자』에 "규(圭)는 서옥(瑞玉)인데, 위는 둥글고 아래는 네모졌

呈聲. 楚謂疾行爲逞. 『春秋傳』曰: "何所不逞欲?" 丑郢切.]

다."⁷⁵라고 했는데, "규(圭)"의 고문(古文)은 "규(珪)"로 되어 있다. 또 "위쪽을 뾰족하게 깎은 것이 규(圭)이다."⁷⁶라고 했다. 『백호통의』「문질(文質)」에 "홀[珪]을 신표로 삼는 것은 어째서인가? 홀이라는 것은 위가 뾰족한 모양인데, 이는 사물이 처음 생겨날 때 위로 나타나는 것을 형상한 것이다. 만물의 시초는 본래 깨끗하지 않은 것이 없으므로 홀[珪]이란 말은 깨끗하다[潔]는 뜻이다. 위쪽의 뾰족한 것은 양(陽)을 상징하고, 아래쪽의 네모난 부분은 음(陰)을 상징한다."라고 했는데, "위가 뾰족한 모양"은 바로 위쪽을 뾰족하게 깎았다[剡上]는 것이며, 또한 바로 위가 둥글다[上圜]는 것이다. 대체로 모든 홀의 모양은 당연히 대략 서로 같다. 『주례』「춘관종백상(春官宗伯上)·대종백(大宗伯)」에 "왕은 진규(鎭圭)를 잡는다."라고 했고, 또 "공(公)은 환규(桓圭)를 잡고 후(侯)는 신규(信圭)를 잡으며, 백(伯)은 궁규(躬圭)를 잡고 자(子)는 곡벽(穀璧)을 잡으며, 남(男)은 포벽(蒲璧)을 잡는다."라고 했는데, 「주」에 "환규는 아마도 또한 쌍으로 깎

---

75 『설문해자』 권13: 규(圭)는 서옥(瑞玉)이다. 위는 둥글고 아래는 네모졌다. 공작[公]은 환규(桓圭)를 잡는데 아홉 치[寸]이고, 후작[侯]은 신규(信圭)를 잡고, 백작[伯]은 궁규(躬圭)를 잡는데 모두 일곱 치이며, 자작[子]은 곡벽(穀璧)을 잡고, 남작[男]은 포벽(蒲璧)을 잡는데 모두 다섯 치이다. 이것을 가지고 제후를 봉한다. 토(土)가 거듭된 형태로 구성되었다. 초나라의 작위에 집규(執圭)가 있다. 규(珪)는 규(圭)의 고문인데 옥(玉)으로 구성되었다. 고(古)와 휴(畦)의 반절음이다.[圭, 瑞玉也. 上圜下方. 公執桓圭, 九寸; 侯執信圭, 伯執躬圭, 皆七寸; 子執穀璧, 男執蒲璧, 皆五寸. 以封諸侯. 從重土. 楚爵有執圭. 珪, 古文圭從玉. 古畦切.]

76 『설문해자』 권1: 장(璋)은 위쪽을 뾰족하게 깎은 홀이 규[圭]이고 반쪽짜리 홀이 장(璋)이다. 옥(玉)으로 구성되었고 장(章)이 발음을 나타낸다. 『주례』에 빙문할 때의 여섯 가지 폐백이 있는데, 규(圭)는 말과 함께하고, 장(璋)은 가죽과 함께하며, 벽(璧)은 비단과 함께하고, 종(琮)은 무늬 있는 비단과 함께하며, 호(琥)는 수놓은 비단과 함께하고, 황(璜)은 흰 실과 검은 실로 도끼 모양의 문양을 수놓은 비단[黼]과 함께한다. 제(諸)와 냥(良)의 반절음이다.[璋, 剡上爲圭, 半圭爲璋. 從玉章聲. 『禮』: 六幣: 圭以馬, 璋以皮, 璧以帛, 琮以錦, 琥以繡, 璜以黼. 諸良切.]

은 나무[桓]를 장식으로 아로새긴 것인 듯한데, 길이는 아홉 치이다. 신(信)은 마땅히 신(身)이 되어야 하니 신규와 궁규는 아마도 모두 사람의 형상을 본떠서 장식으로 아로새긴 것인 듯한데, 홀[圭]은 모두 길이가 일곱 치이며, 곡벽과 포벽 두 옥은, 아마도 혹은 곡식을 장식으로 삼던가, 혹은 부들[蒲]을 장식으로 아로새긴 것인 듯한데, 벽(璧)은 모두 지름이 다섯 치이다."라고 했다.

원문 案, 此卽瑞圭也.「考工」「玉人」謂之"命圭". 諸侯朝天子, 及諸侯相朝, 竝執之. 若使人聘於天子, 及諸侯交相聘, 則用琢圭.「典瑞」云: "琢圭璋璧琮, 以覜聘."「注」"鄭司農云: '琢, 有圻鄂琢起.'" 又「考工記」"琢圭璋八寸, 璧琮八寸, 以覜聘."「注」云: "琢, 文飾也."「疏」云: "此謂上公之臣, 執以覜聘, 享用璧琮於天子及后也. 若兩諸侯自相聘, 亦執之. 侯・伯之臣, 宜六寸. 子・男之臣, 宜四寸. 凡諸侯之臣覜聘, 不得執君之桓圭, 信圭之等, 直琢爲文飾也." 案,『說文』, "琢, 圭・璧上起兆琢也. 從玉, 篆省聲." "上起兆琢", 卽先鄭"琢起"之義. "兆"・"垗"一字. "圻"如"封圻"之圻, 所以界別內外也. 李賢『後漢』「明帝記」「注」, "圻岸, 圻堮也." "堮"・"鄂"字同, 當謂刻圭凸起以爲飾也. 康成謂六瑞亦是琢飾, 但不爲桓・躬等之文, 此康成存疑, 故屢加"蓋"詞以著之.

역문 살펴보니, 이것은 바로 서규(瑞圭)이다.『주례』「동관고공기하・옥인(玉人)」에서는 이것을 "명규(命圭)"라고 했다. 제후가 천자를 조현할 때 및 제후가 서로 조현할 때 모두 그것을 잡는다. 사람을 시켜 천자에게 빙문할 때와 제후가 번갈아 가며 서로 빙문할 때와 같은 경우에는 문양을 아로새긴 홀[琢圭]을 사용한다.『주례』「춘관종백상・전서(典瑞)」에 "전규(琢圭)와 전장(琢璋)과 전벽(琢璧)과 전종(琢琮)으로 조빙(覜聘)[77]을 한다."라고 했는데,「주」에 "정사농(鄭司農)은 '아로새기는 것[琢]에는 가선이나 문양을 조각해서 불쑥 솟은 것을 아로새긴 것이 있다.'라고 하였다."
라고 했다. 또『주례』「동관고공기하·옥인」에 "전규장(瑑圭璋)은 8치이
고 벽종(璧琮)도 8치인데, 이것을 가지고 조빙한다."라고 했는데, 「주」에
"전(瑑)은 문식(文飾)이다."라고 했고, 「소」에 "이는 상공(上公)의 신하가
홀을 잡고 조빙할 때는 규장(圭璋)을 사용하고, 향례에서는 천자 및 후비
에게 벽종을 사용한다는 말이다. 양국의 제후가 스스로 서로서로 빙문
을 할 때와 같은 경우에도 그것을 잡는다. 후작과 백작의 신하는 6치가
알맞고 자작과 남작의 신하는 4치가 알맞다. 제후의 신하가 조빙을 할
때는 임금의 환규나 신규 등을 잡을 수 없고, 다만 아로새겨 문식(文飾)
할 뿐이다."라고 했다. 살펴보니,『설문해자』에 "전(瑑)은 규나 벽 위에
불쑥 솟아나도록 양각해서 아로새긴 것이다. 옥(玉)으로 구성되었고, 전
(篆)의 생략형이 발음을 나타낸다."[78]라고 했는데, "불쑥 솟아나도록 양
각한 것"이 바로 선정(先鄭: 정사농)이 말한 "불쑥 솟은 것을 아로새긴 것
[瑑起]"의 뜻이다. "조(兆)"와 "조(垗)"는 같은 글자이다. "기(圻)"는 "국경[封
圻]"이라고 할 때의 기(圻)와 같으니 안과 밖을 경계 짓고 구별하기 위한
것이다. 이현(李賢)의『후한서』「명제기(明帝記)」「주」에 "기안(圻岸)은 깎
아지른 절벽[圻堮]이다."라고 했다. "악(堮)"과 "악(鄂)"은 같은 글자이니,

---

77 조빙(覜聘):『주례주소』권20,「춘관종백상·전서(典瑞)」의「주」에 "대부가 여럿이 오는 것
   을 조(覜)라 하고, 적게 오는 것을 빙(聘)이라 한다.[大夫衆來曰覜, 寡來曰聘]"라고 했는데,
   『주례주소』권41,「동관고공기하(冬官考工記下)·옥인(玉人)」의「주」에서는 "여럿이 오는
   것을 조(覜)라 하고, 특별히 오는 것을 빙(聘)이라 한다.[衆來曰覜, 特來曰聘.]"라고 했다. 『논
   어정의』에는 "頫"로 되어 있으나,『주례』를 근거로 "覜"로 고쳤다.

78 『설문해자』권1: 전(瑑)은 규(圭)나 벽(璧) 위에 불쑥 솟아나도록 양각해서 아로새긴 것이
   다. 옥(玉)으로 구성되었고, 전(篆)의 생략형이 발음을 나타낸다. 『주례』에 "아로새긴 규와
   옥."이라고 했다. 직(直)과 연(戀)의 반절음이다.[瑑, 圭·璧上起兆瑑也. 從玉, 篆省聲. 『周
   禮』曰: "瑑圭·璧." 直戀切.]

당연히 홀[圭]을 깎아 불쑥 솟은 것을 장식으로 삼는다는 말이다. 정강성은 육서(六瑞) 역시 아로새긴 장식이라고 했으나, 다만 환(桓)이나 궁(躬)등의 글자가 없으니, 여기에 강성은 의심을 품었기 때문에 자주 "아마도[蓋]"라는 말을 보태어 드러낸 것이다.

원문 惠士奇『禮說』, "琢者, 頻問之圭璧, 六瑞則不琢也, 故曰'大圭不琢, 美其質也.' 康成疑漢禮而言, 遂謂六瑞皆琢. 如其說, 則與頻聘之圭何以異乎? 說者又謂頻聘之圭璧, 有坼鄂琢起, 無桓·信·躬·穀·蒲之文也, 不知桓·信·躬·穀·蒲, 乃玉之形體與其彩, 非琢飾之文. 故曰'和氏之璧不飾以五彩; 隨候之珠, 不飾以銀黃. 其質至美, 物不足以飾之.' 六瑞無琢飾者以此. 『山海經』, '圭璧十五, 五彩惠之.' 惠猶飾也. 祀山川, 造賓客, 皆曰'素功.' 素功者, 設色之工. 畫繢之事, 是爲琢書之八體, 大篆·小篆, 亦以此取名焉. 說者謂素功無飾, 其不然乎?" 案, 惠說是也.

역문 혜사기(惠士奇)의 『예설(禮說)』에 "전(琢)이란 알현하고 빙문할 때[頻問]의 규벽(圭璧)이고, 육서는 문양을 아로새기지 않기 때문에 '큰 홀[圭]은 아로새기지 않으니, 그 질박함을 아름다움으로 삼은 것이다.'라고 한 것이다. 정강성은 한나라의 예를 의심해서 말했기 때문에 마침내 육서를 모두 아로새긴다고 말한 것이다. 그의 말대로라면 부빙(頻聘)할 때의 홀[圭]과 어떻게 다르겠는가? 설자들은 또 부빙할 때의 규벽은 가선이나 문양을 조각해서 불쑥 솟은 것을 아로새긴 것이 있다고 말하면서 환(桓)·신(信)·궁(躬)·곡(穀)·표(蒲)라는 글자는 없으니, 환·신·궁·곡·표가 바로 옥의 형체와 무늬이지 아로새긴 장식의 무늬가 아님을 모르는 것이다. 그러므로 '화씨(和氏)의 옥은 다섯 가지 무늬로 장식하지 않았고, 수후(隨候)의 구슬은 은황(銀黃)으로 꾸미지 않았다. 그 바탕이 지극히 아름답기 때문에 그 무엇으로도 꾸미기에 부족한 것이다.'라고 했으니, 육서가 아로새긴 장식이 없는 것은 이 때문이다. 『산해경(山海經)』「중산경(中山經)」에 '규옥(圭玉)과 벽옥(璧玉) 열다섯 개를 신께 바치는데 다섯 가지 채색으로 그것을 꾸민다.'라고 했는데, 혜(惠)는 꾸민다[飾]는 뜻과 같다. 산천(山川)에 제사하고 빈객(賓客)을 세우는 것을 모두 '소공(素功)'이라고 하는데, 소공이란 색을 칠하는 일이다. 그림을 그리고 수를 놓는 일은 글을 아로새기는 여덟 가지 서체가 되니, 큰 전자[大篆]니 작은 전자[小篆]니 하는 것도 이 때문에 이름을 갖게 된 것이다. 설자들은 소공은 꾸밈이 없다고 하는데, 그렇지 않겠는가?"라고 했다. 살펴보니, 혜사기의 말이 옳다.

원문 「聘禮」言"賓及廟門, 公揖入, 立于中庭, 賓立接西塾. 擯者出請命, 賈人東面坐啓櫝取圭, 垂繅不起, 而授上介. 上介不襲, 執圭, 屈繅, 授賓, 賓襲, 執圭. 擯者入告, 出辭玉, 納賓. 賓入門左, 三揖, 至于階, 三讓, 公升二等. 賓升西楹西, 東面. 賓致命, 公側襲, 受玉於中堂與東楹之閒, 賓降, 公側授宰玉." 此行聘時, 賓執圭以致君命也.

역문 『의례』「빙례」에 "손님이 묘문에 이르면 주국의 군주[公]는 읍하고 들어가 뜰 가운데 서 있고, 손님은 서숙 가까이에 서 있는다. 빈자는 나와서 사신국 군주의 명을 청하고, 고인은 동쪽을 향해 앉아서 궤[櫝]를 열어 홀[圭]을 꺼내고 홀 받침대를 드리운 상태로 일어나지 않고 상개에게 준다. 상개가 옷을 추스르지 않고 홀을 받아 받침대를 구부려 손님에게 주면 손님은 옷을 추스르고 홀을 잡는다. 빈자는 안으로 들어가 군주에게 아뢰고, 나와서 옥을 가지고 온 것에 대해 감사의 인사를 하고서 손님을 들어오게 한다. 손님이 문의 왼쪽으로 들어가면서 세 번 읍하고, 층계에 이르러서 세 번 절[讓]을 하면, 주국의 군주가 두 계단을 오르고, 손님은 서쪽 기둥의 서쪽에서 동쪽을 향해 서 있는다. 손님이 자기 군주의 명을 전달하면 주국의 군주[公]는 홀로 옷을 추스르고 당의 중앙과 동쪽 기둥의 사이에서 옥을 받고, 손님이 당에서 내려가면 주국의 군주는 재(宰)에게 옥을 건네준다.[79]라고 했는데, 이는 빙례를 행할 때, 손님이 홀을 잡고서 본국 군주의 명을 전달하는 것이다.

원문 「曲禮」云: "執天子之器則上衡, 國君則平衡." 衡者, 衡於心也. 此執圭亦當平衡, 故鄭解「聘」「記」"升堂讓"云: "謂擧手平衡也." 是也. 「聘」「記」云: "上介執圭, 如重, 授賓. 賓入門皇, 升堂讓, 將授志趨, 授如爭承, 下如送, 君還而後退." 又云: "執圭入門, 鞠躬焉, 如恐失之. 皇且行, 入門主敬, 升堂主愼."「注」以爲記執圭異說, 此與『論語』文悉合, 作記者采孔子事入之. 鄭云"異說"者, 謂記者非一人也. 『書鈔』「禮儀部」七引鄭此「注」云: "'如不勝'者, 敬之至也." 案, 「曲禮」云: "凡執主器, 執輕如不克."「注」云: "重愼也." "重愼"卽敬義.

역문 『예기』「곡례하」에 "천자의 기물을 잡을 때는 가슴보다 높이 들되 평형을 이루게 하고, 제후의 기물을 잡을 때는 가슴과 평형을 이루게 한다."라고 했는데, 형(衡)이란 가슴과 평형을 이룬다는 말이다. 여기서 홀을 잡는 것 역시 마땅히 가슴과 평형을 이루어야 하니, 따라서 정현이 「빙례」「기」에서 "당으로 올라가서는 절[讓]을 한다[升堂讓]"라고 한 것을 해석하면서 "손을 들어 가슴과 평형을 이룬다는 말이다."라고 했는데, 이것이 바로 그 뜻인 것이다. 「빙례」「기」에 "상개는 홀을 잡는데 무거운 듯이 해서 손님에게 준다. 손님은 문을 들어와 엄숙한 태도를 취하고, 당으로 올라가서는 절[讓]을 하며 장차 홀을 바치려고 할 때는 행보를 살

---

79 『논어정의』에는 "受宰玉"으로 되어 있으나, 『의례』「빙례(聘禮)」를 근거로 "授宰玉"으로 고쳤다.

피는데, 홀을 바칠 때는 다투어 받드는 듯이 하며, 당을 내려올 때는 전송하듯이 해서 군주가 돌아선 뒤에야 물러난다."라고 했고, 또 "홀을 잡고서 문을 들어갈 때는 몸을 삼가고 경건하게 해서 마치 떨어뜨릴까 두려운 듯이 한다. 엄숙한 모습으로 또 가되, 문을 들어갈 때는 경건함을 주로 하고 당에 올라가서는 신중함을 주로 한다."라고 한 것에 대해「주」에서 홀을 잡는 다른 설명을 기록한 것이라고 했는데, 이것과『논어』의 글이 모두 일치하니, 기록하는 자가 공자의 일을 채집해서 삽입한 것이다. 정현이 "다른 설명[異說]"이라고 한 것은 기록한 자가 한 사람이 아니라는 말이다.『북당서초』「예의부」권7에는 정현의 이「주」에서 "'이기지 못할 듯이 했다'라는 것은 경건함을 지극히 한 것이다."라고 한 것을 인용했다. 살펴보니,「곡례하」에 "군주의 기물을 잡을 때 가벼운 것을 잡더라도 이기지 못할 것처럼 한다."라고 했는데,「주」에 "신중함[重慎]이다."[80]라고 했으니, "신중함[重慎]"은 바로 경건하다[敬]는 뜻이다.

- 「注」, "爲君使聘問隣國, 執持君之圭."
- 正義曰: "聘"亦訓問, 見『詩』「采薇」「傳」及鄭君『禮』「注」.「曲禮」云"諸侯使大夫問於諸侯曰聘"是也.「大行人」云: "諸侯之邦交, 歲相問也, 殷相聘也, 世相朝也."「注」云: "小聘曰問. 殷, 中也, 久無事, 又於殷朝者及而相聘也. 父死子立曰世. 凡君卽位, 大國朝焉, 小國聘焉." 案, 聘·問不異圭, 故「注」兼擧之.『書鈔』「禮儀部」七引鄭此「注」云: "'執圭'謂以君命聘於隣國." 與包義同. 云"執持君之圭"者, 凡瑑圭璋璧琮, 皆是君物, 故使者受圭於朝, 及聘畢返國, 致玉於君, 竝見「聘禮」. 解者誤會此「注」"君圭"之文, 或以命圭當之, 非也.
- ○「주」의 "임금의 사신이 되어 이웃 나라를 빙문할 때 임금의 홀[圭]을 잡은 것이다."

---

80 『예기주소』「곡례하(曲禮下)」정현의「주」에 "重慎之也."라고 되어 있다.

○ 정의에서 말한다.

"빙(聘)" 역시 문(問)의 뜻으로 새기니, 『시경』「채미(采薇)」의 「전」 및 정군의 『예기』「주」에 보인다. 「곡례하」에 "제후가 대부를 시켜 제후를 방문하는 것을 빙(聘)이라 한다"라고 한 것이 바로 그것이다. 『주례』「추관사구하 · 대행인」에 "제후의 나라가 서로 사귀는 데는 해마다 서로 안부를 묻고 알맞은 때에 서로 빙문을 하며 세대가 바뀌면 서로 조현한다."라고 했는데, 「주」에 "소규모의 빙문[小聘]을 문(問)이라 한다. 은(殷)은 중(中)이니, 오랫동안 아무 일 없다가 또 조빙하기에 알맞은 때에 미쳐 서로 빙문을 한다. 아비가 죽고 아들이 서는 것을 세대[世]라 한다. 군주가 즉위하면 대국은 조현하고 소국은 빙문한다."라고 했다. 살펴보니, 빙(聘)과 문(問)에서는 홀[圭]을 달리하지 않기 때문에 「주」에서 빙문(聘問)이라고 아울러 거론한 것이다. 『북당서초』「예의부」 권7에 정현이 이 「주」에서 "'홀[圭]을 잡았다'는 것은 군주의 명으로 이웃 나라를 빙문했다는 말이다."라고 한 것을 인용했는데, 포함의 뜻과 같다.

"임금의 홀을 잡았다"

전규와 전장과 전벽과 전종은 모두 임금의 물건이기 때문에 사자(使者)는 조정에서 홀을 받았을 때와 빙문을 마치고 본국으로 돌아왔을 때는 임금에게 옥을 되돌려 바치니, 모두 「빙례」에 보인다. 해석하는 자가 이 「주」의 "임금의 홀[君圭]"이라는 글자를 잘못 이해하는 바람에 더러 명규에 해당시키는데, 잘못이다.

上如揖, 下如授. 勃如戰色, 足蹜蹜如有循. 【注】鄭曰: "'上如揖', 授玉宜敬; '下如授', 不敢忘禮. '戰色', 敬也. '足蹜蹜如有循', 擧前曳踵行."

홀을 바칠 때는 읍하듯이 하였고, 당을 내려와서도 홀을 바칠 때처럼 하였으며, 장중하고 경외하는 기색을 지었고, 발걸음의 폭을 좁고 낮게 해서 마치 발이 땅을 끄는 듯이 하였다. 【주】정현이 말했다. "'홀을 바칠 때 읍하듯이 함[上如揖]'은 옥을 바칠 때 마땅히 경건해야 하기 때

문이고, '당을 내려와서도 홀을 바칠 때처럼 함[下如授]'은 감히 예를 잊을 수 없기 때문이다. '전색(戰色)'은 삼가고 두려워하는 모습이다. '족축축여유순(足蹜蹜如有循)'은 발의 앞쪽을 들고 뒤꿈치를 끌면서 걷는 것이다."

원문 正義曰: "蹜蹜", 「玉藻」作"縮縮", 『說文』無"蹜"字, "縮"下云: "一曰蹙也." "蹙"與"戚"一字. 『詩』, "戚戚靡所騁." 鄭「箋」, "縮小之貌." 縮小亦不敢自肆意.

역문 정의에서 말한다.

"축축(蹜蹜)"은 『예기』「옥조」에 "축축(縮縮)"으로 되어 있고, 『설문해자』에는 "축(蹜)" 자가 없고 "축(縮)" 아래 "일설에는 축(蹙)이라 한다."[81]라고 했는데, "축(蹙)"과 "축(戚)"은 같은 글자이다. 『시경』「소아·절남산」에 "움츠러들어 갈 곳이 없다.[戚戚靡所騁.]"라고 했는데, 정현의 「전」에 "움츠러드는[縮小] 모양이다."라고 했으니, 움츠러듦 역시 감히 스스로를 함부로 하지 못한다는 뜻이다.

- 「注」, "上如"至"踵行".
- 正義曰: "授玉" 謂賓升堂東面授玉也. 授玉爲上者, 『後漢書』「河間孝王開傳」, "上案其罪." 「注」, "上, 奏上也." 又『禮記』「郊特牲」"尙用氣", 「注」, "尙謂先薦之." 『史記』「絳侯周勃世家」, "太子勝之尙之." 『集解』引韋昭曰: "尙, 奉也." "尙"與"上"同. 臣授玉於君, 亦是奉上之. 「聘禮」「記」"授如爭承", 彼文之"授", 卽此文所云"上"也. "爭承"者, 言趨而授玉, 其禮宜速,

---

81 『설문해자』권13: 축(縮)은 다스림[亂]이다. 사(糸)로 구성되었고 숙(宿)이 발음을 나타낸다. 일설에는 축(蹙)이라고 한다. 소(所)와 육(六)의 반절음이다.[縮, 亂也. 從糸宿聲. 一曰蹙也. 所六切.]

與此言"如揖"各具一義.

○「주」의 "상여(上如)"부터 "종행(踵行)"까지.

○ 정의에서 말한다.

"수옥(授玉)"은 손님이 당에 올라 동쪽을 향해 옥을 바침을 이른다. 옥을 바치고 아뢰는 것에 대해 『후한서』「하한효왕개전(河間孝王開傳)」에 "그의 죄를 낱낱이 아뢰었다.[上案其罪.]" 라고 했는데,「주」에 "상(上)은 아룀[奏上]이다."라고 했다. 또 『예기』「교특생(郊特牲)」에 "기(氣)를 먼저 바쳐서[尙] 사용했다."라고 했는데,「주」에 "상(尙)은 먼저 바친다[先薦]는 말 이다."라고 했고, 『사기』「강후주발세가(絳侯周勃世家)」에 "장남[太子]인 승지가 받들었다. [太子勝之尙之.]"라고 했는데, 『사기집해(史記集解)』에 위소(韋昭)를 인용해서 "상(尙)은 받 듦[奉]이다."라고 했으니, "상(尙)"과 "상(上)"은 뜻이 같다. 신하가 임금에게 옥을 바치는 것 역시 윗사람에게 바치는 것이다.「빙례」의「기」에 "홀을 바칠 때는 다투어 받드는 듯이 한다 [授如爭承]"라고 했는데, 이 글의 "바치다[授]"가 바로, 앞 문장에서 말한 "바친다[上]"라는 것 이다. "다투어 받든다[爭承]"라는 것은 종종걸음으로 가서 옥을 바쳐 그 예가 의당 신속하다 는 말이니, 여기에서 말한 "읍하듯이 한다"라는 것과 더불어 각각 나름대로 하나의 뜻을 구비 한 것이다.

원문 江氏永『圖考』曰: "古之揖, 如今人與人相拱手, 有高·平·下之別. 孔 子執圭上如揖, 與天揖推手小擧者相似, 此不過平衡也." 云"不敢行禮"者, 是解"下", 謂下堂雖已授玉, 不敢忘禮, 猶如授時也.「聘」「記」云"下如送", 送當謂送物與人, 與此言"授"同也. 鄭「注」輯本"不敢忘禮"句下, 更云: "『魯』 讀下爲趨, 今從『古』." 案, "下"字古音如戶, 與"趨"音近, 故『魯論』作"趨". 鄭以"趨而授玉"不煩言"如", 故從『古』作"下". 錢氏坫『後錄』謂"如·而『古』 通". "上如揖", 卽賓入門後, 三揖至于階之事. "趨而授玉", 卽「聘」「記」所 謂"志趨", 從『魯論』爲說, 與下兩"如"字別自爲義, 非也. 『書鈔』「禮儀」七 引此「注」云: "勃如戰色, 恐辱君命也." 是「注」佚文, 當在"敬也"句下. "敬"

與"徹"同, 愼懼之義. "恐辱君命"者, 懼有失隊, 遺君羞辱也.

역문 강영의 『향당도고』에 "옛날의 읍은 지금의 사람들이 남과 함께 서로 공수(拱手)하는 것처럼 고읍(高揖)·평읍(平揖)·하읍(下揖)의 구별이 있다. 공자가 홀을 잡고서 바칠 때 읍하듯 한 것은 천읍(天揖)을 할 때 손을 밀어 조금 드는 것과 서로 유사한 것이니, 이는 가슴과 평형을 이루게 하는 것에 불과하다."라고 했다.

"감히 예를 잊을 수 없기 때문이다[不敢忘禮]"라고 한 것은 "하(下)" 자를 해석한 것으로, 당을 내려와 비록 이미 옥을 바쳤지만 감히 예를 잊을 수 없어서 마치 옥을 바칠 때와 같았다는 말이다. 「빙례」「기」에 "당을 내려올 때는 전송하듯이 한다[下如送]"라고 했는데, 송(送)이란 당연히 물건을 보내어 남에게 준다는 말이니, 여기에서 말한 "바친다[授]"와 같은 뜻이다.

정현 「주」의 집본(輯本)에는 "불감망례(不敢忘禮)" 구절 아래 다시 "『노논어』에서는 하(下) 자를 추(趨)라고 읽는데, 지금은 『고논어』를 따른다."[82]라고 했다. 살펴보니 "하(下)" 자의 옛 발음은 호(戶)와 같고, "추(趨)"와 발음이 근사하기 때문에 『노논어』에는 "추(趨)"로 되어 있다. 정현은 "종종걸음으로 달려갈 때 옥을 바치듯 한 것"이라면 번거롭게 "여(如)"를 말하지 않았을 것이기 때문에 『고논어』의 "하(下)"로 된 것을 따른 것이다. 전점(錢坫)의 『논어후록(論語後錄)』에 "여(如)와 이(而)는 『고논어』에서 통용된다."라고 했다. "홀을 바칠 때 읍하듯 함[上如揖]"은 바로 손님이 문을 들어간 뒤에 세 번 읍하면서 층계에 다가가는 일이다. "종종걸음으로 달려갈 때 옥을 바치듯 함[趨而授玉]"은 바로 「빙례」「기」

---

82 『경전석문』 권24, 「논어음의(論語音義)·향당제10(鄕黨第十)」과 『논어주소(論語注疏)』 권10, 「향당(鄕黨)」의 육덕명(陸德明)의 음의(音義)에 보인다.

의 이른바 "행보를 살핌[志趨]"이니, 『노논어』를 따라서 말하게 되면 아래의 두 "여(如)" 자와는 별개로 다른 뜻이 되므로 틀린 것이다. 『북당서초』「예의부」 권7에는 이 「주」를 인용해서 "장중하고 경외하는 기색[勃如戰色]은 임금의 명을 욕되게 할까 걱정한 것이다."라고 했는데, 이 「주」는 일문(佚文)으로 마땅히 "경야(敬也)" 구절 아래 있어야 한다. "경(敬)"은 "경(儆)"과 같으니, 삼가고 두려워한다[愼懼]는 뜻이다. "임금의 명을 욕되게 할까 걱정한다[恐辱君命]"라는 것은 대오(隊伍)를 잃어 임금에게 수모와 치욕을 끼칠까 걱정한다는 것이다.

원문 "擧前曳踵行"者, 『說文』, "循, 行順也." 兩足不能分步, 則趾踵相接, 順遞而行, 故擧前足, 則曳後踵隨之. 「曲禮」云: "執主器, 操圭璧, 則尙左手, 行不擧足, 車輪曳踵." 「注」云: "行不擧足, 重愼也. 車輪, 謂行不絶地也." 「疏」云: "踵, 脚後也. 若執器行時, 則不得擧足, 但趨前拽後, 使踵如車輪曳地而行, 故云'車輪曳踵.'" 又「玉藻」, "執龜玉, 擧前曳踵, 縮縮如也." 「注」云: "著徐趨之事." 又"圈豚行, 不擧足, 齊如流." 「注」云: "圈, 轉也. 豚之言若有所循. 不擧足曳踵, 則衣之齊如水之流矣, 孔子執圭則然, 此徐趨也."

역문 "발의 앞쪽을 들고 뒤꿈치를 끌면서 걷는 것[擧前曳踵行]"

『설문해자』에 "순(循)은 따라간다[行順][83]는 뜻이다."[84]라고 했는데, 양

---

83 『논어정의』에는 "順行"으로 되어 있다. 『설문해자』를 근거로 "行順"으로 고쳤다.

84 『설문해자』 권2: 순(循)은 따라간다[行順]는 뜻이다. 척(彳)으로 구성되었고 순(盾)이 발음을 나타낸다. 상(詳)과 준(遵)의 반절음이다.[循, 行也. 從彳盾聲. 詳遵切.] 허신(許愼)의 『설문해자주(說文解字注)』에 "순(循)은 간다[行]는 뜻이다. 각각의 판본에 행순(行順)이라고 되어 있는 것은 천박한 사람들이 함부로 글자를 불려 놓은 것일 뿐이다.[循, 行也. 各本作行順也, 淺人妄增耳.]"라고 했다.

쪽 다리를 크게 벌려서 걷지 못하면 발꿈치가 서로 엇갈려 따라가면서 교차되기 때문에 발의 앞쪽을 들고 뒤꿈치를 끌면서 따른다. 「곡례하」에 "군주의 기물을 잡고 규벽을 잡을 때는 왼손으로 위를 잡으며, 걸을 때는 발을 들지 않고 수레바퀴가 구르듯이 발꿈치를 끈다."라고 했는데, 「주」에 "걸을 때 발을 들지 않음[行不擧足]은 신중함[重愼]이다. 수레바퀴가 구르듯 함[車輪]은 걸을 때 발이 땅에서 떨어지지 않는다는 말이다."라고 했고, 「소」에 "종(踵)은 뒤꿈치[脚後]이다. 기물을 들고 걸어갈 때와 같은 경우에는 발을 들 수 없고 다만 앞발을 종종거리며 뒷발을 끌어 뒤꿈치로 하여금 마치 수레바퀴가 구르듯 땅을 끌면서 가도록 하기 때문에 '수레바퀴가 구르듯 발꿈치를 끈다.[車輪曳踵.]'라고 한 것이다."라고 했다. 또 『예기』「옥조」에 "귀옥(龜玉)을 잡을 때는 발의 앞쪽을 들고 뒤꿈치를 끌어 발걸음의 폭을 좁고 낮게 해야 한다."라고 했는데, 「주」에 "느린 종종걸음[徐趨]의 일을 나타낸 것이다."라고 했고, 또 "발을 굴리듯 발의 앞쪽과 뒤꿈치가 따라갈 때는 발을 들지 않고 치맛자락의 끝부분이 마치 물 흐르는 것처럼 한다."라고 했는데, 「주」에 "권(圈)은 구른다[轉]는 뜻이다. 돈(豚)은 따라감이 있는 듯하다는 말이다. 발을 들지 않고 발꿈치를 끌면서 가면 옷자락은 마치 물 흐르는 듯한데, 공자가 홀을 잡으면 그러했으니, 이는 느린 종종걸음[徐趨]인 것이다."라고 했다.

원문 案, 擧前足, 曳後踵, 則後足不擧, 故云"行不擧足". 其踵趾相接, 旋轉如圈, 故爲圈豚, 言其圈而循行也. 「聘禮」云: "將授志趨." 「注」云: "志猶念也. 謂審行步也. 孔子之執圭." 云云. 鄭以"志趨"卽"徐趨", 故引"執圭"全節, 而以"足蹜蹜如有循"爲"志趨"之證, 與「玉藻」「注」所云"徐趨"義合.

역문 살펴보니, 발의 앞쪽을 들고 뒤꿈치를 끌면 뒷발은 들지 않기 때문에 "걸을 때는 발을 들지 않는다[行不擧足]"라고 한 것이다. 발꿈치가 서로 엇갈리면서 굴리듯 돌기 때문에 권돈(圈豚)이라고 한 것이니 발을 굴리 듯 발의 앞쪽과 뒤꿈치가 따라서 걷는다는 말이다. 『의례』「빙례」에 "장 차 홀을 바치려 할 때에는 행보를 살핀다.[將授志趨.]"라고 했는데, 「주」 에 "지(志)는 염(念)과 같으니, 염추(念趨)란 행보(行步)를 살핀다는 말이 다. 공자가 홀을 잡을 때"라고 운운했다. 정현은 "행보를 살핌[志趨]"을 바로 "느린 종종걸음[徐趨]"이라고 여겼기 때문에 "집규(執圭)"의 전 구절 을 인용하면서 "발걸음의 폭을 좁고 낮게 해서 마치 발이 땅을 끄는 듯 이 함"을 "느린 종종걸음"의 증거로 삼았으니, 『예기』「옥조」의 「주」에 서 말한 "느린 종종걸음[徐趨]"의 뜻과 일치한다.

원문 「玉藻」言"徐趨"之法, "君與尸行接武", 謂蹈半跡得三尺也; "大夫繼武", 謂跡相及也; "士中武", 謂跡間容跡也, 是皆"圈豚行"也. 夫子大夫, 當用繼 武, 故擧前曳踵行, 卽是跡相及也. 推鄭君「玉藻」及「聘」「記」「注」義, 是 足蹜蹜如有循在授玉之時, 蓋授玉當徐趨也. 所以用徐趨者, 以君行一, 臣 行二, 故「聘」「記」言"授如爭承", 卽此義也. 賈氏「聘」「記」「疏」解"足縮 縮"爲廟門內執玉行步之容. 江氏永『圖考』・王氏塋『正義』竝從其說, 非 鄭君之旨. 「士相見禮」, "凡執幣者不趨, 執玉者則惟舒武, 擧前曳踵."「注」 云: "'不趨'者, 主愼也; '惟舒'者, 重玉器, 尤愼也." 此則執玉常度, 與授玉 時用徐趨不同. 蓋擧前曳踵, 一爲舒武, 一爲徐趨, 名同而法異也.

역문 「옥조」에 "느린 종종걸음"의 예법을 말하면서, "군주는 시동과 함께 걸어갈 때 두 발의 발자국이 반이 겹처지도록 한다"라고 했는데, 반걸음 에 석 자를 내디딘다는 말이고, "대부는 두 발의 발자국이 서로 이어지 도록 한다[大夫繼武]"라고 했는데, 발자국이 서로 닿는다는 말이며, "사는 두 발의 발자국 사이에 한 발자국이 들어가도록 한다[士中武]"라고 했는 데, 앞 발자국과 뒤 발자국 사이에 한 발자국이 들어간다는 말이니, 이

것이 모두 "발을 굴리듯 발의 앞쪽과 뒤꿈치가 따라서 걷는 것[圈豚行]이다. 공자는 대부였기 때문에 당연히 두 발의 발자국이 서로 이어지도록 걷는 예법을 썼기 때문에 발의 앞쪽을 들고 뒤꿈치를 끌면서 걸었으니[擧前曳踵行], 바로 이것은 발자국이 서로 닿는다는 것이다. 정군의 『예기』「옥조」및 『의례』「빙례」「기」「주」의 뜻을 미루어 보면 발걸음의 폭을 좁고 낮게 해서 마치 발이 땅을 끄는 듯이 함은 옥을 바칠 때 있었던 일이니 아마도 옥을 바칠 때는 당연히 느린 종종걸음을 걸었던 것이다. 느린 종종걸음을 걷는 까닭은 주군이 한 계단을 오르면 신하는 두 계단을 오르기 때문이니, 따라서 「빙례」「기」에서 "홀을 바칠 때는 다투어 받드는 듯이 한다[授如爭承]"라고 한 것이 바로 이 뜻이다. 가씨(賈氏)는 「빙례」「기」「소」에서 "족축축(足縮縮)"을 묘문 안에서 옥을 잡고 걷는 발의 예용(禮容)이라고 해석했다. 강영의 『향당도고』와 왕류의 『향당정의』는 모두 가공언의 설을 따른 것이지, 정군의 뜻이 아니다. 『의례』「사상견례」에 "무릇 예물을 받든 자는 빠르게 걷지[趨] 않고, 옥을 받든 자는 오직 발자국을 신중히 해서 발의 앞쪽을 들고 뒤꿈치를 끈다."라고 했는데, 「주」에 "빠르게 걷지 않는 것'은 삼감을 주로 하는 것이고, '오직 천천히 하는 것'은 옥기(玉器)를 중히 여기는 것이니, 더욱 삼가는 것이다."라고 했으니, 이것은 옥을 받드는 상도로서 옥을 바칠 때 느린 종종걸음의 예법을 사용하는 것과는 같지 않다. 아마도 발의 앞쪽을 들고 뒤꿈치를 끄는 것은 한편으로는 발자국을 신중히 하는 것이 되기도 하고, 다른 한편으로는 느린 종종걸음이 되기도 하니, 이름은 같되 예법이 다른 것인 듯싶다.

享禮, 有容色. 【注】 鄭曰: "'享', 獻也. 聘禮, 旣聘而享, 用圭璧, 有庭實."

향례를 거행할 때는 얼굴에 온화한 기색이 있었다. 【주】 정현이 말했다. "향(享)'은 바친다[獻]는 뜻이다. 빙례를 거행할 때에는 빙문의 예를 마치고서 향례를 거행하는데, 이때 규벽을 쓰고, 조정의 뜰에 가득 차게 진열한 여러 가지 공물[庭實]이 있다."

원문 正義曰:「聘」「記」云: "及享, 發氣焉盈容."「注」云: "發氣, 舍氣也. <u>孔子</u>之於享禮有容色." 案, "舍"與"舒"同, 謂顔色舒解. <u>江氏永</u>『圖考』云: "聘執圭, 享執璧, 嚴與和微異. 享澧有容色, 正對'勃如戰色', 謂身容·手容·足容如初, 惟發氣盈容, 不若初之變色耳." 夫圭獻其德; 璧獻其情, 圭以申信; 璧以交歡. 聘使之將入也, 主君有辭玉之禮. 辭者, 不敢當禮之盛也. 至於享, 則擯者請事而不辭. 聘禮之入門也, 使者有襲衣之儀, 襲者, 以其玉所藉也. 至於享, 則賓主皆裼而不襲.『書』曰: "享多儀, 儀不及物." 言乎盡物者, 貴盡志也, 於是'有容色'云爾. 案, 聘君後以璋聘夫人, 享君後以琮享夫人, 其禮與聘享君略同.

역문 정의에서 말한다.

『의례』「빙례」의「기」에 "향례에 미쳐서는 기운을 펴서 얼굴에 화기를 가득 차게 한다."라고 했는데,「주」에 "발기(發氣)는 온화한 기운을 펴는 것[舍氣]이다. 공자는 향례에서 얼굴에 온화한 기색이 있었다."라고 했다. 살펴보니, "서(舍)"는 "서(舒)"와 같으니, 안색이 펴진다는 말이다. 강영의『향당도고』에 "빙례에서는 홀[圭]을 잡고 향례에서는 벽(璧)을 잡으며, 엄숙함과 온화함이 조금만 다르다. 향례에서는 얼굴에 온화한 기

색이 있으니, '장중하고 경외하는 기색[勃如戰色]'과는 정반대이나, 몸의
용모와 손의 용모, 발의 용모는 처음처럼 하되 오직 기운을 펴서 얼굴에
화기를 가득 차게 한다는 말이니, 처음에 낯빛을 변화시킨 것과 같지 않
을 뿐이다."라고 했다. 홀[圭]은 그 덕을 바치는 것이고, 벽은 그 정을 바
치는 것이니, 홀을 가지고 신의를 펴고 벽을 가지고 기쁨을 나눈다. 빙
문하는 사신이 장차 들어가려 할 때, 주국의 군주는 옥을 사양하는 예가
있다. 사양하는 것은 예가 융성함을 감당하지 못하는 것이다. 향례에 이
르게 되면 빈자는 일을 청하되 사양하지 않는다. 빙례에서 문을 들어갈
때, 사신은 옷을 껴입는[襲衣] 예법이 있는데, 껴입는 것[襲]은 옥이 달려
있기 때문이다. 향례에 이르게 되면 손님과 주인은 모두 웃통을 벗고 옷
을 껴입지 않는다 『서경』「주서(周書)·낙고(洛誥)」에 "향례에 예법이 많
으니, 예법이 물건에 미치지 못한다."라고 했는데, 물건을 다함을 언급
한 것은 뜻을 다하는 것을 귀하게 여긴 것이니, 이에 '얼굴에 온화한 기
색이 있다'라고 그렇게 말한 것이다. 살펴보니, 군주를 빙문한 뒤에 반
쪽짜리 홀[璋]을 가지고 부인을 빙문하고, 군주에게 향례를 한 뒤에 벽종
(璧琮)을 가지고 부인에게 향례를 하는데, 그 예는 군주에게 빙례와 향례
를 행할 때와 대략 같다.

- 「注」, "享獻"至"庭實".
- 正義曰: "享獻",「釋詁」文. 『說文』作"亯", 云: "獻也. 從高省, 曰象進孰物形."「周官」「玉府」
  「注」, "古者致物於人, 尊之則曰獻." 何休『公羊』「隱」五年「注」, "獻者, 下奉上之辭."「聘禮」
  言, "聘畢賓出, 公襢, 降立, 擯者出請, 賓襢奉束帛加璧享. 擯者入告, 出許." 是"聘禮旣聘而
  亨"也.
- 「주」의 "향헌(享獻)"부터 "정실(庭實)"까지.
- 정의에서 말한다.

"향헌(享獻)"은 『이아』「석고」의 글이다. 『설문해자』에는 "향(亯)"으로 되어 있는데, "바친다[獻]는 뜻이다. 고(高)의 생략형으로 구성되었고, 누군가에게 물건을 진상하는 모양을 형상한 것이라고 한다."[85]라고 했다. 『주례』「천관총재하(天官冢宰下)·옥부(玉府)」의 「주」에 "옛날에는 다른 사람에게 물건을 보낼 때 상대방을 높이면 헌(獻)이라 했다."라고 하였고, 하휴의 『춘추공양전』「은공(隱公)」 5년의 「주」에 "헌(獻)이란 아랫사람이 윗사람을 받든다는 말이다."라고 했다. 『의례』「빙례」에 "빙문이 끝나고 손님이 나가면 주국의 군주는 웃통을 벗고 내려와 서고, 빈자가 나아가 여쭈어보면 손님은 웃통을 벗고 속백(束帛)을 받들고 위에 벽을 올려 진상한다. 빈자가 들어가 주군에게 아뢰고 나와서 받는다."라고 했는데, 이것이 "빙례를 거행할 때에는 빙문의 예를 마치고서 향례를 거행한다"라는 것이다.

원문 「覲禮」"四享"是諸侯見天子之禮. 鄭「注」以"四享"爲"三享", 而使人於諸侯但用一享, 禮之殺也. 「聘」「記」諸侯相朝, 公·侯·伯皆以璧帛享君, 琮錦享夫人. 子·男則降用琥以繡, 璜以黼, 皆不用圭. 此「注」"用圭璧", 兼"圭"言之者, 鄭以上公及二王後, 享天子用圭, 見「小行人」「注」. 是圭亦享禮所用, 鄭君廣言之也.

역문 『의례』「근례」의 "4향(四享)"은 제후가 천자를 만나 보는 예이다. 정현의 「주」에는 "4향"을 "3향(三享)"이라고 했는데, 제후에게 사람을 보낼 때는 다만 1향(一享)을 쓸 뿐이니, 예를 줄인 것이다. 「빙례」의 「기」에 따르면, 제후가 서로 조빙할 때 공작과 후작과 백작은 모두 구슬과 비단

---

85 『설문해자』 권5: 향(亯)은 바친다[獻]는 뜻이다. 고(高)의 생략형으로 구성되었고, ᄆ는 익힌 물건을 바치는 모양을 형상한 것이다. 『효경(孝經)』에 "제사에서는 귀신에게 제향을 올린다."라고 했다. 모든 향(亯)부에 속하는 한자는 다 향(亯)의 뜻을 따른다. 향(章)은 향(亯)의 전문(篆文)이다. 허(許)와 양(兩)의 반절음이다. 또 보(普)와 경(庚)의 반절음이며, 또 허(許)와 경(庚)의 반절음이다.[亯, 獻也. 從高省, ᄆ象進孰物形. 『孝經』曰: "祭則鬼亯之." 凡亯之屬皆從亯. 章, 篆文亯. 許兩切. 又, 普庚切. 又, 許庚切.]

[璧帛]을 군주에게 진상하고 종금(琮錦)을 부인에게 진상한다. 자작과 남
작은 예를 낮추어 수놓은 비단[璁]과 흰 실과 검은 실로 도끼 모양의 문
양을 수놓은 비단[黼]을 사용하는데, 모두 홀을 쓰지 않는다. 여기의 「주」
에 "규벽을 쓴다"라고 했는데, "홀[圭]"을 아울러 말한 것은 정현은 공과
두 왕[二王]에게 바친 뒤에 천자에게 향례를 거행할 때 홀을 쓴다고 여겼
기 때문이니, 『주례』「추관사구하·소행인(小行人)」의 「주」에 보인다.[86]
이는 홀[圭] 역시도 향례에서 사용된다는 것이니, 정군이 그것을 넓게 말
한 것이다.

원문 "庭實"者, 實於庭也. 「聘」「記」云: "凡庭實, 隨入, 左先." 「注」云: "隨
入, 不竝行也." 又「覲禮」言, "庭實, 奉束帛, 匹馬卓上, 九馬隨之, 中庭西
上, 奠幣, 再拜稽首." 是諸侯享天子亦有庭實也. 『書鈔』「禮儀部」七引鄭
此「注」云: "皮馬相間也." 此句當在"有庭實"下. 「聘禮」云: "庭賓, 皮則攝
之, 毛在內, 內攝之, 入設也." 「注」云: "'皮', 虎豹之皮. '攝之'者, 右手竝
執前足, 左手竝執後足. '毛在內', 不欲文之豫見也. '內攝之'者, 兩手相鄕
也. '入設', 亦參分庭一, 在南. 言'則'者, 或以馬也."

역문 "정실(庭實)"이란 조정의 뜰에 가득 차게 진열한 공물이라는 뜻이다. 「빙
례」의 「기」에 "무릇 정실은 모두 들고 따라 들어가는데, 왼쪽에 있는 사
람부터 먼저 들어간다."라고 했는데, 「주」에 "따라 들어감[隨入]은 나란

---

86 『주례주소』 권37, 「추관사구하(秋官司寇下)·소행인(小行人)」에 "제후들이 왕에게 오면 그
수고로움을 경기 지방에서 맞이한다[凡諸侯入王, 則逆勞于畿.]"라고 했는데, 정현의 「주」에
"'왕에게 오면[入王]'이란, 천왕을 조현한다는 뜻이다. 그러므로 『춘추전』에 '송(宋) 상공(殤
公)이 주왕(周王)을 조현하지 않았다.'라고 했고, 또 '제후(諸侯)가 천왕에게 조현하고, 천왕
은 순수(巡守)함이 있다.'[入王, 朝於王也. 故『春秋傳』曰: '宋公不王.' 又曰: '諸侯有王, 王有
巡守.']"라고 했다.

히 가지 않는다는 말이다."라고 했다. 또「근례」에 "정실로는 속백을 받들고 한 필의 말에 말의 출신 국가명[卓上]을 써서 아홉 마리가 뒤를 따르게 하고, 뜰 중앙에서 서쪽을 상석으로 해서 폐백을 진설해 놓고 재배하고 머리를 조아린다."라고 했으니, 이는 제후가 천자에게 향례를 거행할 때도 역시 정실이 있다는 말이다. 『북당서초』「예의부」권7에는 정현의 이「주」에서 "범이나 표범의 가죽과 말은 서로 바꾸어 들어간다."라고 한 것을 인용했는데, 이 구절이 마땅히 "조정의 뜰에 가득 차게 진열한 공물[庭實]이 있다."라는 구절 아래 있어야 한다.「빙례」에 "조정의 뜰에 가득 차게 진열한 공물[庭實] 중에 범이나 표범 등의 가죽은 오른손으로 앞발을 나란히 잡고 왼손으로 뒷발을 나란히 잡아서 털이 안에 있게 하며 두 손을 서로 마주 보게 해서 들고 들어와 진열한다."라고 했는데,「주」에 "'피(皮)'는 범이나 표범의 가죽이다. '잡는다[攝之]'라는 것은 오른손으로 앞발을 나란히 잡고 왼손으로 뒷발을 나란히 잡는 것이다. '털이 안에 있게 하는 것'은 무늬가 미리 보이지 않게 하고자 함이다. '내섭지(內攝之)'라는 것은 두 손이 서로 마주 본다는 뜻이다. '들어와 진열함[入設]'은 역시 뜰을 삼등분하여 1/3이 되는 남쪽에 둔다는 말이다. '즉(則)'을 말한 것은 더러 말[馬]을 사용하기도 하기 때문이다."라고 했다.

원문 又云: "凡庭實, 皮馬相間可也." 「注」云: "'間'猶代也. 土物有宜, 君子不以所無爲禮. 畜獸同類, 可以相代." 「疏」云: "當國有馬而無虎豹皮, 則用馬. 或以虎豹皮, 竝有馬), 則以皮爲主, 而用皮也." 此相間之義也. 「聘禮」言設庭實云: "賓入門左, 揖讓如初, 升致命, 張皮, 公再拜受幣. 士受皮者, 自後右客, 賓出當之, 坐攝之. 公側授宰幣皮, 如入右首而東." "張"者, 釋外足見文也. "自後右客"者, 從東方來, 由客後西, 居其左受皮也. "坐攝之"者, 象受於賓也. "如入右首而東"者, 如入左在前皮右首者, 變於生也. 皆

鄭「注」說也.

역문 또 "정실은 범이나 표범의 가죽과 말은 서로 바꾸어 들어가도[皮馬相間] 괜찮다."라고 했는데, 「주」에 "'간(間)'은 대(代)와 같다. 토산물은 마땅함이 있으니 군자는 없는 것으로 예를 삼지 않는다. 가축이나 짐승은 동류(同類)이니 서로 바꿀 수 있다."라고 했고, 「소」에 "나라에 말은 있되 범이나 표범의 가죽이 없는 때를 당하면 말을 사용한다. 혹 범이나 표범의 가죽을 사용하는데 아울러 말도 있으면 가죽을 위주로 삼기 때문에 가죽을 쓰는 것이다."라고 했으니, 이것이 서로 바꾼다는 뜻이다. 「빙례」에 정실의 진설에 대해 말하기를 "손님이 문의 왼쪽으로 들어와 읍하고 절[讓]을 하는 것을 처음과 똑같이 하면서 당으로 올라가 본국 군주의 명을 전하고 가죽을 펼쳐 보이면, 주국의 군주[公]는 재배하고 폐백을 받는다. 짐승의 가죽을 받는 사가 손님의 오른쪽 뒤에서 나와 받는데, 손님이 나오면 마주 대하고 앉아서 가죽을 잡는다. 주국의 군주는 혼자서 재에게 폐백[幣皮]을 건네주는데, 가죽은 들어올 때와 마찬가지로 머리를 오른쪽으로 두어 동쪽을 향하게 한다."라고 했다. "펼쳐 보인다[張]"라는 것은 바깥쪽 다리를 풀어서 무늬를 보인다는 말이다. "손님의 오른쪽 뒤에서 나와 받는다[自後右客]"라는 것은 동쪽으로부터 나와 손님의 뒤쪽을 경유해 서쪽으로 가서 그 왼쪽에 앉아 가죽을 받는다는 말이다. "앉아서 가죽을 잡는다[坐攝之]"라는 것은 앞서 손님에게서 받던 방식대로 한다는 뜻이다. "들어올 때와 마찬가지로 머리를 오른쪽으로 두어 동쪽을 향하게 한다[如入右首而東]"라는 것은, 들어올 때와 같이 왼쪽을 앞으로 해서 가죽의 오른쪽에 머리를 둔다는 것이니, 살아 있을 때 하던 것에서 바꾼 것이다. 이상은 모두 정현 「주」의 설명이다.

私覿, 愉愉如也. 【注】 鄭曰: "'覿', 見也, 旣享, 乃以私禮見. 愉愉, 顔色和."

사적으로 만나 볼 때는 온화한 모습[愉愉]이었다. 【주】 정현이 말했다. "'적(覿)'은 만나 봄[見]이니, 이미 향례를 마치고 나서 사적인 예로 만나 본 것이다. '유유(愉愉)'는 안색이 온화함[和]이다."

원문 正義曰:「郊特牲」云: "朝覲, 大夫之私覿, 非澧也. 大夫執圭而使, 所以申信也. 不敢私覿, 所以致敬也, 而庭實私覿, 何爲乎諸侯之庭? 爲人臣者無外交, 不敢貳君也." 案, 此周時儒者議禮之言, 先言"朝覲", 後言"大夫執圭而使", 謂聘禮則以朝聘之私覿皆爲非禮. 鄭「注」云: "其君親來, 其臣不敢私見於主國君也. 以君命聘, 則有私見." 是鄭據周禮, 以臣聘得行私覿, 未爲失禮也.

역문 정의에서 말한다.

『예기』「교특생」에 "조근(朝覲)할 때 대부들이 빙문한 나라의 군주를 사적으로 만나 보는 것은 예가 아니다. 대부들이 군주의 홀[圭]를 잡고서 사신으로 가는 것은 신의[信]를 펴는 것이다. 감히 사사로이 다른 나라의 군주를 만나 보지 못하는 것은 공경을 지극히 하기 위함인데, 뜰에다가 여러 물건을 진열하고 사적으로 만나 보는 것을 어떻게 제후의 뜰에서 하겠는가? 신하가 된 자가 외적인 교류가 없는 것은 감히 다른 나라의 군주에게 두 마음을 품지 못해서이다."라고 했다. 살펴보니 이는 주나라 시대의 선비들이 예를 의논한 말로, 먼저 "조근"을 말하고 뒤에 "대부가 홀을 잡고서 사신으로 감"을 말했으니, 빙례에서는 조빙의 사적인 만남을 모두 예가 아닌 것으로 여긴다는 말이다. 정현의 「주」에 "그 나라의 군주가 친히 왔을 경우, 그 신하는 감히 주국의 군주를 사적으로 만나지 못한다. 군주의 명으로 빙문을 하는 경우에는 사적인 만남이 있다."라고 했는데, 이는 정현이 주나라의 예(禮)를 근거로 신하가 빙문할 때 사적으로 만나 볼 수 있는 것은 실례가 되지 않는다고 생각한 것이다.

- ●「注」, "覿見"至"色和".
- ● 正義曰: "覿見", 「釋詁」文. 『荀子』「大略」云: "私覿, 私見也." 『說文』無"覿"字, 而"覦"下引『論語』作"私覿". 其訓"見"者, 作"覿"意, 許以"覿"卽"覿"矣. 遽「聘禮」言聘享畢"賓奉束錦以請覿. 擯者入告, 出辭, 請禮賓, 賓禮辭聽命." 及禮賓畢, 復請覿, 是旣享後仍有醴賓一節. 『論語』無文, 略之也.
- ○「주」의 "적견(覿見)"부터 "색화(色和)"까지.
- ○ 정의에서 말한다.

"적(覿)은 만나 봄[見]이다"라는 말은 『이아』「석고」의 글이다. 『순자』「대략편(大略篇)」에 "사적(私覿)은 사적으로 만나 본다[私見]는 뜻이다."라고 했다. 『설문해자』에는 "적(覿)" 자는 없고 "유(覦)" 아래 『논어』에 "사적(私覿)"으로 되어 있는 것을 인용했다.[87] 뜻이 "만나 봄[見]"인데, "육(覿)"의 뜻으로 한 것은, 허신이 "육(覿)"을 곧 "적(覿)"의 뜻이라고 여겼기 때문인 듯싶다. 「빙례」에서 빙례와 향례의 마침을 말하면서 "손님이 비단 묶음을 받들고 사적으로 만나 보기를 청한다. 빈자는 들어가 군주에게 고하고, 밖으로 나와서 사양하는 말을 전하고, 손님을 예로써 청하면 손님은 예로써 사양하고 군주의 명을 듣는다."라고 했는데, 손님을 예로써 대접하는 일을 마치게 되면 다시 사적으로 만나 보기를 청하는데, 이는 이미 향례를 마치고 난 뒤에도 여전히 손님을 예로써 대접하는 한 가지 예절이 있는 것이다. 『논어』에 이 글이 없는 것은 글자를 생략한 것이다.

---

87 『설문해자』 권10: 유(覦)는 엷음[薄]이다. 심(心)으로 구성되었고 유(俞)가 발음을 나타낸다. 『논어』에 "사적으로 만나 볼 때는 온화한 모습이었다.[私覿, 愉愉如也.]"라고 했다. 양(羊)과 주(朱)의 반절음이다.[覦, 薄也. 從心俞聲. 『論語』曰: "私覿, 愉愉如也." 羊朱切.]

원문 私覿, 爲以私禮見者. 聘享皆邦交之事, 臣爲君行禮, 同於爲賓. 此則臣於君行禮, 非公家之事, 故稱私也. 「玉藻」云"公事自闑西", "公事"謂聘享; "私事自闑東", "私事"謂私覿是也. 『書鈔』「禮儀部」七引鄭此「注」云: "用束帛乘馬者也." 此佚文當在"乃以私禮見"下.

역문 사적(私覿)은 사적인 예를 가지고 만나 보게 되는 것이다. 빙례와 향례는 모두 국가 간의 교류와 관련된 일이고, 신하는 군주를 위해 예를 행하므로 손님이 된다는 점에서는 똑같다. 이는 신하가 군주에게 예를 행하는 것이지 공가(公家)의 일이 아니기 때문에 사(私)라고 일컬은 것이다. 『예기』「옥조」에 "공적인 일[公事]에는 중앙에 박아 놓은 말뚝[闑]의 서쪽으로 들어간다"라고 했는데, "공적인 일[公事]"이란 빙례와 향례를 이르고, "사적인 일[私事]에는 얼의 동쪽으로 들어간다"라고 했는데, "사적인 일[私事]"이란 사적으로 만나 본다[私覿]는 말이 이것이다. 『북당서초』「예의부」권7에는 정현의 이「주」에서 "속백을 들고 말에 오르는 것이다."라고 한 것을 인용했는데, 이는 전해 내려오지 않는 글[佚文]로 당연히 "사적인 예로 만나 본 것이다[乃以私禮見]" 아래 있어야 한다.

원문 「聘禮」云: "賓覿, 奉束錦, 總乘馬, 二人贊, 入門右, 北面奠幣, 再拜稽首. 擯者辭, 賓出. 擯者坐取幣出, 有司二人牽馬以從, 出門, 西面于東塾南. 擯者請受, 賓禮辭聽命, 牽馬右之, 入設. 賓奉幣入門左, 介皆入門左, 西上. 公揖讓如初. 升, 公北面再拜, 賓三退, 反還負序, 振幣, 當東楹, 北面. 士受馬者自前還牽者後, 適其右, 受. 牽馬者自前西, 乃出, 賓降, 階東拜送. 君辭, 拜也, 君降一等辭. 擯者曰: '寡君從子.' 雖將拜, 起也. 栗階升, 公西鄉, 賓階上再拜稽首. 公少退, 賓降, 出, 公側授宰幣, 馬出." 此賓請覿之禮, 有束帛乘馬也. 束帛卽束錦. 鄭注「士冠禮」云: "束帛, 十端也. 十端一束, 故言束也." 乘馬者, 四馬. 「聘禮」言"二人贊", 卽扣馬者也. 賓

覿後, 大夫介·士介亦有私覿, 禮略同.「夏官·交人」云:"凡國之使者, 共其幣馬."「注」云:"使者所用私覿." 彼謂天子使人於諸侯, 得行私覿. 私覿之馬, 校人供之, 則諸侯聘賓私覿所用之幣, 宜亦君爲供之.「聘禮」云:"有司展群幣以告."「注」云:"群幣, 私覿及大夫者. 有司, 載幣者, 自展自告." 告者, 告之於君, 明群幣亦君供之矣.

역문「빙례」에 "손님이 사적으로 만나 볼 때는 속금(束錦)을 받들고, 네 필의 말을 고삐로 묶어 두 사람이 도와서 이끌어 문의 오른쪽으로 들어가 북면하여 폐백을 진설하고 재배하고 머리를 조아린다. 빈자가 사양하는 말을 하면 손님은 문에서 나온다. 빈자가 앉아서 폐백을 취하여 나오면 유사 두 사람이 말을 이끌고 따라가 문을 나와 동숙의 남쪽에서 서쪽을 향한다. 빈자가 손님의 예로써 받들 것을 청하면 손님은 예로써 사양하고 명을 듣고, 찬자는 오른손으로 말을 이끌고 들어와 뜰에 진열한다. 손님은 폐백을 받들고 문 왼쪽으로 들어오고, 개도 모두 문 왼쪽으로 들어오는데, 서쪽을 상석으로 한다. 주국의 군주[公]는 처음과 똑같이 읍하고 절[讓]을 한다. 당에 올라 주국의 군주는 북면하여 재배하고, 손님은 세 번 물러나 반대로 돌아서 서서를 등지고 폐백의 먼지를 털고 동쪽 기둥과 마주한 곳에서 북면한다. 말을 받는 자인 사는 앞으로부터 돌아서 이끄는 자의 뒤에서 그의 오른쪽으로 가서 말을 받는다. 말을 이끄는 사람이 앞으로부터 서쪽으로 가서 이내 밖으로 나가면 손님은 당에서 내려와 층계 동쪽에서 절하고 보낸다. 군주가 사양하는 말을 하면 손님은 절하고 군주는 한 계단을 내려와 사양하는 말을 한다. 이때 빈자가 '본국의 임금[寡君]께서 그대를 따라서 계단을 내려갑니다.'라고 하면 비록 절을 하려다가도 일어나는 것이다. 손님은 한 걸음에 한 계단씩 당에 오르고 주국의 군주는 서쪽을 향하는데, 손님은 층계 위에서 재배하고 머리를 조아린다. 주국의 군주가 약간 뒤로 물러나면, 손님은 당에서 내려가 문을 나가고, 주국의 군주가 홀로 재에게 폐백을 주면 말을 끌고 나간다."라고 했는데, 이는 손님이 사적으로 뵙기를 청하는 예로서 속백을 가지고 말에 오르는 것이다. 속백은 바로 묶은 비단[束錦]이다. 정현은 『의례』「사관례」를 주석하면서 "속백(束帛)은 열 끝[十端]이다. 열 끝이 한 속[一束]이므로 속(束)이라고 말한 것이다."라고 했다. 승마(乘馬)란 네 필의 말이다. 「빙례」에 "두 사람이 도와서 이끈다[二人贊]"라고 했는데, 바로 말 사이에서 말을 끌고 가는 자이다. 손님이 사적으로 만나 본 뒤에는 대부로서 개가 된 자나 사로서 개가 된 자도 사적으로 만나 봄이 있는데, 예가 대략 같다. 『주례』「하관사마하·교인(交人)」에 "나라의 모든 사신에게는 폐마(幣馬)를 제공한다."라고 했는데, 「주」에 "사신으로 간 자가 사적으로 만나 볼 때 사용하는 것이다."라고 했다. 『의례』「빙례」가공언의 「소」에 천자가 제후에게 사람을 시켜 심부름을 보내면 사적으로 만나 볼 수 있으니, 사적으로 만나 볼 때 사용하는 말은 교인(校人)이 제공한다고 했으니, 그렇다면 제후의 사신[聘賓]이 사적으로 만나 볼 때 사용하는 폐백도 마땅히 군주가 제공하는 것이다. 「빙례」에 "유사는 여러 가지 폐백을 전시하여 살펴보고 아뢴다."라고 했는데, 「주」에 "여러 가지 폐백[群幣]은 사적으로 만나 볼 때 대부에게까지 미치는 것이다. 유사는 폐백을 실은 자이니 스스로 전시하고 스스로 아뢴다."라고 했다. 아뢴다는 것은 군주에게 아뢰는 것으로 여러 가지 폐백 역시 사신국의 군주가 제공한 것임을 밝히는 것이다.

원문 "愉愉, 顔色和."者, 『爾雅』「釋詁」, "愉, 樂也." 「聘」「記」, "私覿, 愉愉焉." 彼「注」云: "容貌和敬." 與此「注」互證. 『說文』, "愉, 薄也." 引此文. 許意以"愉"爲"婾薄"字, 其引『論語』乃別義, 『說文』此例甚多. 段「注」疑爲薄樂, 非是.

"유유(愉愉)는 안색이 온화함[和]이다."

　『이아』「석고」에 "유(愉)는 즐거움[樂]이다."라고 했고 「빙례」의 「기」에 "사적으로 만나 볼 때 온화한 모습이었다."라고 했는데, 거기의 「주」에 "용모가 온화하고 경건함[和敬]이다."라고 했으니, 여기의 「주」와 서로 증명이 된다. 『설문해자』에 "유(愉)는 엷음[薄]이다."라고 하면서 이 문장을 인용했는데,[88] 허신의 생각으로는 "유(愉)"를 "투박(媮薄)" 자로 여기면서도, 그는 『논어』를 인용해서 뜻을 구별했는데, 『설문해자』에는 이러한 예가 매우 많다. 단옥재의 「주」에서는 아마도 박락(薄樂)함이라고 본 것 같은데, 옳지 않다.

---

88 『설문해자』 권10.

논어정의 권12

論語正義卷十二

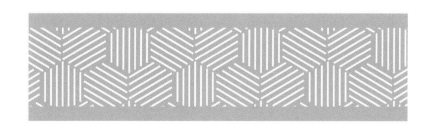

君子不以紺緅飾, 【注】孔曰: "一入曰'緅'. '飾'者不以爲領袖緣也. '紺'者
齊服盛色, 以爲飾衣, 似衣齊服. '緅'者, 三年練, 以緅飾衣, 爲其似衣喪服, 故
皆不以爲飾衣." 紅紫不以爲褻服. 【注】王曰: "'褻服', 私居服, 非公會之
服. 皆不正, 褻尚不衣, 正服無所施."

군자는 감색 비단과 검붉은색 비단으로 옷 가장자리의 선을 두르
지 않았으며, 【주】 공안국(孔安國)이 말했다. "한 번 물들인 것을 '추(緅)'라고
한다. '불식(不飾)'[1]은 옷깃과 소매의 가장자리에 선을 두르지 않았다는 것이다. '감
(紺)'은 재계(齊戒)할 때 입는 옷의 성대한 색이니, 이 색으로 옷 가장자리에 선을 두
르면 마치 재계할 때 입는 옷을 입은 것과 같다. '추'는 삼년상에서 소상(小祥) 때 입
는 상복[練服]은 검붉은색 비단[緅]으로 옷 가장자리의 선을 두르니, 검붉은색 비단
으로 옷 가장자리에 선을 두르면 마치 상복을 입은 것과 같기 때문에 모두 이 두 색깔
의 천으로는 옷 가장자리에 선을 두르지 않는다." 붉은색 비단과 자주색 비
단으로 평상복을 만들지 않았다. 【주】 왕숙(王肅)이 말했다. "'평상복[褻
服]'은 사사로이 거처할 때 입는 옷이고, 공적인 모임에 입는 옷이 아니다. 붉은색과
자주색은 모두 정색이 아니라서 평상시에조차도 입지 않는 것이니, 정복(正服)에는
사용한 바가 없다."

원문 正義曰: 君子謂孔子, 變言之者, 見凡君子宜然也. 鄭「注」云: "紺 · 緅 ·
紫, 玄之類也; 紅, 纁之類也. 玄 · 纁所以爲祭服, 等其類也. 紺緅木染, 不

---

1 경문(經文)의 부정어 '不'을 함께 따오지는 않았으나, 실은 그 의미까지 포함하여 설명 대상
   문구로 제시한 것이다.

可爲衣飾; 紅紫草染, 不可爲褻服而已. 飾謂純緣也." 褻衣, 袍襗也.

역문 정의에서 말한다.

군자는 공자(孔子)를 말하는데, 바꿔서 말한 것은 모든 군자가 의당 그러해야 함을 나타낸 것이다. 정현(鄭玄)의 「주」에 "감(紺)과 추(緅)와 자(紫)는 검은색[玄] 계통이고, 홍(紅)은 분홍색[縓] 계통이다. 검은색과 분홍색 계통을 제복(祭服)으로 삼는 까닭은 그 색의 계통을 같이하기 때문이다. 감색과 검붉은색은 목염(木染)이니 가선을 두른 옷을 만들 수 없고, 붉은색과 자주색은 초염(草染)이니 평상복을 만들 수 없을 따름이다. 식(飾)은 가선을 두른다는 말이다."라고 했다. 평상복[褻衣]은 도포와 속곳[袍襗]이다.

원문 案, 『說文』, "紺, 深靑而揚赤色也." 『釋名』「釋采帛」, "紺, 含也, 靑而含赤色也." 許・劉義同. 『廣雅』「釋器」, "紺, 靑也." 不兼赤言, 略也. 『漢書』「王莽傳」, "時莽紺祫服." 蔡邕『獨斷』, "祫, 紺繒也." 祫者, 玄衣. 紺者, 靑赤之色. 但深靑近黑, 故訓紺者又爲黑. 「考工記・鍾氏」「疏」引『淮南』「俶眞訓」, "以涅染紺, 則黑於涅." 涅, 卽今皁礬之類. 『墨子』「節用篇」, "黬, 黑也." 『說文』, "黬, 淺黃黑也. 從黑, 甘聲. 讀若染, 繒中束緅黬." "黬"與"紺"同. 淺黃卽近赤之色, 黑卽近深靑之色也. 段氏玉裁『說文注』謂 "紺卽今之天靑, 又名紅靑, 以「考工・鍾氏」「疏」'纁入黑汁爲紺'之義爲非." 其說良是. 但深靑近黑, 故此「注」以紺爲玄類也.

역문 살펴보니, 『설문해자(說文解字)』에 "감(紺)은 짙은 푸른색에 붉은색이 감도는 것이다."라고 했고, 『석명(釋名)』「석채백(釋采帛)」에 "감(紺)은 머

---

2 『설문해자(說文解字)』 권13: 감(紺)은 짙은 푸른색에 붉은색이 감도는 비단이다. 사(糸)로 구성되었고 감(甘)이 발음을 나타낸다. 고(古)와 암(暗)의 반절음이다.[紺, 帛深靑揚赤色. 從

금는다[含]는 뜻이니, 푸른색에 붉은색을 머금고 있는 것이다."라고 했으니, 허신(許愼)과 유희(劉熙)[3]의 뜻이 같다. 『광아(廣雅)』「석기(釋器)」에 "감(紺)은 푸른색[靑]이다."라고 했는데, 붉은색을 아울러 말하지 않은 것은 생략한 것이다. 『전한서』「왕망전(王莽傳)」에 "이때 왕망(王莽)은 감색 비단으로 옷깃에 가선을 둘렀다."라고 했고, 채옹(蔡邕)의 『독단(獨斷)』에 "균(袀)은 감색 비단[緇]이다."라고 했는데, 균은 검은색[玄]이다. 감이란 푸른빛을 띠는 붉은색이다. 다만 짙은 푸른색이어서 검은색[黑]에 가깝기 때문에 감의 뜻을 새기는 자들은 또 검은색[黑]이라고도 한다. 『주례(周禮)』「동관고공기상(冬官考工記上)・종씨(鍾氏)」의 「소」에는 『회남자(淮南子)』「숙진훈(俶眞訓)」[4]을 인용해서 "개흙[涅]으로 감색 비단[紺][5]을 물들이면 개흙보다 더 검다."라고 했는데, 개흙[涅]은 바로 지금의 조반(皂礬)[6]의 종류이다. 『묵자(墨子)』「절용(節用)」에 "겸(黚)은 검은색[黑]이다."[7]라고 했고, 『설문해자』에 "겸(黚)은 옅은 황색[淺黃]을 띠는 검은색[黑]이다. 흑(黑)으로 구성되었고 감(甘)이 발음을 나타낸다. 염(染) 자와 같은 뜻으로 읽어야 하니, 속에 검붉은색을 물들인 비단이 겸(黚)이다."[8]라고

糸甘聲. 古暗切.]

3　유희(劉熙, ?~?): 후한 말기의 훈고학자로, 자는 성국(成國)이며, 정현(鄭玄)의 제자라고 알려져 있으나 분명하지 않다. 훈고의 자서(字書)인 『석명(釋名)』 8권을 남겼다.

4　『논어정의(論語正義)』에는 "說山訓"으로 되어 있으나 잘못이다. 『회남자(淮南子)』를 근거로 "俶眞訓"으로 고쳤다.

5　『회남자』「숙진훈(俶眞訓)」에는 "緇"로 되어 있다.

6　조반(皂礬): 녹반(綠礬)의 다른 이름. 철의 황산염의 한 가지로, 무수물(無水物)에서 칠수화물(七水化物)까지 다섯 종류가 알려져 있다. 철이 묽은 황산에 녹아서 만들어진 녹색의 결정물로, 검게 물들여진다. 잉크, 의약품, 매염제 따위에 쓰인다.

7　『묵자(墨子)』「절용(節用)」에는 이와 같은 표현이 없다. 『묵자』「귀의(貴義)」에 "검(黔)은 검다[黑]는 뜻이다.[黔者, 黑也.]"라는 표현이 보인다.

했으니, "겸"과 "감"은 같은 글자이다. 옅은 황색[淺黃]은 바로 붉은색에 가까운 색이고 검은색[黑]은 바로 짙은 푸른색에 가까운 색이다. 단옥재(段玉裁)의 『설문해자주(說文解字注)』에 "감색 비단[紺]은 바로 지금의 하늘색[天靑]이고 또 붉은색을 띠는 푸른색 비단[紅靑]이라고도 명명하는데, 『주례』「동관고공기상·종씨」의 「소」에서 '분홍색 비단[纁]을 잿물[黑汁]에 담그면 감색 비단[紺]이 된다'라고 한 뜻은 잘못되었다."라고 했으니, 이 말은 참으로 옳다. 다만 짙은 푸른색은 검은색에 가깝기 때문에 여기의 「주」에서는 감색 비단[紺]을 검은색[玄] 계통으로 삼은 것이다.

<blockquote>원문 『說文』無"緅"字, "纔"下云: "帛雀頭色也. 從糸, 毚聲. 一曰微黑色如紺. 纔, 淺也. 讀若讒." 許以纔微黑, 比於紺者, 紺色深靑, 與黑相近故也. 「鍾氏」言染羽法, "以朱湛丹秫, 三月而熾之, 淳而漬之. 三入爲纁, 五入爲緅." 「注」, "染纁者三入而成, 又再染以黑則爲緅. 緅, 今『禮』俗文作爵, 言如爵頭色也."</blockquote>

<blockquote>역문 『설문해자』에는 "추(緅)" 자가 없고 "재(纔)" 아래 "작두색(雀頭色)[9] 비단이다. 사(糸)로 구성되었고 참(毚)이 발음을 나타낸다. 일설에는 약간 검은색으로 감색[紺]과 같다고 한다. 재(纔)는 옅음[淺]이다. 참(讒)과 같이 발음한다."[10]라고 했는데, 허신이 재를 약간 검다고 여기고, 감색에 비유</blockquote>

---

8 『설문해자』권10: 겸(黬)은 옅은 황색[淺黃]을 띠는 검은색[黑]이다. 흑(黑)으로 구성되었고 감(甘)이 발음을 나타낸다. 염(染) 자와 같은 뜻으로 읽어야 하니, 속에 검붉은색을 물들인 비단이 겸(黬)이다. 거(巨)와 엄(淹)의 반절음이다.[黬, 淺黃黑也. 從黑甘聲, 讀若染, 繒中束緅黬. 巨淹切.] 허신(許愼)의 『설문해자주(說文解字注)』에 "讀若染繒中束緅黬"에 대해 "이 구절에는 잘못된 글자가 있다.[此句有譌字.]"라고 했다.

9 『논어정의』에는 "雀"이 "爵"으로 되어 있다. 『설문해자』를 근거로 고쳤다. 아래도 같다. 작두색(雀頭色) 비단은 일반적으로 회색 비단이라고 한다.

한 것은 감색이 짙은 푸른색이어서 검은색과 서로 가깝기 때문이다. 『주례』「종씨」에 깃을 물들이는 법을 말하면서 "붉은 것으로 붉은 조[丹秫]를 물에 담가 3개월 동안 우려내 불을 때고, 물을 붓고 끓여서 물들인다. 세 번 물들인 것이 분홍색 비단[繻]이 되고, 다섯 번 물들인 것이 검붉은색 비단[緅]이 된다."라고 했는데, 「주」에 "분홍색 비단을 물들이는 것은 세 번 물들여서 만들고 또 재차 물들여 검게 되면 검붉은색 비단[緅]이 된다. 추(緅)는 지금 『예』의 속문(俗文)에 작(爵)으로 되어 있으니, 작두색[爵頭色][11]과 같다는 말이다."라고 했다.

원문 又注「士冠禮」云: "爵弁者, 其色赤而微黑, 如爵頭然, 或謂之緅." 鄭以 "爵"爲俗文, 則以"緅"爲正字. 許以"纔"爲正字, 意"爵"卽"纔"之或體矣. 「士冠禮」「注」云: "赤而微黑", 而「巾車」「注」又云: "雀, 黑多赤少之色." 辭不同者, 五入之黑, 比玄緇爲淺, 故爲微黑, 而於赤爲多, 是爲黑多赤少矣. 『廣雅』云: "緅, 靑也." 『字林』云: "緅, 帛靑色, 深靑之色近黑也." 『說文』又云: "紫, 帛靑赤色也." 段「注」謂"靑當作黑", 甚是. 然許意或以靑亦近黑矣. 紺·緅·紫, 皆近黑色, 故鄭此「注」以爲玄類.

역문 또 『의례(儀禮)』「사관례(士冠禮)」를 주석하면서 "작변(爵弁)은 그 빛이 붉으면서 약간 검어서 작두(爵頭)와 같고, 더러는 그것을 추(緅)라고 한다."라고 했는데, 정현이 "작"을 속문(俗文)이라고 본 것이라면, "추"를 정

---

10 『설문해자』권13: 재(纔)는 작두색(雀頭色) 비단이다. 일설에는 약간 검은색으로 감색[紺]과 같다고 한다. 재(纔)는 옅음[淺]이다. 참(讒)과 같이 발음한다. 사(糸)로 구성되었고 참(毚)이 발음을 나타낸다. 칠(七)과 함(咸)의 반절음이다.[纔, 帛雀頭色. 一曰微黑色如紺. 纔, 淺也. 讀若讒. 從糸毚聲. 七咸切.]

11 작(爵) 자에 "참새"라는 뜻이 있으므로, 아마도 정현은 "爵"을 "雀"의 뜻으로 사용한 것인 듯싶다. 아래 정현 「주(注)」의 작두(爵頭) 역시 마찬가지다.

자라고 본 것이다. 허신은 "재"를 정자라고 생각했는데, 아마도 "작"이 바로 "재"의 혹체자(或體字)[12]라고 여긴 것인 듯하다. 「사관례」의 「주」에 "붉으면서 약간 검다[赤而微黑]"라고 했고, 『주례』「춘관종백하(春官宗伯下)·건거(巾車)」의 「주」에서도 "작(雀)은 검은색이 많고 붉은색이 적다."라고 했는데, 말이 같지 않은 것은 다섯 번 물들인 검은색은 현단복이나 치의[玄緇]에 비해 엷기 때문에 약간 검으면서 붉은색이 비교적 많으니, 이것이 검은색이 많고 붉은색이 적다는 것이다. 『광아』에 "추(緅)는 푸른색[青]이다."라고 했고, 『자림(字林)』에 "추(緅)는 푸른색 비단이니, 짙푸른 색으로 검은색에 가깝다."라고 했다. 『설문해자』에서는 또 "자(紫)는 푸른 적색의 비단이다."[13]라고 했는데, 단옥재의 「주」에 "청(青)은 마땅히 흑(黑)이 되어야 한다."라고 했으니, 매우 옳다. 그러나 허신이 생각하기엔 푸른색[青] 역시도 검은색[黑]에 가깝다고 생각한 것인 듯싶다. 감·추·자는 모두 검은색에 가깝기 때문에 정현은 여기의 「주」에서 검은색[玄] 계통으로 삼은 것이다.

원문 『毛詩』「七月」「傳」, "玄, 黑而有赤也." 『說文』云: "黑而有赤色者爲玄." 「鍾氏」言"五入爲緅, 七入爲緇." 不言六入, 「注」云: "凡玄色者, 在緅

---

12 혹체자(或體字): 이체자(異體字)의 다른 표현(表現). 『설문해자』에서 기원하는 용어 중에는 혹체(或體)와 중문(重文)이 있는데, 마문희(馬文熙)와 장귀벽(張歸璧)은 혹체(或體)에 대하여 다음과 같이 설명하였다. "이체자이다. 『설문해자』의 정자(正字) 아래에 이체(異體)를 나열하고 '或從' '或省' 등으로 그 자형(字形) 구조를 설명하고 있어 혹체라고 부른다. 예를 들면 『설문해자』에 '祀, 祭無已也, 從示已聲. 示異, 祀或從異…' 등이 있다. 청대 왕균(王筠)의 『설문석열(說文釋例)』 권5를 보면 『설문해자』에 나오는 혹체라는 말은 역시 한 문자(文字)의 다른 자형을 말하는 것일 뿐이지, 그 사이에서 정속을 나눌 수는 없다'라고 한다."

13 『설문해자』 권13: 자(紫)는 푸른 적색의 비단이다. 사(糸)로 구성되었고 차(此)가 발음을 나타낸다. 장(將)과 차(此)의 반절음이다.[紫, 帛青赤色. 從糸此聲. 將此切.]

緇之間, 其六入者與." 是鄭義與毛·許合.

역문 『모시(毛詩)』「칠월(七月)」의 「전」에 "현(玄)은 검은색에 붉은빛을 띠는 것이다."라고 했고, 『설문해자』에는 "검은색에 붉은빛을 띠는 것을 현(玄)이라 한다."[14]라고 했다. 『주례』「종씨」에 "다섯 번 담그면 추(緅)가 되고 일곱 번 담그면 치(緇)가 된다."라고 하면서 여섯 번 물들인 것을 말하지 않았는데, 「주」에 "무릇 현색(玄色)이라고 하는 것은 추(緅)와 치(緇)의 중간색에 해당하니, 이것이 여섯 번을 물들인 것인 듯싶다."라고 했으니, 정현의 이 뜻이 모형(毛亨)과 허신과 일치한다.

원문 金氏鶚『禮說』, "玄色是黑而兼靑, 非赤黑之色." 引六證以明之. 其尤可據者, 則『周髀經』云: "天靑黑, 地黃赤. 玄以象天, 則必黑而兼靑." 其說固是. 然非毛·許·鄭氏義也. 『說文』又云: "紅, 帛赤白色也." 段「注」謂"如今之粉紅·桃紅." 案, 『爾雅』「釋器」, "一染謂之縓, 再染謂之䞓, 三染謂之纁." 縓·䞓·纁皆赤色, 故說者謂縓卽紅, 而此「注」亦以紅爲纁類. 『說文』云: "纁, 淺絳也. 絳, 大赤也." 是也. 「玉藻」「注」, "晃服玄上纁下." 『詩』「七月」, "我朱孔陽, 爲公子裳." 「傳」云: "朱, 深纁也. 祭服玄衣纁裳." 『周官』「方相氏」, "玄衣朱裳." 皆謂衣用玄, 裳用纁也. 鄭以玄·纁是祭服之色, 而紺·緅·紫爲玄類, 紅爲纁類, 亦是相等. 故云"等其類也." 旣與祭服色類, 則亦不得用之矣.

역문 김악(金鶚)의 『예설(禮說)』에 "현색(玄色)은 검은 데다가 푸른색을 겸한

---

14 『설문해자』권4: 현(玄)은 아득하다[幽遠]는 뜻이다. 검으면서 붉은색을 띠는 것을 현(玄)이라 한다. 그윽한 곳에 입(入)으로 그 위를 덮은 것을 형상했다. 모든 현(玄)부에 속하는 한자는 다 현(玄)의 뜻을 따른다. 현(串)은 현(玄)의 고문이다. 호(胡)와 연(涓)의 반절음이다.[玄, 幽遠也. 黑而有赤色者爲玄. 象幽而入覆之也. 凡玄之屬皆從玄. 串, 古文玄. 胡涓切.]

것이지 검붉은색이 아니다."라고 하면서 여섯 가지 증거를 인용해 밝혔다. 게다가 더욱 근거가 될 만한 것은 『주비경(周髀經)』에 "하늘은 청흑(靑黑)색이고, 땅은 황적(黃赤)색이다. 검은색[玄]은 하늘을 형상한 것이므로 반드시 검은 데다가 푸른색을 겸한 것이다."라고 했으니, 그 설이 더욱 옳다. 그러나 모씨나 허씨·정씨의 뜻은 아니다. 『설문해자』에는 또 "홍(紅)은 적백색(赤白色)의 비단이다."[15]라고 했는데, 단옥재의 「주」에 "지금의 분홍(粉紅)이나 도홍(桃紅)과 같다."라고 했다. 살펴보니, 『이아(爾雅)』 「석기(釋器)」에 "한 번 물들인 것을 전(縓)이라 하고, 두 번 물들인 것을 정(頳)이라 하며, 세 번 물들인 것을 훈(纁)이라 한다."라고 했는데, 전이나 정이나 훈은 모두 붉은색[赤]이기 때문에 말하는 자들은 전을 바로 붉은색[紅]이라고 한 것이며, 여기의 「주」에서도 역시 붉은색[紅]을 분홍색 비단[縓]의 종류로 본 것이다. 『설문해자』에 "훈(纁)은 옅은 진홍색[淺絳] 비단이다.[16] 강(絳)은 짙은 붉은색[大赤] 비단이다."[17]라고 한 것이 이것이다. 『예기(禮記)』 「옥조(玉藻)」의 「주」에 "면복(冕服)은 윗도리는 검은색[玄]으로 하고 아랫도리는 옅은 진홍색[纁]으로 한다."라고 했다. 『시경(詩經)』 「칠월(七月)」에 "우리 붉은색이 가장 빛날 때, 공자님의 옷을 만든다.[我朱孔陽, 爲公子裳.]"라고 했는데, 「전」에 "주(朱)는 짙은 분홍색[深纁]이다. 제복은 검은색 윗도리에 분홍색 아랫도리를 입는다."라고 했고, 『주례』 「하관사마하(夏官司馬下)·방상씨(方相氏)」에 "검은색 윗도리에 붉

---

15 『설문해자』권13: 홍(紅)은 적백색(赤白色)의 비단이다. 사(糸)로 구성되었고 공(工)이 발음을 나타낸다. 호(戶)와 공(公)의 반절음이다.[紅, 帛赤白色. 從糸工聲. 戶公切.]

16 『설문해자』권13: 훈(纁)은 옅은 진홍색[淺絳] 비단이다. 사(糸)로 구성되었고 훈(熏)이 발음을 나타낸다. 허(許)와 운(云)의 반절음이다.[纁, 淺絳也. 從糸熏聲. 許云切.]

17 『설문해자』권13: 강(絳)은 짙은 붉은색[大赤] 비단이다. 사(糸)로 구성되었고 강(夅)이 발음을 나타낸다. 고(古)와 항(巷)의 반절음이다.[絳, 大赤也. 從糸夅聲. 古巷切.]

은색 아랫도리를 입는다."라고 했으니, 모두 윗도리는 검은색[玄] 비단을 사용하고 아랫도리는 분홍색 비단[纁]을 사용한다는 말이다. 정현이 검은색[玄]과 분홍색[纁]을 제복의 색이라고 하면서 감·추·자를 검은색의 계통으로 삼고, 홍을 분홍색의 계통으로 삼은 것은 역시 서로 같다. 그러므로 "그 색의 계통을 같이하기 때문이다.[等其類也.]"라고 했으니, 이미 제복의 색과 유사하다면 또한 사용할 수 없는 것이다.

원문 "紺緅用木染, 紅紫用草染"者, 案, 「大司徒」, "土會之法, 山林, 其植物宜皁物." 先鄭以爲柞栗之屬, 今世間以柞實爲皁斗. 『說文』, "栩, 其實皁, 一曰樣." 陸機『詩』「疏」, "徐州人謂櫟爲杼, 或謂之爲栩, 其子爲皁, 或言皁斗. 其殼爲汁, 可以染皁." 案, 皁卽黑色. 「掌染草」「注」所云"象斗", 卽皁斗也. 此木染之可考者, 紺緅所用當取此.

역문 "감색과 검붉은색은 목염을 사용하고, 붉은색과 자주색은 초염을 사용한다.[紺緅用木染, 紅紫用草染.]"

살펴보니, 『주례』「지관사도상(地官司徒上)·대사도(大司徒)」에 "토양의 등급에 따라 공세(貢稅)를 회계(會計)하는 법에, 산림(山林)에서는 식물로 상수리나 밤 등과 같은 조물(皁物)이 적당하다."라고 했는데, 선정(정중)은 상수리나 밤[柞栗]의 종류라고 했고, 지금의 세간에서는 떡갈나무의 열매를 조두(皁斗)라고 한다. 『설문해자』에 "상수리나무[栩]는 그 열매가 조(皁)이고, 일설에는 양(樣)이라 한다."[18]라고 했다. 육기(陸機)[19]의 『시경』

---

18 『설문해자』권6: 허(栩)는 유(柔)이다. 목(木)으로 구성되었고 우(羽)가 발음을 나타낸다. 그 열매[皁]를 일설에는 양(樣)이라고 한다. 황(況)과 우(羽)의 반절음이다.[栩, 柔也. 從木羽聲. 其皁, 一曰樣. 況羽切.]

19 육기(陸機, 260~303): 서진(西晉) 오군(吳郡) 오현(吳縣) 사람. 자는 사형(士衡)이며, 명문가 출신으로, 할아버지 육손(陸遜)은 삼국시대 오(吳)나라의 재상, 아버지 육항(陸抗)은 군사령

「소」에 "서주(徐州)의 사람들은 상수리나무[櫟]를 저(杼)라고 하는데, 더러는 그것을 허(栩)라고 하며, 그 열매를 조(皁)라고 하는데, 더러는 조두라고 한다. 그 껍질로 즙을 내면 검게 물들일 수 있다."라고 했다. 살펴보니, 조가 바로 검은색인 것이다. 『주례』「장염초(掌染草)」의 「주」에서 말한 "상두(象斗)"가 바로 조두인 것이다. 이것이 목염을 상고해 볼 수 있는 것인데, 감색과 검붉은색[紺緅]에서 사용하는 것은 당연히 여기에서 채취한 것이다.

원문 又『爾雅』「釋草」, "葝, 鼠尾. 櫟, 烏階." 郭「注」竝云: "可以染皁." 但爲草類, 當非紺緅所用也. 又「釋草」, "蒤, 虎杖." 郭「注」, "可以染赤." "茹藘, 茅蒐.". 郭「注」, "今之蒨也, 可以染絳." 絳‧赤皆紅類也. 又"藐, 茈草." 郭「注」, "可以染紫, 一名茈蒐." 「掌染草」「注」作"紫茢", 此紅紫爲草染也.

역문 또 『이아』「석초(釋草)」에 "경(葝)은 쥐꼬리풀[鼠尾]이다. 곽(櫟)은 가막사리[烏階]이다."라고 했는데, 곽박(郭璞)의 「주」에는 모두 "검게 물들일

관을 지냈다. 동생 육운(陸雲)도 문재(文才)가 있어 그와 함께 '이륙(二陸)'으로 불렸다. 젊어서 아버지의 군대를 지휘하며 아문장(牙門將)이 되었다. 20살 때 오나라가 멸망하자 고향으로 돌아가 10년간 학문에만 전념했다. 이때 『변망론(辯亡論)』을 지었다. 진 무제(晉武帝) 태강(太康) 말에 동생과 함께 낙양(洛陽)으로 나아가 문재로 명성을 얻었다. 장화(張華)의 인정을 받았고, 가밀(賈謐)과 함께 문인과 교유했다. 조왕(趙王) 사마륜(司馬倫)이 정치를 보좌할 때 상국참군(相國參軍)이 되고, 가밀을 주륙하는 데 참여했다. 제왕(齊王) 사마경(司馬冏)에게 잡혀 정위(廷尉)에 넘겨졌다가 성도왕(成都王) 사마영(司馬穎)의 도움으로 풀려난 뒤 그에 의지해 평원내사(平原內史)가 되었다. 장사왕(長沙王) 사마의(司馬懿)를 토벌하고 후장군(後將軍)과 하북대도독(河北大都督)이 되었지만 혜제(惠帝) 때 정국이 혼란하여 팔왕(八王)의 난이 일어나자 이에 휘말려 동생과 함께 사마영에게 죽임을 당했다. 「문부(文賦)」는 그의 문학 비평의 방법을 논한 내용으로 유명하다. 저서에 『육사형집(陸士衡集)』 10권이 있다.

수 있다."라고 했다. 하지만 풀의 종류이기 때문에 당연히 감색과 검붉은색[紺緅]에 사용되는 것은 아니다. 또「석초」에 "도(蒤)는 감제풀[虎杖]이다."라고 했는데, 곽박의「주」에 "붉은색[赤]을 염색할 수 있다."라고 했으며, "여려(茹蘆)는 꼭두서니[茅蒐]이다."라고 했는데, 곽박의「주」에 "지금의 꼭두서니[蒨]이니 진홍색[絳]을 염색할 수 있다."라고 했으니, 강(絳)이나 적(赤)은 모두 붉은색[紅] 계통이다. 또 "막(藐)은 차조[茈草: 능소화]이다."라고 했는데, 곽박의「주」에 "자주색을 염색할 수 있고, 일명 자려(茈莫)라고도 한다."라고 했다.「장염초」의「주」에는 "자열(紫蒳)"로되어 있으니, 이처럼 붉은색과 자주색은 초염을 하는 것이다.

원문 陳氏壽祺『左海經辨』引此「注」解之云: "「染人」'掌染絲帛. 凡染, 春暴練, 夏纁玄, 秋染夏.'「注」云: '「考工記·鍾氏」則染繒術也.'是鄭意以染絲帛如染羽法, 用朱湛丹秫, 不用草木. 蓋草木染者, 可施之他物, 祭服等則當以丹秫染也." 今案, 陳說非是. 蓋木染·草染, 乃言紺緅四者所受之色, 其色與祭服相似而不可用, 非謂其爲草木染而不可用也.

역문 진수기(陳壽祺)의『좌해경변(左海經辨)』에 이「주」를 인용하고 해설하기를 "『주례』「천관총재하(天官冢宰下)·염인(染人)」에 '염인(染人)은 명주와 비단을 염색하는 일을 관장한다. 염색은 봄에는 잿물에 푹 삶아서 물에 빨아 말리고, 여름에는 분홍색[纁]과 검은색[玄]을 물들이며, 가을에는 오색[夏]으로 물들인다.'라고 했는데,「주」에 '「동관고공기상·종씨」는 분홍색[纁]을 염색하는 방법이다.'라고 했으니, 이는 정현이 명주와 비단 염색을 깃을 염색하는 방법과 같이 붉은 것으로 붉은 조[丹秫]를 담그되 초목(草木)을 사용하지 않는다고 생각한 것이다. 초목으로 염색하는 것은 다른 물건에 시용(施用)할 수 있고, 제복 등은 마땅히 붉은 조로 염색하는 것이다."라고 했다. 지금 살펴보니, 진수기의 설명은 옳지 않다. 목

염이든 초염이든 바로 감색 계통이나 검붉은색 계통의 4가지가 받아들
이는 색과, 그 색이 제복과 서로 유사해서 사용할 수 없다는 것을 말한
것이지, 풀이나 나무로 염색을 해서 사용할 수 없다는 말이 아니다.

원문 「士冠禮」“爵弁服”有“韎韐”. “爵弁”是祭服, <u>鄭君</u>以“爵”爲“緅”俗文, 而
“韎”爲祭服之鞸, 茅蒐所染, 則<u>鄭</u>以祭服得有草木染矣. 『墨子』「節用篇」,
“冬服紺緅之衣, 輕且暖.” 則後世俗變, 且以紺緅爲衣, 不獨用爲飾也.

역문 『의례』「사관례」에 “작변복(爵弁服)[20]”에 “매겹(韎韐)[21]”이라는 것이 있
다. “작변”은 제복인데, 정군은 “작”을 “추”의 속문이라 하고, “매(韎)”를
제복의 무릎 가리개[鞸]라고 하여 꼭두서니[茅蒐]로 염색한다고 했는데,
그렇다면 정현은 제복을 초목으로 염색할 수 있다고 생각한 것이다. 『묵
자』「절용」에 “겨울에는 감색 비단과 검붉은색 비단으로 만든 옷을 입어
가볍고도 따뜻하게 한다.”라고 했으니, 그렇다면 후세에 풍속이 변한 것
이고, 또 감색 비단과 검붉은색 비단으로 옷을 만들었으니, 옷깃에 선을
두르는 용도로만 쓴 것이 아니다.

원문 <u>江氏永</u>『圖考』曰: “飾必用正色. 「深衣篇」云: ‘具父母・大父母, 衣純以
繢, 具父母衣純以靑.’ <u>孔子</u>少孤, 母存, 宜純以靑. 母沒, 則惟純以素. 紺緅
不飾, 猶之紅紫不服耳.” 案, 「曲禮」云: “爲人子者, 父母存, 冠衣不純素.
孤子當室, 冠衣不純采.” 亦說深衣之制. <u>江</u>意夫子不以爲飾, 當指深衣, 其

---

20 작변복(爵弁服): 대부(大夫)가 가묘에서 제사를 지낼 때나 사(士)가 군주를 도와 제사를 드
    릴 때 입는 옷. 색은 붉고 약간 검은색으로 작두(爵頭)와 같다. 모양은 면관(冕冠)과 비슷하
    나 인끈이 없다.
21 매겹(韎韐): 예복에 덧대어 입는 가죽으로 만든 무릎 가리개.

義足裨鄭氏所未言.

역문 강영(江永)의 『향당도고(鄕黨圖考)』에 "옷깃에 선을 두를 때는 반드시 정색(正色)을 사용해야 한다. 『예기』「심의(深衣)」에 '부모와 조부모가 살아 계실 때에는 옷깃에 선을 두를 때 수놓은 붉은 천으로 하고, 부모만 생존해 계실 때에는 옷깃에 선을 두를 때 푸른색 천으로 한다.'라고 했는데, 공자는 어려서 아버지가 돌아가시고 어머니만 생존해 있었으니, 푸른색 천으로 옷깃에 선을 두르는 것이 마땅하다. 어머니가 돌아가셨다면 옷깃의 가선을 흰색으로 두른다. 감색 비단과 검붉은색 비단으로 옷깃의 가선을 두르지 않은 것은 붉은색 비단과 자주색 비단으로 평상복을 만들지 않은 것과 같을 뿐이다."라고 했다. 살펴보니, 『예기』「곡례상(曲禮上)」에 "아들 된 자는 부모가 살아 계시면 갓과 옷에 흰색으로 선을 두르지 않으며, 고자(孤子)로서 아버지의 뒤를 잇는 자는 갓과 옷에 채색된 천으로 선을 두르지 않는다."라고 했는데, 역시 심의(深衣)의 제도를 말한 것이다. 강영은 공자가 감색과 검붉은색으로 옷깃에 선을 두르지 않은 것은 당연히 심의를 가리킨다고 생각한 것이니, 그의 뜻은 정씨가 언급하지 않은 것에 충분히 보탬이 될 만하다.

원문 但以紺緅爲間色, 則爵弁用爲冠服, 冠重於衣, 衣用正色, 冠必不用間色. 又爵韠亦用爵爲飾, 則紺緅絶非間色而可知. 鄭義以爲類祭服者, 信而有徵矣. 『圖考』又曰: "按孔子言'惡紫之奪朱', 當時尙紫亦有漸. 玄冠紫緌, 自魯桓公始. 『戰國策』曰: '齊紫, 敗素也, 而賈十倍.' 蓋齊桓公有敗素, 染以爲紫, 下令貴紫, 人爭買之, 賈十倍, 其貴紫有由來矣. 「哀」十七年, '衛 渾良夫紫衣狐裘, 太子數其三罪殺之.' 紫衣居一. 杜「注」, '紫衣, 僭君服.' 可見當時君服紫."

역문 그러나 감색과 검붉은색을 간색(間色)으로 삼으니, 그렇다면 작변은 관복(冠服)을 만드는 데 사용되는데, 관(冠)은 옷보다 중하고 옷은 정색을 사용하니, 관에는 필시 간색을 사용하지 않는다. 또 검붉은색 무릎가리개[爵韠]도 또한 검붉은색[爵]을 사용해서 가선을 두르니 그렇다면 감색과 검붉은색이 절대로 간색이 아니라는 것을 알 수 있다. 정현이 제복과 같은 종류라고 생각한 것이 미더우면서도 징험이 된다. 『향당도고』에는 또 "공자가 '자주색이 붉은색을 빼앗는 것을 미워한다'라고 한 말을 살펴보면 당시에 자주색을 숭상함이 또한 점차적으로 있었다. 검은색 관[玄冠]에 자주색 갓끈[紫緌]은 노(魯)나라 환공(桓公)으로부터 시작되었다. 『전국책(戰國策)』에 '제(齊)나라 사람들이 좋아하는 자주색 옷감은 사실 그 천은 본래 아주 질이 낮은 흰 천인데 거기에 물감을 들여 값이 비단보다 열 배나 된 것이다.'라고 했는데, 제 환공(齊桓公)이 아주 질이 낮은 흰 천을 가지고 있었는데 염색을 해서 자주색으로 만들고 자주색을 귀하게 여기도록 명하자 사람들이 다투어 사재는 바람에 값이 열 배나 뛰었으니, 자주색을 귀하게 여기는 데는 유래가 있었던 것이다. 『춘추좌씨전(春秋左氏傳)』「애공(哀公)」 17년에 '위(衛)나라 혼량부(渾良夫)[22]가 자주색 옷에 여우 갖옷을 입고 가자 태자가 세 가지 죄목을 들어 죽였다.'라고 했으니, 자주색 옷이 한 가지 죄목에 들었던 것이다. 두예(杜預)의 「주」에, '자주색 옷을 입은 것은 임금의 복식을 참람한 것이다.'라고 했으니, 당시 임금의 복장이 자주색이었음을 알 수 있다."라고 했다.

원문 王氏瑬『正義』, "服紅者雖鮮聞, 亦必有爲褻服者." 此皆謂當時褻服用紅紫也. 皇「疏」以紅紫爲間色, 引穎子嚴說, "紅是赤白, 爲南方間; 紫是黑

22 혼량부(渾良夫, ?~?): 춘추시대(春秋時代) 위나라 대부 공문자(孔文子)의 노비.

赤, 爲北方間. 解者據之, 因謂"間色不可用." 案, 「玉藻」云: "衣正色, 裳間色." 『荀子』「正論」言"天子衣被則服五采, 雜間色." 則謂"間色不可用"者, 誤也.

역문 왕류(王塗)의 『향당정의(鄕黨正義)』에 "붉은색으로 옷을 해 입는 경우는 비록 드물게 들어 보기는 했으니, 역시 반드시 평상복을 만드는 경우가 있다."라고 했으니, 이는 모두 당시에 평상복에는 붉은색과 자주색을 사용했다는 말이다. 황간(皇侃)의 「소」에서는 붉은색과 자주색을 간색이라고 하면서 영자엄(穎子嚴)[23]의 말을 인용해 "붉은색[紅]은 적백(赤白)색이며 남방(南方)의 간색이 되고, 자주색[紫]은 흑적(黑赤)색이며 북방(北方)의 간색이 된다."라고 했는데, 해설하는 자들은 이를 근거로 하니, 이로 인해 "간색은 쓸 수 없다."라고 하는 것이다. 살펴보니, 「옥조」에 "윗옷은 정색으로 하고 치마는 간색으로 한다."라고 했고, 『순자(荀子)』「정론(正論)」에 "천자(天子)는 옷을 입으면 다섯 가지 색으로 채색된 옷을 입으니 간색이 섞여 있다."라고 했는데, 그렇다면 "간색은 쓸 수 없다"라고 한 것은 잘못이다.

원문 "飾謂純緣"者, 『爾雅』「釋器」, "緣謂之純." 郭「注」, "衣緣飾也." 『說文』, "緣, 衣純也." 「玉藻」云: "緣廣寸半." 「深衣」云: "純袂·緣·純邊, 廣各寸半." 「注」, "純, 謂緣之也. 緣袂, 謂其口也. 緣, 緆也. 緣邊, 衣裳之側.

---

23 영자엄(穎子嚴, ?~?): 동한(東漢) 때 진(陳)나라 장평현[長平縣: 지금의 하남성(河南省) 주구시(周口市)] 사람. 이름은 용(容), 자엄(子嚴)은 그의 자이다. 박학다식했고, 『춘추좌씨전(春秋左氏傳)』에 조예가 깊었다. 벼슬에 나아가지 않고, 헌제(獻帝) 초평(初平) 연간에 형주(荊州)로 피난하였는데, 문도가 1천여 명이나 모여들었다. 유표(劉表)가 무릉태수(武陵太守)로 삼으려 했으나, 응하지 않았다. 저서로는 『춘추좌씨조례(春秋左氏條例)』와 『춘추석례(春秋釋例)』 10권이 있다. 건안(建安) 연간에 죽었다.

廣各寸半, 則表裏共三寸矣." 『釋文』引鄭注「旣夕禮」云: "飾衣領袂口曰
純, 裳邊側曰綼, 下曰緆也." 是言衣裳飾也. 又冠·屨·帶·韠·矢服·席
亦有飾, 『論語』此文, 當兼有之. 鄭君止說衣裳, 擧其重者以例之耳.

역문 "식(飾)은 가선을 두른다는 말이다."

『이아』「석기」에 "가선을 두른 것[緣]을 준(純)이라 한다."[24]라고 했는
데, 곽박의 「주」에 "옷에 가선을 둘러 꾸민 것이다."라고 했다. 『설문해
자』에 "연(緣)은 옷의 가선[衣純]이다."[25]라고 했고, 『예기』「옥조」에 "가
선의 너비는 한 치 반[緣廣寸半]이다."라고 했으며, 『예기』「심의」에 "소매
에 선을 두르고 옷깃에 선을 두르며 가장자리에 선을 두르되 너비가 각
각 한 치 반이다."라고 했는데, 「주」에 "준(純)은 가장자리에 선을 두르
는 것[緣]이다. 연몌(緣袂)는 입구를 말한다. 연(緣)은 석(緆)이다. 연변(緣
邊)은 의상의 옆이다. 너비가 각각 한 치 반이니, 안과 밖을 합하면 세 치
이다."라고 했다. 『경전석문(經典釋文)』에는 정현이 『의례』「기석례(旣夕
禮)」를 주석한 것을 인용해서 "옷깃[衣領]과 소맷부리[袂口]를 꾸민 것을
준(純)이라 하고, 치마의 가장자리와 곁을 벽(綼)이라 하며, 아래쪽을 석
(緆)이라 한다."라고 했으니, 이는 윗옷과 치마의 장식을 말한 것이다.
또 관(冠)과 신발[屨]과 띠[帶]와 무릎 가리개[韠]와 화살을 넣어 두는 통[矢
服]과 자리[席]에도 장식이 있으니, 『논어(論語)』의 이 글은 당연히 그것들
을 다 겸한 것이다. 정군(鄭君)은 다만 의상(衣裳)을 말했을 뿐인데, 이는
그 중한 것을 들어 예로 든 것일 뿐이다.

---

24 『논어정의』에는 "純謂之緣"으로 되어 있다. 『이아(爾雅)』「석기(釋器)」를 근거로 고쳤다.

25 『설문해자』 권13: 연(緣)은 옷의 가선[衣純]이다. 사(糸)로 구성되었고 단(彖)이 발음을 나타
낸다. 이(以)와 견(絹)의 반절음이다.[緣, 衣純也. 從糸彖聲. 以絹切.]

원문 "褻衣爲袍襗"者,『說文』, "褻, 私服."『字林』, "褻, 衷衣也. 又云重衣也."「喪大記」「注」, "袍, 褻衣."『詩』「無衣」云: "與子同袍", "與子同澤", 袍在外, 澤在內, 皆爲褻也. 毛「傳」, "澤, 潤澤也." 鄭「箋」, "澤, 褻衣, 近汚垢."『釋名』「釋衣服」, "汗衣近身, 受汗垢之衣也.『詩』謂之澤, 受汗澤也. 或曰鄙袒, 或曰羞袒, 作之用六尺布, 裁足覆胸背."『方言』, "汗襦, 江・淮・南楚之間謂之繪."「注」云: "卽衫也."『說文』, "襦, 短衣也. 袴, 脛衣也. 襃, 袴也." 皆褻服之類.

역문 "평상복[褻衣]은 도포와 속곳[袍襗]이다."

『설문해자』에 "설(褻)은 사복(私服)이다."[26]라고 했고,『자림』에 "설(褻)은 속곳[衷衣]이다. 또 겹옷[重衣]이라고도 한다."라고 했다.『예기』「상대기(喪大記)」의「주」에 "포(袍)는 속곳[褻衣]이다."라고 했고,『시경』「무의(無衣)」에 "그대와 도포를 함께 입으리오[與子同袍]", "그대와 속곳을 함께 입으리오[與子同澤]"라고 했는데, 포(袍)는 겉에 입는 옷이고, 택(澤)은 안에 입는 옷으로, 모두 평상복이 된다. 모형의「전(傳)」에는 "택(澤)은 윤택(潤澤)이다."라고 했고 정현의「전(箋)」에는 "택(澤)은 속곳[褻衣]인데, 때가 잘 탄다."라고 했다.『석명』「석의복(釋衣服)」에 "땀받이 옷은 몸에 착 달라붙어서 땀이나 때를 흡수하는 옷이다.『시경』에는 그것을 택(澤)이라고 했는데 땀을 흡수한다는 뜻이다. 간혹 비단(鄙袒)이라 하기도 하고, 더러는 수단(羞袒)이라고도 하는데, 여섯 자 되는 베[布]로 만드니, 가슴과 등만 덮을 수 있으면 충분하다."라고 했다.『방언(方言)』에 "땀받이옷[汗襦]을 양자강[江]과 회수[淮]와 남초(南楚) 지역 사이에서는 증(繒)이라

---

26 『설문해자』권8: 설(褻)은 사복(私服)이다. 의(衣)로 구성되었고 예(埶)가 발음을 나타낸다.『시경(詩經)』에 "이 평상복을 입고 단단히 동여매었다[是褻袢也]"라고 했다. 사(私)와 열(列)의 반절음이다.[褻, 私服. 從衣埶聲.『詩』曰: "是褻袢也." 私列切.]

한다."라고 했는데, 「주」에 "바로 적삼[衫]이다."라고 했다. 『설문해자』
에 "유(襦)는 짧은 옷[短衣]이다.[27] 고(袴)는 바지[脛衣]이다.[28] 건(褰)은 바지
[袴]이다.[29]"라고 했는데, 모두 평상복[褻服]의 종류이다.

- 「注」, "一入"至"飾衣".
- 正義曰: 「鍾氏」言"五入爲緅", 無"一入爲緅"之文. 錢氏大昕『潛研堂文集』, "孔氏經文當是
  '纁'字,『爾雅』云'一染謂之纁', 卽孔所云'一入'也.「檀弓」云: '練, 練衣黃裏纁緣.'「注」云: '小
  祥, 練冠・練中衣, 以黃爲內, 纁爲飾.' 卽孔所云'三年練以飾衣'者也. 然則孔本經「注」皆當
  作纁, 不作緅矣."
- 「주」의 "일입(一入)"부터 "식의(飾衣)"까지.
- 정의에서 말한다.

  『주례』「동관고공기상・종씨」에 "다섯 번 물들인 것이 추(緅)가 된다"라고 했고, "한 번 물들
  인 것이 추(緅)가 된다"라는 문장은 없다. 전대흔(錢大昕)의 『잠연당문집(潛研堂文集)』에
  "공씨(孔氏)의 경문(經文)은 당연히 '전(纁)' 자가 되어야 하니,『이아』에 '한 번 염색한 것을
  전(纁)이라 한다'라고 했는데, 바로 공안국이 말한 '한 번 물들인 것'이다. 『예기』「단궁상(檀
  弓上)」에 '연제(練祭)에는 연의(練衣)에 누런색 천으로 안을 대고 연한 분홍색 천으로 동정

---

27 『설문해자』 권8: 유(襦)는 짧은 옷[短衣]이다. 의(衣)로 구성되었고 수(需)가 발음을 나타낸
   다. 일설에는 난의(嬬衣)라 한다. 인(人)과 주(朱)의 반절음이다.[襦, 短衣也. 從衣需聲. 一曰
   嬬衣. 人朱切.]
28 『설문해자』 권13: 고(絝)는 바지[脛衣]이다. 사(糸)로 구성되었고 과(夸)가 발음을 나타낸다.
   고(苦)와 고(故)의 반절음이다.[絝, 脛衣也. 從糸夸聲. 苦故切.]『설문해자』에는 "絝", 즉 "絝"
   로 되어 있으나, 지금은 모두 "袴"로 쓰기 때문에 유보남(劉寶楠)이 "袴, 脛衣也."라고 한 듯
   하다.
29 『설문해자』 권8: 건(褰)은 바지[絝]이다. 의(衣)로 구성되었고, 한(寒)의 생략형이 발음을 나
   타낸다. 『춘추전』에 "바지를 달라고 요구하리라.[徵褰與襦.]"라고 했다. 거(去)와 건(虔)의
   반절음이다.[褰, 絝也. 從衣, 寒省聲. 『春秋傳』曰: "徵褰與襦." 去虔切.]

을 두른다.'라고 했는데, 「주」에 '소상(小祥)에는 연관(練冠)과 연중의(練中衣)를 입는데, 황색으로 안을 대고, 연한 분홍색으로 장식한다.'라고 했으니, 이것이 바로 공안국이 말한 '삼년상에서 소상(小祥) 때 입는 상복[練服]에 검붉은색 비단[緅]으로 옷을 꾸민다'라는 것이다. 그렇다면 공안국 판본 경전의 「주」는 모두 당연히 전(線) 자로 되어 있어야 하고, 추(緅)로 되어 있지 않아야 할 것이다."라고 했다.

원문 錢氏坫『後錄』, "『論語』此有兩本, 古文作'紺線', 今文作'紺緅', 孔本古文, 鄭本今文也. 今『集解』乃後人妄改." 今案, 二錢說是也. 但孔本非眞古文, 此說稍誤. 「喪服」「記」, "公子爲其母練冠麻, 麻衣線緣." 與「檀弓」同. 「喪服」"公子爲其妻線冠." 又「記」有"線綼", 則"線"爲喪飾. 『說文』云: "線, 赤黃也." 『廣雅』云: "線謂之紅." 紅赤色相近也.

역문 전점(錢坫)의 『논어후록(論語後錄)』에 "『논어』의 이 내용은 두 개의 판본이 있는데, 고문(古文)에는 '감전(紺線)'으로 되어 있고, 금문(今文)에는 '감추(紺緅)'로 되어 있으니, 공안국본은 고문이고 정현본은 금문이다. 지금의 『논어집해(論語集解)』는 바로 후대의 사람들이 함부로 고쳐 놓은 것이다."라고 했다. 이제 살펴보니, 전대흔과 전점 두 사람의 설이 옳다. 다만 공안국본은 진고문(眞古文)이 아니니, 이 설은 조금 잘못되었다. 『의례』「상복(喪服)」의 「기」에 "공자[公子: 임금의 서자(庶子)를 말한다]는 그 어머니를 위하여 연관을 쓰고 삼으로 만든 질대(絰帶)를 띠며 삼으로 짠 옷을 입되 연한 분홍색 천으로 동정을 두른다."라고 했으니, 『예기』「단궁상」의 내용과 같다. 『의례』「상복」[30]에 "공자는 그 아내를 위해 연한 분

---

30 『논어정의』에는 「사상례(士喪禮)」로 되어 있는데, 이 내용은 『의례(儀禮)』「상복(喪服)」의 내용이므로 「상복」으로 고쳤다.

홍색 천으로 만든 관을 착용한다."라고 했고, 또 『의례』「기석례」의 「기」
에 "분홍색으로 치장한 아랫단[纁裳]"이 있으니, 그렇다면 "전(纁)"은 상복
의 장식이 되는 것이다. 『설문해자』에 "전(纁)은 적황(赤黃)이다."[31]라고
했고, 『광아』에 "분홍색[纁]을 홍(紅)이라 한다."라고 했으니, 홍색[紅]과
적색[赤]은 서로 가까운 색이다.

원문 "三年練"者, 謂三年之喪有練祭也. 練卽小祥之祭. 「喪服四制」云: "父
母之喪, 十三月而練."是也. 孔謂"纁"卽是紅, 不可爲飾, 又不可爲褻服. 纁
擧其名, 紅擧其色, 說與鄭異, 則孔所傳本異也. 至以紺爲齊服, 『禮』無明
文. 「玉藻」云: "齊則爵韠", "爵"卽"緅", 或孔以緅紺色近, 得比同之也.

역문 "삼년상에서 소상(小祥) 때 입는 상복[三年練]"이라는 것은 삼년상 동안
에 연제가 있다는 말이다. 연제는 바로 소상제(小祥祭)이다. 『예기』「상
복사제(喪服四制)」에 "부모상에는 13개월 만에 연제를 지낸다"라고 한 것
이 이것이다. 공안국이 말한 "분홍색 비단[纁]"은 바로 붉은색 비단[紅]으
로 장식을 할 수 없고, 또 평상복을 만들 수도 없다. 전(纁)은 그 이름을
거론한 것이고, 홍(紅)은 그 색을 거론한 것이므로 설명이 정현과는 다
르니, 그렇다면 공안국이 전한 판본이 다른 것이다. 심지어 감색 비단으
로 제복(齊服)을 삼는다는 것은 『예기』에는 명확한 문장이 없다. 「옥조」
에 "재계할 때는 검붉은색의 무릎 가리개[爵韠]를 한다"라고 했는데, "작
(爵)"이 바로 "추(緅)"이니, 아마도 공안국은 검붉은색[緅]과 감색[紺]이 색

---

31 『설문해자』 권13: 전(纁)은 적황색(赤黃色) 비단이다. 한 번 물들인 것을 전(纁)이라 하고,
두 번 물들인 것을 정(經)이라 하며, 세 번 물들인 것을 훈(纁)이라 한다. 사(糸)로 구성되었
고 원(原)이 발음을 나타낸다. 칠(七)과 견(絹)의 반절음이다.[纁, 帛赤黃色. 一染謂之纁, 再
染謂之經, 三染謂之纁. 從糸原聲. 七絹切.]

이 서로 가깝기 때문에 같은 것으로 견줄 수 있다고 여긴 듯싶다.

- 「注」, "褻服"至"所施".
- 正義曰: "褻"訓"私居"者, 引申之義. 私居之服, 卽是深衣, 故曰"非公會之服", 與下文稱"褻裘" 同. 此義亦通. 正服謂朝祭諸服, 在外者也.
- ○ 「주」의 "설복(褻服)"부터 "소시(所施)"까지.
- ○ 정의에서 말한다.

   "설(褻)"의 뜻을 "사사로이 거처함[私居]"이라고 새긴 것은 인용하고 확대하여 새로운 뜻이 파생된 것이다. 사사로이 거처할 때 입는 옷은 바로 심의이기 때문에, "공적인 모임에 입는 옷이 아니다"라고 했으니, 아랫글에서 일컬은 "평상시 입는 갖옷[褻裘]"과 같다. 이 뜻도 역시 통한다. 정복은 조복(朝服)이나 제복(祭服) 등의 여러 예복으로 겉에 입는 옷을 말한다.

當暑, 袗絺綌, 必表而出之.【注】孔曰: "暑則單服. '絺'·'綌', 葛也. '必表而出之', 加上衣."

더위를 당해서는 고운 갈포[絺]와 거친 갈포[綌]로 만든 홑옷을 입되 반드시 겉옷을 덧입고 문을 나갔다.【주】공안국이 말했다. "더우면 홑옷을 입는다. '치(絺)'와 '격(綌)'은 갈포(葛布)이다. '반드시 겉옷을 덧입고 문을 나갔다[必表而出之]'라는 말은 겉옷을 덧입었다는 뜻이다."

원문 正義曰: "當暑"者, 謂當暑時也. 『釋名』「釋天」, "暑, 煮也, 熟如煮物 也." "袗", 『釋文』及『唐石經』·『五經文字』皆作"袗", 皇本作"縝", 邢本作

"袗". <u>段氏玉裁</u>『說文注』以"袗"爲正, "紾"爲叚借, "縝"爲俗. 『御覽』八百
十九引<u>鄭</u>此「注」云: "縝, 單也. 暑月單衣葛, 爲其形褻也." 案, "縝·單"
者, 「玉藻」, "振絺綌不入公門." 「注」云: "振讀爲袗, 袗, 單也." 單謂衣無
裏, 對袷褶之有裏者言之也.

역문 정의에서 말한다.

"당서(當暑)"란 더운 때를 당해서라는 말이다. 『석명』「석천(釋天)」에
"서(暑)는 삶는다[煮]는 뜻이니, 삶은 물건처럼 익힌다는 뜻이다."라고 했
다. "진(袗)"은 『경전석문』 및 『당석경(唐石經)』과 『오경문자(五經文字)』
에는 모두 "진(袗)"으로 되어 있고, 황간본에는 "진(縝)"으로 되어 있으며,
형병(邢昺)본에는 "진(袗)"으로 되어 있다. 단옥재의 『설문해자주』에는
"진(袗)"을 정자라 하고, "진(紾)"을 가차자라고 했으며, "진(縝)"을 속자(俗
字)라고 했다. 『태평어람(太平御覽)』 권819에 정현의 이 「주」를 인용하면
서 "진(縝)은 홑옷[單]이다. 더운 달에는 홑옷으로 갈포를 입으니, 속곳을
겉으로 드러낼까 해서이다."[32]라고 했다. 살펴보니, "진(縝)과 단(單)"은
『예기』「옥조」에 "고운 갈포와 거친 갈포로 만든 홑옷을 입고 공문에 들
어가지 않는다.[振絺綌不入公門.]"라고 했는데, 「주」에 "진(振)은 진(袗)의
뜻으로 읽어야 하니, 진(袗)은 홑옷[單]이다."라고 했다. 홑옷[單]은 상의에
안감이 없는 것이니, 겹옷[袷褶]에 안감이 있는 것을 상대해서 말한 것이다.

원문 "單衣葛"者, 以葛爲絺綌, 用爲單衣也. 『毛詩』「葛覃」「傳」, "葛所以爲
絺綌. 精曰絺, 麤曰綌." 『說文』, "葛, 絺綌草也. 絺, 細葛也. 綌, 麤葛也."

32　『예기(禮記)』「곡례하(曲禮下)」에 "고운 갈포와 굵은 갈포로 만든 홑옷을 입고 공문에 들어
　　가지 않는다.[袗絺綌不入公門.]"라고 했는데, 『예기정의(禮記正義)』 정현의 「주」에 "진(袗)
　　은 홑옷이니, 그 속곳을 겉으로 드러내기 때문이다.[袗單也, 爲其形褻.]"라고 했다.

段「注」謂"緝績之一如麻枲. 其粗者, 則如今之黃草葛也."

역문 "홑옷으로 갈포를 입는다[單衣葛]"라는 것은 칡덩굴로 고운 갈포와 거친 갈포를 만들고 그것을 이용해서 홑옷을 만든다는 것이다. 『모시』「갈담(葛覃)」의 「전」에 "칡덩굴은 고운 갈포와 거친 갈포를 만드는 것이다. 고운 것을 치(絺)라 하고 거친 것을 격(綌)이라 한다."라고 했다. 『설문해자』에 "갈(葛)은 치격초(絺綌草)이다.[33] 치(絺)는 고운 갈포[細葛]이다.[34] 격(綌)은 거친 갈포[麤葛]이다.[35]"라고 했는데, 단옥재의 「주」에 "길쌈의 한 가지인데 삼과 모시를 길쌈한 것과 같다. 거친 것은 지금의 황초갈(黃草葛)과 같다."라고 했다.

원문 "形褻"者, 絺綌近親身之衣, 形或露見, 故言"褻"也. 「喪大記」「注」引此文說之云: "亦爲其褻也." 是也. 『御覽』引鄭「注」又云: "必表而出之, 若今單衣也."

역문 "속곳을 겉으로 드러낸다[形褻]"라는 것은 갈포옷[絺綌]은 살갗에 직접 닿는 옷으로 몸매가 혹 겉으로 드러나 보이기 때문에 "속곳[褻]"이라고 한 것이다. 『예기』「상대기」의 「주」에 이 문장을 인용하고 설명하면서 "역시 그것이 속곳이기 때문이다."라고 한 것이 바로 이것이다. 『태평어람』에 정현의 「주」를 인용해서 또 "반드시 겉옷을 덧입고 문을 나갔으

---

33 『설문해자』권1: 갈(藑)은 치격초(絺綌艸)이다. 초(艸)로 구성되었고 갈(曷)이 발음을 나타낸다. 고(古)와 달(達)의 반절음이다.[藑, 絺綌艸也. 從艸曷聲. 古達切.]

34 『설문해자』권13: 치(絺)는 고운 갈포[細葛]이다. 사(糸)로 구성되었고 희(希)가 발음을 나타낸다. 축(丑)과 지(脂)의 반절음이다.[絺, 細葛也. 從糸希聲. 丑脂切.]

35 『설문해자』권13: 격(綌)은 거친 갈포[粗葛]이다. 사(糸)로 구성되었고 곡(谷)이 발음을 나타낸다. 격(帗)은 격(綌)의 혹체자인데 건(巾)으로 구성되었다. 기(綺)와 극(戟)의 반절음이다.[綌, 粗葛也. 從糸谷聲. 帗, 綌或從巾. 綺戟切.]

니, 지금의 홑옷과 같은 것이다."라고 했다.

원문 案, 單衣, 卽裼衣. 裼衣在絺綌外, 故稱表其衣, 亦是單衣無裏. 鄭據目見, 故以"今"明之.「喪服大記」, "袍必有表, 不禪."「注」云: "袍, 褻衣, 必有以表之, 乃成稱也." "禪"與"單"同. 古人之服, 先著親身之衣, 次則春秋加袷褶, 夏加絺綌, 冬加裘. 又次各加裼衣, 又次上加禮服. 此文"必表而出", 與下文緇衣 · 素衣 · 黃衣, 皆論裼衣. 裼者, 所以充美, 燕居不裼, 故可單衣葛也.

역문 살펴보니, 홑옷[單衣]은 바로 석의(裼衣)이다. 석의는 갈포옷[絺綌] 겉에 입기 때문에 그 옷을 걸맞게 덧입는 것이니 역시 안감이 없는 홑옷인 것이다. 정현은 눈으로 직접 본 것을 근거로 했기 때문에 "지금[今]"이라는 말로 분명히 한 것이다. 『예기』「상복대기(喪服大記)」에 "포(袍)에는 반드시 겉에 입는 다른 옷이 있어서 포만을 홑겹[禪]으로 입지 않는다."라고 했는데, 「주」에 "포(袍)는 속곳[褻衣]이니, 반드시 겉에 덧입는 옷이 있어야 한 벌이 이루어진다."라고 했다. "단(禪)"은 "단(單)"과 같다. 옛사람들의 복장은 먼저 살갗에 직접 닿는 옷을 입고, 다음으로 봄과 가을에는 겹옷을 덧입으며, 여름에는 갈포로 만든 옷을 덧입고, 겨울에는 갖옷을 덧입는다. 또 그다음에는 각각 석의를 더 입고, 또 다음으로 그 위에 예복(禮服)을 더 입는다. 이 글에서 "반드시 겉옷을 덧입고 문을 나갔다[必表而出]"라는 것은 아래 글의 치의(緇衣) · 소의(素衣) · 황의(黃衣)와 함께 모두 석의를 논한 것이다. 석(裼)이란 아름다움을 채우기 위한 것이니, 한가하게 거처할 때는 석의를 입지 않기 때문에 홑옷으로 갈포를 입을 수 있는 것이다.

원문 「玉藻」"振絺綌"與"表裘"連文, 「注」云: "二者形且褻, 皆當表之乃出."

是鄭以出爲出門. 皇「疏」云: "在家無別加衣, 若出行接賓, 皆加上衣. 當暑 絺綌可單, 出則不可單, 必加上衣, 故云'必表而出'也." 卽鄭義也. 云"出 之"者, "之"是語辭, 皇本無"之"字.

역문 『예기』「옥조」의 "진치격(振絺綌)"과 "표구(表裘)"[36]는 글자를 이어서 표현한 것인데, 「주」에 "두 가지는 몸이 겉으로 드러나기도 하고 더럽혀지기도 하므로 모두 마땅히 겉옷을 덧입고 문을 나가야 한다."[37]라고 했으니, 정현은 나가는 것을 문을 나가는 것으로 여긴 것이다. 황간의 「소」에 "집에 있을 때는 별도로 덧입는 옷이 없지만 만약 출행하거나 손님을 접대할 때는 모두 겉옷을 덧입는다. 더위를 당해서는 거친 갈포와 고운 갈포로 만든 홑옷을 단독으로 입을 수 있지만 나갈 때는 단독으로 입어서는 안 되고 반드시 겉옷을 덧입어야 하기 때문에 '반드시 겉옷을 덧입고 나갔다'라고 한 것이다."라고 했는데, 바로 이것이 정현의 뜻이다. "나갔다[出之]"라고 했는데, "지(之)"는 어사(語辭)이고, 황간본에는 "지(之)" 자가 없다.

- 「注」, "必表而出之, 加上衣."
- 正義曰: 『說文』, "表, 上衣也." 上衣謂衣之在外加於上者, 卽裼衣也. 又謂之中衣, 其外又加

---

36 『예기』「옥조(玉藻)」: 고운 갈포와 거친 갈포로 만든 홑옷을 입고 공문에 들어가지 않고, 갖옷을 겉에 입고는 공문에 들어가지 않는다.[振絺綌, 不入公門; 表裘, 不入公門.]
37 『예기정의』「옥조(玉藻)」 공영달(孔穎達)의 「소」에 "형(形)은 고운 갈포와 거친 갈포로 만든 홑옷[袗絺綌]을 해석한 것이니, 몸매가 겉으로 드러난다는 뜻이고, 설(褻)은 옷 겉에 입는 표구(表裘)를 해석한 것이니, 더럽혀질 수 있다. 그러므로 두 가지는 모두 그 위에 덧옷을 덧입고 문을 나가는 것이다.[形, 解袗絺綌, 其形露見; 褻, 解表裘在衣外, 可鄙褻, 二者皆上加表衣乃出也.]"라고 했다.

禮服. 禮服對中衣言, 亦稱上衣.

○ 「주」의 "반드시 겉옷을 덧입고 문을 나갔다[必表而出之]라는 말은 겉옷을 덧입었다는 뜻
이다."

○ 정의에서 말한다.

『설문해자』에 "표(表)는 겉옷[上衣]이다."[38]라고 했는데, 겉옷이란, 겉에 입는 옷으로서 위에
덧입는 것을 말하니, 바로 석의이다. 또 중의(中衣)라고도 하는데, 그 겉에다 또 예복을 덧입
는 것이다. 예복은 중의에 맞추어서 한 말로 역시 겉옷을 일컫는 것이다.

緇衣, 羔裘;

검은색 옷에는 새끼 염소 가죽으로 만든 갖옷을 입고,

원문 正義曰: 鄭「注」云: "緇衣羔裘, 諸侯視朝之服, 亦卿 · 大夫 · 士祭於君
之服. 諸侯之朝服, 其服緇布衣而素裳, 緇帶素韠. 諸侯之朝服羔裘者, 必
緇衣爲裼. 卿 · 大夫朝服亦羔裘, 唯豹袪, 與君異耳." 案,「士冠禮」, "玄冠
朝服."「注」云: "諸侯與其臣, 朝服以日視朝." 又「司服」, "凡甸, 冠弁服."
「注」云: "冠弁, 委貌, 諸侯以爲視朝之服." 然則玄冠朝服, 卽冠弁服.「司
裘」「疏」以爲冕服者, 弁 · 冕得通稱也.

역문 정의에서 말한다.

---

38 『설문해자』권8: 표(裵)는 겉옷[上衣]이다. 의(衣)로 구성되었고 모(毛)로 구성되었다. 옛날
의 옷은 짐승의 털을 겉으로 삼았다. 표(襮)는 표(表)의 고문인데 포(麃)로 구성되었다. 피(陂)
와 교(矯)의 반절음이다.[裵, 上衣也. 從衣從毛. 古者衣, 以毛爲表. 襮, 古文表從麃. 陂矯切.]

정현의 「주」에 "검은 옷에 새끼 염소 가죽으로 만든 갖옷은 제후(諸侯)의 조복이고, 또한 경(卿)이나 대부(大夫)나 사(士)가 임금에게 제사할 때 입는 옷이다. 제후의 조복은 그 복장이 검은 베옷[緇布衣]에 흰 치마[素裳]를 입고 검은색 띠를 두르고 흰색 무릎 가리개를 한다. 제후의 조복이 새끼 염소 가죽으로 만든 갖옷일 경우에는 반드시 검은색 옷을 석의로 삼는다. 경과 대부의 조복 역시 새끼 염소 가죽으로 만든 갖옷인데, 오직 표범 가죽으로 옷소매에 선을 두른 것이 임금과 다를 뿐이다."라고 했다. 살펴보니, 『의례』 「사관례」에 "현관(玄冠)에 조복 차림을 한다."라고 했는데, 「주」에 "제후와 그 신하들은 조복 차림으로 날마다 조회를 본다."라고 했고, 또 『주례』 「춘관종백상(春官宗伯上)·사복(司服)」에 "사냥할 때는 관변(冠弁)을 쓴 예복을 입는다."라고 했는데, 「주」에 "관변(冠弁)은 위모관(委貌冠)[39]이니, 제후들이 조회를 볼 때의 예복으로 삼았다."라고 했으니, 그렇다면 현관에 조복 차림을 한다는 것은 바로 관변을 쓴 예복을 입는 것이다. 『주례』 「천관총재하·사구(司裘)」의 「소」에 면복(冕服)을 했을 경우 윤(弁)과 면(冕)은 통칭할 수 있다고 했다.

원문 玄冠是黑色, 其上衣及中衣皆用緇布爲之. 緇亦黑色, 所謂"衣與冠同色"也. 『說文』, "緇, 帛黑色也." 『釋名』 「釋采帛」, "緇, 滓也. 泥之黑者曰滓, 此色然也." 是也. 『詩』 「羔羊」 「傳」, "小曰羔, 大曰羊." 『說文』, "羔, 羊子也." 經傳凡言"羔裘", 皆謂黑裘, 若今稱紫羔矣. 緇衣羔裘爲朝服, 又爲卿·大夫·士祭於君之服者. 「玉藻」 「注」, "冕服, 絲衣也. 中衣用素." 素卽帛.

역문 현관은 검은색이고 그 겉옷 및 중의는 모두 치포(緇布)를 사용해서 만

든다. 치(緇) 역시 검은색이니 이른바 "윗도리와 관은 같은 색⁴⁰"이라는 것이다. 『설문해자』에 "치(緇)는 검은색 비단이다."⁴¹라고 했고, 『석명』 「석채백」에 "치(緇)는 재(滓)이다. 검은색 진흙을 재(滓)라고 하니 이 색이 그렇다."라고 했는데, 옳다. 『시경』 「고양(羔羊)」의 「전」에 "어린 염소를 고(羔)라 하고 큰 염소를 양(羊)이라 한다."라고 했다. 『설문해자』에 "고(羔)는 새끼 염소[羊子]이다."⁴²라고 했으니, 경전에서 대체적으로 말하는 "새끼 염소의 가죽으로 만든 갖옷[羔裘]"은 모두 검은색 갖옷을 말하니, 지금 자고(紫羔)⁴³라고 일컫는 것과 같다. 검은 옷에 새끼 염소 가죽으로 만든 갖옷은 조복이 되고, 또 경이나 대부나 사가 임금에게 제사할 때 입는 옷이 된다는 것이다. 「옥조」의 「주」에 "면복(冕服)은 명주실로 만든 옷이다. 중의는 흰색 비단[素]을 사용한다."라고 했는데, 소(素)는 바로 비단[帛]이다.

---

40 『의례』 「사관례(士冠禮)」에 "주인은 현관을 쓰고 조복을 입고 치대를 두르고 소필을 갖추고 사당문의 동쪽에 자리하여 서쪽을 향해서 선다.[主人玄冠朝服緇帶素韠, 卽位于門東西面]." 라고 했는데, 『의례집석(儀禮集釋)』의 「주」에 "예의 통례는 윗도리와 관은 같은 색이니, 황의(黃衣)와 황관(黃冠)이 이것이다.[禮之通例, 衣與冠同色, 黃衣黃冠是也.]"라고 했고, 강영(江永)의 『향당도고(鄕黨圖考)』 권5 「의복상(衣服上)·조복고(朝服考)」에도 "예의 통례는 윗도리와 관은 같은 색이다.[禮之通例, 衣與冠同色.]"라고 했으며, 권6 「의복하(衣服下)·통고복색상칭(通考服色相稱)」에 "옛사람의 복제를 살펴보니, 윗도리와 관은 같은 색이다.[按古人服制, 衣與冠同色.]"라고 했다.

41 『설문해자』 권13: 치(緇)는 검은색 비단이다. 사(糸)로 구성되었고 치(甾)가 발음을 나타낸다. 측(側)과 지(持)의 반절음이다.[緇, 帛黑色. 從糸甾聲. 側持切.]

42 『설문해자』 권4: 고(羔)는 새끼 염소[羊子]이다. 양(羊)으로 구성되었고 조(照)의 생략형이 발음을 나타낸다. 고(古)와 뇌(牢)의 반절음이다.[羔, 羊子也. 從羊, 照省聲. 古牢切.]

43 자고(紫羔): 염소의 일종. 털색은 담흑(淡黑)색이고 모근(毛根)이 자주색이므로 그렇게 명명한다.

원문 <u>任氏大椿</u>『弁服釋例』謂"用緇帛", 是卿·大夫助祭於君, 用緇衣爲裼也. 「司裘」「疏」引<u>鄭</u>此「注」解之云: "卿·大夫助祭用冕服, 士用爵弁. 君祭服 冕服羔裘, 卿·大夫弁冕用羔裘, 至於朝服, 亦用羔裘, 卽是君臣祭服同服 羔裘也." 是也. 「玉藻」「疏」解此「注」謂"助君祭用朝服." 誤矣.

역문 임대춘(任大椿)의 『변복석례(弁服釋例)』에 "검은색 비단을 사용한다"라 고 했는데, 이는 경과 대부가 군주의 처소에서 제사를 도울 때 치의를 이용해서 석의로 삼는다는 것이다. 『주례』「천관총재하·사구」의 「소」 에 정현의 이 「주」를 인용하고 해석하면서 "경과 대부는 제사를 도울 때 면복을 착용하고, 사는 작변을 쓴다. 군주의 제복(祭服)은 면복에 새 끼 염소 가죽으로 만든 갓옷이며, 경과 대부는 변면(弁冕)을 쓰고 새끼 염소의 가죽으로 만든 갓옷을 착용하는데, 조복에 이르러서도 역시 새 끼 염소 가죽으로 만든 갓옷을 착용하니, 바로 군주와 신하의 제복으로 는 똑같이 새끼 염소 가죽으로 만든 갓옷을 입는다."라고 했는데, 옳다. 『예기』「옥조」의 「소」에는 이 「주」를 해석하면서 "군주의 제사를 도울 때 조복을 착용한다."라고 했는데, 틀렸다.

원문 鄭又云"諸侯之朝服, 其服緇布衣而素裳, 緇帶素韠"者, 此緇布衣謂上服 也. 『詩』"緇衣之宜兮", 卽謂朝服上衣. 「雜記」云: "朝服十五升, 去其半而 緦." 故知上衣是布也. 「士冠禮」, "主人玄冠朝服, 緇帶素韠." 卽此「注」所 本, 惟不言裳色. 而鄭云"素裳"者, 「士冠禮」又云"素韠", 韠從裳色, 此朝 服旣用素韠, 知裳亦是用素. 『詩』「素冠篇」所云"素衣"者, 謂素裳也.

역문 정현은 또 "제후의 조복은 그 복장이 검은 베옷[緇布衣]에 흰 치마[素裳] 를 입고 검은색 띠를 두르고 흰색 무릎 가리개를 한다."라고 했는데, 여 기서 검은 베옷[緇布衣]은 겉옷[上服]을 말하는 것이다. 『시경』에 "검은 옷 이 참으로 잘 어울리는 분[緇衣之宜兮]"이라고 했는데, 바로 조복의 겉옷을 말하는 것이다. 『예기』「잡기상(雜記上)」에 "조복은 15새[升]의 베[布]로 만드니, 그 절반을 줄이면 시마복(總麻服)이 된다."라고 했으니, 따라서 겉옷이 베[布]라는 것을 알 수 있다. 『의례』「사관례」에서 "주인은 검은색 관[玄冠]에 조복 차림을 하고, 검은색 띠를 두르고 흰색 무릎 가리개를 한다."라고 한 것을 바로 여기의 「주」에서 근거로 했는데, 유독 치마의 색만 말하지 않았다. 그런데도 정현이 "흰 치마[素裳]"라고 한 것은, 「사관례」에서 또 "흰색 무릎 가리개[素韠]"라고 했기 때문이니, 무릎 가리개는 치마의 색을 따르므로, 여기에서 조복에 이미 흰색 무릎 가리개를 했다면 치마 역시 흰색을 입었다는 것을 알 수 있다. 『시경』「소관(素冠)」에서 말한 "소의(素衣)"란 흰색 치마[素裳]를 말하는 것이다.

원문 "緇帶"者, 鄭注「士冠禮」云"黑繒帶也." "韠"者, 蔽膝, 以韋爲之. 鄭注「士冠禮」云: "素韠, 白韋韠也."「特牲饋食」「記」言"朝服緇韠."「注」云: "緇韠者, 下大夫之臣." 孔氏『詩』「緇衣」「疏」謂"士助祭, 則韠用緇." 亦由朝服之緇韠推之, 是謂士韠不與裳同色也. 鄭此「注」不言士韠有異者, 略也. 秦氏蕙田『五禮通考』不用鄭說, 謂「特牲饋食」之"緇韠", 疑當爲素, 涉上"緇帶"而誤, 其說亦通.

역문 "치대(緇帶)"라는 것에 대해 정현은 「사관례」를 주석하면서 "검은색 비단[黑繒]의 띠[帶]이다."라고 했다. "필(韠)"이란 무릎 가리개[蔽膝]인데, 가죽으로 만든다. 정현은 「사관례」를 주석하면서 "소필(素韠)은 흰색 가죽의 무릎 가리개이다."라고 했다. 『의례』「특생궤사례(特牲饋食禮)」의 「기」에 "조복을 입고 검은색 무릎 가리개를 한다."라고 했는데, 「주」에 "검은색 무릎 가리개를 한다[緇韠]는 것은 하대부(下大夫)의 신하라는 뜻이다."라고 했다. 공영달(孔穎達)의 『예기』[44]「치의(緇衣)」의 「소」에 "사가 제사를 도울 때는 무릎 가리개는 검은색을 한다."[45]라고 했는데, 역시 조

복의 검은색 무릎 가리개를 따라 미루어 보면, 이것은 사의 무릎 가리개
는 치마와 같은 색이 아니라는 말이다. 정현이 여기의 「주」에서 사의
무릎 가리개에 차이가 있음을 말하지 않은 것은 생략한 것이다. 진혜전
(秦蕙田)의 『오례통고(五禮通考)』에는 정현의 말을 쓰지 않고, 「특생궤사
례」의 "검은색 무릎 가리개[緇韠]"라고 했는데, 아무래도 당연히 흰색[素]
이 되어야 할 것 같으니, 앞의 "검은색 띠[緇帶]"와 연관되어 잘못된 것이
기는 하지만 그 설도 역시 통한다.

원문 "朝服羔裘用裼"者,「玉藻」云: "裘之裼也, 見美也."鄭「注」云: "袒而有
衣曰裼, 必覆之者, 裘褻也."

역문 "조복이 새끼 염소 가죽으로 만든 갓옷일 경우 석의를 착용한다[朝服
羔裘用裼]"

『예기』「옥조」에 "갓옷에 석의를 입는 것은 아름다움을 드러내기 위
한 것이다."라고 했는데, 정현의 「주」에 "홑옷을 입고 그 위에 옷을 입
는 것을 석(裼)이라 하는데, 반드시 덧입는 것은 갓옷이 속곳이기 때문
이다."라고 했다.

원문 "卿·大夫朝服亦羔裘, 唯豹袪, 與君異"者, 禮, 朝服, 君臣同服. 但君用
純物, 臣下之, 故用豹袪.「玉藻」云: "羔裘豹飾, 緇衣以裼之."「注」云:
"飾猶褎也."『詩』「鄭風」云: "羔裘豹飾."「傳」云: "豹飾, 緣以豹皮也." 又

---

44 『논어정의』에는 『시(詩)』로 되어 있으나, 『예기주소(禮記注疏)』「치의(緇衣)」공영달의 「소」
이다. 『예기주소』를 근거로 고쳤다.

45 『예기주소』「치의」공영달의 「소」에는 "사(士)로서 제사를 돕는 자로 말할 것 같으면 무릎
가리개는 검은색을 하니, 아랫도리와는 같은 색이 아니다.[若士之助祭者, 則韠用緇, 不與裳
同色.]"라고 되어 있다.

「唐風」云: "羔裘豹袪", 「傳」云: "袪, 袂末也." 「箋」云: "在位卿 · 大夫之服也." 其下章云: "羔裘豹褎." 「傳」云: "褎猶袪也."

역문 "경과 대부의 조복 역시 새끼 염소 가죽으로 만든 갖옷인데, 오직 표범 가죽으로 옷소매에 선을 두른 것이 임금과 다를 뿐이다.[卿 · 大夫朝服亦羔裘, 唯豹袪, 與君異.]"

예에 조복은 군주와 신하가 같은 예복을 입는다. 다만 군주는 순수한 색을 사용하고, 신하는 그보다 낮기 때문에 표범 가죽으로 옷소매에 선을 두르는 것이다. 『예기』「옥조」에 "새끼 염소 가죽으로 만든 갖옷에 표범 가죽으로 선을 두르고, 치의로 석의를 삼아 입는다."라고 했는데, 「주」에 "선을 두른다[飾]는 것은 옷소매에 동정을 다는 것[褎]과 같은 것이다."라고 했다. 『시경』「정풍(鄭風) · 고구(羔裘)」에 "새끼 염소 가죽으로 만든 갖옷에 표범 가죽으로 선을 둘렀네."라고 했는데, 「전」에 "표범 가죽으로 선을 둘렀다[豹飾]는 것은 표범 가죽으로 가선을 둘렀다는 뜻이다."라고 했다. 또 『시경』「당풍(唐風) · 고구(羔裘)」에 "새끼 염소 가죽으로 만든 갖옷에 표범 가죽으로 단 소매."라고 했는데, 「전」에 "거(袪)는 소맷부리[袂末]이다."라고 했고, 「전(箋)」에 "지위에 있는 경과 대부의 예복이다."라고 했으며, 그 아래 장에 "새끼 염소 가죽으로 만든 갖옷에 표범 가죽으로 단 소매[羔裘豹褎]"라고 했는데, 「전」에 "유(褎)는 소매[袪]와 같다."라고 했다.

원문 陳氏奐『疏』云: "袪口之緣, 是爲袂末. 深衣袂末, 續緣廣寸半, 長衣 · 中衣袂末揜餘一尺, 裘制如長 · 中, 袂末亦宜揜餘一尺. 此餘一尺, 乃用豹皮與." 案, 卿 · 大夫朝服羔裘用豹袪, 則祭服羔裘亦豹袪可知.

역문 진환(陳奐)의 『모시전소(毛詩傳疏)』에 "소매 입구의 가선이 소맷부리[袂末]이다. 심의의 소맷부리는 가선을 연결한 너비가 한 치[寸] 반이고, 장의(長衣)와 중의의 소맷부리는 손을 가리고 남는 부분이 한 자[尺]인데, 갖옷의 제도는 장의나 중의와 같으니, 소맷부리 역시 당연히 손을 가리고 남는 부분이 한 자이다. 이 나머지 한 자 되는 부분에 바로 표범의 가죽을 사용한 듯싶다."라고 했다. 살펴보니, 경과 대부의 조복으로 새끼 염소 가죽으로 만든 갖옷에 표범 가죽으로 만든 옷소매를 쓴다면 제복(祭服)의 새끼 염소 가죽으로 만든 갖옷 역시 표범 가죽으로 만든 옷소매라는 것을 알 수 있다.

素衣, 麑裘:

흰색 옷에는 새끼 사슴의 가죽으로 만든 갖옷을 입고,

원문 正義曰: 鄭「注」云: "素用繒. '素衣麑裘', 諸侯視朔之服. 其臣則青豻褎, 絞衣以裼之." 案, "繒"者, 『說文』云: "繒, 帛也." 『詩』「素冠」「疏」, "凡經傳之言素衣, 皆謂白絹也." 此素衣, 是皮弁服之裼衣. 「司服」「注」云: "皮弁之服, 十五升白布衣." 上服用布而裼用帛, 與狐青裘用玄綃衣爲裼·狐白裘用錦衣爲裼同. 若然, 「玉藻」云: "以帛裏布, 非禮也." 彼謂袷褶, 不得用帛爲布衣之裏, 不謂裼衣.

역문 정의에서 말한다.

정현의 「주」에 "흰색은 증(繒)을 사용한다. '흰옷으로 새끼 사슴의 가죽으로 만든 갖옷을 입는 것'은 제후가 시삭(視朔)[46]할 때의 복장이다. 그

---

46 시삭(視朔): 천자(天子)가 매년 계동(季冬)에, 다음 해 12달의 책력(冊曆)을 제후(諸侯)에게

신하는 푸른색 들개 가죽으로 만든 소매를 달며 교의(絞衣)를 석의로 껴입는다."라고 했다. 살펴보니, "증(繒)"은 『설문해자』에 "증(繒)은 비단[帛]이다."[47]라고 했다. 『시경』「소관」의 「소」에 "경전에서 말하는 소의(素衣)는 모두 흰색 명주로 만든 옷[白絹]을 말한다."라고 했다. 여기의 소의는 피변복(皮弁服)에 껴입는 석의이다. 『주례』「천관종백상・사복」의 「주」에 "피변복은 15새[升]의 흰 베로 만든 옷이다."라고 했는데, 겉옷[上服]은 베를 사용하고 석의는 비단을 사용하니, 여우의 푸른 가죽으로 만든 갓옷에 검은색 초의[玄綃衣]를 착용해서 석의로 껴입고, 여우의 흰 가죽으로 만든 갓옷에 비단옷[錦衣]을 착용해서 석의로 껴입는다는 것과 같다. 만약 그렇다면 「옥조」에서 "비단으로 베옷의 안감을 넣는 것은 예가 아니다."라고 했는데, 그것은 겹옷[袷褶]을 말하는 것으로, 비단을 사용해서 베옷[布衣]의 안감을 넣을 수 없으니, 석의를 말하는 것이 아니다.

원문 「檀弓」云: "練, 練衣黃裏." 「注」云: "練中衣, 以黃爲內." 「疏」云: "黃裏者, 黃爲中衣裏也." 又云: "故小祥而爲之黃袷裏也." 此稱"裏", 爲袷褶之衣也. 鄭注「玉藻」誤以裏爲中衣, 而"以帛裏布"與"玄綃"・"錦衣"諸文不可通矣.

역문 『예기』「단궁상」에 "연제에는 연의(練衣)에 황색 천으로 안을 댄다.[練, 練衣黃裏]"라고 했는데, 「주」에 "연의(燕衣)는 중의인데 황색으로 속을 만

반포하면, 제후가 이것을 받아서 선조(先朝)의 종묘에 간직해 두고 매달 초하루에 종묘에서 고한 후 그달의 책력을 꺼내어 나라 안에 반포하는 일.

47 『설문해자』 권13: 증(繒)은 비단[帛]이다. 사(糸)로 구성되었고 증(曾)이 발음을 나타낸다. 증(綷)은 증(繒)의 주문(籒文)인데, 재(宰)의 생략형으로 구성되었다. 양웅(楊雄)은 한(漢)의 율사(律祠)와 종묘(宗廟)에서 신에게 고유하던 단서(丹書)라고 했다. 질(疾)과 능(陵)의 반절음이다.[繒, 帛也. 從糸曾聲. 綷, 籒文繒從宰省. 楊雄以爲漢律祠宗廟丹書告. 疾陵切.]

든다.”라고 했고,「소」에 “황리(黃裏)란 황색으로 중의의 속을 만든다는 뜻이다.”라고 했다. 또 “그러므로 소상을 지내면서는 황색 안감의 겹옷을 한다.”라고 했는데, 여기에서 “안감[裏]”이라고 칭한 것은 겹옷[袷襦]을 만들었다는 말이다. 정현은「옥조」를 주석하면서 이(裏)를 중의라고 잘못 알고 있었기 때문에 “비단으로 베옷의 안감을 넣는다[以帛裏布]”라는 말이 “현초(玄綃)”나 “금의(錦衣)”와 관련된 여러 글과 통하지 못하는 것이다.

원문 『爾雅』「釋獸」, “鹿, 牡麚, 牝麀, 其子麛.” 『說文』, “麛, 鹿子也.” 『論語』字當作“麛”, 叚“麑”字爲之. 『說文』云: “麑, 狻麑, 獸也.” 別一義. 鄭君「玉藻」·「聘禮」「注」引『論語』俱作“麛”. 此「注」出『詩』「羔裘」「疏」引作“麑”, 或後人據今本改之也.

역문 『이아』「석수(釋獸)」에 “사슴의 수컷은 가(麚)이고 암컷은 우(麀)이며 그 새끼는 미(麛)이다.”라고 했고『설문해자』에 “미(麛)는 사슴의 새끼[鹿子]이다.”[48]라고 했으니, 『논어』의 글자는 마땅히 “미(麛)”가 되어야 하는데, “예(麑)” 자를 가차해서 미(麛) 자의 뜻으로 쓴 것이다. 『설문해자』에는 “예(麑)는 산예(狻麑)이니, 짐승이다.”[49]라고 했으니, 일반적인 의미와는 다르다. 정군은 『예기』「옥조」와 『의례』「빙례(聘禮)」의 「주」에 『논어』를 인용했는데, 모두 “미(麛)”로 되어 있다. 이 「주」는 『시경』「고구」의 「소」에 “예(麑)” 자로 인용되어서 나오는데, 아마도 후대의 사람들이

---

48 『설문해자』권10: 미(麛)는 사슴의 새끼[鹿子]이다. 녹(鹿)으로 구성되었고 미(弭)가 발음을 나타낸다. 막(莫)과 혜(兮)의 반절음이다.[麛, 鹿子也. 從鹿弭聲. 莫兮切.]

49 『설문해자』권10: 예(麑)는 산예(狻麑)이니, 짐승이다. 녹(鹿)으로 구성되었고 아(兒)가 발음을 나타낸다. 오(五)와 계(雞)의 반절음이다.[麑, 狻麑, 獸也. 從鹿兒聲. 五雞切.]

지금의 판본을 근거로 고친 것인 듯싶다.

원문 「玉藻」云: "皮弁以聽朔於太廟." 皮弁以白鹿皮爲之, 衣與冠同色, 故用白布衣爲上服, 而裼衣用白絹, 亦與上服相稱矣. 麛裘之色, 當亦近白, 君服麛裘用純物, 臣下之, 用靑犴爲裼. 「玉藻」, "君子麛裘靑犴裼, 絞衣以裼之." 「注」云: "君子, 大夫 · 士也. 犴, 胡犬也. 絞, 蒼黃之色也." 又「聘禮」「注」引「玉藻」·『論語』文說之云: "皮弁時, 或素衣, 其裘同, 可知也." 素衣專說君視朔之服, 其裘同, 則謂君臣凡視朔 · 聘 · 享, 同服麛裘也.

역문 「옥조」에 "피변(皮弁)을 하고 태묘에서 초하루 정사를 본다."라고 했는데, 피변은 흰 사슴의 가죽으로 만들고 윗도리와 관은 같은 색이기 때문에 흰 베옷을 가지고 겉옷을 만들고 석의는 흰색 명주실을 사용하니, 역시 겉옷과 색을 서로 맞추는 것이다. 미구(麛裘)의 색도 역시 당연히 흰색에 가까우니, 군주는 순수한 물건을 사용한 새끼 사슴의 가죽으로 만든 갖옷[麛裘]을 입고, 신하는 그보다 낮기 때문에 푸른색 들개 가죽으로 만든 소매를 단다. 「옥조」에 "군자는 새끼 사슴의 가죽으로 만든 갖옷에 푸른색 들개 가죽을 사용해서 소매를 달고 교의를 석의로 껴입는다."라고 했는데, 「주」에 "군자는 대부와 사이다. 한(犴)은 들개[胡犬]이다. 교(絞)는 창황색(蒼黃色)이다."라고 했다. 또 『의례』「빙례」의 「주」에 「옥조」와 『논어』의 글을 인용해서 설명하기를 "피변을 착용할 때는 혹소의를 착용하기도 하니, 그 갖옷이 같다는 것을 알 수 있다."라고 했다. 소의는 오로지 군주가 시삭할 때의 복장을 말한 것이니, 그 갖옷이 같다는 것은 바로 군주와 신하는 모두 시삭하거나 빙례(聘禮)와 향례(享禮)를 거행할 때 똑같이 새끼 사슴의 가죽으로 만든 갖옷을 입는다는 말이다.

원문 江氏永『圖考』謂"夫子無麛裘, 記者廣言諸侯禮." 則與鄭義不合. 「玉藻」

「疏」引<u>皇</u>氏云: "素衣爲正, 記者亂言絞耳." <u>任氏大椿</u>『弁服釋例』謂"絞衣經不多見, 記者不應亂言絞, 疑絞衣或爲春秋時制, 不能如古, 故夫子仍用素衣爲裼." 其說視<u>皇</u>爲勝. 若然, 則『論語』"素衣麑裘", 實爲夫子之服, 其用素衣, 正以矯時人絞衣之失耳.

역문 강영의 『향당도고』에 "공자는 새끼 사슴의 가죽으로 만든 갖옷[麑裘]이 없는데, 기록하는 자들이 제후의 예를 넓게 말한 것이다."라고 했으니, 그렇다면 정현의 뜻과는 일치하지 않는다. 「옥조」의 「소」에 황씨(皇氏: 황간)를 인용해서 "소의가 정복인데, 기록하는 자들이 함부로 교의라고 말한 것일 뿐이다."라고 하였다. 임대춘의 『변복석례』에 "교의는 경전에는 많이 보이지 않으므로 기록하는 자들은 함부로 교의를 말하면 안 되니, 의심컨대 교의는 어쩌면 춘추시대의 제도로서 고례(古禮)와 같이할 수 없었기 때문에 공자가 그대로 소의를 착용하여 껴입는 석의로 사용한 것인 듯싶다."라고 했는데, 그의 말이 황간보다 더 낫다. 만약 그렇다면 『논어』의 "소의예구(素衣麑裘)"는 실제로 공자의 복장이 되니, 소의를 착용한 것은 바로 당시 사람들이 교의를 착용한 잘못을 바로잡은 것일 뿐이다.

원문 皮弁服, 兼有視朔・聘・享, <u>鄭君</u>止言"視朔", 是擧一端. 皇「疏」云: "謂國有凶荒, 君素服, 則群臣從之, 故<u>孔子</u><u>魯</u>臣, 亦服之也. 喪服, 則大鹿爲裘也, 「檀弓」云'鹿裘, 衡長袪'是也. 此凶荒之服旣輕, 故裘用鹿子, 鹿子文勝於大鹿也. 或云: '大蜡祭百物之神, 皮弁素服也.' 故「郊特牲」云: '皮弁素服而祭, 以送終也.'「注」云: '素服, 衣裳皆素也.'" 案, 皇「疏」二說亦通. 但「郊特牲」"素服", 是皮弁上衣, 不指裼衣, 當補云"素服爲上衣, 其裼衣亦得用素", 斯爲得之.

역문 피변복은 시삭과 빙례와 향례에 아울러 있는데, 정군은 단지 "시삭"만 말했으니, 이는 하나의 단서를 든 것이다. 황간의 「소」에 "나라에 흉년이 들어 군주가 소복(素服)을 입으면 여러 신하는 군주를 따라야 하는 까닭에, 공자는 노나라의 신하였으므로, 역시 소복을 입었다는 말이다. 상복(喪服)은 큰 사슴의 가죽으로 갖옷을 만드니, 『예기』「단궁상」에 '사슴의 가죽으로 만든 갖옷은 소맷부리를 가로로 길게 한다'라고 한 것이 이것이다. 이렇듯 흉년에 입는 복장이 이미 가벼워야 하기 때문에 갖옷으로는 새끼 사슴의 가죽을 사용하는데, 새끼 사슴의 문양이 큰 사슴의 문양보다 훨씬 낮다. 더러는 '백물(百物)의 신을 제사하는 대사(大蜡)에는 피변을 착용하고 소복을 입는다.'라고 한다. 그러므로 『예기』「교특생(郊特牲)」에 '피변을 착용하고 소복을 입고서 제사 지내니, 그렇게 함으로써 죽은 자를 전송하는 것이다.'라고 했고, 「주」에 '소복은 윗도리와 아랫도리가 모두 흰색이다.'라고 했다."라고 하였다. 살펴보니, 황간의 「소」의 두 설명 역시 통한다. 다만 「교특생」의 "소복"은 피변과 윗옷[上衣]이지 껴입는 석의를 가리키는 것이 아니니, 마땅히 "소복이 겉옷[上衣]이 되니, 그 겉에 껴입는 석의 역시 흰색[素]을 사용할 수 있다."라고 보충설명을 해야 이에 옳은 말이 된다.

黄衣, 狐裘. 【注】孔曰: "服皆中外之色相稱也."

황색 옷에는 여우 가죽으로 만든 갖옷을 입었다. 【주】공안국이 말했다. "복식(服飾)은 모두 중의와 겉에 껴입는 옷의 색이 서로 맞아야 한다."

원문 正義曰: 鄭「注」云: "狐裘, 取溫裕而已." 溫, 煖也; 裕, 厚也. 『詩』「都人

士,「箋」亦云:"都人之有士行者, 冬則衣狐裘黃黃然, 取溫裕而已."案, 鄭此「注」不言爲何服, 文有佚也.「玉藻」, "狐裘, 黃衣以裼之."「注」云:"黃衣, 大蜡時臘先祖之服也. 孔子曰: '黃衣狐裘.'"又「郊特牲」言歲十二月, 天子大蜡旣畢, "黃衣黃冠而祭, 息田夫也. 野夫黃冠, 黃冠, 草服也."「注」云:"祭謂旣蜡臘先祖五祀也, 於是勞農以休息之.『論語』云: '黃衣狐裘.' '黃冠, 草服.'言祭以息民, 象其時物之色. 季秋而草木黃落."是也.

역문 정의에서 말한다.

　　정현의「주」에 "여우 가죽으로 만든 갖옷[狐裘]은 온유(溫裕)함을 취할 뿐이다."라고 했는데, 온(溫)은 따뜻함이고, 유(裕)는 두터움이다. 『시경』「도인사(都人士)」의「전」에도 "도성(都城)⁵⁰의 사람 중에 선비의 행실이 있는 자는 겨울이면 노란색이 나는 여우 가죽으로 만든 갖옷을 입으니, 온유함을 취할 뿐이다."라고 했다. 살펴보니, 정현의 이「주」에는 어떤 용도의 옷인지 말하지 않았으니, 글에 누락된 내용이 있다. 『예기』「옥조」에 "여우 가죽으로 만든 갖옷에는 황색 옷을 껴입어 석의로 삼는다."라고 했는데,「주」에 "황색 옷[黃衣]은 대사(大蜡) 때 선조에게 납향제(臘享祭)를 지내는 복장이다. 공자가 말했다. '황색 옷에는 여우 가죽으로 만든 갖옷을 입었다[黃衣狐裘].'"라고 했고, 또「교특생」에 한 해의 12월에 천자가 대사를 이미 마치고 나서 "황색 옷을 입고 황색 관을 쓰고 제사를 지내는 것은 농부들을 쉬게 하기 위한 것이다. 초야에 있는 사람이 황색 관을 쓰니, 황색 관은 초야의 복식[草服]이다."라고 했는데,「주」에 "제사는 이미 대사를 마치고 나서 선조와 오사(五祀)에 납향제를 지낸다

50　도(都)에 대해『시경집전(詩經集傳)』의「주」에는 "왕도(王都)"라고 했으나,『모시주소(毛詩注疏)』의 정현의 전(箋)에 "성곽(城郭)의 성(域)을 도(都)라 한다[城郭之域曰都]"라고 했으므로, 도성(都城)으로 해석했다.

는 말이니, 이에 농부들을 위로하여 쉬게 한다. 『논어』에 '황색 옷에는 여우 가죽으로 만든 갖옷을 입었다.'라고 했고, 「교특생」에 '황색 관은 초야의 복식[草服]이다.'라고 했는데, 제사를 지내 백성을 쉬게 할 때의 복장은 그 계절에 맞는 물건의 색을 따른다는 말이다. 늦가을[季秋]이 되면 초목의 잎이 누렇게 시들어 떨어진다.'라고 한 것이 이것이다.

원문 蜡祭黃衣, 其上更無上服. 據鄭『禮』「注」二文, 則固謂黃衣狐裘爲息民之祭矣. 「都人士」詩"狐裘黃黃", 謂長民者之服. 此文狐裘配上衣, 裼衣則亦狐黃矣. 皇「疏」云: "孔子爲臣助蜡祭, 亦隨君著黃衣也. 「禮運」云'昔者仲尼預於蜡賓'是也." 邢「疏」云: "息民用黃衣狐裘, 大蜡則皮弁素服, 二者不同. 以其事相次, 故連言之耳." 二「疏」竝暗據鄭氏, 邢謂"皮弁素服連言"者, 卽指"素衣麑裘"爲蜡祭服也. 但「玉藻」言"黃衣以裼之." 有裼衣必有上衣, 而「郊特牲」「注」"臘祭黃衣", 其上更無上服, 未必然也.

역문 납향제사[蜡祭]에는 황색 옷을 입고 그 위에는 다시 껴입는 겉옷이 없다. 정현의 『예기』「주」의 두 문장에 의거해 보면, 진실로 황색 옷에 여우 가죽으로 만든 갖옷을 입고서 백성들을 쉬게 하는 제사를 지냈다는 말이다. 『시경』「소아(小雅)·도인사」의 노랫말 중에 "여우 가죽으로 만든 갖옷이 누렇고 누렇다"라고 했는데, 백성을 기르는 자의 복장을 이르는 것이다. 이 글에서의 여우 가죽으로 만든 갖옷은 겉옷[上衣]의 색에 짝을 맞춘 것이니, 석의 역시 여우의 황색일 것이다. 황간의 「소」에 "공자는 신하가 되어 납향제사[蜡祭]를 도왔으니, 역시 군주를 따라 황의를 입은 것이다. 『예기』「예운(禮運)」에 '옛날에 중니(仲尼)가 납향제사[蜡祭]를 돕는 역할에 참여했다'라고 한 것이 이것이다."라고 했고, 형병의 「소」에 "백성들을 쉬게 하는 제사[息民]에는 황색 옷에 여우 가죽으로 만든 갖옷을 입었고, 대사의 제사에는 피변에 흰색 옷을 입으니, 두 제사에 입는 복식이 다르다. (대사를 지낸 뒤에 비로소 백성들을 쉬게 하는 제사를 지내니, 백성을 쉬게 하는 제사와 대사가 같은 달이어서) 그 일을 차례로 거행하기 때문에 (대사에서 피변에 흰색 옷을 입은 것을) 연이어 말한 것일 뿐이다."라고 했는데, 두 사람의 「소」는 모두 은연중에 정씨(鄭氏)를 근거한 것으로, 형병이 "피변에 흰색 옷을 입은 것을 연이어 말했다"라고 말한 것은 바로 "흰색 옷[素衣]에 새끼 사슴 가죽으로 만든 갖옷을 입는 것"이 납향 제사[蜡祭]의 복장이 된다는 것을 가리키는 것이다. 다만 「옥조」에서 황색 옷을 껴입어 석의로 삼는다."라고 했으니, 석의가 있다면 반드시 겉옷이 있다는 것이고, 「교특생」의 「주」에 "납제(臘祭)에는 황색 옷을 입는다"라고 했으니, 그 위에 다시 껴입는 겉옷이 없다는 것은 반드시 그런 것만은 아니다.

원문 金氏鶚『禮說』, "緇衣羔裘, 素衣麑裘, 其用皆最廣, 又多係大禮. 而黃衣狐裘止有息民之祭一用, 而其禮又甚輕, 何得與緇衣・素衣等服竝列乎? 竊謂黃衣狐裘, 韋弁服也, 玄端服亦用之.『周官』「司服」云: '凡兵事韋弁服.'鄭「注」云: '以韎韋爲弁.'又以爲衣裳韎爲赤黃色.「玉藻」云: '一命緼韍.'鄭「注」, '緼, 赤黃之間色, 所謂韎也.'兵事象火, 故其服上下皆赤. 上服赤黃, 其內之裘, 宜用狐黃, 褐之宜黃衣.『詩』「羔羊」「疏」云: '兵事韎韋衣, 則用黃衣狐裘, 象衣色故也.'「襄」四年「傳」云: '藏之狐裘, 敗我于狐騠.'是也. 然則韋弁以黃衣狐裘, 有確證矣.「聘禮」, '君使卿韋弁歸饔餼.'鄭「注」, '韋弁, 兵服也. 而服之者, 皮韋同類, 取相近耳. 其服蓋韋布以爲衣而素裳.'是聘禮亦用黃衣狐裘也."

역문 김악의『예설』에 "검은색 옷에 새끼 염소 가죽으로 만든 갖옷[緇衣羔裘]과 흰색 옷에 새끼 사슴 가죽으로 만든 갖옷[素衣麑裘]은 그 용도가 모두 가장 넓고, 또 대부분이 큰 예와 관련 있다. 하지만 황색 옷에 여우 가죽으로 만든 갖옷[黃衣狐裘]은 단지 백성들을 쉬게 하는 제사에서 한 번만 착용하고, 그 예 또한 매우 경미하니, 어찌 치의나 소의 등의 복장과 나란히 나열할 수 있겠는가? 가만히 생각해 보니 황색 옷에 여우 가죽으로 만든 갖옷은 위변복(韋弁服)인데, 현단복(玄端服)으로도 착용한다. 『주례』「춘관종백상 · 사복」에 '모든 군대의 일[兵事]에는 위변복을 입는다.'라고 했는데, 정현의 「주」에 '붉은 가죽[韎韋]으로 변(弁)을 만든다.'라고 했고, 또 윗도리와 아랫도리의 가죽[韎]은 적황색(赤黃色)이라고 했다. 「옥조」에 '일명(一命)의 관원은 적황색 슬갑[縕韍]을 한다.'라고 했는데, 정현의 「주」에 '온(縕)은 붉은색과 누런색의 간색(間色)이니, 이른바 붉은 가죽[韎]이다.'라고 했다. 군대의 일[兵事]은 불을 상징하기 때문에 그 복장이 위아래가 모두 붉은색이다. 겉옷이 적황색이니, 그 속의 갖옷은 당연히 여우의 황색 가죽을 쓰고, 껴입는 석의도 당연히 황색 옷이다. 『시경』「고양」의 「소」에 '군대의 일[兵事]에는 붉은색의 가죽옷을 입으니, 그렇다면 황색 옷에 여우 가죽으로 만든 갖옷을 착용하는 것은 옷의 색을 따르기 때문이다.'라고 했다. 『춘추좌씨전』「양공(襄公)」 4년의 「전」에 '여우 가죽으로 만든 갖옷을 입은 장흘(臧紇)이 우리 군대를 호태(狐駘)에서 패전시켰다.'라고 한 것이 이것이다. 그렇다면 위변복이 황색 옷에 여우 가죽으로 만든 갖옷이라는 것은 확실한 증거가 있는 것이다. 『의례』「빙례」에 '임금은 경에게 위변(韋弁)을 입게 하고 옹희(饔餼)를 보낸다.'라고 했는데, 정현의 「주」에 '위변은 군대의 복장[兵服]이다. 그것을 입는 것은 피변과 위변이 같은 종류이므로 서로 가까운 점을 취한 것일 뿐이다. 그 복장은 대체로 가죽 띠와 베로 만든 윗도리에 흰색 아랫도리이다.'라고 했으니, 이는 빙례에서도 역시 황색 옷에 여우 가죽으로 만든 갖옷을 착용했다는 것이다."라고 했다.

원문 今案, 以黃衣狐裘爲韋弁服, 凌氏廷堪『禮經釋例』先有此說, 但止言兵服, 未言聘事, 則夫子卻未主兵, 「鄕黨」無爲記之. 然則金氏之據「聘禮」, 實較凌說爲確. 但鄭氏主蜡祭之服, 宜亦兼存.

역문 지금 살펴보니, 황색옷과 여우 가죽으로 만든 갖옷을 위변복으로 삼는데, 능정감(凌廷堪)의 『예경석례(禮經釋例)』에 제일 먼저 이런 말이 있으나, 단지 병복(兵服)만 말하였을 뿐 빙례의 일은 언급하지 않았으니, 그렇다면 공자는 도리어 병사(兵事)를 주관하지 않았으므로 「향당(鄕黨)」에는 그에 대한 기록이 없다. 따라서 김씨(金氏)가 「빙례」를 의거한 것이 실제로 능정감의 말보다 정확하다. 다만 정씨의 납향제사[蜡祭]를 주관하는 복장도 마땅히 겸해서 남겨 두어야 한다.

원문 蓋此言夫子雜服, 不必以輕重相衡, 又且"與於蜡賓"明見「禮運」, 則謂爲息民之服, 非無據也. 「雜記」云"子貢觀於蜡, 夫子告以一張一弛, 文武之道." 先王重視此禮, 黃衣黃冠, 祭於先祖五祀, 亦不得疑爲鄙賤矣.

역문 대체로 이것들은 공자의 잡복(雜服)을 말한 것으로 굳이 경중(輕重)을 가지고 서로 저울질할 필요는 없고, 또 "납향제사[蜡祭]를 돕는 역할에 참여했다"라는 말도 『예기』「예운」에 분명히 보이니, 그렇다면 백성을 쉬게 하는 복장이 된다고 한 것도 근거가 없는 말은 아니다. 「잡기하(雜記下)」에 "자공(子貢)이 납향제사를 구경하고 있을 때, 공자가 한 번 조이고 한 번 풀어놓는 것이 문왕(文王)과 무왕(武王)의 도라고 말해 주었다."라고 했는데, 선왕(先王)이 예를 중시해서 황색 옷을 입고 황색 관을 착용하고 선조와 오사에 제사했다는 것이니, 역시 비천한 것이 된다고 의심할 수 없다.

- 「注」, "服皆中外之色相稱也."

- 正義曰: 外是上服, 中卽禊衣也. "中外色相稱"者, 示表裏當如一也. 『論語』止言中衣, 以言中, 則外可知.

○ 「주」의 "복식은 모두 중의와 겉에 껴입는 옷의 색이 서로 맞아야 한다."

○ 정의에서 말한다.

외(外)는 겉에 껴입는 옷[上服]이고, 중의는 바로 석의이다. "중의와 겉에 껴입는 옷의 색이 서로 맞아야 한다."라는 것은 겉과 속이 마땅히 같아야 함을 보여 준 것이다. 『논어』에서는 단지 중의만을 말했을 뿐이지만, 중의를 말했으니 그렇다면 겉에 껴입는 옷의 색도 알 수 있다.

褻裘長, 短右袂.【注】孔曰: "私家裘長主溫, 短右袂, 便作事."

평상시 입는 갖옷[褻裘]은 길게 하되, 소매를 짧게 했다. 【주】 공안국이 말했다. "사가(私家)에서 입는 갖옷을 길게 만든 것은 따뜻함을 위주로 한 것이고, 오른쪽 소매를 짧게 한 것은 일하기에 편리하게 한 것이다.

원문 正義曰: 『說文』"絬"下引『論語』"絬衣長, 短右袂." 此當出『古論』. 段氏玉裁「注」謂『玉篇』, '絬, 堅也.' 『廣韻』「注」, '堅絬', 皆本『說文』古本." 因補"衣堅也"三字於"絬"篆下, 又謂『論語』自訓私服, 作'絬'者, 同音叚借."

역문 정의에서 말한다.

『설문해자』에서는 "설(絬)" 자 아래 『논어』를 인용해서 "사복[絬衣]은 길게 하되 소매를 짧게 했다."[51]라고 했는데, 이는 당연히 『고논어(古論語)』에서 나온 것이다. 단옥재는 「주」에서 "『옥편(玉篇)』에 '설(結)은 옷 솔기가 단단한 것[堅]이다.'라고 했고, 『광운(廣韻)』의 「주」에 '단단한 옷 솔기[堅結]'라고 했는데, 모두 『설문해자』의 고본(古本)을 근거로 한 것이다."라고 하고는 이에 따라 "옷 솔기가 단단한 것이다[衣堅也]" 세 글자를 "설(結)"의 전문(篆文) 아래 보충하고, 또 "『논어』의 본래 뜻은 사복(私服)인데, '설(結)'이라고 쓴 것은 발음이 같아서 가차한 것이다."라고 했다.

원문 江氏永『圖考』, "褻裘, 卽狐貉裘. 「玉藻」云: '犬羊之裘不裼.' 「注」謂 '庶人無文飾.' 然則犬羊是庶人之裘, 非君子所服也, 唯宜狐貉而已. 禮服 之狐裘, 欲其文與褻服之狐裘異. 褻裘長, 則禮服之裘宜短, 以其行禮時, 有升降上下, 長則不便於行禮也. 褻裘之外, 當服深衣. 深衣所以襲裘者, 犬羊之裘不裼, 褻裘亦不裼也."

역문 강영의 『향당도고』에 "설구(褻裘)는 바로 여우나 담비의 가죽으로 만든 갖옷이다. 「옥조」에 '개의 가죽이나 염소의 가죽으로 만든 갖옷에는 석의를 입지 않는다.'라고 했는데, 「주」에 '서인(庶人)은 문식(文飾)이 없다.'라고 했으니, 그렇다면 개의 가죽이나 염소의 가죽으로 만든 갖옷은 서인의 갖옷이지 군자가 입는 것이 아니고, 오직 마땅한 것은 여우나 담비의 가죽이어야만 한다. 예복으로서의 여우 가죽으로 만든 갖옷은 그 문양을 평상복[褻服]으로 입는 여우 가죽으로 만든 갖옷과는 달리하고자 한다. 평상시 입는 갖옷[褻裘]이 길다면 예복으로 입는 갖옷은 마땅히 짧

---

51 『설문해자』 권13: 설(結)은 『논어』에 다음과 같이 말했다. "사복[結衣]은 길게 하되 소매를 짧게 했다." 사(糸)로 구성되었고 설(舌)이 발음을 나타낸다. 사(私)와 열(列)의 반절음이다.[結, 『論語』曰: "結衣長, 短右袂." 從糸舌聲. 私列切.]

아야 하니, 예를 행할 때 위아래로 오르내림이 있으므로 길면 예를 행하
기가 불편하기 때문이다. 평상시 입는 갖옷 위에는 마땅히 심의를 입어
야 한다. 심의는 갖옷 위에 껴입는 옷[襲裘]이니, 개나 염소의 가죽으로
만든 갖옷에는 석의를 입지 않고, 평상시 입는 갖옷에도 역시 석의를 입
지 않는다."라고 했다.

원문 "袂"者, 『說文』云: "袂, 褎也. 褎, 袂也." 凡衣之制, 袂皆二尺二寸, 而屬
幅與身正方, 又加緣寸半, 爲二尺三寸半. 「深衣」曰: "袂之長短, 反詘之及
肘." 「玉藻」曰: "長中繼揜尺." 謂長衣 · 中衣又繼深衣之袂揜一尺, 此袂之
定制也.

역문 "몌(袂)"는 『설문해자』에 "몌(袂)는 소매[褎]이다.[52] 수(褎)는 소매[袂]이
다.[53]"라고 했다. 모든 옷의 제도에 소매는 다 두 자 두 치[二尺二寸]인데,
폭을 이어 붙이는 것[屬幅]이 몸통과는 정방향이고, 또 동정[緣]을 한 치
반을 더 다니 두 자 세 치 반이 된다. 『예기』「심의」에 "소매의 길고 짧
음은 반대로 접어 올렸을 때 팔꿈치에 닿을 만하게 한다."라고 했고, 「옥
조」에 "장의와 중의는 소매 입구에 이어 붙여서 가린 것이 한 자이다."
라고 했는데, 장의와 중의는 또 심의의 소매 입구에 이어 붙여서 가린
것이 한 자라는 말이니, 이것이 소매의 일정한 제도이다.

원문 胡氏紹勳『拾義』, "『說文』「口部」, '右, 助也. 從又口.'「又部」亦有'右'

---

52 『설문해자』 권8: 몌(𧚨)는 소매[褎]이다. 의(衣)로 구성되었고 쾌(夬)가 발음을 나타낸다. 미
(彌)와 폐(弊)의 반절음이다.[𧚨, 褎也. 從衣夬聲. 彌弊切.]

53 『설문해자』 권8: 수(褮)는 소매[袂]이다. 의(衣)로 구성되었고 수(呆)가 발음을 나타낸다. 수
(袖)는 수(褮)의 속체자인데 유(由)로 구성되었다. 사(似)와 우(又)의 반절이다.[褮, 袂也.
從衣呆聲. 袖, 俗褮從由. 似又切.]

字, 解義略同. 古有'右'字, 無'佑'字, '右'字之右, 古止作'又'. 猶左手之左, 古止作ナ也, 言'又'可兼'ナ'. 『說文』, '又, 手也. 象形.' 單言手不言右手者, 明'又'爲兩手之統詞, 不分ナ·又, 卽以「又部」他字證之. 如, '秉, 禾束也. 從又持禾. 叔, 拾也. 從又朿聲. <u>汝南名收芋爲叔</u>. 取, 捕取也. 從又耳.' 不分ナ·又矣. 竊意'右袂'之'右', 當讀爲'又', '右'本從又聲. '右袂'之'右', 卽'又'之同音借字. '袂'獨短者, 或較禮服之袂稍短, 或因藝裘之長而適形其短. 孔「注」泥於右字立說, 遂使後人疑夫子衣不中度."

역문 호소훈(胡紹勳)의 『사서습의(四書拾義)』에 "『설문해자』「구부(口部)」에 '우(右)는 도움[助]이다. 우(又)와 구(口)로 구성되었다.'[54]라고 했고, 「우부 (又部)」에도 '우(右)' 자가 있는데, 풀이와 뜻이 대략 같다.[55] 옛날에는 '우 (右)' 자는 있었지만 '우(佑)' 자는 없었고, '우(右)' 자의 우(右)는 옛날에는 단지 '우(又)'로만 되어 있었으니, 왼손[左手]이라고 할 때의 좌(左)가 옛날에는 단지 좌(ナ)로만 되어 있는 것과 같은데, 이는 '우(又)'가 '좌(ナ)'의 뜻을 겸할 수 있다는 말이다. 『설문해자』에 '우(又)는 손[手]이다. 상형(象形)이다.'[56]라고 했는데, 수(手)가 오른손[右手]을 말하는 것이 아님을 전적으로 말한 것이고, '우(又)'가 양손을 통합한 말이 됨을 분명히 한 것이니, 왼손[ナ]과 오른손[又]을 구분하지 않았음을 바로 「우부」의 저 글자로

---

54 『설문해자』권2: 우(右)는 도움[助]이다. 구(口)로 구성되었고 우(又)로 구성되었다. 우(于)와 구(救)의 반절음이다.[右, 助也. 從口從又. 于救切.]

55 『설문해자』권3: 우(右)는 손[手]과 입[口]이 서로 돕는다는 뜻이다. 구(口)로 구성되었고 우(又)로 구성되었다. 신(臣) 현(鉉) 등이 말했다. "지금의 세속에서는 별도로 우(佑)로 쓴다." 우(于)와 구(救)의 반절음이다.[右, 手口相助也. 從又從口. 臣鉉等曰: "今俗別作佑." 于救切.]

56 『설문해자』권3: 우(又)는 손이다. 상형(象形)이다. 세 개의 손가락만을 그린 것은 손가락으로 많은 것을 나열할 때 대략 셋에 불과하기 때문이다. 모든 우(又)부에 속하는 글자는 다 우(又)의 뜻을 따른다. 우(于)와 구(救)의 반절음이다.[又, 手也. 象形. 三指者, 手之列多略不過三也. 凡又之屬皆從又. 于救切.]

증명한 것이다. 예컨대, '병(秉)은 볏단[禾束]이다. 손으로 벼를 한 묶음 잡고 있는 모습으로 구성되었다.[57] 숙(叔)은 줍는다[拾]는 뜻이다. 손[又]으로 구성되었고, 숙(尗)이 발음을 나타낸다. 여남(汝南)에서는 토란 수확을 숙(叔)이라 한다.[58] 취(取)는 싸잡아 취한다는 뜻이다. 손[又]과 귀[耳]로 구성되었다.[59]'라고 한 것과 같은 것은 왼손[ナ]과 오른손[又]을 구분하지 않은 것이다. 가만히 생각해 보니, '우메(右袂)'라고 할 때의 '우(右)'는 마땅히 '우(又)'의 뜻으로 읽어야 하니, '우(右)'는 본래 손[又]으로 구성되었고 우(又)로 발음한다. '우메(右袂)'의 '우(右)'는 바로 '우(又)'의 발음이 같은 가차자이다. '소매[袂]'만 유독 짧다는 것은 혹 예복으로서의 갖옷에 비해 조금 짧거나, 혹은 평상시 입는 갖옷이 길기 때문에 모양에 맞춰서 그것을 짧게 했다는 것이다. 공안국의 「주」는 우(右) 자에 집착해서 입설(立說)하다 보니 결국에는 후인들로 하여금 공자의 옷이 법도에 맞지 않는다고 의심하게 했다."라고 하였다.

원문 夏氏炘『景紫堂文集』極取胡說, 又申其義云: "右袂, 卽世俗所謂手褏也.

---

57 『설문해자』 권3: 병(秉)은 볏단[禾束]이다. 손으로 벼를 한 묶음 쥐고 있는 모습으로 구성되었다. 병(兵)과 영(永)의 반절음이다.[秉, 禾束也. 從又持禾. 兵永切.]

58 『설문해자』 권3: 숙(叔)은 줍는다[拾]는 뜻이다. 우(又)로 구성되었고, 숙(尗)이 발음을 나타낸다. 여남(汝南)에서는 토란 수확을 숙(叔)이라 한다. 숙(村)은 숙(叔)의 혹체자인데 촌(寸)으로 구성되었다. 식(式)과 죽(竹)의 반절음이다.[叔, 拾也. 從又尗聲. 汝南名收芌爲叔. 村, 叔或從寸. 式竹切.]

59 『설문해자』 권3: 취(取)는 싸잡아 취한다[捕取]는 뜻이다. 우(又)로 구성되었고 이(耳)로 구성되었다. 『주례』에 "잡은 자는 짐승과 새의 왼쪽 귀를 가져간다.[獲者取左耳.]"라고 했다. 『사마법(司馬法)』에 "바칠 귀를 싣는다.[載獻聝.]"라고 했는데, 괵(聝)은 귀[耳]이다. 칠(七)과 유(庾)의 반절음이다.[取, 捕取也. 從又從耳. 『周禮』, "獲者取左耳." 『司馬法』曰: "載獻聝." 聝者, 耳也. 七庾切.]

褻裘卽深衣之裘, 短右袂, 對長中繼掩尺, 與禮服之襃而言.「玉藻」「注」
云: ‘長衣‧中衣繼袂掩一尺, 若今襃矣. 深衣則緣而已.’ 然後知古人之襃,
繼袂之末掩餘一尺, 另用裘與布爲之, 若今袍之有襃頭也. 惟深衣有緣無
襃, 若今人之齊襃袍. 故襲裘亦無襃, 其制較有襃之裘爲短, 故曰‘短右袂’.
今案,「深衣」本有定制, 春秋時或不如禮, 故夫子正之.”

역문 하흔(夏炘)의 『경자당문집(景紫堂文集)』에서는 호소훈의 설을 극력 취
하고, 또 그 뜻을 확대해서 “우메란 바로 세속의 이른바 소매[手襃]이다.
설구는 바로 심의 안에 입는 갖옷이고, 소매를 짧게 한 것은, 장의와 중
의의 소매 입구에 이어 붙여서 가린 한 자와 상대해서 예복의 소매와 함
께 말한 것이다.「옥조」의「주」에 ‘장의와 중의는 소매 입구에 이어 붙
여서 가린 것이 한 자이니, 지금의 소매와 같다. 심의는 동정[緣]만 있을
뿐이다.’라고 했다. 그러나 나중에 알아보니, 옛사람의 소매는 소매의
끝을 연결해서 가리고 남은 것이 한 자인데, 별도로 갖옷과 천을 이용해
서 만드니, 마치 지금의 도포[袍]에 소매 머리가 있는 것과 같다. 오직 심
의만 동정은 있고 소매가 없으니, 마치 지금 사람들이 소매 달린 도포를
가지런하게 하는 것과 같다. 그러므로 갖옷 위에 껴입는 옷[襲裘] 역시
소매가 없어서 그 제도가 소매 달린 갖옷에 비해 짧기 때문에 ‘소매를
짧게 했다.’라고 한 것이다. 지금 살펴보니, 『예기』「심의」에 본래 정해
진 제도가 있으나 춘추시대에 더러 예대로 하지 않았기 때문에 공자가
그것을 바로잡은 것이다.”라고 했다.

원문 孔「注」以短右袂爲便作事. 夫人之作事, 兩手皆欲其便, 豈有單用右手
之理? 或又謂卷右袂使短. 案,「弟子職」, “凡拚之道, 攘袂及肘.” 卽謂卷
袂使短. 然無事時, 必仍舒之, 人作事皆是如此, 『論語』不應記之. 緣情測
義, 胡‧夏爲長.

역문 공안국의 「주」에서는 오른쪽 소매를 짧게 한 것을 일하기에 편리하게 한 것이라고 보았다. 사람이 일을 할 때는 두 손이 모두 편리하기를 바라지 어찌 전적으로 오른쪽 손만 사용하는 이치가 있겠는가? 더러는 또 소매를 말아서 짧게 한 것이라고도 한다. 살펴보니,『관자(管子)』「제자직(弟子職)」에 "무릇 청소하는 방법은 팔꿈치까지 소매를 걷는다."라고 했는데, 바로 소매를 말아서 짧게 한다는 말이다. 그러나 일이 없을 때에는 반드시 그대로 펴놓으니, 사람들이 일을 할 때는 모두 이렇게 하는 것이므로『논어』에서는 응당 기록하지 않은 것이다. 실정에 따라 뜻을 헤아려 보니, 호소훈과 하흔의 설명이 가장 낫다.

必有寢衣, 長一身有半.【注】孔曰: "今之被也."

반드시 잠옷[寢衣]이 있었으니, 길이가 한 길 하고 또 반이었다.
【주】공안국이 말했다. "지금의 이불[被]이다."

원문 正義曰: "寢衣", 鄭「注」云: "今小臥被是也." 案,『說文』, "被, 寢衣也. 長一身有半. 衾, 大被也." 此處寢衣之制, 解者多端, 惟許・鄭義得之. 古人衣不連裳, 夫子制此寢衣, 較平時所服之衣稍長, 寢時著之以臥.『周官』「玉府」, "掌王之燕衣服."「注」, "燕衣服者, 巾・絮・寢衣・袍・襗之屬." 鄭解燕衣服爲近身之衣. 巾・絮・袍・襗, 晝所服, 寢衣, 夜所服, 故此「注」以寢衣爲"小臥被"也. "小臥被"者, 對衾爲大被言之. 凡衣可曰被, 如『左傳』"被組練三千", "楚靈王翠被",『孟子』"被袗衣", 皆是. 鄭以"衣"・"被"通稱, 恐人不曉, 故言"臥被"以明之.

역문 정의에서 말한다.

"침의(寢衣)"에 대해 정현의 「주」에 "지금의 작은 이불이니 누웠을 때 덮는 것이 이것이다."라고 했다. 살펴보니, 『설문해자』에 "피(被)는 잠옷 [寢衣]이다. 길이는 한 길 하고 또 반이다.[60] 금(衾)은 큰 이불[大被]이다.[61]" 라고 했다. 여기의 침의의 제도에 대해 해석하는 사람마다 단서는 많지 만 오직 허신과 정현의 뜻만이 옳다. 옛사람들은 저고리가 치마에 연결 되어 있지 않았으니, 공자는 이 침의를 평상시에 입는 저고리에 비해 조 금 길게 제작해서 잠잘 때 입고서 누웠다. 『주례』「천관총재하·옥부(玉 府)」에 "왕의 평상시 의복[燕衣服]을 담당한다."라고 했는데, 「주」에, "연 의복(燕衣服)이란 두건과 솜옷과 침의와 도포와 속곳의 등속이다."라고 했으니, 정현은 연의복을 해석하면서 몸에 직접 닿는 의복이라고 여긴 것이다. 두건과 솜옷, 도포와 속곳은 낮에 입는 것이고 침의는 밤에 입 는 것이기 때문에, 여기의 「주」에서 침의를 "작은 이불이니 누울 때 입 는 것"이라고 한 것이다. "작은 이불이니 누울 때 입는다"라는 것은, 금 (衾)을 큰 이불[大被]이라고 한 것에 상대해서 한 말이다. 모든 옷은 피 (被)라고 할 수 있으니, 『춘추좌씨전』에서 "누인 명주실로 짠 베로 만든 갑옷을 입은 군사 3천[被組練三千]"[62]이라고 한 것과, "초(楚)나라 영왕(靈 王)이 물총새 깃으로 장식한 관을 썼다[翠被]"[63]라고 한 것, 『맹자(孟子)』

---

60 『설문해자』권8: 피(䘮)는 잠옷[寢衣]이니, 길이는 한 길 하고 또 반이다. 의(衣)로 구성되었 고 피(皮)가 발음을 나타낸다. 평(平)과 의(義)의 반절음이다.[䘮, 寢衣, 長一身有半. 從衣皮 聲. 平義切.]

61 『설문해자』권8: 금(衾)은 큰 이불[大被]이다. 의(衣)로 구성되었고 금(今)이 발음을 나타낸 다. 거(去)와 음(音)의 반절음이다.[衾, 大被. 從衣今聲. 去音切.]

62 『춘추좌씨전』「양공(襄公)」3년. 『춘추좌씨전』에는 "組" 자가 없다.

63 『춘추좌씨전』「소공(昭公)」12년.

「진심하(盡心下)」에서 "수놓은 옷을 입다[被袗衣]"라고 한 것이 모두 이것이다. 정현은 "입다[衣]"와 "덮다[被]"를 통칭했지만, 사람들이 알지 못할까 걱정했기 때문에 "누울 때 입는다[臥被]"라는 말로 분명히 한 것이다.

<원문> 王氏引之『經義述聞』解"寢衣"亦誤, 而解"長一身有牛"最確. 其說云: "人自頂以下, 踵以上, 總謂之身.「考工記·廬人」, '凡兵無過三其身.' 鄭「注」曰: '人長八尺, 與尋齊, 進退之度三尋.' 是也. 頸以下, 股以上, 亦謂之身.「艮」六四'艮其身', 在'艮趾'·'艮腓'之上, '艮輔'之下, 則擧中而言矣. 故「象傳」曰: '艮其身, 止諸躬也.' 躬亦擧中而言.「渙」六三'渙其躬', 苟「注」'體中曰躬'是也. 以今尺度之, '中', 人頸以下, 股以上, 約有一尺八寸, 一身之長也. 再加九寸, 爲一身之牛, 則二尺七寸矣. 以古六寸爲尺計之, 得四尺又五寸, 一身又牛之長." 案, 如王說, 寢衣當至膝.『急就篇』「注」, "短衣曰襦, 自膝以上." 然則寢衣略如襦與.

<역문> 왕인지(王引之)의 『경의술문(經義述聞)』에서 "침의"를 해석한 것도 잘못이지만, "길이가 한 길 하고 또 반이 있다"를 해석한 것이 가장 확정적이다. 그 설명에 "사람의 정수리 이하로부터 뒤꿈치 이상까지를 모두 한 길[身]이라고 한다. 『주례』「동관고공기하(冬官考工記下)·노인(廬人)」에 '모든 병기는 자기 신장의 세 배를 넘으면 안 된다.'라고 했는데, 정현의 「주」에 '사람의 신장 여덟 자가 한 길[尋]과 같으니, 나아가고 물러나는 도수가 세 길[三尋]이어야 한다.'라고 한 것이 이것이다. 목 아래로부터 넓적다리 위까지도 한 길이라고 한다. 『주역(周易)』「간괘(艮卦)」육사(六四)의 '그 몸에 그침'은 '발뒤꿈치에 그치는 것'과 '장딴지에 그치는 것'의 위와, '광대뼈에 그치는 것'의 아래에 있는 것이니, 그렇다면 이는 가운데를 들어서 말한 것이다. 그러므로 「상전(象傳)」에 '간기신(艮其身)은 몸에만 멈추는 것이다.'라고 했으니, 몸[躬] 역시 중간을 들어서 말한 것이

다.「환괘(渙卦)」육삼(六三)에 '몸의 사사로움을 흩뜨린다[渙其躬]'라고 했는데, 순상(荀爽)의「주」에 '몸의 중간을 궁(躬)이라 한다'라고 한 것이 이것이다. 지금의 자로 재 보면 '중간[中]'이란 목 이하 넓적다리 이상이니, 대략 한 자 여덟 치인데, 이것이 한 길[一身]의 길이이다. 여기에 다시 한 길의 반인 아홉 치를 더하면 두 자 일곱 치가 된다. 옛날에 여섯 치를 한 자로 하던 방법으로 계산을 하면 넉 자 하고 또 다섯 치[64]를 얻으니, 이것이 한 길 반의 길이이다."라고 했다. 살펴보니, 왕인지의 말대로라면 침의는 마땅히 무릎에 닿아야 한다.『급취편(急就篇)』「주」에 "짧은 옷을 유(襦)라 하니, 무릎부터 그 위다."라고 했는데, 그렇다면 침의는 대략 저고리[襦] 같은 것일 듯싶다.

- 「注」, "今被也."
- 正義曰: 孔亦本鄭. 然不言小被, 則與衾混.『廣雅』「釋器」, "寢衣, 衾被也." 與孔「注」同.
- ○「주」의 "지금의 이불이다."
- ○ 정의에서 말한다.

  공안국도 본래는 정현의 뜻과 같다. 그러나 작은 이불[小被]을 말하지 않았으니, 큰 이불[衾]과 혼동한 것이다.『광아』「석기」에 "침의(寢衣)는 이불[衾被]이다."라고 했으니, 공안국의 「주」와 같다.

狐貉之厚以居.【注】鄭曰: "在家以接賓客."

---

[64] "세 치[三寸]"의 잘못인 듯하다.

> 여우와 담비의 두꺼운 가죽으로 방석을 만들어 거처했다. 【주】정
> 현이 말했다. "집에 있으면서 그것을 입고 빈객을 접대한 것이다."

원문 正義曰: 『說文』引此文作"狐貈", "貈"正字, "貉"叚借字. 鳳氏韶『徑說』, "『論語』'居, 吾語女.'『孝經』'坐, 吾語女.'『孟子』'坐, 吾明語子.''居'· '坐'互出, 則'居'字有坐義." 閻氏據此及「小戎」詩"文茵", 謂"狐貉之厚以居 爲坐褥", 良是. 案, 鳳說是也. 古人加席於地, 而坐其上, 大夫再重. 至冬 時氣寒, 故夫子於所居處, 用狐貉之厚者爲之藉也.

역문 정의에서 말한다.

　『설문해자』에는 이 문장을 인용하면서 "호학(狐貈)"으로 썼는데,[65] "학 (貈)"이 정자이고, "학(貉)"은 가차자이다. 봉소(鳳韶)[66]의 『경설(徑說)』에 "『논어』「양화(陽貨)」에 '앉거라[居], 내가 너에게 말해 주겠다.'라고 했고, 『효경(孝經)』「개종명의장(開宗明義章)」에 '앉거라[坐], 내가 너에게 말해 주겠다.'라고 했으며, 『맹자』「공손추하(公孫丑下)」에 '앉거라[坐], 내가 분 명하게 그대에게 말해 주겠다.'라고 해서 '거(居)'와 '좌(坐)'가 번갈아 가 며 나오니, '거(居)' 자에는 앉다[坐]라는 뜻이 있다."라고 했다. 염약거(閻

65　『설문해자』 권9: 학(貈)은 여우와 비슷한데, 잠을 잘 자는 짐승이다. 치(豸)로 구성되었고 주(舟)가 발음을 나타낸다. 『논어』에 "여우와 담비의 두꺼운 가죽으로 방석을 만들어 거처 했다.[狐貈之厚以居.]"라고 했다. 하(下)와 각(各)의 반절음이다.[貈, 似狐, 善睡獸. 從豸舟 聲. 『論語』曰: "狐貈之厚以居." 下各切.]

66　봉소(鳳韶, ?~?): 강소성(江蘇省) 강양(江陽) 사람. 자는 덕융(德隆)으로 경전 연구에 정밀하 여 저술한 것들이 상자에 가득했으나, 모두 붓 가는 대로 조목조목 기록한 것이어서 뒤섞여 차례가 없었다. 문인들이 처음으로 그가 사서(四書)와 관련해서 언급한 것들을 수집하고 간 행해서 『사서보고(四書補考)』라고 했다. 70여 세에 죽었는데, 9년 뒤에 그의 유고를 모두 모아 『봉씨경설(鳳氏經說)』 3권을 편찬함에 따라 그의 학문이 세상에 널리 알려지게 되었다.

若璩)는 이것과 『시경』「국풍(國風)·진소융(秦小戎)」의 "문채 나는 호피 방석[文茵]"을 근거로 "여우와 담비의 두꺼운 가죽으로 방석을 만들어 거처했다."라고 했는데, 매우 옳다. 살펴보니, 봉소의 말이 옳다. 옛사람들은 바닥에 자리를 깔고 그 위에 앉았는데, 대부는 두 겹으로 깔았다. 겨울에 이르면 기온이 차갑기 때문에 공자는 거처하는 자리에 여우와 담비의 두꺼운 가죽을 사용해서 방석을 만들어 깔았던 것이다.

- 「注」, "在家以接賓客."
- 正義曰: 鄭以"居"爲燕居, "狐貉"爲燕居之裘, 卽上所稱"褻裘"也. 『繁露』「服制篇」, "百工商賈, 不敢服狐貉." 「豳詩·七月篇」, "一之日于貉, 取彼狐狸, 爲公子裘." 知狐貉是貴服. 夫子燕居, 亦不服此裘, 故鄭以"接賓客"解之, 明未接賓客時亦但服犬羊之裘矣. 皇「疏」云: "旣接賓客, 則其上亦應有衣也."
- 「주」의 "집에 있으면서 그것을 입고 빈객을 접대한 것이다."
- 정의에서 말한다.

  정현은 "거(居)"를 조정에서 물러나 한가롭게 거처하는 것[燕居]이라 했고, "호학(狐貉)"을 한가롭게 거처할 때 입는 갖옷이라고 했으니, 바로 앞에서 일컬었던 "평상시 입는 갖옷[褻裘]"이다. 『춘추번로(春秋繁露)』「복제(服制)」에 "백공(百工)과 장사치[商賈]들은 감히 여우나 담비 가죽으로 만든 갖옷을 입지 못한다."라고 했고, 『시경』「국풍·빈(豳)·칠월」에 "일양(一陽)의 날에 담비 사냥을 가서 저 여우와 살쾡이를 잡아 공자(公子)의 갖옷을 만든다."라고 했으니, 여우와 담비의 가죽으로 만든 갖옷이 귀한 복장임을 알 수 있다. 공자(孔子)는 조정에서 물러나 한가롭게 거처할 때도 이 갖옷을 입지 않았기 때문에 정현이 "빈객을 접대한 것"이라고 해석했으니, 빈객을 접대하지 않을 때도 단지 개나 염소의 가죽으로 만든 갖옷을 입고 있었음이 분명하다. 황간의 「소」에 "이미 빈객 접대가 끝났으면, 그 위에는 또 응당 입는 옷이 있는 것이다."라고 했다.

> 去喪, 無所不佩. 【注】 孔曰: "'去', 除也. 非喪, 則備佩所宜佩也."
>
> 상복을 벗은 뒤에는 패옥(佩玉)을 차지 않는 것이 없었다. 【주】 공안국이 말했다. "'거(去)'는 제거한다[除]는 뜻이다. 초상을 치르는 경우가 아니면 당연히 차야 할 패옥을 갖추었다는 것이다."

원문 正義曰: 『說文』云: "佩, 大帶佩也. 從人·凡·巾. 佩必有巾, 故從巾." 段氏玉裁「注」, "大帶佩者, 謂佩必系於大帶也. 從人者, 人所利用; 從凡者, 無所不佩; 從巾者, 其一端也." 案, 『釋名』「釋衣服」, "佩, 陪也, 言其非一物, 有陪貳也." 此以音求義, 亦是也. 「玉藻」云: "凡帶必有佩玉, 唯喪否." 「注」云: "喪主於哀, 去飾也. '凡'謂天子以至士." 又云: "君子無故, 玉不去身, 君子於玉比德焉." 「注」云: "故謂喪與災眚." 則凶荒亦去飾, 舉其至重, 則止言"喪"矣. 「間傳」曰: "期而小祥, 又期而大祥, 中月而禫, 無所不佩." "禫"者, 除喪之祭, 在二十七月, 於此月喪竟, 得用佩也.

역문 정의에서 말한다.

『설문해자』에 "패(佩)는 큰 띠에 달린 패옥[大帶佩]이다. 인(人)과 범(凡)과 건(巾)으로 구성되었다. 패옥에는 반드시 장식[巾]이 있기 때문에, 건(巾)으로 구성된 것이다."[67]라고 했는데, 단옥재의 「주」에 "대대패(大帶佩)란 패옥을 반드시 큰 띠에 매단다는 말이다. 인(人)으로 구성되었다는

---

67 『설문해자』 권8: 패(佩)는 큰 띠에 달린 패옥[大帶佩]이다. 인(人)으로 구성되었고 범(凡)으로 구성되었고 건(巾)으로 구성되었다. 패옥에는 반드시 장식[巾]이 있는데, 건(巾)을 장식[飾]이라고 한다. 포(蒲)와 매(妹)의 반절음이다.[佩, 大帶佩也. 從人從凡從巾. 佩必有巾, 巾謂之飾. 蒲妹切.]

것은 사람이 이용(利用)한다는 것이고, 범(凡)으로 구성되었다는 것은 차지 않는 것이 없다는 뜻이며, 건(巾)으로 구성되었다는 것은, 그 일부분이라는 뜻이다."라고 했다. 살펴보니, 『석명』「석의복」에 "패(佩)는 보좌한다[陪]는 뜻이니, 그것이 한 가지 물건이 아니라 부속물[陪貳]이 있다는 말이다."라고 했는데, 이는 발음을 가지고 뜻을 구한 것으로 역시 옳다. 『예기』「옥조」에 "모든 띠에는 반드시 옥을 차는데, 오직 초상 중에만 옥을 차지 않는다."라고 했는데, 「주」에 "초상은 '애통함[哀]'을 주로 하기 때문에 장식을 제거하는 것이다. '모든[凡]'이란 천자로부터 사에 이르기까지를 말한다."라고 했다. 또 "군자는 특별한 연고가 없으면 패옥을 몸에서 떼어 놓지 않으니 군자는 옥에 덕을 견준다"라고 했는데, 「주」에 "특별한 연고[故]란 초상[喪]과 재앙[災眚]을 이른다."라고 했으니, 그렇다면 흉년이 들거나 기근이 들어도 역시 장식을 제거하는 것인데, 지극히 중한 것을 거론하다 보니 단지 "초상"이라고만 말한 것이다. 『예기』「간전(間傳)」에 "1년이 지나 소상을 지내고, 다시 1년이 지나 대상(大祥)을 지내며, 대상을 치른 뒤의 다다음 달[中月]에 담제(禫祭)를 지내고 나면 패옥을 차지 않는 것이 없다."라고 했는데, "담제[禫]"란 상복을 벗는[除喪] 제사인데, 27개월 동안 상복을 입고 있다가 이달에 상이 끝나므로 패옥을 착용할 수 있는 것이다.

● 「注」, "去除"至"佩也".

● 正義曰: "去, 除", 此常訓, 言喪旣除, 則皆佩也. 凡設佩, 玉佩在左, 事佩在右. 「玉藻」言世子之禮云: "君在不佩玉, 左結佩, 右設佩." "結"者, 結其綬不使鳴, 故謂之"不佩玉"也. "設"者, 設事佩也. 至「玉藻」又言"佩玉, 右徵角, 左宮羽"者, "左"‧"右"謂佩玉行列. 王氏鏊『鄉黨正義』謂"爲身之左右", 非也.

○ 「주」의 "거제(去除)"부터 "패야(佩也)"까지.

○ 정의에서 말한다.

"거(去)는 제거함[除]이다."라고 했는데, 이것이 일반적인 해석이니, 상복을 이미 벗었으면 모든 것을 찼다는 말이다. 패옥을 찰 때 옥패(玉佩)는 왼쪽에 차고 사패(事佩)는 오른쪽에 찬다. 「옥조」에 세자(世子)의 예를 말하면서 "군주가 있으면 패옥 소리를 내지 않으니, 왼쪽은 패옥을 묶어서 소리 나지 않게 하고 오른쪽은 사패를 찬다."라고 했는데, "묶는대結"라는 것은 그 끈을 묶어서 울리지 않도록 하기 때문에 "패옥 소리를 내지 않는대不佩玉]"라고 한 것이다. "찬대設]"라는 것은 사패를 찬다는 것이다. 심지어 「옥조」에서는 또 "오른쪽에는 치(徵)와 각(角)의 소리가 나는 옥을 차고 왼쪽에는 궁(宮)과 우(羽)의 소리가 나는 옥을 찼다"라고 했는데, "왼쪽[左]"과 "오른쪽[右]"은 패옥의 행렬(行列)을 말한다. 왕류의 『향당정의』에는 "몸의 왼쪽과 오른쪽이 된다"라고 했는데, 아니다.

원문 云"所宜佩"者, 言爵有尊卑, 當視禮所宜用之也. 「玉藻」云: "佩玉有衝牙, 天子佩白玉而玄組綬; 公侯佩山玄玉而朱組綬; 大夫佩水蒼玉而純組綬; 世子佩瑜玉而綦組綬; 士佩瓀玟而縕組綬. 孔子佩象環五寸而綦組綬." 「注」云: "衝牙居中央, 以前後觸也. 玉有山玄·水蒼者, 視之文色所似也. '綬'者, 所以貫佩玉, 相承受者也. 純當爲緇. 綦, 文雜色也. 縕, 赤黃也. 孔子佩象環五寸, 謙不比德, 亦不事也. 環取可循而無窮."

역문 "당연히 차야 할 패옥[所宜佩]"이란, 작위에는 높고 낮음이 있으니, 당연히 예에 맞추어 의당 착용해야 할 것이라는 말이다. 「옥조」에 "패옥으로는 충아(衝牙)[68]가 있는데, 천자는 백옥(白玉)을 차고 검은 끈을 달고,

---

68 충아(衝牙): 원유관(遠遊冠)의 부속품인 패옥의 하나이다. 옥의 모양새가 삼각으로 되어 마치 어금니와 같이 생겼으므로 충아라고 한다. 원유관은 전형적인 중국 관모로서 진(秦)·한(漢)대부터 조복용으로 사용되었으나, 우리나라에서 왕이 원유관을 강사포(絳紗袍)와 함께 조복으로 사용하기 시작한 것은 고려 공민왕 때 명의 사여를 통해서부터이다. 1437년(세종 19)에 조선에서 명나라에 보낸 성절사의 표문에 고려 공민왕 때 하사받은 면복과 원유관포

공후(公侯)는 산현옥(山玄玉)을 차고 붉은 끈을 달며, 대부는 수창옥(水蒼玉)을 차고 검은 끈을 달고, 세자는 유옥(瑜玉)을 차고 연두색 끈을 달며, 사는 연민(瑌玟)을 차고 적황색(赤黃色) 끈을 단다. 공자는 둘레가 다섯 치 되는 상아 고리를 차고 연두색 끈을 달았다."라고 했는데, 「주」에 "충아는 가운데 있는데, 앞뒤가 닿아 있는 것이다. 옥에는 산현(山玄)과 수창(水蒼)이라는 것이 있는데, 보기에는 문양과 색이 비슷하다. '끈[綬]은 패옥을 꿰어 서로 떠받들기 위한 것이다. 순(純)은 마땅히 치(緇)가 되어야 한다. 기(綦)는 문양이 섞인 색이다. 온(縕)은 적황색이다. 공자가 둘레 다섯 치 되는 상아 고리를 찬 것은 겸손하여 덕을 옥에 견주지 않은 것이며 또한 직책을 맡아 일을 하고 있지 않았기 때문이다. 고리[環]는 순환할 수 있어서 무궁함을 취한 것이다."라고 했다.

원문 任氏大椿『弁服釋例』, "考『大戴禮』「保傅篇」云: '上有雙衡, 下有雙璜, 衝牙·玭珠以納其間, 瑀琚以雜之.' 蓋佩上有衡, 衡之中一組, 中貫一玉曰瑀, 下貫一玉曰衝牙. 旁二組各中貫一玉曰琚, 下貫一玉曰璜, 其間皆以組貫玭珠." 此其制也. 夫子爲士, 佩瑌玟, 仕魯爲大夫, 宜佩水蒼玉, 而復有象環者, 『初學記』二十六引『三禮圖』曰: "孔子去魯, 佩象環五寸." 孔氏「玉藻」「疏」亦有此說.

역문 임대춘의 『변복석례』에 "『대대례(大戴禮)』「보부(保傅)」를 살펴보니, '위에는 쌍형(雙衡)이 있고, 아래에 쌍황(雙璜)이 있으며, 충아와 빈주(玭珠)를 그 사이에 들이고 우거(瑀琚)를 섞는다.'라고 했으니, 대체로 패옥

를 언급하였는데, 충아는 이의 부속품인 패옥에 등장한다. "원유관에는 패옥 하나가 있고, 폐슬(蔽膝) 앞의 충아는 푸른 옥을 썼으며, 형우(珩瑀)와 거황(琚璜)은 흰 옥을 쓰고"라고 되어 있어 충아가 패옥에 다는 푸른 옥임을 알 수 있다(『세종실록(世宗實錄)』 19년 8월 28일).

의 위쪽에는 형(衡)이 있고, 형 가운데 한 가닥의 끈을 매어 중간에 하나의 옥을 꿰는데 이것을 우(瑀)라 하고, 이 끝의 맨 아래에 하나의 옥을 꿰는데, 이것을 충아라 한다. 양쪽 옆의 두 가닥의 줄에 각각 중간쯤에 하나의 옥을 꿰는데, 이것을 거(琚)라 하고, 맨 아래에 하나의 옥을 꿰어 황(璜)이라 하며, 그 사이에는 모두 끈으로 빈주를 꿴다."라고 했으니, 이것이 패옥의 제도이다. 공자는 사의 신분이었을 때는 연민을 찼고, 노나라에서 벼슬하여 대부가 되었을 때는 마땅히 수창옥을 찼었을 터인데, 다시 상아 고리라는 것이 있었으니, 『초학기(初學記)』 권26에 『삼례도(三禮圖)』를 인용해서 "공자는 노나라를 떠날 때 둘레가 다섯 치 되는 상아 고리를 찼다."라고 했고 공영달의 『예기』「옥조」의 「소」에도 이 말이 있다.

원문 蓋孔子謙不比德, 又玉佩非道途所宜, 故別制象環以爲之飾. 環者, 還也, 不忘魯之意也. 至與列國君臣相見行禮, 則大夫去國, 宜從士禮, 當佩瑀玟. 反魯後, 從大夫之後, 自仍佩水蒼玉, 不復用象環矣. 象環以比玉佩, 其事佩則不妨設之, 鄭君以爲"亦不事"者, 未必然也.

역문 공자는 겸손해서 자신의 덕을 옥에 견주지 않았고, 또 옥패(玉佩)는 길을 다닐 때 마땅한 것이 아니기 때문에 별도로 상아 고리를 만들어 장식한 것이다. 환(環)은 돌아온다[還]는 뜻이니, 노나라를 잊지 않겠다는 의지였다. 여러 나라의 군주나 신하와 서로 만나 예를 행할 경우에 이르게 되면, 대부가 나라를 떠날 때는 마땅히 사의 예를 따르니 연민을 차는 것이 당연하다. 노나라로 돌아온 뒤에는 본래대로 수창옥을 찼을 것이고, 다시 상아 고리를 착용하지는 않았을 것이다. 상아 고리를 옥패에 견준 것이라면, 사패는 차도 무방하니, 정군이 "또한 직책을 맡아 일을 하고 있지 않기 때문"이라고 한 것은, 꼭 그렇지만은 않다.

鄭注「間傳」云:"'無所不佩', 紛帨之屬." 鄭以玉佩, 人所易知, 故舉事佩

言之.「內則」云:"子事父母, 左右佩用, 左佩紛帨·刀礪·小觿·金燧, 右

佩玦捍·管遰, 大觿·木燧."「注」云:"必佩者, 備尊者使令也. '紛帨', 拭

物之佩巾也. '刀礪', 小刀及礪礱也. '小觿', 解小結也. '觿'貌如錐, 以象骨

爲之. '金燧', 可以取火於日. '捍'謂拾也, 言可以捍弦也. '管', 筆彄也.

'遰', 刀鞞也. '木燧', 鑽火也." 此皆事佩, 爲子事父母之飾, 意人子當室後,

事佩或不復用, 夫子則以事佩便於事用, 故與玉佩並垂爲飾, 即<u>僞孔</u>此「注」

所云:"備者, 得兼有之也."

역문 정현은 『예기』「간전」을 주석하면서 "'차지 않은 것이 없다'라는 것은
행주와 수건[紛帨]의 등속이다."라고 했는데, 정현은 옥패가 사람들이 쉽
게 아는 것이기 때문에 사패를 들어서 말한 것이다.「내칙(內則)」에 "자
식이 부모를 섬길 때 몸의 왼쪽과 오른쪽에 쓸 물건을 차는데, 왼쪽에는
행주와 수건, 작은 칼과 숫돌, 작은 뿔송곳과 금수(金燧)를 차고, 오른쪽
에는 활깍지와 활팔찌, 필구(筆彄)와 칼집, 큰 뿔송곳과 목수(木燧)를 찬
다."라고 했는데,「주」에 "반드시 차는 까닭은 존자의 사령(使令)을 대비
해서이다. '분세(紛帨)'는 물건을 닦는 행주와 수건[佩巾]이다. '도려(刀礪)'
는 작은 칼과 숫돌[礪礱]이다. '작은 뿔송곳[小觿]'은 작은 매듭을 푸는 것
이다. '휴(觿)'는 모양이 송곳 같고 코끼리 뼈로 만든다. '금수'는 해에서
불을 취할 수 있는 것이다. '한(捍)'은 활팔찌[拾]를 이르니, 활을 쏠 때 활
을 쥔 팔의 소매를 걷어매어 활시위를 당길 수 있게 하는 것이다. '관
(管)'은 필구이다. '체(遰)'는 칼집[刀鞞]이다. '목수'는 비벼서 불을 붙이는
도구[鑽火]이다."라고 했다. 이는 모두 사패로서 자식이 부모를 섬기는
장식인데, 아마도 자식이 아비의 후계가 된 뒤에는 사패는 혹 다시 사용
하지 않지만, 공자는 사패가 사용하기에 편리하기 때문에 옥패와 나란
히 드리워 장식했으니, 바로 위공(僞孔)의 이「주」에서 말한 "비(備)란 겸

해서 가질 수 있다는 뜻이다."라는 것이다.

非帷裳, 必殺之.【注】王曰: "衣必有殺縫, 惟帷裳無殺也."

유상(帷裳)이 아니면 반드시 아랫도리의 위 폭을 줄여서 꿰맸다.
【주】왕숙이 말했다. "윗도리는 반드시 줄여서 꿰맨 솔기[殺縫]가 있지만 오직 유상
만은 줄여서 꿰맨 솔기가 없다."

원문 正義曰: 鄭「注」云: "帷裳謂朝祭之服, 其制正幅如帷也. '非帷裳'者, 謂
深衣也. '殺之'者, 削其幅, 使縫齊倍要者也." 案, 『說文』, "帷, 在旁曰帷."
『釋名』「釋床帳」云: "帷, 圍也, 所以自障帷也." 『說文』·『釋名』各具一
義. 「鄭語」, "王使婦人, 不幃而譟之." 韋昭「注」, "裳正幅曰幃." "幃"與
"帷"同.

역문 정의에서 말한다.

정현의 「주」에 "유상은 조복과 제복을 이르니, 그 제도는 온 폭[正幅]
을 그대로 사용해서 휘장처럼 하는 것이다. '유상이 아니다'라는 것은 심
의라는 말이다. '줄인다[殺之]'라는 것은 그 폭을 좁게 줄여서 아랫자락의
둘레가 허리둘레의 배가 되게 한다는 것이다."라고 했다. 살펴보니, 『설
문해자』에 "유(帷)는 옆 둘레에 있는 것을 유(帷)라 한다."[69]라고 했고, 『석

---

69 『설문해자』권7: 유(幃)는 옆 둘레에 있는 것을 유(帷)라 한다. 건(巾)으로 구성되었고 추
(隹)가 발음을 나타낸다. 유(圍)는 유(帷)의 고문이다. 유(洧)와 비(悲)의 반절음이다.[帷, 在
旁曰帷. 從巾隹聲. 圍, 古文帷. 洧悲切.]

명』「석상장(釋牀帳)」에 "유(帷)는 둘러쌈[圍]이니 스스로를 가리는 휘장이다."라고 했는데, 『설문해자』와 『석명』이 각각 나름대로 하나의 뜻을 가지고 있다. 『국어(國語)』「정어(鄭語)」에 "왕이 부인들을 시켜서 치마를 벗고서 들썩들썩 환호하게 했다.[王使婦人, 不幃而譟之.]"라고 했는데, 위소(韋昭)의 「주」에 "치마가 온 폭[正幅]인 것을 위(幃)라 한다."라고 했으니, "위(幃)"와 "유(帷)"는 같은 것이다.

원문 鄭注「喪服」云: "祭服朝服, 襞積無數. 凡裳, 前三幅, 後四幅." 襞積若今人百褶, 於要間收攝其布, 使狹以著身也. 朝祭之裳, 襞積無數, 以人要中寬狹不一, 各就所宜爲之, 不著其節也.

역문 정현은 『의례』「상복」을 주석하면서 "제복과 조복의 주름[襞積]에는 정해진 수가 없다. 모든 치마는 앞이 세 폭이고 뒤가 네 폭이다."라고 했는데, 벽적(襞積)은 지금 사람들이 얘기하는 주름[百褶]과 같은 것으로, 허리춤에서 그 베를 당겨 접어 좁게 해서 몸에 달라붙게 하는 것이다. 조복과 제복의 아랫도리[裳]의 주름에 정해진 수가 없는 것은 사람의 허리 부분은 넓고 좁음이 똑같지 않기 때문이니, 각각 적당한 정도에 따라 만들지, 제도에 집착하지 않는다.

원문 "深衣"者, 鄭氏『禮記』「目錄」云: "深衣, 連衣裳而純之以采者." 孔「疏」云: "以餘服則上衣下裳不相連, 此深衣衣裳相連, 被體深邃, 故謂之深衣." 案, 朝祭服外, 只有深衣爲諸侯·大夫·士之所服, 庶人更用爲吉服. 鄭以非指深衣言者, 亦以深衣不幃裳, 而朝祭服外更無餘服也.

역문 "심의"란 정현의 『예기』「목록(目錄)」에 "심의는 윗도리와 아랫도리를 연결하고 채색으로 가선을 두른 것이다."라고 했는데, 공영달의 「소」에 "나머지 복식은 윗도리와 아랫도리가 서로 연결되어 있지 않고 이 심의의 윗도리와 아랫도리만 서로 연결해서 몸을 깊이 감싸기 때문에 심의라고 한다."라고 했다. 살펴보니, 조복과 제복 외에는 단지 심의만이 제후와 대부와 사가 입는 것이고, 서인은 다시 길복(吉服)을 만들어 착용한다. 정현이 심의를 가리켜 말한 것도 아니고, 또 심의로 유상을 삼지도 않으니, 조복과 제복 외에 다시 나머지 복식은 없다.

원문 「深衣」云: "古者深衣, 蓋有制度, 以應規矩 · 繩 · 權衡, 短毋見膚, 長毋被土, 續衽鉤邊, 要縫半下, 袼之高下, 可以運肘, 袂之長短, 反詘之及肘. 制十有二幅, 以應十有二月. 袂圜以應規, 曲袷如矩以應方, 負繩及踝以應直, 下齊如權衡以應平. 故先王貴之, 故可以爲文, 可以爲武, 可以擯相, 可以治軍旅. 完且弗費, 善衣之次也." 「注」云: "續猶屬也, 衽, 在裳旁者也, 屬連之, 不殊裳前後也. 鉤邊, 若今曲裾也. 三分要中, 減一以益下, 下宜寬也. 裳六幅, 幅分之, 以爲上下之殺. 袷, 交領也. 古者方領, 如今小兒衣領. 繩, 謂裂, 與後幅相當之縫也. 齊, 緝也. 深衣者, 用十五升布鍛濯灰治, 純之以采. 善衣, 朝祭之服也. 自士以上, 深衣爲之次, 庶人吉服深衣而已."

역문 『예기』 「심의」에, "옛날 심의에는 제도가 있어서 그림쇠와 곱자, 먹줄과 저울대의 기준에 상응하게 만들어 짧아도 살갗이 보이지 않게 하며, 길어도 땅에 닿지 않게 하며, 옷깃을 이어서 끝에 감치고, 허리 부분을 꿰맨 둘레는 아랫자락 둘레의 반으로 했다. 겨드랑이 솔기[袼]의 높낮이는 팔꿈치를 움직일 만큼 하고, 소매의 길고 짧음은 소매를 반대로 접어서 팔꿈치에 닿을 만큼 한다. 12폭으로 지은 것은, 그렇게 함으로써 12개월에 상응토록 한 것이다. 소매는 둥글게 해서 그림쇠에 맞추고, 굽은 동구래깃은 곱자와 같이 하여 모난 것에 맞추며, 등솔기는 먹줄처럼 똑바로 내려[負繩] 복사뼈[踝]에 이르게 해서 직선에 맞추고, 아랫단의 바느

질은 저울대처럼 해서 평형에 맞추도록 했다. 그러므로 선왕이 귀하게 여겼던 것이고, 그렇기 때문에 문복(文服)이 될 수도 있고, 무복(武服)이 될 수도 있었으며, 빈상(擯相)의 예식을 거행할 수도 있고, 군려(軍旅)를 다스릴 수도 있었던 것이다. 완전하면서도 또 낭비하지 않으니 선의(善衣)[70]의 다음가는 옷이다."라고 했는데, 「주」에 "속(續)은 붙인다[屬]는 뜻과 같고, 임(衽)은 치마 곁에 있는 것이니, 붙여 이어서 치마의 앞과 뒤가 다르지 않게 하는 것이다. 구변(鉤邊)은 지금의 굽은 옷자락[曲裾]과 같다. 허리 가운데를 삼등분해서 1/3을 줄여서 아래에 더함으로써, 아래가 적당하게 넓어진다. 치마는 여섯 폭인데, 폭을 나누어 위아래로 줄이도록 한다. 겁(袷)은 목 부분의 교차된 동구래깃[交領]이다. 옛날의 방령(方領)은 오늘날 어린아이의 옷깃과 같다. 승(繩)은 등솔기[裻]를 뒤폭과 서로 맞닿게 꿰맨다는 말이다. 자(齊)는 가지런하게 깁는 것[緝]이다. 심의는 15새[升]의 베를 사용해서 두드려 씻어서 잿물로 다스리고 채색으로 가선을 한다. 선의는 조복과 제복이다. 사 이상부터는 심의를 차선(次善)의 복장으로 하고, 서인은 길복을 심의로 삼을 따름이다."라고 했다.

원문 又「玉藻」云: "夕深衣, 深衣三祛, 縫齊倍要, 衽當旁, 袂可以回肘. 袪二寸, 袪尺二寸, 緣廣寸半."「注」云: "三祛者, 謂要中之數也. 袪尺二寸, 圍之二尺四寸, 三之七尺二寸. 縫, 緁也. 緁下齊倍要中, 齊丈四尺四寸. 衽, 謂裳幅所交裂也. 凡衽者, 或殺而下, 或殺而上, 是以小要取名焉. 衽屬衣則垂而放之, 屬裳則縫之以合前後, 上下相變."

역문 또 「옥조」에 "저녁에는 심의를 입는데, 심의의 허리둘레는 소맷부리

---

70 선의(善衣): 조복과 제복을 가리킨다.

의 세 배이고, 꿰맨 옷자락의 폭은 허리둘레의 배이다. 옷섶[袵]은 양쪽 옆에 있으며, 소맷자락은 그 안에서 팔꿈치를 자유롭게 돌릴 만하다. 목을 두른 동구래깃은 폭이 두 치이고, 소맷부리는 한 자 두 치이고, 가선을 두른 테두리의 폭은 한 치 반이다."라고 했는데,「주」에 "소맷부리의 세 배[三袪]'라는 것은 허리춤의 수치를 말한다. 소맷부리의 너비는 한 자 두 치이고, 그 둘레는 두 자 네 치인데, 이를 세 배 하면 일곱 자 두 치가 된다. 봉(縫)은 꿰맴[紩]이다. 꿰맨 아랫자락은 허리춤의 배가 되는데, 전체 옷자락의 너비는 한 길[丈] 넉 자 네 치이다. 임(袵)은 치마폭의 번갈아 가며 분리해 놓은 부분을 말한다. 무릇 임이란 혹 줄여서 내리거나, 혹 줄여서 올리기 때문에 소요(小要)라는 이름을 취했다. 임이 윗도리에 붙어 있으면 늘어뜨려 놓고, 치마에 붙어 있으면 꿰매어 앞뒤를 이어 붙이니, 윗도리에 있을 때와 아랫도리 있을 때가 서로 다르다.[71]"라고 했다.

원문 案, 深衣上下同制, 故『禮經』言之獨詳. 鄭君謂裳幅分之爲上下之殺, 則是邪裁, 又以十二幅專屬裳. 近人江氏永『深衣考誤』·陳氏澧『東塾類稿』皆不謂然. 江云: "深衣者, 聖賢之法服. 衣用正幅, 故裳之中幅亦以正裁, 惟袵在裳旁, 始用斜裁." 陳云: "深衣制十有二幅, 此通衣裳數之也. 衣中二幅, 袂二幅, 凡四幅. 裳中正幅二, 兩旁斜裁之幅各一, 爲四幅, 合前後凡八幅, 通衣裳數之, 則爲十有二幅也. 裳左前後縫合, 而右有鉤邊一幅, 以其在內不見, 故不數之也. 衣前之右, 別有外襟一幅, 然自後觀之則不

---

71 "윗도리에 있을 때와 아랫도리 있을 때가 서로 다르다[上下相變]": 강영의『심의고오(深衣考誤)』에 따르면, "상체(上體)는 양(陽)이고, 양의 체는 흩어지기 때문에 아래로 늘어뜨려 놓고, 하체(下體)는 음(陰)이니 음은 수렴(收斂)을 위주로 하기 때문에 꿰매어 이어 붙이는 것이다.[上體是陽, 陽體舒散, 故垂而下; 下體是陰, 陰主收斂, 故縫而合之.]"라고 했다.

見, 自前觀之則又掩去內幅, 故亦不數之也." 二君之說, 視鄭爲長.

역문 살펴보니 심의는 상의와 하의를 같이 짓기 때문에 『예경(禮經)』에서 유독 상세하게 말하였다. 정군은 치마의 폭을 나누어 위와 아래를 줄인다고 했는데, 이는 잘못된 마름질이고, 또 열두 폭을 전적으로 아랫도리에만 붙인 것이다. 근대의 사람인 강영의 『심의고오(深衣考誤)』와 진례(陳澧)의 『동숙류고(東塾類稿)』에는 모두 그렇게 말하지 않았다. 강영은 "심의란 성현의 법복(法服)이다. 윗도리는 온폭[正幅]을 사용하기 때문에 아랫도리의 중간 폭 역시 온폭으로 마름질하고, 오직 아랫도리의 양옆에 있는 섶[衽]만 비로소 비스듬히 마름질한다."라고 했고, 진례는 "심의의 제도는 열두 폭인데, 이는 윗도리와 아랫도리를 통틀은 폭의 수이다. 윗도리는 가운데가 두 폭이고 소맷부리가 두 폭이니 다해서 네 폭이다. 아랫도리는 가운데가 온폭[正幅]이 두 폭이고, 양옆으로 비스듬히 마름질한 폭이 각각 한 폭씩 있으니, 네 폭이 되고, 앞뒤를 합해서 모두 여덟 폭이 되니, 윗도리와 아랫도리를 통틀어 계산하면 열두 폭이 되는 것이다. 아랫도리의 왼쪽 앞뒤는 꿰매서 붙이고 오른쪽에는 구변(鉤邊)[72] 한

---

72 구변(鉤邊): 심의의 옷섶 또는 아랫도리[裳]의 가장자리를 이어 붙여 꿰매는 것. 『예기』 「심의(深衣)」 정현의 「주」에 "구변은 지금의 곡거(曲裾)와 같은 것이다.[鉤邊, 若今曲裾也.]"라고 하였고, 강영의 『심의고오』와 『향당도고』에 각각 "구변은 한나라 때 곡거라 하던 것으로 별도로 아랫도리의 한 폭을 비스듬히 재단해서 오른쪽 뒤편 옷섶의 위에 꿰매어 앞으로 꺾어 덮도록 하는 것이다.[鉤邊在漢時謂之曲裾, 乃別以裳之一幅斜裁之, 綴於右後衽之上, 使鉤而前.]" "구변은 한나라 때의 곡거와 같은 것으로 별도로 아랫도리에 한 폭을 이용하여 위는 좁게 하고 아래는 트이게 해서 오른쪽 뒤편 옷섶에 꿰매어 갈고리처럼 꺾어 앞으로 가도록 해서 아랫도리 사이를 가리게 하는 것이다. 만약 구변이 없으면 걸어 다닐 때, 옷섶 안쪽이 드러나기 때문에 반드시 구변으로 가리도록 하는 것이다.[鉤邊似漢時曲裾, 當別用一幅布, 爲之上狹下闊, 綴於右後內衽, 使其鉤曲而前, 以掩裳際也. 若無鉤邊, 則行步時露其後衽之裏, 故須鉤邊掩之.]"라고 했다.

폭을 두어 안쪽에 있는 것들이 보이지 않게 하기 때문에 폭의 수로 계산하지 않는 것이다. 윗도리 앞 오른쪽에는 별도로 바깥 깃[外襟] 한 폭을 두지만 뒤쪽에서 보면 보이지 않고, 앞쪽에서 보면 또 안쪽의 폭이 가려져 안 보이기 때문에 역시 폭의 수로 계산하지 않는다."라고 했는데, 두 사람의 말이 정현의 말보다 훌륭하다.

원문 又夏氏炘『學禮管釋』引董彦輝, "『深衣考誤』謂'深衣對襟', 其書愚未之見." 夏君極稱之, 謂"古服皆作對襟, 無揜襟者.『爾雅』, '衣眥謂之襟.'『說文』, '眥, 目匡也.' 襟取眥名者, 言兩襟對開, 亦如目匡之對開也." 又謂"深衣以單布爲之. 有綿者曰繭 · 曰袍, 裏曰褻衣, 皆與深衣同制.「雜記」'繭衣裳'「注」云: '若今大襠也.'『釋名』, '襠, 屬也, 衣裳上下相聯屬也. 一曰襠褕.'『說文』, '直裾謂之襜褕.' '直裾'卽直襟, 直襟卽對襟." 其說甚悉. 若然, 則鉤邊當謂左右裳幅, 前後縫合, 而非別有一幅在右爲鉤邊.『鹽鐵論』「散不足篇」言, "庶人之服, 直領無褘." "直領"卽是直襟. 故『釋名』「釋衣服」云: "直領, 邪直而交下, 亦如丈夫服袍方也." 明丈夫服袍是直領邪直而交下, 卽是對襟矣. 此亦視鄭說爲合.

역문 또 하흔의 『학례관석(學禮管釋)』에서는 동언휘(董彦輝)[73]가 "『심의고오』에 이르길 '심의의 대금(對襟)[74]'이라고 했는데, 그 책은 내가 아직 보지 못했다."라고 한 것을 인용했는데, 하군(夏君)은 그를 극찬하면서 "옛날의 복장은 모두 대금을 만들었지만, 엄금(揜襟)이라는 것은 없었다. 『이아』에 '윗도리의 깃[眥]을 금(襟)이라 한다.' 했고, 『설문해자』에 '자(眥)는

---

73 동언휘(董彦輝, ?~?): 미상.

74 대금(對襟): 중국의 복식 제도에 있어서 상의를 만드는 일종의 양식으로, 양쪽 옷깃이 포개지지 않고 앞 중심에서 서로 마주 보고 있는 곳에 유(紐)를 달아서 묶을 수 있게 한 것이다.

눈자위[目匡]이다.'75라고 했으니, 옷깃[襟]에 눈자위[眥]를 가져다 이름으로 삼은 것은, 양쪽 깃이 서로 마주 보고 열려 있는 것이 또한 눈자위가 서로 마주 보면서 열려 있는 것 같음을 말한 것이다."라고 했고, 또 "심의는 홑포[單布]를 써서 만든다. 솜이 있는 것을 견(繭)이라 하거나 도포[袍]라고 하고, 갓옷을 설의(褻衣)라고 하는데, 모두 심의와 제도를 같이한다. 『예기』「잡기(雜記)」에 '윗도리와 아랫도리를 연결시킨다[繭衣裳]'라고 했는데, 「주」에 '지금의 커다란 두루마기[大褍] 같은 것이다.'라고 했다. 『석명』에 '촉(襡)은 잇는다[屬]는 뜻이니, 윗도리와 아랫도리의 위아래를 서로 연결해서 잇는다는 뜻이다. 일설에는 첨유(襜褕)라고 한다.'라고 했고, 『설문해자』에서는 '곧은 옷자락을 첨유라 한다.'76라고 했는데, '곧은 옷자락[直裾]'은 바로 곧은 깃[直襟]이며, 곧은 깃이 바로 대금(對襟)이다."라고 했는데, 그의 설명이 매우 자세하다. 만약 그렇다면 구변은 당연히 왼쪽과 오른쪽 아랫도리의 폭을 앞뒤로 봉합한 것이라는 말이지, 별도로 한 폭이 있어서 오른쪽에 구변을 만드는 것이 아니다. 『염철론(鹽鐵論)』「산부족(散不足)」에 "서인의 옷은 곧은 깃[直領]에 무릎 가리개가 없다."라고 했는데, "직령(直領)"이 바로 곧은 깃[直襟]이다. 그러므로 『석명』「석의복」에 "곧은 깃[直領]은 직선을 기울여 번갈아 가며 늘어뜨린 것이니, 역시 장부의 의복 중에 네모난 도포와 같은 것이다."라고 해서 장부의 의복 중 도포는 곧은 옷깃에 직선을 기울여 번갈아 가며 늘어뜨린 것임을 밝힌 것이니, 이것이 바로 대금인 것이다. 이것도 정현의 말보다

---

75 『설문해자』권4: 제(眥)는 눈자위[目匡]이다. 목(目)으로 구성되었고 차(此)가 발음을 나타낸다. 재(在)와 예(詣)의 반절음이다.[眥, 目匡也. 從目此聲. 在詣切.]

76 『설문해자』권8: 유(褕)는 꿩의 깃으로 장식한 옷이다. 의(衣)로 구성되었고, 유(俞)가 발음을 나타낸다. 일설에 "곧은 옷자락을 첨유(襜褕)라 한다."라고 했다. 양(羊)과 주(朱)의 반절음이다.[褕, 翟羽飾衣. 從衣俞聲. 一曰: "直裾謂之襜褕." 羊朱切.]

더 합당하다.

원문 江氏永『圖考』曰: "深衣, 裳無襞積, 必有兩旁斜裁倒縫之衽, 方能上狹
下廣. 意當時或有不用斜裁, 而作襞積於裳者, 故特記'非帷裳, 必殺之.' 明
夫子深衣必用古制也."

역문 강영의 『향당도고』에 "심의는 아랫도리에는 주름[襞積]이 없으니 반드
시 양쪽 옆으로 비스듬히 마름질해서 거꾸로 박은 옷깃이 있어야 비로
소 위가 좁고 아래가 넓어질 수 있다. 그런데 아마도 당시에는 더러 비
스듬히 마름질한 것을 사용하지 않고 아랫도리에 주름을 잡는 경우가
있었기 때문에 특별히 '유상이 아니면 반드시 아랫도리의 위 폭을 줄여
서 꿰맸다.'라고 한 것이니, 공자가 심의에 반드시 옛날의 제도를 적용
했음을 밝힌 것이다."라고 했다.

- 「注」, "衣必有殺縫."
- 正義曰: 『說文』, "縫, 以鍼紩衣也." 『詩』「羔羊」「傳」, "縫, 言縫殺之, 大小得其宜." 則殺縫謂
  縫之所殺也.
- 「주」의 "윗도리는 반드시 줄여서 꿰맨 솔기[殺縫]가 있다."
- 정의에서 말한다.
  『설문해자』에 "봉(縫)은 바늘로 옷을 꿰맨다는 뜻이다."[77]라고 했고, 『시경』「고양」의 「전」
  에 "봉(縫)은 꿰매고 줄여 크고 작은 것이 적절해질 수 있도록 한다는 말이다."라고 했으니,
  쇄봉(殺縫)이란 꿰매서 줄인 솔기라는 말이다.

---

77 『설문해자』 권13: 봉(縫)은 바늘로 옷을 꿰맨다는 뜻이다. 사(糸)로 구성되었고 봉(逢)이 발
  음을 나타낸다. 부(符)와 용(容)의 반절음이다.[縫, 以鍼紩衣也. 從糸逢聲. 符容切.]

羔裘玄冠, 不以弔. 【注】孔曰: "喪主素, 吉主玄, 吉凶異服."

새끼 염소의 가죽으로 만든 검은색 갖옷을 입고 검은색 관[玄冠]을 쓰고서는 조문하지 않았다. 【주】공안국이 말했다. "초상에는 흰색을 주장하고, 길사(吉事)에는 검은색을 주장하니, 길사와 흉사에 복색(服色)을 달리한다."

원문 正義曰:『白虎通』「紼冕篇」, "所以有冠者, 帣也, 所以帣持其髮也."『說文』, "冠, 絭也, 所以絭髮, 弁冕之總名也. 冠有法制, 故從寸." 鄭注此云: "玄冠, 委貌, 諸侯視朝之服." 案, 冠稱玄者, 謂冠梁與武皆用黑繒爲之也.『後漢』「興服志」「注」引「石渠論」, "'玄冠朝服', 戴聖曰: '玄冠, 委貌也.'" 此鄭所據.

역문 정의에서 말한다.

『백호통의(白虎通義)』「불면(紼冕)」에 "관(冠)을 쓰는 까닭은 돌돌 감아 싸기 위한 것이니, 터럭을 돌돌 감아 싸서 고정시키기 위한 것이다."라고 했고,『설문해자』에 "관(冠)은 머리카락을 잡아매는 것으로 고깔이나 면류관[弁冕]을 총칭하는 이름[總名]이다. 관에는 법제(法制)가 있기 때문에 촌(寸)으로 구성된 것이다."[78]라고 했다. 정현은 여기에 주석을 하면서 "현관은 위모관이니 제후가 조회를 보는 복장이다."라고 했다. 살펴

---

[78] 『설문해자』권7: 관(冠)은 묶는다[絭]는 뜻이니, 머리카락을 잡아매는 것으로 고깔이나 면류관[弁冕]을 총칭하는 이름[總名]이다. 경(冂)으로 구성되었고, 원(元)으로 구성되었고, 원(元)이 또한 발음을 나타낸다. 관(冠)에는 법제(法制)가 있기 때문에 촌(寸)으로 구성된 것이다. 고(古)와 환(丸)의 반절음이다.[冠, 絭也, 所以絭髮, 弁冕之總名也. 從冂從元, 元亦聲. 冠有法制, 从寸. 古丸切.]

보니, 관(冠)에 검은색[玄]을 일컬은 것은 관량(冠梁)[79]과 관무(冠武)[80]를 모두 검은색 비단을 사용해서 만들었음을 이르는 것이다. 『후한서(後漢書)』「여복지(輿服志)」의 「주」에 『석거론(石渠論)』을 인용해서 "현관과 조복'에 대해, 대성(戴聖)[81]이 말했다. '현관은 위모관이다.'"라고 했는데, 이것은 정현을 근거로 한 것이다.

원문 「士冠禮」「記」, "委貌, 周道也." 鄭「注」, "或謂委貌爲玄冠. 委猶安也, 所以安正容貌." 任氏大椿『弁服釋例』, "玄冠, 一曰委貌, 廣二寸, 以繒爲之. 璪飾與韋弁・皮弁同. 衡縫內畢緣邊. 居冠屬武, 非燕居則冠與武別, 冠武異材, 冠纓異材. 天子朱組纓, 諸侯丹組纓, 大夫・士綦組纓. 纓之有飾者曰緌. 有安髺之笄, 無固冠之笄, 有纚有總有髦, 此其制也."

역문 『의례』「사관례」의 「기」에 "위모관은 주나라의 법도이다."라고 했는데, 정현의 「주」에 "간혹 위모(委貌)를 현관이라고 한다. 위(委)는 안(安)과 같으니, 용모를 안정되게 하기 위한 것이다."라고 했다. 임대춘의 『변

---

79 관량(冠梁): 관(冠)의 앞이마에서 뒤로 줄을 두르는 것이다. 양(梁)은 관(冠)의 앞쪽 이마에 골이 지게 세로로 잡는 줄을 의미하는데, 이 줄의 숫자에 따라서 오량관(五梁冠), 사량관(四梁冠), 삼량관(三梁冠) 등 명칭이 각기 다르다. 『사계전서(沙溪全書)』 권24 「가례집람도설(家禮輯覽圖說)」의 「관량작첩도(冠梁作帖圖)」와 「치관도(緇冠圖)」를 참고할 만하다.

80 관무(冠武): 관의 징두리. 백포(白布)로 관을 만들고 흑포(黑布)로 연(緣)을 달아 위로 접어 올린 것을 무(武)라 한다.

81 대성(戴聖, ?~?): 전한 양(梁, 하남성 상구) 사람. 자는 차군(次君)이다. 숙부 대덕(戴德)과 함께 후창(后蒼)에게 『주례(周禮)』를 배웠고, 소대(小戴)로 불린다. 금문예학(今文禮學)인 소대학(小戴學)의 개창자다. 선제(宣帝) 때 박사(博士)로 석거각(石渠閣) 논쟁에 참여하고, 구강태수(九江太守)에 임명되었다. 석거각 회의에서 오경(五經)의 동이(同異)를 강론했다. 대덕의 『대대례기(大戴禮記)』 중에서 고대의 각종 예의(禮儀)와 관련된 논술 49편을 뽑아 『소대례기(小戴禮記)』를 편찬했는데, 이것이 지금의 『예기(禮記)』다. 학문은 교인(橋仁)과 양영(楊榮)에게 전수되었다.

복석례』에 "현관은 일설에 위모라고 하는데, 너비가 두 치[寸]이고, 비단
으로 만든다. 관 꾸미개[璪]의 장식은 위변이나 피변과 같다. 가로로 꿰
매고 안쪽 끝까지 가선을 두른다. 연거할 때 쓰는 관에는 관무가 연결되
어 있지만, 연거할 때가 아니면 관과 관무를 분리하는데, 관무는 재료를
달리하고 관영(冠緌)도 재료를 달리한다. 천자는 주색(朱色) 끈으로 갓끈
을 달고 제후는 붉은색[丹] 끈으로 갓끈을 달며, 대부와 사는 연두색 끈
으로 갓끈을 단다. 갓끈에 장식이 있는 것을 유(緌)라 한다. 상투를 안정
시키는 비녀가 있고, 관을 고정시키는 비녀는 없으며, 머리 싸개[纚]가
있고 머리카락을 묶는 끈[總]이 있으며, 다팔머리가 있으니, 이것이 그
제도이다."라고 했다.

원문 凡朝服, 君臣同服, 其羔裘則君用純, 臣用豹袖, 是此羔裘玄冠爲朝服
也. 鄭以玄冠是通上下, 故擧"諸侯視朝"以包卿·大夫·士言之. 又以羔裘
是朝服, 已見上「注」, 故此不言也.

역문 모든 조복은 군주와 신하가 같은 예복을 입지만, 새끼 염소의 가죽으
로 만든 검은색 갖옷은 군주는 순수한 색을 사용하고 신하는 그보다 낮
기 때문에 표범 가죽으로 옷소매의 선을 두르니, 바로 이 새끼 염소의
가죽으로 만든 검은색 갖옷과 현관이 조회 때 입는 예복이 되는 것이다.
정현은 현관이 위아래로 모두 통한다고 생각했기 때문에, "제후가 조회
를 볼 때"라고 거론함으로써 경과 대부와 사를 포함해서 말한 것이다.
또 새끼 염소의 가죽으로 만든 검은색 갖옷을 조복이라고 한 것은 이미
앞의 「주」에 보이기 때문에 여기에서는 말하지 않은 것이다.

원문 "弔"者, 『說文』作"弓", 云"問終也." 『史記集解』引賈逵曰: "問凶曰弔."
「檀弓」云: "曾子襲裘而弔, 子游裼裘而弔. 主人旣小斂, 袒括髮, 子游趨而

出, 襲裘帶経而入." 「注」云: "於主人變乃變也. 所弔者朋友." 「疏」云: "凡
弔喪之禮, 主人未變之前, 弔者吉服而弔. 吉服謂羔裘玄冠, 緇衣素裳, 又
袒去上服, 以露裼衣, 則此'裼裘而弔'是也. 主人既變之後, 雖著朝服, 而加
武以経, 又掩其上服. 若是朋友, 又加帶, 則此'襲裘帶経而入'是也. 又「喪
大記」, '弔者襲裘, 加武帶経.' 「注」, '始死, 弔者朝服裼裘, 如吉時也. 小
斂則改襲裘而加武與帶経矣. 武, 吉冠之卷也. 加武者, 明不改冠, 亦不免
也.'" 此鄭說始死及小斂時之弔服也.

역문 "조(弔)"는 『설문해자』에 "조(弔)"로 되어 있고, "돌아가신 것을 위문한
다[問終]는 뜻이다."[82]라고 했다. 『사기집해(史記集解)』에는 가규(賈逵)를
인용해서 "흉사에 위문하는 것을 조(弔)라 한다."라고 했고, 『예기』「단
궁상」에 "증자(曾子)는 검은 갖옷 위에 옷을 껴입고[襲裘] 조문하였고, 자
유(子游)는 웃옷을 벗어서 검은 갖옷을 밖으로 드러낸 차림[裼裘]으로 조
문했다. 상주가 소렴을 마치고 나서 어깨를 드러내 놓고 풀어헤쳤던 머
리를 묶자, 자유가 종종걸음으로 나가서 검은 갖옷 위에 옷을 껴입고 환
질(環経)을 두르고 들어갔다."라고 했는데, 「주」에 "상주가 변복을 하면
이에 변복을 하는 것이다. 조문한 자는 붕우(朋友)이다."라고 했고, 「소」
에 "무릇 초상에 조문하는 예는 상주가 아직 옷을 바꿔 입기 전에는 조
문하는 자는 길복을 입고서 조문한다. 길복이란 새끼 염소 가죽으로 만
든 검은색 갖옷에 검은색 관을 쓰고 검은 윗도리[緇衣]에 흰 아랫도리[素
裳]를 겉에 입으며, 또 겉옷을 벗어서 석의를 드러내니, 이것이 바로 '웃
옷을 벗어서 검은색 갖옷을 밖으로 드러낸 차림[裼裘]으로 조문한다'라는

---

82 『설문해자』 권8: 조(弔)는 돌아가신 것을 위문한다[問終]는 뜻이다. 옛날의 장사는 풀 섶으
로 두텁게 수의를 입혔다. 사람이 활을 잡고 모여서 날짐승을 모는 모양으로 구성되었다. 다
(多)와 소(嘯)의 반절음이다.[弔, 問終也. 古之葬者, 厚衣之以薪. 從人持弓, 會毆禽. 多嘯切.]

것이다. 상주가 이미 옷을 바꿔 입은 뒤에는 조문하는 자가 비록 조복을 입었더라도 관무에 환질을 두르고 또 그 겉옷[上服]을 가린다. 만약 그 대상이 친구라면 또 띠를 두르니, 여기 경문의 '검은 갖옷 위에 옷을 껴입고[襲裘] 환질을 두르고 들어갔다'라는 것이 바로 이것이다. 또『예기』「상대기」에 '조문하는 자는 검은 갖옷 위에 옷을 껴입고[襲裘], 관무에 환질을 두른다.'라고 했는데「주」에 '돌아가신 처음에, 조문하는 사람은 조복에 석구(裼裘)를 입으니, 평상시와 같이 하는 것이다. 소렴에는 껴입는 옷[襲裘]을 바꾸고 관무에 환질을 두른다. 무(武)는 길관(吉冠)[83]의 테두리 부분[卷]이다. 관무를 더하는 것은 관(冠)을 고쳐 쓰지 않고, 또한 문(免)을 하지 않음을 밝힌 것이다.'라고 했다."라고 했는데, 이는 정현이 돌아가신 처음과 소렴 때의 조복(弔服)을 설명한 것이다.

원문 『周官』「司服」云: "凡弔事, 弁絰服." 「注」云: "弁絰者, 如爵弁而素, 加環絰. 『論語』曰: '羔裘玄冠, 不以弔.'" 『禮記』「雜記」, "凡弁絰, 其裳侈袂." 「注」云: "弁絰服者, 弔服也." 孔「疏」引舊說, 以此爲大斂後之弔服. 至成服以後, 則用衰麻, 「司服」所謂"錫衰 · 緦衰 · 疑衰"是也. 是弔服有四變也.

역문 『주례』「춘관종백상 · 사복」에 "모든 조문의 일에는 변질복(弁絰服)을 입는다."라고 했는데,「주」에 "변질(弁絰)이란 작변과 같은데 희게 하고 환질을 더한다.『논어』에서 말했다. '새끼 염소의 가죽으로 만든 검은색 갖옷을 입고 검은색 관을 쓰고는 조문하지 않았다.'"라고 했고,『예기』「잡기」에 "무릇 변질의 조복에는 그 최복(衰服)의 소매를 크게 한다."라고

---

83 『논어정의』에는 "君冠"으로 되어 있는데,『예기』「상대기(喪大記)」를 근거로 "吉冠"으로 고쳤다.

했는데, 「주」에 "변질복이라는 것은 조복이다."라고 했고, 공영달의 「소」에서는 구설(舊說)을 인용해서 이것을 대렴(大斂) 후의 조복이라고 했다. 성복(成服)을 한 이후에 이르면 최마복(衰麻服)을 입는데, 『주례』「춘관종백상·사복」의 이른바 "석최(錫衰)·시최(緦衰)·의최(疑衰)"가 이것이다. 이것이 조복에 네 가지 변복이 있다는 것이다.

원문 金氏榜『禮箋』云: "弔服錫衰·緦衰·疑衰, 皆有絰帶, 弔者加絰與衰, 咸視主人爲節. 未小斂, 吉服而往, 天子爵弁服, 諸侯·卿·大夫皮弁服, 士玄冠朝服. 旣小斂, 天子爵弁加絰, 諸侯·卿·大夫皮弁加絰, 謂之弁絰. 士則易玄冠爲素委貌, 加絰焉. 「雜記」, '小斂環絰, 公大夫士一也.' 謂此主人旣成服, 則弔者亦服衰而往, 天子爲三公·六卿錫衰, 爲諸侯緦衰, 爲大夫·士疑衰. 諸侯·卿·大夫弔服錫衰, 士弔服疑衰, 其尊卑之差也." 案, 舊說弔服凡有四變, 金說則小斂·大斂同服, 凡有三變, 求之經傳, 金說爲允.

역문 김방(金榜)의 『예전(禮箋)』에 "조복의 석최·시최·의최는 모두 질대(絰帶)가 있고, 조문하는 자는 질(絰)과 최(衰)를 가하되, 모두 상주를 따라 상복을 바꾸는 것을 예절로 삼는다. 아직 소렴을 하지 않았을 때는 길복을 입고 가는데, 천자는 작변복을 입고 제후와 경과 대부는 피변복을 입으며 사는 현관에 조복(朝服)을 입는다. 이미 소렴을 마쳤으면 천자는 작변복에 환질을 두르고 제후와 경과 대부는 피변복에 환질을 두르는데, 그것을 변질이라고 한다. 사는 현관을 흰색 위모관[素委貌]으로 바꾸고 거기에 환질을 두른다. 「잡기하」에 '소렴에 환질을 하는 것은 공·대부·사가 동일하다.'라고 했는데, 이는 주인이 이미 성복을 마쳤으면 조문하는 자도 최복을 입고 간다는 말이니, 천자는 삼공(三公)과 육경(六卿)을 위해 석최를 입고, 제후를 위해 시최를 입으며, 대부와 사를 위해

의최를 입는다. 제후와 경과 대부의 조복(弔服)은 석최이고, 사의 조복은 의최이니, 이것이 존비의 차이이다."라고 했다. 살펴보니, 구설에 따르면 조복은 모두 네 가지 변복이 있으나, 김방의 말에 따르면 소렴과 대렴의 복이 동일하므로 모두 세 가지 변복이 있는 것인데, 경전에서 구해 보면 김방의 설이 합당하다.

원문 弁経服, 依禮是小斂後大夫之弔服, 而鄭注「司服」引『論語』說之, 不知羔裘玄冠乃始死之弔服, 不得在小斂之後.『禮記』「檀弓」云: "夫子曰: '始死, 羔裘玄冠者, 易之而已.' 羔裘玄冠, 夫子不以弔." 孔「疏」謂"養疾者朝服, 羔裘玄冠卽是朝服. 始死, 則易去朝服, 著深衣, 故云易之." 考「問喪」云: "親始死, 扱上袗."「注」, "上袗, 深衣之裳." 又「既夕」「注」謂"始死, 易深衣." 皆孔「疏」所本. 既是主人深衣, 則弔者亦可服深衣, 故羔裘玄冠, 夫子不以弔, 正指始死時之弔服而言.

역문 변질복은 예에 의거해 보면 소렴 후 대부의 조복인데, 정현은『주례』「춘관종백상·사복」을 주석하면서『논어』를 인용해서 설명했으니, 새끼 염소의 가죽으로 만든 검은색 갖옷과 검은색 관[羔裘玄冠]이 바로 돌아가신 처음의 조복이므로, 소렴 뒤에 입을 수 없다는 것을 몰랐던 것이다.『예기』「단궁상」에 "공자가 '사람이 막 죽었을 때 새끼 염소의 가죽으로 만든 검은색 갖옷과 검은색 관을 쓴 사람은 복장을 심의로 바꿀 뿐이다.'라고 했으니, 새끼 염소의 가죽으로 만든 검은색 갖옷과 검은색 관의 차림으로는 공자가 조문하지 않았다."라고 했는데, 공영달의「소」에 "병자를 간호하는 사람은 조복(朝服)을 입으니, 새끼 염소 가죽으로 만든 검은색 갖옷과 검은색 관이 바로 조복이다. 막 죽었을 때 조복을 벗고 심의를 입기 때문에 바꾼다고 한 것이다."라고 했다. 살펴보니,『예기』「문상(問喪)」에 "어버이가 막 돌아가셨을 때는 옷자락[上袗]을 허리에 끼운다."라고 했는데, 「주」에 "옷자락[上袵]이란 심의의 아랫도리[裳]이다."라고 했다. 또 『의례』 「기석례」의 「주」에 "막 돌아가셨을 때 심의로 바꾼다."라고 했는데, 모두 공영달의 「소」가 근거로 삼은 것이다. 이미 상주가 심의를 입고 있다면 조문하는 자도 역시 심의를 입을 수 있기 때문에 새끼 염소의 가죽으로 만든 검은색 갖옷과 검은색 관으로 공자가 조문하지 않았다는 것은 바로 처음에 막 돌아가셨을 때의 조복(弔服)을 가리켜서 한 말이다.

원문 『家語』 「子夏問篇」, "季桓子死, 魯大夫朝服而弔, 子游問於孔子曰: '禮乎?' 夫子不答. 他日又問, 夫子曰: '始死, 羔裘玄冠者, 易之而已, 汝何疑焉?'" 『家語』此文, 與 「檀弓」正可互證. 蓋當時大夫亦用朝服爲弔服, 不用皮弁, 與士同也. 主人於親始死, 易朝服爲深衣, 弔者方用深衣. 如主人仍用朝服, 當時弔者亦用朝服, 所謂 "視主人爲節"也. 夫子不答子游之問, 正以舊禮本是如此, 不能遽責弔者以無禮也. 始死弔服用深衣, 此特夫子之制, 亦以朝服爲弔服, 於心未安故也.

역문 『공자가어(孔子家語)』 「자하문(子夏問)」에 "계환자(季桓子)가 죽자 노나라의 대부들이 조복(朝服)을 입고 조문을 하자 자유가 공자에게 물었다. '이것이 예에 맞습니까?' 공자는 대답하지 않았다. 다른 날에 또 묻자 공자가 말했다. '사람이 막 죽었을 때 새끼 염소 가죽으로 만든 검은색 갖옷을 입고 검은색 관을 쓴 자는 복장을 바꿀 뿐이거늘 너는 어찌하여 의심하는가?'"라고 했는데, 『공자가어』의 이 글은 『예기』 「단궁상」과 참으로 서로 간에 증거가 될 만하다. 아마 당시의 대부들도 역시 조복(朝服)을 조복(弔服)으로 사용하고, 피변을 사용하지 않았으니 사와 같은 복장이었을 것이다. 상주가 어버이가 막 돌아가셨을 때 조복(朝服)을 심의로 바꾸면 조문하는 자도 비로소 심의를 착용한다. 만일 상주가 여전히 조복을 입고 있으면 당시에 조문하는 자도 역시 조복을 입고 있는 것이니, 이것이 이른바 "상주를 따라 상복을 바꾸는 것을 예절로 삼는다[視主人爲節]"라는 것이다. 공자가 자유의 질문에 대답하지 않은 것은 바로 옛날의 예[舊禮]가 본래 이와 같아서 갑자기 조문하는 자를 무례하다고 꾸짖을 수 없었기 때문이다. 사람이 막 죽었을 때 조복(弔服)으로 심의를 사용한 것은 특별히 공자만의 법도였으니, 역시 조복(朝服)으로 조복(弔服)을 삼는 것은 마음에 편하지 않았기 때문이다.

원문 深衣之裘, 當用狐貉爲之, 其首服或緇布冠與. 自來解者誤依鄭「司服」「注」, 以羔裘玄冠不以弔爲小斂後弔服, 則小斂之前, 羔裘玄冠以往者, 將不謂之弔乎? 且小斂後, 亦豈有用朝服以弔者? 此實於理未達矣.

역문 심의로 입는 갖옷은 마땅히 여우나 담비의 가죽을 사용해서 만들지만, 그 수복(首服)[84]은 간혹 치포관(緇布冠)을 쓰기도 했을 것이다. 그런데, 예로부터 해석하는 자들이 정현의 「사복」「주」를 잘못 의거하는 바람에 새끼 염소의 가죽으로 만든 검은색 갖옷[羔裘]을 입고 검은색 관[玄冠]을 쓰고서 조문하지 않는 것을 소렴한 뒤의 조복(弔服)이라고 했으니, 그렇다면 소렴 전에 고구를 입고 현관 복장을 하고 간 것은 장차 조문이라고 하지 않을 것인가? 또 소렴 뒤에 또 어찌 조복(朝服)을 하고서 조문하는 자가 있겠는가? 이는 실로 이치를 전혀 모르는 것이다.

- 「注」, "喪主"至"異服".
- 正義曰:「檀弓」云: "奠以素器, 以生者有哀素之心焉." 「注」, "哀素, 言哀痛無飾, 凡物無飾曰

---

[84]   수복(首服): 관(冠)을 말한다. 원복(元服)이라고도 한다.

素." 是"喪主素"也. 禮祭服皆玄衣, 是"吉主玄"也. 『白虎通』「崩薨篇」, "玄冠不以弔者, 不以 吉服臨人凶, 示助哀也." 是吉凶當異服也. 皇本"異服"下, 有"故不相弔也"五字.

○ 「주」의 "상주(喪主)"부터 "이복(異服)"까지

○ 정의에서 말한다.

『예기』「단궁하(檀弓下)」에 "전(奠)을 올릴 때 새로 문식을 가하지 않고 평소 쓰던 기물을 사용하는 것은 살아 있는 자가 애통하고 꾸미지 않는 마음을 가지고 있기 때문이다."라고 했는데, 「주」에 "애통하고 꾸미지 않음[哀素]이란 애통(哀痛)해서 꾸밈이 없다는 말이니, 모든 꾸밈이 없는 물건을 소(素)라고 한다."라고 했는데, 이것이 "초상에는 흰색을 주장한다"라는 것이다. 예에 제복은 모두 현의(玄衣)인데, 이것이 "길사에는 검은색을 주장한다"라는 것이다. 『백호통의』「붕훙(崩薨)」에 "검은색 관을 쓰고서 조문하지 않는 것은 길복으로 남의 흉사에 임하지 않는다는 것이니, 함께 애통해하는 마음을 표시하는 것이다."라고 했는데, 이것이 길사와 흉사에는 마땅히 복색을 달리한다는 것이다. 황간본에는 "이복(異服)" 아래 "그러므로 서로 조문하지 않은 것이다[故不相弔也]" 다섯 글자가 있다.

吉月, 必朝服而朝.【注】孔曰: "'吉月', 月朔也. '朝服', 皮弁服."

초하룻날[吉月]에는 반드시 조복(朝服)을 입고 조회하였다.【주】 공안국이 말했다. "'길월(吉月)'은 그달의 초하룻날[月朔]이다. '조복'은 피변복이다."

원문 正義曰: "朝服"者, 冠弁服也. 『集注』以爲孔子在魯致仕時之禮, 其義甚允. 先從叔丹徒君『駢枝』曰: "「鄕黨」, 記禮之書也. 吉月必朝服而朝, 禮也, 孔子述之, 而七十子之徒記之也. 「玉藻」曰: '諸侯皮弁以聽朔於太廟, 朝服以日視朝於內朝.' 聽朔亦謂之視朔, 視朝亦謂之聽朝. 雖有在朝·在

廟之異, 其爲君臣相見聽治國政則同. 既視朔, 則疑於不復視朝也, 故曰
'吉月, 必朝服而朝', 明不以一廢一也. 朝正者, 一年之禮也; 視朔者, 一月
之禮也; 視朝者, 一日之禮也. 不以月廢日; 不以大禮廢小禮也.「玉藻」記
<u>孔子</u>之言曰: '朝服而朝, 卒朔然後服之.' 是其義也. 曰'卒朔然後朝', 不已
晏乎? 曰: '<u>周</u>以夜半爲朔, 其時早矣. 卒朔而朝無妨也.' 其曰'朝服而朝',
何也? 曰: '告朔則朝於廟, 『春秋』書"閏月不告月, 猶朝於廟"是也. 但言
朝, 則未知朝於廟與, 朝於內朝與, 故以其服別之也. 朝服, 對皮弁而言之
也.'"

역문 정의에서 말한다.

"조복(朝服)"이란 관변복(冠弁服)이다. 『논어집주(論語集注)』에는 공자
가 벼슬을 그만두고 노나라에 있을 때의 예라고 했는데, 그 뜻이 매우
합당하다. 작고하신 종숙 단도군(丹徒君)의 『논어변지(論語騈枝)』에 "「향
당」은 예를 기록한 글이다. 초하룻날에는 반드시 조복을 입고 조회하는
것이 예인데, 공자가 그것에 대해 설명하자 일흔 제자의 무리가 기록한
것이다. 『예기』「옥조」에 '제후는 사슴 가죽으로 만든 관[皮弁]을 쓰고 태
묘에서 청삭(聽朔)하고, 조복 차림으로 날마다 내조에서 조회를 본다.'라
고 했는데, 청삭은 또 시삭이라고도 하고, 시조(視朝) 또는 청조(聽朝)라
고도 한다. 비록 내조에서 하거나 태묘(太廟)에서 하는 차이는 있지만,
군주와 신하가 서로 만나서 국정(國政)을 청취하고 다스리는 것은 같다.
이미 시삭을 마쳤으면 다시 조회를 보지 않을까 의심이 들었기 때문에
'초하룻날에는 반드시 조복을 입고 조회하였다'라고 해서 하나의 예를
가지고 다른 하나의 예를 폐하지 않았음을 밝힌 것이다. 조정(朝正)[85]은

---

[85] 조정(朝正): 제후와 신하들이 천자를 조견(朝見)하여 천자의 정교(政敎)를 받는 일.

1년의 예이고, 시삭은 1달의 예이며, 시조는 1일의 예이다. 1달의 예를 가지고 1일의 예를 폐하지 않고, 큰 예를 가지고 작은 예를 폐하지 않는 것이다. 「옥조」에 공자의 말을 기록하여 '조복을 입고서 조회하니, 청삭의 예를 마친 뒤에 조복을 입는다.'라고 했는데, 이것이 바로 그 뜻이다. '청삭의 예를 마친 뒤에 조회한다'라고 했는데, 너무 늦은 것이 아닌가? '주나라는 야반(夜半)을 삭(朔)으로 했으니, 그 시각이 이르다. 청삭의 예를 마친 뒤에 조회해도 무방하다.' '조복을 입고서 조회한다'라고 했는데, 어째서인가? '초하루를 알리는 예[告朔]는 태묘에서 조회하니, 『춘추』에 "윤달이어서 곡월(告月)을 하지 않았지만 그래도 태묘에서 조회를 하였다"[86]라고 한 것이 그것이다. 다만 조회[朝]라고만 했으므로 태묘에서 조회를 한 것인지 내조에서 조회를 한 것인지 알 수 없기 때문에 복장을 가지고 구별한 것이다. 조복은 피변에 상대해서 한 말이다.'"라고 했다.

원문 謹案, 丹徒君此說, 亦備一義. 王氏引之『經義述聞』從之. 然王謂"吉月爲告月之譌", 引「緇衣篇」"尹吉"鄭「注」"吉當爲告"爲證. 又謂"古無稱朔日爲吉月者, 「天官·大宰」'正月之吉', 「地官·黨正」'孟月吉日', 「族師」'月吉', 皆日之善者, 日之善者, 不必爲朔日也." 其說似是而非.

역문 삼가 살펴보니, 단도군의 이 말 역시 나름대로 하나의 의미를 갖추고 있다. 왕인지의 『경의술문』도 단도군의 말을 따랐다. 그러나 왕인지는 "길월은 곡월의 잘못"이라고 하면서 『예기』 「치의」의 "윤길(尹吉)"에 대한 정현의 「주」에 "길(吉)은 마땅히 곡(告)이 되어야 한다"라고 한 것을 인용해 증거로 삼았다. 또 "옛날에는 초하루[朔日]를 일컬어 길월이라고

---

86 『춘추좌씨전』 「문공(文公)」 6년 조의 경문(經文).

한 경우는 없으니, 『주례』「천관총재상(天官冢宰上)·태재(大宰)」의 '정월지길(正月之吉)'과 「지관사도상·당정(黨正)」의 '맹월길일(孟月吉日)'과 「족사(族師)」의 '월길(月吉)'은 모두 좋은 날[日之善者]이라는 뜻이니, 좋은 날이란 반드시 초하루[朔日]가 되어야 하는 것은 아니다."라고 했는데, 이말이 옳은 것 같지만 아니다.

원문 蓋告朔乃天子之禮, 天子告朔於諸侯, 歲僅一次. 諸侯受而藏之祖廟, 每月朔, 朝廟而視之, 然後頒而行之. 惟視朔爲每月常行, 人所易忽, 故人臣或於視朔時, 自以己見君, 遂不復朝也. 今改"吉月"爲"告月", 於情事未能合矣. 月朔稱吉月, 取令善之義, 必謂月朔不可稱吉, 亦失之拘. "月吉"倒文稱"吉月", 猶『詩』言"朔月辛卯"爲月朔也.

역문 초하루를 알리는 예[告朔]는 바로 천자의 예이니, 천자가 제후들에게 초하루를 알리는 예는 한 해에 겨우 한 차례이다. 제후는 달력을 받아서 조상의 사당에 보관하였다가 매월 초하룻날이 되면 조묘(朝廟)를 하고 초하루에 고유(告由)하는 예를 살펴본 뒤에 반포해서 시행한다. 오직 시삭만큼은 매달마다 항상 시행해서 사람들이 소홀하기 쉽기 때문에 신하들은 더러 시삭할 때 스스로 이미 군주를 만나 보았다고 여겨 마침내 다시 조회하지 않는다. 지금 "길월"을 "곡월"로 고치면 일의 실정상 합당하지 못하다. 초하루[月朔]를 길월이라 일컫은 것은, 훌륭하고 좋다[令善]는 뜻을 취한 것이니, 반드시 초하루[月朔]를 길월이라 칭하면 안 된다는 것 역시 잘못에 속한다. "월길(月吉)"을 글자를 도치시켜 "길월(吉月)"이라고 칭한 것은, 마치 『시경』에서 "초하루 신묘일[朔月辛卯]"[87]을 초하루[月朔]라

---

87 『시경』「소아(小雅)·기부지십(祈父之什)·시월지교(十月之交)」. 『시경』에는 "朔日辛卯"로 되어 있다.

고 한 것과 같다.

원문 夏氏炘『學禮管釋』, "『周禮』「大宰」·「大司徒」·「鄕大夫」·「州長」·「大司馬」·「大司寇」·「布憲」皆言'正月之吉', 鄭君以周正朔日解之. 「族師」'月吉', 鄭君以每月朔日解之, 『詩』「小明」'二月初吉', 毛公亦以朔日解之, 此相傳之古訓也. '吉'訓'善', 不訓'始', 然亦有'始'義. 『爾雅』, '元, 始也.' '元'又訓'善', 故天子之善士名元士, 則吉訓善, 亦可訓始. 故凡始月·始日, 皆以吉名之, 所謂'吉人爲善, 惟日不足.' 故履端於始, 尤其爲善之初, 先王勸人之意蓋如此."

역문 하흔의 『학례관석』에 "『주례』「천관총재상·태재」와 「지관사도상·대사도」와 「향대부(鄕大夫)」와 「주장(州長)」과 「하관사마상(夏官司馬上)·대사마(大司馬)」와 「추관사구상(秋官司寇上)·대사구(大司寇)」와 「추관사구하(秋官司寇下)·포헌(布憲)」에 모두 '정월의 길일[正月之吉]'을 말했는데, 정군은 주나라의 정월 초하루라고 해석했다. 『주례』「지관사도상·족사」의 '월길'은 정군이 매달 초하루라고 해석했고, 『시경』「소명(小明)」의 '2월 초길(初吉)'을 모공(毛公)은 역시 초하루[朔日]라고 해석했는데, 이것이 서로 전해 오는 고훈(古訓)이다. '길(吉)'은 '선(善)'의 뜻으로 새기지 '시(始)'의 뜻으로 새기지는 않지만, 그러나 역시 '시(始)'의 뜻도 있다. 『이아』에 '원(元)은 시작[始]이다.'라고 했는데, '원(元)'은 또 '선(善)'의 뜻으로 새기기도 하기 때문에 천자의 선사(善士)를 원사(元士)라고 부르기도 하니, 그렇다면 길(吉)은 선(善)의 뜻으로 새기기도 하지만 역시 시(始)의 뜻으로 새길 수도 있다. 따라서 대체로 시월(始月)과 시일(始日)은 모두 길(吉)의 뜻으로 명명한 것이니, 이른바 '길한 사람은 선행을 하면서 날마다 부족하게 여긴다.'[88]라는 것이다. 그러므로 일 년의 첫날을 올바르게 정하는 것[履端於始][89]은 더욱이 선을 행하는 처음이기 때문이니,

선왕이 사람을 힘쓰게 하는 뜻은 대체로 이와 같다."라고 했다.

원문 案, 夏氏從『集注』, 以此節爲孔子禮, 義自優. 但謂"劉以'吉月'爲'告月', 輕改經字." 則非. 改"吉月"爲"告月", 乃王氏說, 非『騈枝』有此言.

역문 살펴보니, 하씨(夏氏)는 『논어집주』를 따라 이 절을 공자의 예로 보았는데, 뜻이 나름대로 우수하다. 다만 "유태공(劉台拱)은 '길월'을 '곡월'이라고 했으니 가볍게 경전의 글자를 고친 것이다."라고 한 것은 잘못이다. "길월"을 "곡월"로 고쳤다는 것은 바로 왕인지의 말이지, 『논어변지』에 이 말이 있는 것은 아니다.

- 「注」, "朝服, 皮弁服."
- 正義曰: 鄭「注」云: "朝服, 皮弁服也." 此僞孔所本. 「曾子問」, "諸侯相見, 必告於禰, 朝服而出視朝." 「疏」引熊氏說, 亦以爲皮弁服, 蓋因鄭此「注」而誤也. 「玉藻」言"諸侯皮弁以聽朔", 疑鄭以『論語』此文指朝廟言之. 蓋視朔之禮, 君臣同用皮弁以朝於廟也. 然皮弁不得言"朝服".
- ○ 「주」의 "조복은 피변복이다."
- ○ 정의에서 말한다.

　정현의 「주」에 "조복은 피변복이다."라고 했는데, 이것을 위공이 근거로 삼은 것이다. 『예기』「증자문(曾子問)」에 "제후끼리 서로 만나 볼 때 반드시 아버지의 사당에 아뢰고, 조복을 입고 나가 조회를 본다."라고 했는데, 「소」에서 인용한 웅안생(熊安生)의 설에도 역시 피변복이라고 했으니, 아마도 정현의 이 「주」로 인해 잘못된 것인 듯싶다. 「옥조」에 "제후는 피

88　『서경(書經)』「주서(周書)・태서(泰誓)」.
89　이단어시(履端於始):『춘추좌씨전』「문공」원년(元年)의 전(傳)에 "선왕이 때를 바르게 정할 때 일 년의 첫날을 올바르게 정한다.[先王之正時也, 履端於始.]"라고 했다.

변 차림으로 청삭한다"라고 했는데, 아마도 정현은 『논어』의 이 문장을 가지고 조묘를 가리켜 말한 것인 듯하다. 대체로 시삭의 예는 군주와 신하가 똑같이 피변 차림으로 태묘에서 조회하는 것이다. 하지만 피변을 "조복"이라고 할 수는 없다.

원문 秦氏蕙田『五禮通考』, "皮弁自皮弁服, 朝服自朝服, 未有以皮弁爲朝服者, 何也? 蓋皮弁, 天子視朝之服; 玄端, 卿·夫視私朝之服. 二者似皆可稱朝服, 而不然者, 以在朝君臣同服, 而皮弁綦飾有五采·三采之不同, 玄端服則有玄裳·黃裳·雜裳之別. 獨冠弁爲諸侯君臣之朝服, 上下同之. 其不同者, 惟諸侯白舃, 大夫·士白屨, 諸侯之羔裘純色, 大夫羔裘豹袖, 二端無大分別, 故謂之朝服也. 「玉藻」稱'朝服而朝, 卒朔, 然後服之.' 夫告朔之服, 皮弁服也. 必卒朔而視朝, 然後脫皮弁而服朝服, 則朝服非皮弁服甚明."

역문 진혜전의 『오례통고』에 "피변은 피변복이고 조복은 조복인데, 아직 피변을 조복으로 삼은 적이 없었던 것은 어째서인가? 피변 복장은 천자가 조회를 볼 때 입는 복장이고, 현단(玄端) 복장은 경과 대부가 개인적으로 조회를 볼 때 입는 복장이다. 두 가지 모두 조복이라 부를 수 있을 것 같지만 그렇지 않은 것은 조정에 있을 때는 군주와 신하가 같은 복장이기는 하지만 피변복의 끈 장식에는 5채색과 3채색의 차이가 있고, 현단복은 현상(玄裳)과 황상(黃裳)과 잡상(雜裳)의 구별이 있다. 오직 관변을 쓴 예복을 제후와 군신의 조복으로 입을 때만 위아래가 같을 뿐이다. 같지 않은 것은 오직 제후는 백석(白舃)을 신고 대부와 사는 백구(白屨)를 신는 것과 제후의 고구는 순수한 색이고, 대부의 고구는 표범 가죽으로 옷소매에 선을 두르는 것인데, 두 가지가 큰 분별이 없기 때문에 그것을 조복이라고 말한 것이다. 「옥조」에서 '조복을 입고서 조회하니, 청삭의 예를 마친 뒤에 조복을 입는다.'라고 한 것은 곡삭(告朔)의 예복이 피변복이라는 것이다. 반드시 청삭의 예를 마치고 조회를 보고, 그런 뒤에 피변복을 벗고 조복을 입으니, 그렇다면 조복이 피변복이 아니라는 것이 매우 분명하다."라고 했다.

孔氏廣森『經學卮言』, "觀『儀禮』「記」皮弁與朝服截然異名, 不相叚借, 況皮弁爲天子之朝服? 稱名之際, 尤所宜謹." 然則朝服當指冠弁服, 用玄冠緇衣素裳矣.

공광삼(孔廣森)의 『경학치언(經學卮言)』에 "『의례』「기」를 살펴보면 피변과 조복은 칼로 그은 듯 다른 이름인지라 서로 가차할 수 없는데, 더군다나 피변이 천자의 조복이 됨에 있어서이겠는가? 이름을 일컫는 순간 더욱 마땅히 삼가야 하는 것이다."라고 했으니, 그렇다면 조복은 관변복을 가리키는 것이니, 현관을 쓰고 치의와 소상(素裳)을 입었던 것이다.

齊, 必有明衣, 布. 【注】孔曰: "以布爲沐浴衣."

재계(齊戒)할 때는 반드시 명의(明衣)가 있었으니, 베로 만들었다.
【주】 공안국이 말했다. "베로 목욕옷[沐浴衣]을 만들었다."

正義曰: 『御覽』五百卅引鄭「注」云: "明衣, 親身衣, 所以自潔淸也. 以布爲之." 案, "親身衣", 卽汗襻襦袴之屬, 因其潔淸, 故稱明衣. "衣"者, 上下服之通稱. 「士喪禮」, "明衣裳用布." 「注」云: "所以親身, 爲圭潔也." 「旣夕記」, "明衣裳用幕布, 袂屬幅, 長下膝. 有前後裳, 不辟, 長及觳. 緇紳·

緆，緇純." 此襲尸之服，與生人明衣必異制. 但以同是潔淸，故均稱明衣
耳.「士昏禮」，"姆加景"，「注」云: "景之制蓋如明衣，加之以爲行道禦塵，
令衣鮮明也." 鄭意以景衣加於外以禦塵，猶明衣爲親身以遠汙垢，其制之
意同，故舉爲況也.

역문 정의에서 말한다.

　『태평어람』권530에 정현의 「주」를 인용해서 "명의는 몸에 직접 닿
는 옷이니, 스스로 청결하게 하려는 것이다. 베로 만든다."라고 했다. 살
펴보니, "몸에 직접 닿는 옷[親身衣]"은 바로 땀받이 속곳[汗襦]과 속저고리
[襦]·속바지[袴]의 등속인데, 그것들은 청결하기 때문에 명의라고 칭한
다. "의(衣)"는 윗도리와 아랫도리를 통칭한 것이다.『의례』「사상례(士喪
禮)」에 "명의상(明衣裳)은 베를 사용한다."라고 했는데, 「주」에 "몸에 직
접 닿게 하는 것은 청결하게 하기 위해서이다."라고 했고, 「기석례」의
「기」에는 "명의상은 휘장을 두르는 베[幕布]를 사용하고. 소매는 온폭을
이어 붙였으며 길이는 무릎까지 내려온다. 앞뒤로 치마가 있는데 주름
[辟]을 잡지 않으며, 길이는 발등[轂]까지 미친다. 분홍색 비단으로 아랫
도리 안쪽의 폭을 꾸미고 아랫단을 두르며, 검은색 비단으로 가선을 두
른다."라고 했는데, 이는 시신을 염습하는 옷이니, 살아 있는 사람의 명
의와는 반드시 제도를 달리할 것이다. 다만 똑같이 청결하기 때문에 고
루 명의라고 일컬은 것일 뿐이다. 「사혼례(士昏禮)」에 "보모가 휘장을 쳐
준다[姆加景]"라고 했는데, 「주」에 "경의(景衣)의 제도는 명의와 같으니,
덧입히는 것은 도중에 먼지를 막아서 의복을 선명하게 하기 위함이다."
라고 했으니, 정현은 경의를 겉에 덧입어 먼지를 막는 것이 마치 명의가
몸에 직접 닿아 더러운 때를 멀리하는 것과 같으니, 그 제작 의도가 같
다고 생각했기 때문에 거론하여 비유한 것이다.

- 「注」,“以布爲沐浴衣.”
- 正義曰:「玉藻」云:“將適公所, 宿齊戒, 居外寢, 沐浴.” 是凡齊宜沐浴也.「玉藻」又云:“君衣布晞身.” 是浴竟有布衣之也.「士喪禮」,“浴用巾, 抵用浴衣, 設明衣裳.” 彼文言“明衣裳”, 爲浴後襲尸之服, 鄭君以爲去浴衣而衣之, 是也. 僞孔以生人沐浴有明衣, 亦是暗據彼文. 但「喪禮」之“明衣裳”不爲浴衣, 此「注」直以明衣爲沐浴衣, 誤矣.『說文』云:“沐, 濯髮也. 浴, 灑身也.”『論衡』「譏日篇」,“沐者, 去首垢也; 浴者, 去身垢也.”

○ 「주」의 “베로 목욕옷[沐浴衣]을 만들었다.”

○ 정의에서 말한다.

『예기』「옥조」에 “장차 공소로 가고자 할 때는 하루 전에 재계하고 외침(外寢)에 있으면서 목욕한다.”라고 했는데, 이는 모든 재계에서는 의당 목욕을 한다는 것이다.「옥조」에는 또 “군주는 베옷을 입고 몸을 말린다.”라고 했는데, 이는 목욕을 마치고 베로 만든 옷을 입는다는 것이다.『의례』「사상례」에 “목욕시킬 때는 수건을 사용하며, 말릴 때는 목욕옷[浴衣]를 사용하고, 명의상을 진열해 놓는다.”라고 했다. 앞의 글에서 말한 “명의상”은 목욕한 뒤에 시신을 염습하는 옷이고, 이것은 정군이 목욕옷[浴衣]을 벗기고 입히는 것이라고 했는데, 옳다. 위공은 살아 있는 사람도 목욕할 때 명의가 있다고 했으니, 역시 암암리에 앞의 글에 의거한 것이다. 다만「상례」의 “명의상”은 목욕옷[浴衣]이 아닌데, 여기의 주에서는 곧장 명의를 목욕옷[沐浴衣]이라고 했으니, 잘못이다.『설문해자』에 “목(沐)은 머리를 감는다[濯髮]는 뜻이다.[90] 욕(浴)은 몸을 씻는다[洒身]는 뜻이다.[91]”라고 했고,『논형(論衡)』「기일편(譏日篇)」에 “목(沐)이란 머리의 때를 제거한다는 뜻이고, 욕(浴)이란 몸의 때를 제거한다는 뜻이다.”라고 했다.

---

[90] 『설문해자』권11: 목(沐)은 머리를 감는다[濯髮]는 뜻이다. 수(水)로 구성되었고 목(木)이 발음을 나타낸다. 막(莫)과 복(卜)의 반절음이다.[沐, 濯髮也. 從水木聲. 莫卜切.]

[91] 『설문해자』권11: 욕(浴)은 몸을 씻는다[洒身]는 뜻이다. 수(水)로 구성되었고 곡(谷)이 발음을 나타낸다. 여(余)와 촉(蜀)의 반절음이다.[浴, 洒身也. 從水谷聲. 余蜀切.]

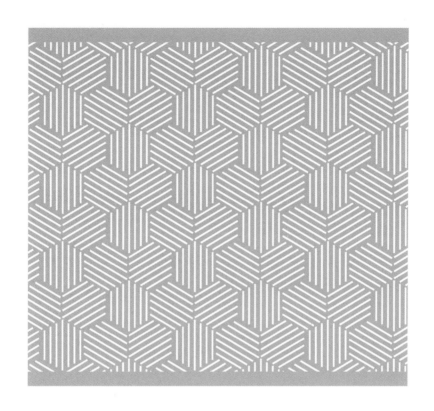

논어정의 권13

論語正義卷十三

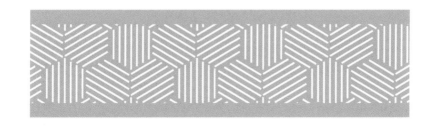

齊必變食, 【注】 孔曰: "改常饌."

재계할 때는 반드시 음식을 바꾸었으며, 【주】 공안국(孔安國)이 말했다. "평소 먹던 반찬을 바꾼 것이다."

- 「注」, "改常饌."
- 正義曰:『周官』「膳夫」, "王日一擧, 王齊日三擧." 「注」, "鄭司農云: '齊必變食.'" 賈「疏」, "齊謂散齊‧致齊. 齊必變食, 故加牲體至三太牢." 案, 古人日三食, 王日一擧, 謂朝時用一太牢, 並日中‧夕皆食之. 至齊時, 則日中及夕皆特殺, 與平時常饌異, 所謂"變食"者也.
- ○「주」의 "평소 먹던 반찬을 바꾼 것이다."
- ○ 정의에서 말한다.

『주례(周禮)』「천관총재상(天官冢宰上)‧선부(膳夫)」에 "왕은 날마다 한 번 성찬(盛饌)을 받고, 왕이 재계할 때는 날마다 세 번 성찬을 받는다."라고 했는데, 「주」에 "정사농(鄭司農)이 말했다. '재계할 때는 반드시 음식을 바꾸었다.'"라고 했고, 가공언(賈公彦)의 「소」에 "재계는 산제(散齊)와 치제(致齊)를 말한다. 재계할 때는 반드시 음식을 바꾸기 때문에 생체(牲體)를 더해서 심지어 세 번 태뢰(太牢)[1]를 받는다."라고 했다. 살펴보니, 옛사람들은 날마다 세끼를 먹는데, 왕이 날마다 한 번 성찬을 받는다는 것은 아침에 한 가지 태뢰를 써서 같은 날 중식과 석식에 모두 그것을 먹는다는 말이다. 재계할 때에 이르면 중식과 석식에도 모두 한 종류의 희생[特殺][2]을 받는데, 평상시 항상 먹던 반찬과 다르니, 이른바 "음식을 바꾸었다

---

1 삼태뢰(三太牢): 소‧양‧돼지 세 가지의 희생(犧牲).
2 특살(特殺): 희생을 잡는 것을 말하는데, 여기서는 특생(特牲)의 뜻으로 쓰였다. 특생은 한 가지의 희생을 말하는데, 제후(諸侯)는 소 한 마리를, 대부(大夫)는 돼지 한 마리를 쓰도록 했다.

[變食]'라는 것이다.

원문 凌氏曙『典故覈』云: "'變食'者, 謂盛饌也. 君子敬其事則盛其禮, 故不餕餘也. 『國語』曰: '大夫擧以特牲, 士食魚炙.' 然則夫子之變食, 或特牲而不餕餘焉."

역문 능서(凌曙)의 『사서전고핵(四書典故覈)』에 "'음식을 바꾸었다[變食]'라는 것은 성찬을 이르는 것이다. 군자는 그 일을 경건히 하면 거기에 대한 예를 성대히 하기 때문에 대궁[餕餘]을 먹지 않는 것이다. 『국어(國語)』「초어하(楚語下)」에 '대부(大夫)는 돼지 한 마리[特牲]로 차린 성찬을 받고, 사(士)는 생선구이[魚炙]를 먹는다.'라고 했으니, 그렇다면 공자(孔子)가 음식을 바꾼 것은 아마도 돼지 한 마리였지 대궁[餕餘]을 먹지는 않았을 것이다."라고 했다.

원문 案, 『莊子』「人間世」, "顔回曰: '回之家貧, 惟不飮酒·不茹葷者數月矣. 若此, 則可以爲齊乎?' 曰: '是祭祀之齊, 非心齊也.'" 據「周語」言耕籍前五日, 王入齊宮, 飮醴. 醴味醇淡, 與酒不同, 故『莊子』言"不飮酒"也. "不茹葷"者, 『禮』「玉藻」「注」, "葷者, 薑及辛菜也." 『荀子』「哀公篇」, "夫端衣·玄裳, 絻而乘路者, 志不在於食葷." 端衣·玄裳卽是齊服. 楊倞「注」, "葷, 蔥薤之屬也." "不飮酒", "不茹葷", 是"異常饌". 解者誤以葷爲肉食, 而凡齊皆禁用之, 與『禮』意悖矣.

역문 살펴보니, 『장자(莊子)』「인간세(人間世)」에 "안회(顔回)가 말했다. '저는 집안이 가난하여 술을 전혀 마시지 않고 훈채(葷菜)를 먹지 않은 지 여러 달이 되었으니, 이 정도면 재계했다고 할 만하지 않습니까?' 중니(仲尼)가 말했다. '그것은 제사 지낼 때의 재계이지 마음을 재계하는 것이 아니다.'"라고 했다. 『국어』「주어(周語)」에 의거하면 경적(耕籍)[3]하기 5일 전에 왕은 제궁(齊宮)에 나아가 재계하고 감주[醴酒]를 마신다고 했는데, 감주는 맛이 순하고 담백해서 술과는 같지 않기 때문에 『장자』에서 "술을 마시지 않았다"라고 한 것이다.

"훈채를 먹지 않았다[不茹葷]"

『예기(禮記)』「옥조(玉藻)」의 「주」에 "훈(葷)이란 생강 및 매운맛을 내는 채소[辛菜]이다."라고 했다. 『순자(荀子)』「애공편(哀公篇)」에 "단의(端衣)와 현상(玄裳)을 입거나 상복을 입고 큰 수레인 노거(路車)를 탄 자는 뜻이 훈채를 먹는 데 있지 않다."라고 했는데, 단의와 현상은 바로 재계할 때 입는 옷[齊服]이다. 양경(楊倞)의 「주」에 "훈(葷)은 파[蔥]나 염교[薤] 같은 종류이다."라고 했다. "술을 마시지 않은 것"과 "훈채를 먹지 않는 것"은 "평소 먹던 반찬을 바꾼 것"이다. 해석하는 사람 중에는 잘못 훈(葷)을 육식(肉食)이라고 하면서 무릇 재계할 때는 모두 사용을 금지한다고 하는데, 『예기』의 뜻과는 어긋난다.

원문 「士喪禮」「記」言人子"養疾皆齊", 而「曲禮」言"父母有疾, 食肉不至變味, 飮酒不至變貌." 齊時或可飮酒, 則謂齊禁肉食, 於古無徵矣. <u>高誘</u>注『呂覽』「孟春紀」引"齊必變食"二句, 云: "自禋潔也." "禋潔"亦不餕餘之意.

역문 『의례(儀禮)』「사상례(士喪禮)」의 「기」에 자식으로서 "질병을 간호하는 자는 모두 재계한다." 했고 『예기』「곡례상(曲禮上)」에 "부모가 병환이

---

3 경적(耕籍): 제적(帝籍)을 경작한다는 뜻인데, 제적은 제사에 자성(粢盛)으로 쓰기 위하여 백성의 힘을 빌려서 농사짓는 밭이다. 『예기(禮記)』「월령(月令)」에 "삼공(三公)·구경(九卿)·제후·대부를 거느리고 몸소 제적을 경작하는데, 천자(天子)는 삼추, 삼공은 오추, 경(卿)과 제후는 구추이다.[帥三公·九卿·諸侯·大夫, 躬耕帝籍, 天子三推, 三公五推, 卿諸侯九推.]"라고 했다.

있으면 고기를 먹되 물려서 맛이 변하도록 먹지 않으며, 술을 마시되 얼굴색이 변하도록 많이 마시지 않는다."라고 했으니, 재계할 때 혹 술을 마실 수 있다면 재계할 때 육식을 금했다는 말은 옛날에도 증거를 찾아볼 수가 없다. 고유(高誘)는 『여람[呂覽: 여씨춘추(呂氏春秋)]』「맹춘기(孟春紀)」를 주석하면서 "재계할 때는 반드시 음식을 바꾸었다"라는 두 구절을 인용하면서, "스스로 인결(禋潔)한 것이다."라고 했는데, "인결" 역시 대궁[餕餘]을 먹지 않는다는 뜻이다.[4]

居必遷坐. 【注】 孔曰: "易常處."

거처함에 반드시 자리를 옮겼다. 【주】 공안국이 말했다. "평소 거처하던 곳을 바꾼 것이다."

● 「注」, "易常處."

● 正義曰: 『說文』, "㘴, 止也. '坐'古文㘴". 『釋名』「釋姿容」, "坐, 挫也, 骨節挫屈也." 江氏永 『圖考』曰: "古人之坐, 兩膝著地而坐於足, 與跪相似. 但跪者直身, 又謂之跽. 跽危而坐安, 此跪坐之別也." 案, "居"與"凥"同, "居"卽是"坐". 言"遷坐"者, 謂所居之處耳.

○ 「주」의 "평소 거처하던 곳을 바꾼 것이다."

○ 정의에서 말한다.

『설문해자(說文解字)』에 "좌(㘴)는 머무른다[止]는 뜻이다. 좌(㘴)는 좌(坐)의 고문이다."[5]

---

4 『국어(國語)』「초어하(楚語下)」 위소(韋昭)의 「주」에 "제사를 정결하게 지내는 것을 인(禋)이라 한다.[潔祀曰禋.]"라고 했는데, 유보남(劉寶楠)의 해석과 다르다.

라고 했고『석명(釋名)』「석자용(釋姿容)」에 "좌(坐)는 꺾는다[挫]는 뜻이니, 뼈마디가 꺾이고 굽는다는 뜻이다."라고 했다. 강영(江永)의『향당도고(鄉黨圖考)』에 "옛사람들은 앉을 때 양쪽 무릎을 바닥에 대고 다리를 굽히니, 마치 꿇어앉는 것[跪]과 유사하다. 다만 꿇어앉는 것은 몸을 곧게 하는 것인데, 또 그렇게 앉는 것을 기(跽)라고도 한다. 꼿꼿하게 꿇어앉은 상태에서 자리를 편하게 앉는 것이니, 이것이 꿇어앉는 것[跪坐]과의 차이이다."라고 했다. 살펴보니, "거(居)"는 "자리 잡다[尻]"와 같은 글자이니, "거(居)"가 바로 "좌(坐)"의 뜻이다. "자리를 옮겼다[遷坐]"라는 말은 기거하는 처소를 말하는 것일 뿐이다.

원문 胡氏培翬『燕寢考』, 「旣夕」「記」'士處適寢', 又云: '有疾, 疾者齊.'「注」云: '適寢者, 不齊, 不居其室.'『禮記』「檀弓」曰: '君子非致齊也, 非疾也, 不晝夜居於內.'「注」, '內, 正寢之中.'「玉藻」云: '將適公所, 宿齊戒, 居外寢.' 外寢, 正寢也.『穀梁傳』云: '公薨於路寢.' 路寢, 正寢也. 寢疾居正寢, 正也.『大戴禮』「明堂篇」云: '此天子之路寢也, 不齊不居其室.' 古者自天子以至於士, 常居皆在燕寢, 惟齊及疾乃居於正寢, 「鄉黨」所云'齊, 居必遷坐'以此. <u>孔</u>「注」云: '易常處.' 蓋常處在燕寢, 至齊必遷居正寢."

역문 호배휘(胡培翬)의『연침고(燕寢考)』에 "『의례』「기석례(旣夕禮)」의 「기」에 '사는 병이 들면 적침(適寢)에 거처하게 한다.'라고 했고, 또 '병이 들면 질병이 있는 자는 재계한다.'라고 했는데, 「주」에 '적침이란 곳은 재계하지 않으면 그 방에 거처하지 않는다.'라고 했다.『예기』「단궁상(檀弓上)」에 '군자는 치제(致齊)하는 경우나 질병이 있는 경우가 아니면 밤

---

5 『설문해자(說文解字)』 권13: 좌(坐)는 머무른다[止]는 뜻이다. 토(土)로 구성되었고 유(畱)의 생략형으로 구성되었다. 토(土)는 머무는 장소이다. 이 글자와 유(畱)는 같은 뜻이다. 좌(坐)는 좌(坐)의 고문이다. 단(但)과 와(臥)의 반절음이다.[坐, 止也. 從土, 從畱省. 土, 所止也. 此與畱同意. 坐, 古文坐. 但臥切.]

낮으로 정침(正寢) 안에 거처하지 않는다.'라고 했는데, 「주」에 '내(內)는 정침 안[正寢之中]이다.'라고 했고, 「옥조」에 '장차 공소(公所)로 가고자 할 때는 하루 전에 재계하고 외침(外寢)에 거처한다.'라고 했는데, 외침은 정침이다. 『춘추곡량전(春秋穀梁傳)』에 '장공(莊公)이 노침(路寢)에서 죽었다.'[6]라고 했는데, 노침은 정침이다. 병으로 자리에 눕게 되었을 때는 정침에 거처하는 것이 옳다. 『대대례(大戴禮)』「명당(明堂)」에 '이것이 천자(天子)의 노침이니, 재계할 때가 아니면 그 방에 거처하지 않는다.'라고 했는데, 옛날에는 천자로부터 사에 이르기까지 평소 거처는 모두 연침(燕寢)에 있었고, 오직 재계할 때와 질병에 걸렸을 때만 정침에서 거처하였으니, 「향당(鄕黨)」에서 말한 '재계할 때는 거처함에 반드시 자리를 옮겼다'라는 것은 이 때문이다. 공안국의 「주」에서 '평소 거처하던 곳을 바꾼 것이다.'라고 한 것은, 아마도 평소에는 연침에서 거처하다가 재계할 때 이르면 반드시 정침으로 옮겨서 거처했다는 것인 듯싶다.

원문 今案, 皇「疏」引范寧云: "齊以敬潔爲主, 以期神明之享, 故改常之食, 遷居齊室也." 齊室卽適寢. 旣居在適寢, 則宿亦在適寢. 『論語』無文, 從可知也.

역문 이제 살펴보니, 황간(皇侃)의 「소」에는 범녕(范寧)이 "재계할 때는 경건함과 청결을 위주로 해서 신명(神明)이 흠향하기를 기다리기 때문에 평소 먹던 음식을 바꾸고, 거처를 재실(齊室)로 옮기는 것이다."라고 말한 것을 인용했는데, 재실이 바로 적침이다. 이미 거처가 적침에 있다면 잠자는 곳도 역시 적침에 있는 것이다. 『논어(論語)』에 이 글이 없는 것

---

6 『춘추곡량전(春秋穀梁傳)』「선공(宣公)」18년과 「성공(成公)」18년에 보인다.

은 거처가 적침에 있다는 것만으로도 알 수 있기 때문이다.

食不厭精, 膾不厭細.

밥은 대낀 쌀로 지은 것을 싫어하지 않았으며, 회는 가늘게 썬 것
을 싫어하지 않았다.

원문 正義曰: 張栻『解』, "厭當作平聲, 言不待精細者而後屬厭也." 案, 「周語」
"不可厭也", 韋「注」, "厭, 足也." 「晉語」"民志無厭", 韋「注」, "厭, 極也."
夫子疏食飲水, 樂在其中, 又以士恥惡食爲不足與議, 故於食膾皆不厭精
細也.

역문 정의에서 말한다.

장식(張栻)[7]의 『논어해(論語解)』에 "염(厭)은 마땅히 평성(平聲)으로 읽
어야 하니, 대낀 쌀이든 가늘게 썬 것이든 가릴 것 없이 나중에는 모두
만족했다는 말이다."라고 했다. 살펴보니, 『국어』「주어」에 "만족할 줄
모른다[不可厭也]"라고 했는데, 위소(韋昭)의 「주」에 "염(厭)은 만족함[足]이

---

7 장식(張栻, 1133~1180): 송(宋)의 학자. 사천(四川)성 한주(漢州) 면죽[綿竹, 지금의 사천성
덕양(德陽)]시 출신으로, 자는 경부(敬夫), 흠부(欽夫), 낙재(樂齋)이고 호는 남헌(南軒)이
다. 주희, 여조겸(呂祖謙, 1137~1181)과 더불어 '동남삼현(東南三賢)'으로 불리고, 뒤에 이
관(李寬), 한유, 이사진(李士眞), 주돈이, 주희, 황간동(黃干同)과 더불어 '석고서원칠현사
(石鼓書院七賢祠)'에 모셔져 '석고칠현(石鼓七賢)'으로 일컬어진다. 저서에는 인(仁)에 관한
논설인 『희안록(希顔綠)』, 『남헌역설(南軒易說)』, 『논어설(論語說)』, 『맹자설(孟子說)』 등
이 있다. 주희가 장식의 유고집인 문집 『남헌집(南軒集)』을 편찬하였다.

다.”라고 했고, 「진어(晉語)」에 “백성들의 불만이 극단으로 치닫다[民志無厭]”라고 했는데, 위소의 「주」에 “염(厭)은 극(極)이다.”라고 했다. 공자는 거친 밥을 먹고 물을 마시면서도 즐거움이 그 가운데 있었고, 또 선비로서 보잘것없는 음식을 수치로 여기는 자는 함께 도를 의논하기에 부족하다고 여겼으니, 따라서 밥이거나 회이거나 대낀 쌀로 지은 것이든 가늘게 썬 것이든 모두 마다하지 않았던 것이다.

원문 精者, 善米也. 『中山經』 “糈用五種之精.” 郭「注」以爲 “五穀之美”. 『九章算術』, “糯米率三十, 粺米二十七, 鑿米二十四, 侍禦二十一.” 是侍禦爲米之極精矣.

역문 정(精)은 좋은 쌀[善米]이다. 『중산경(中山經)』에 “젯메쌀로 다섯 종류의 좋은 쌀을 쓴다.”라고 했는데, 곽박(郭璞)의 「주」에 “오곡(五穀) 중 훌륭한 것”이라고 했다. 『구장산술(九章算術)』[8]에 “여미(糯米)의 도정률(搗精率)은 30이고,[9] 패미(粺米)는 27이며, 착미(鑿米)가 24이고, 시어(侍禦)[10]가 21이다.”라고 했으니, 시어가 쌀 중에서 극단적으로 곱게 도정(搗精)한 쌀이 된다.

원문 “膾”者, 『說文』云: “膾, 細切肉也.” 『釋名』 「釋飲食」, “膾, 會也. ‘細切肉’, 散分其赤白, 異切之, 乃會和之也.” 「少儀」云: “牛與羊魚之腥, 聶而切之爲膾.” 「注」云: “聶之言牒也. 先藿葉切之, 後報切之, 則成膾.” 又「內

8　『구장산술(九章算術)』: 황제(黃帝)가 예수(隸數)에게 명하여 만들었다는 산법(算法)이다. 방전(方田)·속미(粟米)·차분(差分)·소광(少廣)·상공(商功)·균수(均輸)·영부족(贏不足)·방정(方程)·구고(九股)를 말한다. 일설에는 주공(周公)이 만들었다고 한다.

9　『구장산술』에는 “粟率五十, 糯米三十.”이라고 되어 있다.

10　『구장산술』에는 “禦”라고만 되어 있다.

則」云: "肉腥細者爲膾, 大者爲軒." 「注」云: "言大切·細切異名也. 膾者必先軒之, 所謂'聶而切之'也." 李氏惇『群經識小』謂"其制與今之肉絲相似."『釋文』, "膾, 本又作鱠."

역문 "회(膾)"란『설문해자』에 "회(膾)는 가늘게 썬 고기[細切肉]이다."[11]라고 했고,『석명』「석음식(釋飮食)」에 "회(膾)는 모음[會]이다. '가늘게 썬 고기[細切肉]'란 그 붉은 부위와 흰 부위를 해체해서 다르게 썰어서 이내 모아 놓은 것이다."라고 했다.『예기』「소의(少儀)」에 "소와 양과 생선의 날고기를 저민 뒤에 잘게 썬 것을 회(膾)라 한다[聶而切之爲膾]."라고 했는데, 「주」에 "섭(聶)이란 말은 저민다[牒]는 뜻이다. 먼저 콩잎만 한 크기로 썰고, 그것을 다시 가로로 썰면 회가 된다."라고 했다. 또 「내칙(內則)」에 "생고기 중에 가는 것이 회(膾)이고 큰 것이 헌(軒)이다."라고 했는데,「주」에 "크게 썬 것과 가늘게 썬 것이 이름을 달리한다는 말이다. 회(膾)는 반드시 먼저 크게 썰어야 하니, 이것이 이른바 '저민 뒤에 잘게 썬 것'이라는 말이다."라고 했다. 이돈(李惇)의『군경식소(群經識小)』에 "그 제도는 지금의 육사(肉絲)와 서로 비슷하다."라고 했고,『경전석문(經典釋文)』에 "회(膾)는 판본에 따라 또 회(鱠)로 되어 있다."라고 했다.

食饐而餲,【注】孔曰: "'饐'·'餲', 臭味變." 魚餒而肉敗, 不食.【注】魚敗曰'餒'.

상한 밥과 쉰 밥,【주】공안국이 말했다. "'의(饐)'와 '애(餲)'는 냄새와 맛이 변

---

11 『설문해자』권4: 회(膾)는 가늘게 썬 고기[細切肉]이다. 육(肉)으로 구성되었고 회(會)가 발음을 나타낸다. 고(古)와 외(外)의 반절음이다.[膾, 細切肉也. 從肉會聲. 古外切.]

한 것이다." 썩은 생선과 부패한 고기는 먹지 않았으며, 【주】 생선이
썩은 것[魚敗]을 '뇌(餒)'라고 한다.

원문 正義曰: 朱氏彬『經傳考證』解此文云: "'而'與若同, 猶與也."『釋文』,
"餒, 本又作鮾."『史記』「世家」作"餧"."敗"者,『說文』云: "毀也."『爾雅』
「釋器」, "肉謂之敗." 郭「注」以爲"臭腐."

역문 정의에서 말한다.

주빈(朱彬)의『경전고증(經傳考證)』에 이 문장을 해석하면서 "'이(而)'는
약(若)과 같은 뜻이기는 하지만, 여(與)와 같다."라고 했다.『경전석문』
에 "뇌(餒)는 판본에 따라 또 뇌(鮾)로 되어 있다."라고 했다.『사기(史記)』
「공자세가(孔子世家)」에는 "위(餧)"로 되어 있다. "패(敗)"는『설문해자』에
"손상됐다[毀]는 뜻이다."[12]라고 했다.『이아(爾雅)』「석기(釋器)」에 "고기
가 썩은 것을 패(敗)라 한다."라고 했는데, 곽박의「주」에 "냄새나고 썩
은 것[臭腐]이다."라고 했다.

- 「注」, "餶餲, 臭味變."
- 正義曰:『爾雅』「釋器」, "餶謂之餲." 郭「注」, "飯饐臭."『說文』, "餶, 飯傷溼也. 餲, 飯餲也."
  『字林』, "餶, 飯傷熱溼也. 餲, 食敗也." "餶"與"餲"爲淺深之異.『廣雅』「釋詁」, "胺, 敗也."
  「釋器」, "餲, 臭也." "胺"·"餲"一聲之轉. 段氏玉裁『說文注』, "皇侃云: '餶謂飲食經久而腐臭

---

12 『설문해자』권3: 패(敗)는 손상됐다[毀]는 뜻이다. 복(攴)과 패(貝)로 구성되었다. 패(敗)와
적(賊)은 모두 패(貝)로 구성되었으니, 회의자(會意字)이다. 패(敗)는 패(敗)의 주문(籒文)인
데 영(賏)으로 구성되었다. 박(薄)과 매(邁)의 반절음이다.[敗, 毀也. 從攴貝. 敗·賊皆從貝,
會意. 敗, 籒文敗從賏. 薄邁切.]

也, 餲謂經久而味惡也.' 是則孔「注」本作'饐, 臭. 餲, 味變也.' 今本誤倒."

○「주」의 "의(饐)와 애(餲)는 냄새와 맛이 변한 것이다."

○ 정의에서 말한다.

『이아』「석기」에 "밥이 쉰 것[饐]을 애(餲)라 한다."라고 했는데, 곽박의 「주」에 "밥이 쉬어서[鹹] 냄새나는 것이다."라고 했다. 『설문해자』에 "의(饐)는 밥이 습기에 상한 것이다.[13] 애(餲)는 밥이 쉰 것이다.[14]"라고 했다. 『자림(字林)』에 "의(饐)는 밥이 열과 습기에 상한 것이고, 애(餲)는 음식이 썩은 것이다."라고 했으니, "의"와 "애"는 얕게 썩었는지 깊게 썩었는지의 차이가 있다. 『광아(廣雅)』「석고(釋詁)」에 "알(胺)은 썩었다[敗]는 뜻이다."라고 했고, 「석기(釋器)」에 "애(餲)는 냄새[臭]이다."라고 했는데, "알(胺)"과 "애(餲)"는 같은 발음이었다가 바뀌어 달라진 것이다. 단옥재(段玉裁)의 『설문해자주(說文解字注)』에 "황간이 '의(饐)는 음식이 오래되면서 썩어서 냄새가 난다는 말이고, 애(餲)는 오래되면서 맛이 나빠졌다는 말이다.'라고 했는데, 이는 공안국의 「주」에서 '의(饐)는 냄새나는 것이고, 애(餲)는 맛이 변한 것이다.'라고 한 것을 근거한 것이니, 지금 판본은 잘못되어 도치된 것이다."라고 했다.

● 「注」, "魚敗曰餒."

● 正義曰: 皇本此「注」作"孔曰". 『爾雅』云: "魚謂之餒." 郭「注」, "肉爛." 『說文』"餒"下"一曰魚敗曰餒." 「論語釋文」引『字書』作"鯘". 『廣雅』「釋詁」, "鯘, 敗也." 「釋器」, "鯘, 臭也." 義訓竝同.

○「주」의 "생선이 썩은 것을 '뇌(餒)'라고 한다."

○ 정의에서 말한다.

황간본의 이 「주」에는 "공안국이 말했다[孔曰]"라고 되어 있다. 『이아』에 "생선이 썩은 것을

---

13 『설문해자』 권5: 의(饐)는 밥이 습기에 상한 것이다. 식(食)으로 구성되었고 일(壹)이 발음을 나타낸다. 을(乙)과 기(冀)의 반절음이다.[饐, 飯傷溼也. 從食壹聲. 乙冀切.]

14 『설문해자』 권5: 애(餲)는 밥이 쉰 것이다. 식(食)으로 구성되었고 갈(曷)이 발음을 나타낸다. 『논어(論語)』에 "밥이 상해서 쉰 것[食饐而餲]."이라고 했다. 을(乙)과 예(例)의 반절음이다. 또 오(烏)와 개(介)의 반절음이다.[餲, 飯餲也. 從食曷聲. 『論語』曰: "食饐而餲." 乙例切. 又, 烏介切.]

뇌(餒)라고 한다."라고 했는데, 곽박의 「주」에 "고기가 문드러진 것[爛]이다."라고 했고, 『설문해자』에는 "뇌(餒)" 아래 "일설에는 생선이 썩은 것을 뇌(餒)라 한다."[15]라고 했다. 『경전석문』「논어석문(論語釋文)」에는 『자서(字書)』를 인용해서 "위(餧)"로 되어 있다. 『광아』「석고」에 "뇌(鮾)는 생선이 썩었대[敗]는 뜻이다."라고 했다. 「석기」에 "뇌(鮾)는 냄새[臭]이다."라고 했는데, 뜻과 새김이 모두 같다.

色惡, 不食. 臭惡, 不食.

빛깔이 나쁜 것을 먹지 않고, 냄새가 나쁜 것을 먹지 않았다.

원문 正義曰: "色惡"·"臭惡", 謂凡生熟物色味有變也. 「月令」, "春, 其臭羶: 夏, 其臭焦: 中央, 土其臭香: 秋, 其臭腥: 冬, 其臭朽." 皆謂味也. 皇本作 "殠惡", 此後出俗字.

역문 정의에서 말한다.

"빛깔이 나쁜 것[色惡]"과 "냄새가 나쁜 것[臭惡]"은 모든 날것이나 익힌 물건의 빛깔과 맛이 변한 것을 말한다. 『예기』「월령(月令)」에 "봄은 그 냄새가 누린내이고, 여름은 그 냄새가 그을린 냄새이며, 중앙(中央)은 토(土)이니 그 냄새가 향기롭고, 가을은 그 냄새가 비린내이며, 겨울은 그

---

15 『설문해자』에는 "餧" 자는 있고 "餒" 자는 없다. 『설문해자』 권5 위(餧) 자 아래 "위(餧)는 주림[飢]이다. 식(食)으로 구성되었고 위(委)가 발음을 나타낸다. 일설에는 '생선이 썩은 것을 위(餧)라 한다'고 하였다. 노(奴)와 죄(罪)의 반절음이다.[餧, 飢也. 從食委聲. 一曰'魚敗曰餧'. 奴罪切.]"라고 되어 있다.

냄새가 썩은 내이다."라고 했는데, 모두 맛을 이르는 것이다. 황간본에
는 "취악(臭惡)"으로 되어 있는데, 이 뒤에 속자(俗字)가 나왔다.

원문 『周官』「內饔職」, "辨腥·臊·羶·香之不可食者. 牛夜鳴, 則庮; 羊泠
毛而毳, 羶; 犬赤股而躁, 臊; 鳥麃色而沙鳴, 貍; 豕盲眡而交睫, 腥; 馬黑
脊而般臂, 螻."「注」云: "腥·臊·羶·香, 可食者, 是別其不可食者, 則所
謂者皆臭味也. 泠毛, 毛長總結也. 麃, 失色不澤美也. 沙, 嘶也. 交睫腥,
腥當爲星, 聲之誤. 肉有如米者似星. 般臂, 臂毛有文. 鄭司農云: '庮, 朽木
臭也. 螻, 螻蛄臭也.'"賈「疏」引此文"色惡"·"臭惡"說之.

역문 『주례』「천관총재상·내옹(內饔)」의 직제에 "닭기름[腥]과 개 기름[臊]
과 양 기름[羶]과 소기름[香] 중에 먹을 수 없는 것을 변별한다. 소가 밤에
울면 그 고기에서 나무 썩은 내가 나고, 양이 털이 길어서 털끝이 뭉치
고 엉겨 있으면 그 고기에서 누린내가 나고, 개가 다리 안쪽에 털이 벗
겨져 붉고 거동이 급하면 그 고기에서 누린내가 나고, 새가 깃털의 색이
바래 윤기가 없고 쉰 소리로 울면 그 고기에서 썩은 내가 나고, 돼지가
고개를 쳐들어 멀리 바라보고 눈썹이 엉켜 있으면 그 고기에 쌀알 같은
작은 군더더기 살[瘜肉]이 자라고, 말이 등골 부분이 검고 앞정강이 털이
얼룩덜룩하면 땅강아지 냄새가 난다."라고 했는데, 「주」에 "닭기름[腥]
과 개 기름[臊]과 양 기름[羶]과 소기름[香]은 먹을 수 있는 것인데, 이는 그
중에 먹을 수 없는 것을 변별한 것이니, 그렇다면 여기에서 그렇게 말하
는 것은 모두 냄새와 맛인 것이다. 영모(泠毛)는 털이 길어서 끝이 뭉치
고 엉긴 것이다. 표(麃)는 빛이 바래 윤기가 아름답지 않은 것이다. 사
(沙)는 목쉰 소리이다. 교첩성(交睫腥)에서 성(腥)은 마땅히 성(星)이 되어
야 하니, 글자의 발음이 비슷해서 생긴 잘못이다. 고기에 쌀알과 같은
것이 있는데 별과 비슷하다. 반비(般臂)는 앞정강이 털에 문양이 있는 것

이다. 정사농은 '유(蕕)는 썩은 나무의 냄새이다. 누(螻)는 땅강아지[螻蛄] 냄새이다.'라고 했다."라고 했다. 가공언의 「소」에는 이 글의 "빛깔이 나쁜 것[色惡]"과 "냄새가 나쁜 것[臭惡]"을 인용해서 설명했다.

失飪, 不食, 【注】孔曰: "'失飪', 失生熟之節." 不時, 不食. 【注】鄭曰: "不時, 非朝·夕·日中時."

알맞게 익지 않은 것을 먹지 않았고, 【주】공안국이 말했다. "'실임(失飪)'은 날것을 익히는 절차에 실패한 것이다." 끼니때가 되지 않으면 먹지 않았다. 【주】정현(鄭玄)이 말했다. "'불시(不時)'는 아침, 저녁, 점심[日中]이 아닌 때이다."

- ● 「注」, "失飪, 失生熟之節."
- ● 正義曰:『方言』, "飪, 熟也. 徐·揚之間曰飪." 『說文』, "飪, 大孰也." 『廣雅』「釋詁」作"餁", 同. 鄭注「文王世子」云: "飪, 生熟之節." 此孔所本. 『爾雅』, "博者謂之糷, 米者謂之糪." 郭「注」, "糷, 飯相著. 糪, 飯中有腥." "腥"與"胜"同, 卽生字. 『說文』, "胜, 不孰也."
- ○ 「주」의 "실임(失飪)은 날것을 익히는 절차에 실패한 것이다."
- ○ 정의에서 말한다.
  『방언(方言)』에 "임(飪)은 익힘[熟]이다. 서주(徐州)와 양주(揚州) 사이에서 임(飪)이라 한다."라고 했다. 『설문해자』에 "임(飪)은 너무 익었다[大孰]는 뜻이다."[16]라고 했고, 『광아』

---

16 『설문해자』 권5: 임(飪)은 너무 익었다[大孰]는 뜻이다. 식(食)으로 구성되었고 임(壬)이 발음을 나타낸다. 임(胜)은 임(飪)의 고문이다. 임(恁) 역시 임(飪)의 고문이다. 여(如)와 심(甚)의 반절음이다.[飪, 大孰也. 從食壬聲. 胜, 古文飪. 恁, 亦古文飪. 如甚切.] 『논어정의』

「석고」에는 "임(飪)"으로 되어 있는데, 같은 뜻이다. 정현은 『예기』「문왕세자(文王世子)」를 주석하면서 "임(飪)은 날것을 익히는 절차이다."라고 했는데, 이것을 위공(僞孔)이 근거로 한 것이다. 『이아』「석기」에 "밥이 뭉친 것을 난(糷)이라 하고, 설익은 쌀을 벽(糪)이라 한다."라고 했는데, 곽박의 「주」에 "난(糷)은 밥이 서로 달라붙은 것이다. 벽(糪)은 밥 가운데 생쌀이 있는 것이다."라고 했다. "성(腥)"과 "성(胜)"은 같은 글자이니, 바로 생(生) 자이다. 『설문해자』에 "성(胜)은 익지 않았다[不孰]는 뜻이다."[17]라고 했다.

원문 江氏永曰: "失飪, 有過熟, 有不熟, 不熟者, 尤害人也. 『爾雅』惟言飯之失飪, 肉物亦有之. 肉之過熟者, 亦謂糜爛; 半腥半熟者, 謂之燗. 祭禮: 腥, 法上古; 燗, 法中古, 熟之爲脍進, 後世之食. 若生人之食, 不可不熟也." 案, 過熟無傷於人, 夫子不食, 專指未熟言.

역문 강영이 말했다. "알맞게 익지 않은 것[失飪]에는 지나치게 익은 것이 있고 익지 않은 것이 있는데, 익지 않은 것이 사람에게 더욱 해롭다. 『이아』에서는 그저 밥이 알맞게 익지 않은 것만 말했지만 고기나 다른 물건 역시 그런 것이 있다. 고기가 지나치게 익은 것을 또한 미란(糜爛)이라 하고, 반만 익고 반은 날것인 것을 섬(燗)이라 한다. 제례(祭禮)에 날것[腥]은 상고시대를 본받은 것이고, 반숙[燗]은 중고시대를 본받은 것이니, 익혀서 맛을 내 올리는 것은 후세의 음식이다. 살아 있는 사람의 음식으로 말할 것 같으면 익히지 않으면 안 된다." 살펴보니, 지나치게 익

에는 "大熟"으로 되어 있다. 『설문해자』를 근거로 "大孰"으로 고치고 해석했다.

17 『설문해자』권4: 성(胜)은 개 기름 냄새[犬膏臭]이다. 육(肉)으로 구성되었고 생(生)이 발음을 나타낸다. 일설에는 '익지 않았다[不孰]는 뜻'이라고 한다. 상(桑)과 경(經)의 반절음이다.[胜, 犬膏臭也. 從肉生聲. 一曰不孰也. 桑經切.] 역시 『설문해자』를 근거로 "熟"을 "孰"으로 고쳤다.

은 것은 사람을 해침이 없으니, 공자가 먹지 않은 것은 오로지 덜 익은 것을 가리켜서 한 말이다.

- 「注」, "不時, 非朝 · 夕 · 日中時."

- 正義曰: 方氏觀旭『偶記』, "『左傳』卜楚丘云: '食日爲二.' 是一日之中, 食有常時也. 閻沒 · 女寬云: '或賜二人酒, 不夕食.' 謂不及待夕之時而食也. 『禮』「內則」云: '孺子食無時.' 則成人以上, 食必有時也. 『詩』「蝃蝀」「傳」云: '從旦至食時爲終朝.' 『孟子』云: '朝不食, 夕不食.' 『淮南子』云: '臨於曾泉, 是謂蚤食; 次於桑野, 是謂晏食.' 竝是食時之證."

- 「주」의 "불시(不時)는 아침, 저녁, 점심이 아닌 때이다."

- 정의에서 말한다.

   방관욱(方觀旭)의 『논어우기(論語偶記)』에 "『춘추좌씨전(春秋左氏傳)』에 점쟁이 초구(楚丘)가 '아침밥을 먹을 때의 태양은 2위(二位)가 된다.'[18]라고 했는데, 이는 하루 중에서 식사는 일정한 때가 있다는 말이다.[19] 염몰(閻沒)과 여관(女寬)이 '어제저녁에 어떤 사람이 저희 두 사람에게 술을 주는 바람에 저녁밥을 먹지 못했습니다.'[20]라고 했는데, 저녁을 대접하는

---

18 『춘추좌씨전(春秋左氏傳)』「소공(昭公)」 5년.

19 『춘추좌씨전』「소공」 5년에 "처음 목자(穆子)가 출생하였을 때 장숙(莊叔)이 『주역(周易)』으로 점을 쳐서 「명이괘(明夷卦)」가 「겸괘(謙卦)」로 변한 괘를 만났다. 이 점괘를 점쟁이 초구(楚丘)에게 보이니, 초구는 다음과 같이 풀이하였다. '이 아이는 장차 망명하였다가 돌아와서 당신을 위해 제사를 받들 것입니다. 돌아올 때 참인(讒人)을 데리고 들어올 것인데, 그자의 이름은 우(牛)입니다. 이 아이는 끝내 이 자로 인해 굶어 죽게 될 것입니다. 명이(明夷)는 해이고 해의 수는 10입니다. 그러므로 하루에 10시가 있으니, 또한 사람의 열 등급의 위차(位次)에 해당합니다. 왕 이하로 두 번째가 공(公)이고 세 번째가 경이며, 태양의 최상위는 중천(中天)에 이른 때로 왕에 해당하고, 아침밥을 먹을 때의 태양이 2위(二位)로 공에 해당하고, 새벽의 태양이 3위(三位)로 경에 해당합니다.'[初, 穆子之生也, 莊叔以『周易』筮之, 遇「明夷」, 之「謙」. 以示卜楚丘, 曰: '是將行, 而歸爲子祀. 以讒人入, 其名曰生. 卒以餒死. 「明夷」, 日也, 日之數十. 故有十時, 亦當十位. 自王已下其二爲公, 其三爲卿, 日上其中, 食之日, 旦日爲三.']라고 했는데, "食時之日"에 대해 임요수(林堯叟)의 「부주(附注)」에 "아침밥을 먹을 때의 태양(太陽)이다.[食時之日.]"라고 했다.

때에 미쳐서 먹지 못했다는 말이다.[21] 『예기』「내칙」에 '어린아이는 아무 때나 먹는다.'라고

했으니, 그렇다면 성인 이상의 식사는 반드시 일정한 때가 있는 것이다. 『시경(詩經)』「체동

(螮蝀)」의 「전」에 '날이 샐 때부터 아침밥을 먹을 때까지를 종조(終朝)라고 한다.'라고 했고,

『맹자(孟子)』「고자하(告子下)」에 '아침에도 먹지 못하고 저녁에도 먹지 못한다.'라고 했으

며, 『회남자(淮南子)』「천문훈(天文訓)」에 '증천(曾泉)에 이를 때 이것을 잠식(蚤食)이라 하

고, 다음으로 상야(桑野)에 이를 때 이것을 안식(晏食)이라 한다.'[22]고 했는데, 모두 식사 때

---

20 『춘추좌씨전』「소공」 28년.

21 『춘추좌씨전』「소공」 28년 「전」에 "위무(魏戊)가 염몰(閻沒)과 여관(女寬)에게 말하기를 '주
군께서는 뇌물을 받지 않는 것으로 제후 사이에 소문난 분인데, 만약 경양(梗陽) 사람의 뇌
물을 받는다면 이보다 큰 뇌물이 없으니, 그대들은 반드시 간하시오.'라고 하니 두 사람 모
두 허락하였다. 두 사람은 조정에서 물러 나와 뜰에서 위자(魏子)를 기다렸다. 음식이 들어
가자 위자는 두 사람을 불러들여 음식을 먹게 하였는데, 두 사람은 음식을 차려 놓을 때에
미쳐 세 차례 한숨을 지으니, 식사를 마친 뒤에 위자는 그들을 앉게 하고서 말하기를 '내가
백숙(伯叔)에게 듣자 하니 속담에 "식사하는 동안만은 근심을 잊는다."라고 하였는데 그대
들이 음식을 차려 놓을 때 세 차례 한숨을 지은 것은 어째서입니까?'라고 묻자, 두 사람이 같
은 말로 대답하기를 '어제저녁에 어떤 자가 저희 두 사람에게 술을 주어 저녁밥을 먹지 못하
였기 때문에 음식이 처음 들어올 때는 음식이 부족할까 두려웠습니다. 그러므로 한숨을 지
은 것입니다. 음식이 절반쯤 들어왔을 때 저희들은 "장군께서 우리를 먹이시는데 어찌 부족
함이 있겠는가?"라고 스스로 책망하였습니다. 그러므로 재차 한숨을 지었고, 음식이 다 들
어옴에 미쳐서는 소인들이 배가 부르면 오히려 만족할 줄 아는 것으로서 군자의 마음도
응당 그럴 것으로 여겨 세 번째 한숨을 지은 것이니, 적당히 만족하면 그만두기를 바랍니
다.'라고 하니, 헌자(獻子)는 경양 사람의 뇌물을 사절하였다.[魏戊謂閻沒 女寬曰: '主以不賄
聞於諸侯, 若受梗陽人, 賄莫甚焉, 吾子必諫.' 皆許諾. 退朝, 待於庭, 饋入, 召之. 比置, 三歎,
旣食, 使坐. 魏子曰: '吾聞諸伯叔, 諺曰: "唯食忘憂." 吾子置食之間三歎, 何也?' 同辭而對曰:
'或賜二小人酒, 不夕食, 饋之始至, 恐其不足. 是以歎. 中置, 自咎曰: "豈將軍食之而有不足?"
是以再歎, 及饋之畢, 願以小人之腹, 爲君子之心, 屬厭而已.' 獻子辭梗陽人.]"라고 했는데, 부
주에 "어제 우연히 어떤 사람이 우리 두 사람에게 술을 주어, 마신 술에 취함으로 인해 저녁
밥을 먹지 못하였다는 말이다.[昨日偶有人, 以酒賜我二人, 因飮醉而不曾晩.]"라고 했다.

22 『회남자(淮南子)』「천문훈(天文訓)」에는 "증천(曾泉)에 이를 때 이것을 잠식(蚤食)이라 하
고, 상야(桑野)에 이를 때 이것을 안식(晏食)이라 한다.[至于曾泉, 是謂蚤食; 至于桑野, 是謂
晏食.]"라고 되어 있다.

의 증거이다."라고 했다.

원문 又云: "鄭以朝・夕・日中爲三時, 亦大略言之. 其實貴賤猶有分別, 天
子食則四時, 諸侯三時, 大夫以下, 惟朝夕二時. 四時者, 『白虎通』云: '王
者平旦食・晝食・晡食・暮食.' 三時者, 「玉藻」云: '諸侯朝服以食, 特牲
三俎, 祭肺, 夕深衣, 祭牢肉.' 「注」, '天子言日中, 諸侯言夕: 天子言餕, 諸
侯言祭牢肉, 互相挾.' 則特牲三俎在朝時, 日中又餕之. 二食者, 「內則」
云: '由命士以上, 昧爽而朝, 慈以旨甘. 日入而夕, 慈以旨甘.' 又云: '父母
在, 朝夕恒食, 子婦佐餕.' 是也."

역문 또 "정현은 아침・저녁・점심을 세 때라고 했는데, 역시 대략 말한 것
이다. 사실은 귀한 신분과 천한 신분에는 그래도 분별이 있으니, 천자의
식사는 하루에 네 번, 제후는 세 번, 대부 이하는 오직 아침과 저녁 두
때만 있다. 『백호통의(白虎通義)』에 '왕자(王者)의 식사는 평단식(平旦
食)・주식(晝食)・포식(晡食)・모식(暮食), 사반(四飯)이다.'라고 했다. 삼
시(三時)란 『예기』「옥조」에 '제후는 조복(朝服)을 입고 밥을 먹되 특생으
로 돼지[豕]・생선[魚]・말린 동물[腊]의 삼조(三俎)를 진설하고 폐[肺]로 식
전의 제사를 지내고, 저녁밥을 먹을 때에는 심의(深衣)를 입고 뇌육(牢肉)
으로 식전의 제사를 지낸다.'라고 했는데, 「주」에 '천자의 경우에 "점심"
을 말하고 제후의 경우에 "저녁"을 말했으며, 천자의 경우에 "남은 음식
을 먹는다."라고 말하고 제후의 경우에 "뇌육으로 식전의 제사를 지낸
다."라고 말했으니, 이는 서로 보완하는 것이다.'라고 했다. 2식(二食)은
「내칙」에 '명사(命士) 이상은 새벽에 어버이에게 아침 문안을 하고 좋아
하는 음식을 올리며, 해가 지면 저녁 문안을 하고 좋아하는 음식을 올린
다.'라고 했고, 또 '부모가 살아 계시거든 아침저녁으로 항상 음식을 드

실 때 아들과 며느리가 권하여 드시게 하고 그 드시고 남은 것을 먹는
다.'라고 한 것이 이것이다."라고 했다.

원문 今案, 『周官』「膳夫」, "王齊日三擧." 齊是盛禮, 不過三擧, 則天子三食
可知. 「旣夕」「記」, "燕養·饋羞·湯沐之饌, 如他日." 「注」云: "饋, 朝夕
食也." 「疏」云: "鄭注「鄕黨」云: '不時, 非朝·夕·日中時.' 一日之中三時
食, 今「注」云'朝·夕', 不言'日中'者, 或鄭略之, 亦有日中也, 或以死後略
去日中, 直有朝夕食也." 此賈據鄭「注」"朝·夕·日中時"爲上下通禮, 非
有四食·三食·再食之異. 『論語』太師摯等爲殷人, 或者殷禮天子四時食
也, 經傳多略. "日中"者, 擧日中則朝夕可知, 惟「旣夕」之"饋", 當無日中,
賈「疏」後說是也. 「疏」云"一日之中三時食", 此句未知爲鄭「注」, 抑賈釋
鄭義.

역문 이제 살펴보니, 『주례』「천관총재상·선부」에 "왕이 재계할 때는 날
마다 세 번 성찬을 받는다."라고 했으니, 재계는 성대한 예인데도 세 번
성찬을 받는 데 불과하다면 천자가 세 번 식사했다는 것을 알 수 있다.
『의례』「기석례」의 「기」에 "죽은 자에게 평상시에 봉양하던 물품으로,
평상시처럼 밥이나 사철에 나는 진귀한 물품이나 목욕을 하는 데 쓰는
더운물 등을 진설한다.[燕養·饋羞·湯沐之饌, 如他日.]"라고 했는데, 「주」
에 "궤(饋)는 아침저녁으로 먹던 밥이다."라고 했고, 「소」에 "정현은 「향
당」을 주석하면서 '불시(不時)는 아침·저녁·점심이 아닌 때이다.'라고
했으니, 하루 동안에는 세 때에 밥을 먹는데, 지금 「주」에서 '아침과 저
녁'만을 말하고 점심[日中]을 말하지 않은 것은 아마도 정현이 말을 생략
한 듯하니, 역시 점심이 들어 있는 것이다. 혹 죽은 뒤에는 점심때를 생
략해 버렸기 때문에 단지 조식과 석식만 있는 것인 듯싶다."라고 했다.
이것은 가공언이 정현의 「주」에서 "아침·저녁·점심의 때"라고 한 것

을 근거로 하루 세 때의 식사가 위아래로 공통된 예라고 한 것이니, 4식·
3식·재식(再食)의 차이가 있는 것이 아니다. 『논어』의 태사(太師)인 지
(摯) 등은 은(殷)나라 사람이므로, 혹자들은 은나라의 예에 천자는 하루
에 네 때의 식사를 했다고 하는데, 경전에는 대부분 생략되었다. "점심
[日中]"이라고 했는데 점심때 성찬을 받았다면 조식과 석식은 알 수 있고,
오직 「기석례」의 "궤(饋)"는 당연히 점심[日中]이 없으니, 가공언의 「소」
에서 뒤에 한 말은 이것이다. 「소」에 "하루 동안에 세 때에 밥을 먹는
다"라고 했는데, 이 구절은 정현의 「주」인지, 아니면 가공언이 정현의
뜻을 해석한 것인지 모르겠다.

원문 今臧·宋輯本, 列入「注」中稍失闕疑之意. 『公羊』「僖」三十三年「傳」,
"'十有二月, 隕霜不殺草, 李梅實.' 何以書? 記異也. 何異爾? 不時也." 「王
制」, "五穀不時, 果食未熟, 不粥於市." 又『漢書』「召信臣傳」, "太官園種
冬生蔥韭菜茹, 覆以屋廡, 晝夜㸐蘊火, 待溫氣乃生, <u>信臣</u>以爲此皆不時之
物, 有傷於人, 不宜以奉供養." 『後漢書』「鄧皇后紀」, "詔曰: '凡供薦新
味, 多非其節, 或鬱養强熟, 或穿掘萌芽, 味無所至, 而夭折生長, 豈所以
順時育物乎? 傳曰: "非其時不食." 自今當奉祠陵廟及給御者, 皆須時乃
上.'" 二說竝爲不時, 解者多據以釋此文, 亦通.

역문 지금 장용(臧庸)과 송상봉(宋翔鳳)의 집본(輯本)에는 「주」 중에 조금씩
잘못된 것들은 의심스러워 제쳐 둔다는 뜻을 끼워 넣었다. 『춘추공양전
(春秋公羊傳)』「희공(僖公)」 33년의 「전」에 "'서리가 내렸는데도 풀이 시들
지 않고, 오얏과 매실이 열렸다.'라고 했는데, 어째서 기록했는가? 괴이
한 일이라 기록한 것이다. 무엇이 괴이하다는 것인가? 제 계절에 맞지
않기 때문이다."라고 했다. 『예기』「왕제(王制)」에 "오곡(五穀)이 제 계절
에 맞지 않고 과실이 아직 익지 않았으면 저자에서 팔지 않는다."라고

했고, 또 『전한서(前漢書)』「소신신전(召信臣傳)」에 "태관원(太官園)에 겨울을 나는 파와 부추와 나물과 채소를 심고 지붕을 덮고서 따뜻한 불을 사르면 온기를 기다렸다가 이내 자라나는데, 신신(信臣)[23]은 이는 모두 때에 맞지 않은 물건인지라 사람을 해칠 수 있으므로 받들어 공양하기에 마땅하지 않다고 여겼다."라고 했다.

『후한서(後漢書)』「등황후기(鄧皇后紀)」에 "조칙을 내리기를 '무릇 이바지하여 천신하는 새 음식이 제 절기에 맞지 않은 것이 많아서, 혹은 덮어 키워 억지로 익히고, 혹은 땅을 파서 싹을 틔우기도 하여 맛이 제대로 나기도 전에 자라나는 것을 꺾어 내니, 어찌 철에 순응하여 사물을 육성하는 도리이겠는가? 전해 오는 말에 "제철이 아니면 먹지 않는다"라고 하니, 지금부터 능묘(陵墓)의 제사 및 조정에 공급을 받드는 자는 모두 반드시 제철을 기다려 올리도록 하라.'라고 했다."라고 하였다. 두 이야기 모두 제철에 맞지 않음을 말한 것으로, 해석하는 자들은 대체로 이 이야기를 근거로 이 글을 해석하는데, 역시 통한다.

割不正, 不食, 不得其醬, 不食.【注】馬曰: "魚膾非芥醬不食."

자른 것이 바르지 않으면 먹지 않고, 제격에 맞는 장을 얻지 못하

---

23 소신신(召信臣, ?~기원전 31): 전한 구강(九江) 수춘(壽春) 사람. 자는 옹경(翁卿)이다. 명경 갑과(明經甲科)로 낭(郎)이 되었다. 선제(宣帝) 때 남양태수(南陽太守)로 옮겼다. 그곳에서 주민들에게 농상(農桑)을 권장하여 농지 3만 경(頃)을 개간하고, 관개 시설과 교량 및 축대 수십 군데를 설치하는 등 선정을 베풀어 소보(召父)라 일컬어졌다. 원제(元帝) 경녕(竟寧) 중에 불려 소부(少府)가 되어 구경(九卿)의 반열에 올랐다. 재직 중에 죽었다.

면 먹지 않았다. 【주】 마융(馬融)이 말했다. "생선회는 겨자가 아니면 먹지 않았다."

원문 正義曰: 『爾雅』「釋言」, "割, 裂也." 『周官』「內饔」「注」, "割, 肆解也." 「少牢饋食禮」, "牢心舌載於肵俎, 心皆安下切上, 午割勿沒, 其載於肵俎. 末在上, 舌皆切本末, 亦午割勿沒." 「注」云: "牢, 羊豕也. 安, 平也, 平割其下, 於載便也. 凡割本末, 食必正也." 彼文是言祭禮割法. 賈「疏」引此文說之, 則意孔子燕食, 其割法略得同矣.

역문 정의에서 말한다.

『이아』「석언(釋言)」에 "할(割)은 찢음[裂]이다."라고 했고, 『주례』「천관총재상·내옹」의 「주」에 "할(割)은 진설해서 해체한다[肆解]는 뜻이다."라고 했다. 『의례』「소뢰궤사례(少牢饋食禮)」에 "소뢰(小牢)[24]의 심장과 혀를 올려 적대[肵俎][25]에 싣는데, 심장은 모두 아래를 평평하게 자르고 위를 잘게 저며, 가로세로로 잘라[午割] 분산시켜서 그 적대에 싣는다. 끝은 위에 두고, 혀는 모두 혀뿌리와 혀끝을 자르는데, 역시 가로세로로 잘라 분산시킨다."라고 했고, 「주」에 "뇌(牢)는 양과 돼지이다. 안(安)은 평(平)이니, 그 아래를 평평하게 잘라 싣는 데 편리하게 하는 것이다. 무릇 혀뿌리와 혀끝을 자르는 것은 반드시 바르게 자른 것을 먹기 위해서이다."라고 했는데, 저 「소뢰궤사례」의 글은 제례(祭禮)에서 희생을 자르는 법도를 말한 것이다. 가공언의 「소」에서는 「향당」의 이 문장

---

24 소뢰(小牢): 제사를 지낼 때, 양과 돼지만을 희생으로 쓰는 것을 말한다. 태뢰는 소, 양, 돼지를 희생으로 쓴다.

25 기조(肵俎): 제사 때 희생의 심장·혀 등을 담아 올리는 적대(炙臺)를 말한다.

을 인용해서 설명했으니,[26] 아마도 공자가 연식(燕食)을 할 때 그 음식을 자르는 방법이 대략은 같을 수 있었을 것이다.

원문 邢「疏」云: "'割不正', 謂折解牲體脊·脅·臂·臑之屬, 禮有正數, 若解割不得其正, 則不食也." 毛氏奇齡·凌氏廷堪竝主其說. 毛云: "此與『周禮』掌割烹之事必先辨體名. 「少牢禮」辨羊豕必分前體後體, 自肩·臂·臑·膊, 及三脊三脅, 凡十一體, 所謂「諸子」'正六牲之體'者, 不特大祭祀有之." 凌云: "如「鄉飲酒」賓俎脊·脅·肩·肺, 主人俎脊·脅·臂·肺, 肩尊臂卑, 是正數也. 若賓俎用臂, 主人俎用肩, 則尊卑倒置, 卽爲割不正." 此說亦通. 但凌謂"牲體爲割, 鹹膾爲切, 「少牢」所云是'切'非'割'." 譏賈「疏」引「鄉黨」文爲誤, 則「少牢」文上言"切", 下言"午割", 割·切通言, 賈未誤也.

역문 형병(刑昺)의「소」에 "'자른 것이 바르지 않다[割不正]'라는 것은 희생의 몸을 등뼈·갈빗대·앞다리·정강이뼈 등으로 잘라서 해체할 때, 예에 정해져 있는 바른 수가 있는데, 만약 해체하고 자를 때 그 올바름을 얻지 못하면 먹지 않는 것이다."라고 했고, 모기령(毛奇齡)과 능정감(凌廷堪)도 모두 그 나름의 설을 주장했다. 모기령은 "이것과『주례』에서 요리[割烹]를 담당하는 일은 반드시 고기 부위의 명칭을 먼저 변별해야 한다. 『의례』「소뢰궤사례」에 양과 돼지를 변별할 때 반드시 앞 몸체와 뒤 몸체를 변별하는데, 어깨뼈·앞다리·정강이뼈·팔뚝뼈부터 세 부위의

---

26 『의례주소(儀禮注疏)』권16,「소뢰궤사례(少牢饋食禮)」가공언(賈公彦)의「소」에 "무릇 혀뿌리와 혀끝을 자르는 것은 음식을 먹을 때 바르게 자른 것을 기필하기 때문이다.[凡割本末, 食必正也.]라고 했는데,「향당(鄉黨)」에 공자가 '자른 것이 바르지 않으면 먹지 않았다.'라고 했으니, 따라서 혀뿌리와 혀끝을 자르는 것은 바르게 자른 것을 먹기 위한 것이다.['凡割本末, 食必正也.'者,「鄉黨」孔子云: '割不正, 不食.' 故割本末爲食正也.]"라고 했다.

등골[三脊]과 세 대의 갈빗대[三脅]에 이르기까지 다해서 열한 부위의 몸체이니, 『주례』「하관사마하(夏官司馬下) · 제자(諸子)」의 이른바 '여섯 가지 희생[六牲][27]의 몸체를 예법의 순서에 따라 바르게 운반한다'라는 것은, 단지 큰 제사에만 있는 것이 아니다."라고 했고, 능정감은 "『의례』「향음주례(鄕飮酒禮)」에서처럼 손님[賓]의 도마에는 등뼈 · 갈빗대 · 어깨뼈 · 허파를 올리고, 주인의 도마에는 등뼈 · 갈빗대 · 앞다리 · 허파를 올리는데, 어깨뼈는 높고 앞다리는 낮으니, 이것이 예에 정해져 있는 바른 수이다. 만약 손님의 도마에 앞다리를 쓰고 주인의 도마에 어깨뼈를 쓴다면 존비(尊卑)가 뒤집힌 것이니, 바로 자른 것이 바르지 않은 것[割不正]이 된다."라고 했는데, 이 설 역시 통한다. 다만 능정감은 "희생의 몸체는 자른다[割]고 하고, 고깃점이나 회는 저민다[切]고 하니,「소뢰궤사례」에서 말한 것은 '저민 것[切]'이지 '자른 것[割]'이 아니다."라고 했다. 이것이 가공언의「소」에서 인용한「향당」의 글이 잘못이라고 비판한 것이라면,「소뢰궤사례」의 글은 앞에서는 "절(切)"이라 하고 뒤에서는 "오할(午割)"이라고 했는데, 할(割)과 절(切)은 통하는 말이니 가공언이 틀린 것은 아니다.

원문 江氏永『圖考』曰: "凡割 · 切皆當有法, 肉體亦有不能盡割以正者, 聖人惟食其正者耳." 又『群經補義』曰: "食肉惟取其方正者, 則不正之割, 自不來前矣. 配食之醬如醯醢, 皆不設, 此家人造食者之小過, 夫子偶一不食, 微示其意, 後自知設醬得宜矣. 凡此皆未嘗形於言, 怒於色, 庶幾不失聖人氣象."

---

27 육생(六牲): 소, 양, 돼지, 말, 닭, 개.

역문 강영의 『향당도고』에 "무릇 자르고 저미는 데는 모두 마땅히 법도가 있으니, 고깃덩이[肉體] 또한 다 바르게만 자를 수 없는 경우가 있지만, 성인(聖人)은 오직 그 바르게 자르고 저민 것만 먹을 뿐이다."라고 했고, 또 『군경보의(群經補義)』에서 "고기를 먹음에 오직 그 방정하게 자른 것만 취했다면 바르지 않게 잘린 것은 원래부터가 앞에 놓이지 않았을 것이다. 배식(配食)하는 장(醬) 중에 식초나 젓갈 같은 것이 모두 차려지지 않았다면, 이는 가인(家人) 중에서 음식을 만드는 사람의 작은 실수이므로 공자가 어쩌다 한 번 먹지 않고서 슬그머니 그 뜻을 알려 주면, 뒤에 장을 차리는 것이 합당하다는 것을 스스로 알았을 것이다. 무릇 이 모든 것은 일찍이 말로 나타내거나 얼굴에 노기를 띠지 않았으므로 거의 성인의 기상을 잃지 않았다."라고 했다.

- 「注」, "魚膾非芥醬不食."
- 正義曰:『說文』云: "醬, 醢也, 酒以和醬也. 醢, 肉醬也."『周官』「膳夫」「注」, "醬謂醯醢也." 汪氏烜『四書詮義』, "醬者, 醯醢鹽梅之總名. 古人設食, 皆以醢與殽相間, 如「內則」'牛炙醢, 牛胾醢, 牛膾·羊炙·羊胾醢, 豕炙醢, 豕胾, 芥醬, 魚膾, 雉兔, 鶉鷃'一節. 又如'膮脩蚳醢, 脯羹兔醢, 麋膚魚醢, 魚膾芥醬, 糜腥醢醬, 桃諸·梅諸卵鹽.' 又『周禮』'韭菹醓醢, 昌本麋臡, 菁菹鹿臡, 茆菹麋臡, 葵菹蠃醢, 脾析蠯醢, 蠯蜃醢, 豚拍魚醢, 芹菹兔醢, 深蒲醓醢, 箈菹雁醢, 筍菹魚醢'之類. 此皆必以氣味相宜, 或性相制, 故相配而設, 皆所謂'得其醬'也. 殽與醢竝設食, 則以其物濡醢而食之. 蓋此節乃侍御陳設者之失, 非烹調之失. 說者多以「內則」'濡雞醢醬, 濡魚卵醬'條實此, 失之矣. 濡雞濡魚有失, 則失飪之事, 非陳設之不備也." 案, 汪說甚備. 此「注」但言"魚膾芥醬", 亦是擧一以槪其餘.
- 「주」의 "생선회는 겨자가 아니면 먹지 않았다."
- 정의에서 말한다.

『설문해자』에 "장(醬)은 젓갈[醢]이니, 술로 장을 담근다.[28] 해(醢)는 육장(肉醬)이다.[29]"라

고 했다. 『주례』「천관총재상·선부」의 「주」에 "장(醬)은 식초와 젓갈[醯醢]을 이른다."라고
했고, 왕훤(汪烜)[30]의 『사서전의(四書詮義)』에 "장(醬)이란 식초나 젓갈, 염장한 매실의 총
명(總名)이다. 옛사람들은 음식을 차릴 때, 모두 젓갈을 가지고 고기와 서로 짝을 이루니,
예를 들면 『예기』「내칙」에 '구운 쇠고기와 젓갈, 쇠고기 산적과 젓갈, 쇠고기 육회나 구운
양고기나 양고기 산적과 젓갈, 구운 돼지고기와 젓갈과 돼지고기 산적, 겨자와 생선회와 꿩
고기와 토끼 고기, 메추리 고기와 종달새 고기'의 한 구절과 같고, 또 '약포나 말린 고기[腶脩]
에는 개미 알로 만든 젓[蚳醢]을 곁들이고, 포(脯)를 찢어 끓인 국을 먹는 경우는 토끼 고기
젓갈을 곁들이며, 큰 사슴을 저민 고기에는 생선 젓갈을 곁들이고, 생선회에는 겨자를 곁들
이고, 큰 사슴의 생고기에는 육장[醓醬]을 곁들이고, 복숭아 절임과 매실 절임에는 왕소금으
로 간을 맞춘다.'라고 한 것과 같다. 또 『주례』「천관총재하(天官冢宰下)·해인(醢人)」의 '부
추 절임과 식초와 젓갈, 창포 김치와 뼈째 간 사슴 고기로 만든 젓, 순채 김치와 뼈째 간 노루
고기로 만든 젓, 아욱 절임과 우렁이 젓갈, 자른 소 처녑과 긴 맛조개 젓갈, 대합조개 젓갈과
개미 알 젓갈, 돼지 넓적다리와 생선 젓갈, 미나리 절임과 토끼 젓갈, 부들 뿌리 절임과 식초
와 젓갈, 큰 죽순 절임과 기러기 젓갈, 작은 죽순 절임과 생선 젓갈'의 종류도 있는데, 이는
모두 반드시 맛이 서로 어울리거나 혹은 음식의 성질을 서로 보완하기 때문에 서로 짝을 지
어 상차림을 하는 것이니, 모두 이른바 '제격에 맞는 장을 얻었다[得其醬]'라는 것이다. 고기
와 젓갈을 나란히 해서 음식을 차리는 것은 그 고기를 젓갈에 찍어서 먹기 때문이다. 아마도
이 구절은 바로 가까이 모시면서[侍饗] 음식을 진설하는 자의 실수에 대한 것이지, 조리[烹
調]를 잘못한 것에 대한 것은 아닌 듯싶다. 이 구절을 설명하는 자들은 많이들 『예기』「내칙」

---

28 『설문해자』에는 "장(醬)"이 없고 『설문해자주(說文解字注)』에 "장(醬)은 젓갈(醢)이다. 육
(肉)과 유(酉)로 구성되었다. 육(肉)으로 구성됐다는 것은 젓갈에 고기를 쓰지 않는 것이 없
다는 뜻이다. 술로 장(醬)을 담근다. 이 말은 유(酉)로 구성되었기 때문에 생긴 말이다. 장
(뉘)이 발음을 나타낸다. 즉(卽)과 양(亮)의 반절음이다.[醬, 醢也. 從肉酉. 從肉者, 醢無不用
肉也. 酒吕龢醬也. 此說從酉之故. 뉘聲. 卽亮切.]"라고 했다.

29 『설문해자』 권14: 해(醢)는 육장(肉醬)이다. 유(酉)와 유(血)로 구성되었다. 해(䤈)는 해(醢)
의 주문(籒文)이다. 호(呼)와 개(改)의 반절음이다.[醢, 肉醬也. 從酉血. 䤈, 籒文. 呼改切.]

30 왕훤(汪烜, 1692~1759): 청(淸)의 학자. 저서로 『시운석(詩韻析)』, 『악기혹문(樂記或問)』,
『사서전의(四書詮義)』 등이 있다.

에서 '닭을 삶는 데는 육장[醢醬]으로 간을 맞추고, 생선을 익히는 데는 어란(魚卵)으로 만든 장으로 간을 맞춘다'라는 조항으로 이 구절을 실증하는데, 잘못이다. 닭을 삶거나 생선을 익힐 때 실수가 있다는 것은 알맞게 익히지 못한 일이지 진설이 갖추어지지 않은 것이 아니다." 라고 했다. 살펴보니, 왕훤의 설명이 매우 잘 갖추어졌다. 여기의 「주」에서는 단지 "생선회에는 겨자[魚膾芥醬]"라고만 했는데, 역시 하나의 단서를 들어 그 나머지를 개괄한 것이다.

肉雖多, 不使勝食氣, 唯酒無量, 不及亂.

고기가 비록 많아도 밥의 기운을 이기게 하지 않았으며, 오직 술은 양을 정해 두지 않았으나 어지러운 지경에 이르지는 않았다.

원문 正義曰: 氣, 猶性也.『周官』「瘍醫」, "以五氣養之." "五氣", 卽五穀之氣. 人食肉多, 則食氣爲肉所勝, 而或以傷人.『說文』, "旣, 小食也.『論語』云: ‘不使勝食旣.’" 段氏玉裁說『魯論』作"氣",『古論』作"旣", 用假借. 或援許氏"小食"之訓解『論語』, 非也.『呂氏春秋』「孝行覽」, "節飲食, 肉雖多, 不使勝食氣." 正用『魯論』此文. 鄭注『中庸』云: "旣讀爲餼." 注「聘禮」云: "古文旣爲餼." 是"旣"·"氣"通用.

역문 정의에서 말한다.

기(氣)는 성질[性]과 같다.『주례』「천관총재하 · 양의(瘍醫)」에 "오곡의 기운[五氣]으로 보양시킨다."라고 했는데, "오기(五氣)"란 바로 오곡(五穀)의 기운[氣]이다. 사람이 고기를 많이 먹으면 고기가 밥 기운을 이겨 혹 사람을 상하게 하기도 한다.『설문해자』에 "기(旣)는 조금만 먹는다[小

食는 뜻이다. 『논어』에 '밥 기운을 이기지 않도록 조금만 먹었다.[不使勝食旣.]'라고 했다."[31]라고 했는데, 단옥재는 『노논어(魯論語)』에는 "기(氣)"로 되어 있는데, 『고논어(古論語)』에는 "기(旣)"로 되어 있으니, 가차자(假借字)를 사용한 것이라고 했다. 더러 허씨(許氏)의 "조금만 먹는다[小食]"라는 뜻을 취하여 『논어』를 해석하기도 하는데, 잘못이다. 『여씨춘추』「효행람(孝行覽)」에 "음식을 절제해서 고기가 비록 많더라도 밥 기운을 이기게 하지 않았다."라고 했으니, 『노논어』의 이 글자를 그대로 사용한 것이다. 정현은 『중용(中庸)』을 주석하면서 "기(旣)는 희(餼)의 뜻으로 읽어야 한다."라고 했고, 『의례』「빙례(聘禮)」를 주석하면서 "고문(古文)에는 기(旣)가 희(餼)로 되어 있다."라고 했으니, 이 "기(旣)"와 "기(氣)"[32]는 통용된다.

원문 "量", 猶度也. <u>凌氏廷堪</u>說, "'肉雖多, 不使勝食氣.' 爲食禮言之也; '惟酒無量, 不及亂.' 爲燕禮言之也." <u>胡氏培翬</u>『硏六室文鈔』亟稱<u>凌</u>說, 爲之明其義云: "以「公食禮」考之, 初設正饌, 次設加饌. 正饌有牛俎·羊俎·豕俎·魚俎·腊俎·腸胃俎·膚俎, 醢醓·㯱醢·鹿臡三者盛於豆, 此下大夫六豆也. 加饌有牛腒·牛炙·牛胾·牛鮨·羊臐·羊炙·羊胾·豕膮·豕炙·豕胾·魚膾, 肉可不謂多與? 然而黍稷六簋, 宰夫設之, 稻粱二簋, 公親設之, 賓初食稻粱, 三飯卽止, 卒食黍稷, 不以醬湆, 是所謂以穀爲主, 不使肉勝食氣也. 又以「燕禮」考之, 尊於堂上東楹之西者, 兩方壺; 尊於堂

---

31 『설문해자』권5: 기(旣)는 조금만 먹는다[小食]는 뜻이다. 급(皀)으로 구성되었고 기(无)가 발음을 나타낸다. 『논어』에 "밥 기운을 이기지 않도록 조금만 먹었다.[不使勝食旣.]"라고 했다. 거(居)와 미(未)의 반절음이다.[旣, 小食也. 從皀无聲. 『論語』曰: "不使勝食旣." 居未切.]
32 기(氣)는 희(餼)의 오자인 듯하다.

下門西者, 兩圜壺. 初時獻賓, 賓酢主人. 主人自酢, 主人酬賓, 二大夫媵爵於公, 公取媵爵酬賓, 禮亦盛矣. 而獻卿獻大夫後, 復作樂以樂賓, 立司正以安賓, 脫屨升席, 晏坐盡歡, 至於爵行無算, 眞所謂‘無量’矣. 然而君曰‘無不醉’, 有命徹幕, 則必降階下拜, 明雖醉, 正臣禮也. 賓醉而出, 鍾人爲之奏「陔」, 則以所執脯賜鍾人, 明雖醉, 不忘禮也. 此非所謂‘以醉爲節, 而不及亂’乎? 然則此節或夫子嘗言其禮如此, 或出聘隣國, 隣國食之燕之, 夫子一守『禮經』, 記者因爲記之, 俱未可知.”

역문 “양(量)”은 헤아림[度]과 같다. 능정감은 “‘고기가 비록 많아도 밥의 기운을 이기게 하지 않았다.’라는 것은, 식사 예절을 행한 것을 말한 것이고, ‘오직 술은 양을 정해 두지 않았으나 어지러운 지경에 이르지는 않았다.’라는 것은 연례(燕禮)를 행한 것을 말한 것이다.”라고 했다. 호배휘의 『연육실문초(研六室文鈔)』에 자주 능정감의 설을 일컬어 그 뜻을 밝히면서 “『의례』「공사대부례(公食大夫禮)」를 가지고 상고해 보면 처음에 정찬(正饌)을 진설하고, 다음으로 가찬(加饌)을 진설한다. 정찬으로는 우조(牛俎)·양조(羊俎)·시조(豕俎)·어조(魚俎)·납조(臘俎)·양위조(腸胃俎)·부조(膚俎)와 식초와 젓갈·뼈째 간 노루 고기로 만든 젓·뼈째 간 사슴 고기로 만든 젓 세 가지를 제기[豆]에 담는데, 이는 하대부(下大夫)의 6두(六豆) 차림이다. 가찬으로는 쇠고기 곰국[牛臐]·쇠고기 구이[牛炙]·쇠고기 산적[牛胾]·쇠고기 회[牛鮨]·양고기 곰국[羊臐]·양고기 구이[羊炙]·양고기 산적[羊胾]·돼지고기 곰국[豕臐]·돼지고기 구이[豕炙]·돼지고기 산적[豕胾]·생선회[魚膾]가 있으니, 고기가 많다고 하지 않을 수 있겠는가? 그러나 메기장과 찰기장이 든 궤(簋) 6개를 요리사인 재부(宰夫)가 진설하고, 멥쌀과 차좁쌀이 든 궤 2개를 주인[公]이 친히 진설하면 손님은 처음으로 멥쌀과 차좁쌀로 지은 밥을 먹는데, 세 번 떠먹은 다음 그치고, 끝으로 메기장과 찰기장으로 지은 밥을 먹되 장과 고깃국을 곁들이지 않으니, 이것이 이른바 곡물(穀物)을 위주로 해서 고기로 하여금 밥 기운을 이기게 하지 않는다는 것이다. 또『의례』「연례(燕禮)」를 가지고 살펴보면, 당 위 동쪽 기둥의 서쪽에 술동이를 두는데 두 개의 방호(方壺)에다 두고, 당 아래 서쪽에 술동이를 두는데 두 개의 환호(圜壺)에다 둔다. 처음으로 주인이 손님에게 잔을 올리면 손님은 주인에게 잔을 권한다. 주인은 스스로 답례의 술을 따라 권하는데, 주인이 손님에게 술을 따르고 두 명의 대부가 주인[公]에게 잉작(媵爵)[33]하면, 주인은 잉작을 취해서 손님에게 술을 따라 권하니 예가 역시 성대하다. 그리고 경(卿)에게 잔을 올리고 대부에게 잔을 올린 뒤에 다시 음악을 연주하여 손님을 즐겁게 하고, 사정(司正)을 세워 손님을 편안하게 해 주면 손님은 경과 대부와 함께 신발을 벗고 당으로 올라 좌석으로 나아가고, 주인은 손님과 경과 대부와 함께 앉아서 즐거움을 다하는데, 심지어 술잔이 몇 바퀴 돈 뒤에는 술잔을 계산하지 않고 마시니, 참으로 이른바 '양을 정해 두지 않았다[無量]'라는 것이다. 그리하여 군주가 '취하지 아니할 수 없노

---

33 잉작(媵爵): 먼저 술 한 잔을 마시고 다시 두 잔의 술을 따르게 하는 것이다. 『의례(儀禮)』「연례(燕禮)」에 "소신은 동쪽 계단 아래에서 잉작하는 사람을 누구로 할 것인지 군주에게 청하여 묻는다. 군주는 우두머리에게 시키도록 명한다. 소신은 군주의 명에 따라 하대부 가운데 2명을 시켜 술잔을 들어서 올리게 한다. 잉작하는 2명의 하대부는 동쪽 계단 아래에서 모두 북쪽을 향해 머리를 바닥에 대면서 군주에게 재배한다. 군주는 답배로 재배한다. 잉작하는 2명의 하대부는 물받이 항아리[洗]의 남쪽에서 서쪽을 향해 서는데, 북쪽을 윗자리로 삼는다. 잉작하는 2명의 하대부는 순서대로 물받이 항아리 앞으로 나아가 손을 씻고 술잔[角觶]을 씻은 뒤 신하의 술동이에서 술을 떠서 술잔을 따르는데, 당 위 서쪽 기둥(西楹)의 북쪽에서 서로 교차하여 만난다. 잉작이 끝나면 2명의 하대부는 당에서 내려와 동쪽 계단 아래에서 모두 술잔을 내려놓고 머리를 바닥에 대면서 군주에게 배례를 한 뒤 술잔을 잡고 일어난다. 군주는 답배로 재배한다.[小臣自阼階下請媵爵者, 公命長. 小臣作下大夫二人媵爵. 媵爵者阼階下皆北面, 再拜稽首. 公答再拜. 媵爵者立于洗南, 西面, 北上. 序進, 盥, 洗角觶, 升自西階, 序進, 酌散, 交于楹北. 降, 阼階下, 皆奠觶, 再拜稽首, 執觶興. 公答再拜.]"라고 했다.

라!'라고 말하고 장막을 걷을 것을 명하면 반드시 계단 아래로 내려와 절하니, 분명 비록 취하긴 했지만 신하의 예를 바르게 한 것이다. 손님은 취해서 나올 때 종인(鍾人)이 그를 위해 「해(陔)」를 연주하면, 잡고 있던 포(脯)를 종인에게 주니 분명 비록 취하긴 했지만 그 예를 잊지 않은 것이다. 이것이 이른바 '취하는 것으로 절도를 삼아 어지러운 지경에 이르지 않았다'[34]라는 것이 아니겠는가? 그렇다면 이 구절은 어쩌면 공자가 일찍이 그 예가 이와 같음을 말한 것인지, 혹은 이웃 나라에 빙문을 갔을 때 이웃 나라에서 식사를 하거나 연례를 행할 때 공자가 한결같이 『예경(禮經)』을 지켰기 때문에 기록하는 자가 거기에 따라 기록한 것인지 도무지 알 수 없다."라고 했다.

원문 案, 凌氏此說甚核. 然凌主禮食, 不兼常食, 於義稍隘. 蓋常食如賓朋燕飮, 亦得備物盡歡也.

역문 살펴보니, 능씨(凌氏)의 이 설명이 매우 정밀하다. 그러나 능정감은 예식(禮食)을 위주로 한 것이지 평상시의 식사를 아울러 설명하지 않았으니, 의미에 있어서는 조금 협소하다. 아마도 평상시 음식은 손님이나 벗을 두루 초청해서 연음(燕飮)할 때와 같았을 것이니, 역시 음식물을 두루 갖추어 즐거움을 다했을 것이다.

沽酒市脯, 不食.

---

34 『논어집주(論語集註)』「향당(鄕黨)」, 주희(朱熹)의 「주」.

파는 데서 사온 술과 저자에서 만든 포는 먹지 않았다.

원문 正義曰: "沽"與"酤"同. 『說文』云: "酤, 一宿酒也, 一曰'買酒'也." 『說文』
其二義. "一宿之酒", 卽是醴酒, 不應夫子不食, 然則"沽酒", 當謂"買酒"也.
『廣雅』「釋詁」, "酤, 賣也." "酤"爲"買"·"賣"通稱, 『說文』·『廣雅』各擧
其一耳. 『周官』「萍氏」, "幾酒謹酒." 「注」云: "幾酒, 苛察沽買過多非時
者." 是周時有酤酒.

역문 정의에서 말한다.

"고(沽)"는 "술을 산다[酤]"와 같은 글자이다. 『설문해자』에 "고(酤)는
하룻밤 사이에 익은 술[一宿酒]이다. 일설에는 '사온 술[買酒]'이라 한다."[35]
라고 했으니, 『설문해자』에는 두 가지 뜻이 있다. "하룻밤 사이에 익은
술"이란 바로 단술[醴酒]이니, 응당 공자가 마시지 않은 것은 아닐 것이
고, 그렇다면 "고주(沽酒)"란 당연히 "사온 술[買酒]"이라는 말이다. 『광아』
「석고」에 "고(酤)는 판다[賣]는 뜻이다."라고 했으니, "고(酤)"는 "사다
[買]"·"팔다[賣]"와 통칭되는데, 『설문해자』와 『광아』에서는 각각 그 한
가지 뜻만 거론했을 뿐이다. 『주례』「추관사구하(秋官司寇下)·평씨(萍氏)」
에 "술의 판매가 과다한가를 살피고, 술을 절제해서 마시게 한다.[幾酒謹
酒.]"라고 했는데, 「주」에 "기주(幾酒)란, 술을 사고파는 것이 지나치게
많은 것과 익지 않은 술을 자세하게 기찰하는 것이다."라고 했으니, 주
(周)나라 시대에 사고파는 술이 있었던 것이다.

---

35 『설문해자』 권14: 고(酤)는 하룻밤 사이에 익은 술[一宿酒]이다. 일설에는 '사온 술[買酒]'이
라 한다. 유(酉)로 구성되었고 고(古)가 발음을 나타낸다. 고(古)와 호(乎)의 반절음이다.[酤,
一宿酒也. 一曰'買酒'也. 從酉古聲. 古乎切.]

원문 『漢書』「食貨志」, "王莽居攝, 羲和魯匡言, '百禮之會, 非酒不行. 故『詩』
曰"無酒酤我", 而『論語』曰"酤酒不食", 二者非相反也. 夫『詩』據承平之
世, 酒酤在官, 和旨便人, 可以相御也. 『論語』孔子當周衰亂, 酒酤在民,
薄惡不誠, 是以疑而不食.'" 此引『論語』作"酤", 『御覽』「資産部」引亦作
"酤", "酤"本字.

역문 『전한서』「식화지(食貨志)」에 "왕망(王莽)이 임금을 대신해서 정사를
돌보자[居攝],[36] 역상을 관장하는 관원[羲和][37]인 노광(魯匡)이 말하길 '모든
예식의 회합은 술이 아니면 행해지지 않는다. 그러므로『시경』에 "술이
없으면 내가 사올 것이다"[38]라고 했고, 『논어』에 "파는 데서 사온 술은
먹지 않았다"라고 했는데, 이 둘은 그 뜻이 상반되지 않는다. 『시경』의
내용은 태평했던 시대를 바탕으로 한 것으로, 술을 사는 곳은 관가에 있
었기에 잘 익어 조화로운 맛은 사람을 편안하게 해서 서로 간에 뜻이 화
합할 수 있다. 『논어』의 내용은 공자가 주나라의 쇠락과 혼란한 때를
당해 술을 사는 곳이 민가에 있었으므로 술맛이 싱겁고 나쁘며 담그는
데 정성을 들이지 않았기 때문에 의심스러워 먹지 않은 것이다.'라고 하
였다."라고 했는데, 여기서는『논어』를 인용하면서 "고(酤)"라고 썼고, 『태
평어람(太平御覽)』「자산부(資産部)」에서 인용한 것 역시 "고(酤)"로 되어
있으니, "고(酤)"가 본자(本字)이다.

원문 "沽", 水名, 叚借字. 梁氏玉繩『瞥記』, 「酒正」「注」作'酒有功沽之巧.'

---

36 거섭(居攝): 임금을 대신해서 정사를 돌봄.

37 희화(羲和): 당우(唐虞) 때에 희(羲)씨와 화(和)씨가 역상(曆象)에 대한 일을 맡았는데, 그
   후 역상을 관장하는 관원을 희화라 일컫게 되었다.

38 『시경(詩經)』「소아(小雅)·녹명지십(鹿鳴之什)·벌목(伐木)」.

「疏」云: ‘功沽謂善惡.’「夏官·司兵」「注」‘功沽上下’義同. 因思『論語』‘沽酒’, 當是酒之惡者.” 梁此說亦通. 但酒當云“飮”, 而云“不食”, 古人趁文不分別也.

역문 “고(沽)”는 물 이름[水名]으로 가차자(假借字)이다. 양옥승(梁玉繩)의 『별기(瞥記)』에 “『주례』「천관총재하·주정(酒正)」의 「주」에 ‘술에는 공고(功沽)의 재주가 있다.’라고 했는데, 「소」에 ‘공고(功沽)는 선악(善惡)을 이른다.’라고 했고, 「하관사마하·사병(司兵)」의 「주」에서 ‘공고상하(功沽上下)’[39]라고 한 것도 뜻이 같다. 따라서 『논어』의 ‘고주(沽酒)’를 생각해 보면 당연히 술 중에서 나쁜 것이다.”라고 했다. 양옥승의 이 말 역시 통한다. 다만 술은 마땅히 “마신다[飮]”라고 해야 하는데, “먹지 않았다[不食]”라고 한 것은 옛사람들은 글자를 이어서 붙일 때는 글자를 나누어 구별하지 않았기 때문이다.

원문 『說文』, “市, 買賣所之也. 脯, 乾肉也.” 『釋名』「釋飮食」, “脯, 搏也, 乾燥相搏著也.” 『周官』, “腊人掌乾肉. 凡田獸之脯腊膴胖之事.” 「注」云: “薄析曰脯.” 「內則」, “牛脩肉脯, 田豕脯, 麋脯, 麇脯.” 「注」云: “脯所謂析乾牛羊肉也.” “市脯不食”, 亦恐其不精潔, 且恐日久, 味少變也.

역문 『설문해자』에 “시(市)는 물건을 사거나 파는 장소이다.[40] 포(脯)는 말

---

39 『주례주소(周禮注疏)』 권32, 「하관사마하(夏官司馬下)·사병(司兵)」에 “사병은 다섯 가지 병기와 다섯 가지 방패를 관장하여 각각 그 병기와 등급 등을 판단하여 군사(軍事)에 대비한다.[司兵, 掌五兵五盾, 各辨其物與其等, 以待軍事.]”라고 했는데, 정현(鄭玄)의 「주」에 “등(等)은 공고상하(功沽上下)를 이른다.[等謂功沽上下.]”라고 했고, 가공언의 「소」에, “그 선악과 장단과 크고 작음의 등급이다.[其善惡·長短·大小之等.]”라고 했다.

40 『설문해자』 권5: 시(市)는 물건을 사거나 파는 장소이다. 저자[市]에는 담장[垣]이 있으므로, 경(冂)으로 구성되었고 급(㇀)으로 구성되었다, 급(㇀)은 급(及)의 고문인데, 물건들이 서로

린 고기[幹肉]이다.⁴¹"라고 했다. 『석명』「석음식」에 "포(脯)는 두드린다
[搏는 뜻이니 건조시켜 서로 두드려 붙여 놓은 것이다."라고 했다. 『주
례』「천관총재상·석인(腊人)」에 "석인(腊人)은 말린 고기를 관장한다.
사냥한 짐승의 고기를 얇게 저며 말린 포, 생강과 계피 등을 넣어 말린
포, 뼈가 없이 살만 말린 포, 뼈가 붙은 포 등을 만드는 일을 관장한다."
라고 했는데,「주」에 "얇게 저민 것[薄析]을 포(脯)라 한다."라고 했다. 『예
기』「내칙」에 "쇠고기 포와 사슴 고기 포⁴²와 멧돼지 고기 포와 큰 사슴
고기 포와 노루 고기 포"라고 했는데,「주」에 "포(脯)는 이른바 소나 양
의 고기를 저며서 말린 것이다."라고 했다. "저자에서 만든 고기를 먹지
않은 것"은 역시 정결하지 않음을 걱정해서였고, 또 제조한 날짜가 오래
되어 맛이 조금이라도 변질되었을까 걱정해서였다.

不撤薑食,【注】孔曰: "'撤', 去也. 齊禁葷物, 薑辛而不葷, 故不去." 不多
食.【注】孔曰: "不過飽."

생강 먹는 것을 그만두지 않았지만,【주】공안국이 말했다. "'철(撤)'은 거
두어들인다[去]는 뜻이다. 재계할 때는 맵고 냄새나는 음식물을 금하는데, 생강은 맵
기는 하지만 냄새가 나지 않기 때문에 거두지 않은 것이다." 많이 먹지는 않았

어울림을 형상한 것이다. 지(之)의 생략형이 발음을 나타낸다. 시(時)와 지(止)의 반절음이
다.[市, 買賣所之也. 市有垣, 從门從ㄱ, ㄱ, 古文及, 象物相及也. 之省聲. 時止切.]

41 『설문해자』권4: 포(脯)는 말린 고기[乾肉]이다. 육(肉)으로 구성되었고 보(甫)가 발음을 나
타낸다. 방(方)과 무(武)의 반절음이다.[脯, 乾肉也. 從肉甫聲. 方武切.]

42 『논어정의』에는 "肉"으로 되어 있다. 『예기』「내칙(内則)」을 근거로 "鹿"으로 고치고 해석했다.

다. 【주】공안국이 말했다. "지나치게 배불리 먹지 않은 것이다."

원문 正義曰: "撤", 宋『九經』本作"徹". 薑辛辣, 多食, 生內熱之疾, 故不多食. 陶宏景注『本草』·祝穆『事文類聚』皆如此解. 閻氏若璩『釋地』, "不多食, 承上'薑'說, 與'惟酒無量, 不及亂'一例."

역문 정의에서 말한다.

　"철(撤)"은 송대(宋代)에 간행한 『구경(九經)』본에는 "철(徹)"로 되어 있다. 생강은 매워서 많이 먹으면 속이 뜨거워지는 병이 생기기 때문에 많이 먹지 않은 것이다. 도굉경(陶宏景)[43]이 주석한 『본초(本草)』와 축목(祝

43　도굉경(陶宏景, 456~536): 단양(丹陽) 말릉[秣陵: 지금의 강소성(江蘇省) 진강(鎭江) 부근] 사람. 남북조(南北朝)시대 송(宋)나라와 양(梁)나라 사이의 이름난 의약학자(醫藥學者)이자 도가(道家)의 학자인 도홍경(陶弘景)이다. 자(字)는 통명(通明)이고 화양은거(華陽隱居)라 자호(自號)하였다. 의약(醫藥) 방면에서, 본초학(本草學)에 대하여 제법 깊이 있는 연구를 하였고 일찍이 『신농본초경(神農本草經)』과 『명의별록(名醫別錄)』의 약물 730종을 분류하여 한데 합쳐 엮고 주석(注釋)을 달아 『본초경집주(本草經集注)』를 썼는데, 남북조시대 이전의 약물학 성과를 총결한 것으로 『신농본초경』 다음으로 옛날 본초학의 중요한 책이다. 그는 또한 맨 먼저 약물의 치료 작용에 따라 분류하는 '제병통용약(諸病通用藥)'의 약물 분류법을 제기하였다. 금기(琴碁)에서 서예까지 능숙했으며, 역산(曆算)과 지리, 의약 등에도 조예가 깊었다. 아버지가 첩에게 살해된 사실로 인하여 일생을 결혼하지 않고 지냈다. 소도성[蕭道成, 제 고제(齊高帝)]이 재상으로 있을 때 불려 제왕시독(諸王侍讀)이 되었다가 봉조청(奉朝請)에 올랐다. 일찍이 관직을 사퇴하고 제 무제(齊武帝) 영명(永明) 10년(492) 구용(句容) 구곡산(句曲山), 즉 모산(茅山)에 은거하여 학업에 정진했고, 유불도 삼교(三敎)에 능통했으며, 통합을 주장했다. 양 무제(梁武帝)가 초빙했지만 나오지 않았다. 그러나 조정에 대사가 있을 때마다 그에게 자문을 구해 당시 산중재상(山中宰相)으로 불렀다. 만호(晩號)는 화양진일(華陽眞逸)이다. 도교 관계 저서로는 경전으로 존중되고 있는 『진고(眞誥)』 20권과 『등진은결(登眞隱訣)』 3권, 『진령위업도(眞靈位業圖)』 등이 있다. 문집에 『화양도은거집(華陽陶隱居集)』 2권이 있으며, 『본초경집주』와 『제대연력(帝代年曆)』, 『주후백일방(肘

穆)⁴⁴의 『사문류취(事文類聚)』는 모두 이 해설과 같다. 염약거(閻若璩)의 『사서석지(四書釋地)』에 "'많이 먹지 않았다'라는 것은 앞의 '생강 먹는 것을 그만두지 않았다'라는 말과 이어져 있는 것이니, '오직 술은 양을 정해 두지 않았으나 어지러운 지경에 이르지는 않았다.[惟酒無量, 不及亂]' 라고 한 것과 같은 용례이다."라고 했다.

● 「注」, "齊禁葷物, 薑辛而不葷, 故不去."

● 正義曰: 『集解』從孔說, 以"食不厭精"至"不多食", 皆齊禮. 故孔解此爲"齊禁葷物, 但不去薑耳." 朱子『集注』以"明衣"·"變食"·"遷坐"爲齊禮, "食不厭精"以下, 爲禮食常食之節, 於義更合. 『說文』, "薑, 禦濕之菜也." 『本草經』, "乾薑主逐風·濕痺·腸澼·下痢, 生者尤良, 久服去臭氣, 通神明." 是其功用有益於人, 故每食餕不撤去之. 「玉藻」「注」謂葷有薑, 此言"薑不葷"者, 散文"辛"亦爲"葷", 對文"葷"·"辛"異也.

○ 「주」의 "재계할 때는 맵고 냄새나는 음식물을 금하는데, 생강은 맵기는 하지만 냄새가 나지 않기 때문에 거두지 않은 것이다."

○ 정의에서 말한다.
『논어집해(論語集解)』에서는 "밥은 대낀 쌀로 지은 것을 싫어하지 않았다[食不厭精]"라고 한 것에서부터 "많이 먹지는 않았다[不多食]"까지를 모두 재계할 때의 예라고 보았다. 그러므로 공안국은 이 문장을 해석하면서 "재계할 때는 냄새나는 음식물을 금하되 단지 생강만큼은 거두지 않았을 뿐이다."라고 한 것이다. 주자(朱子)의 『논어집주(論語集注)』에서는 명의(明衣)와 음식을 바꾼 것[變食]과 자리를 옮긴 것[遷坐]을 재계한 것으로 보고, "사불염정

後百一方)』도 저술했다.

44 축목(祝穆, ?~?): 송나라 건녕부(建寧府) 숭안(崇安) 사람. 조적(祖籍)은 흡현(歙縣)이고, 초명은 병(丙)이며, 자는 화보(和甫)이다. 어릴 때 고아가 되어 동생 축계(祝癸)와 함께 고부(姑夫) 주희에게 배웠다. 은거해 벼슬하지 않고 학문에 전념하여 유학(儒學)으로 일가를 이루었다. 저서에 『방여승람(方輿勝覽)』과 『사문류취(事文類聚)』 등이 있다.

(食不厭精)" 이하는 예식(禮食)과 평상시 식사[常食]의 예절이라고 했는데, 의리에 더욱 합당하다. 『설문해자』에 "강(薑)은 습기를 막는 채소이다."[45]라고 했고, 『본초경(本草經)』에 "말린 생강은 중풍을 몰아내고[逐風]·관절염[濕痺]·치질[腸澼]·설사[下痢]에 주로 쓰고, 날것은 더욱 좋으니 오랫동안 복용하면 악취를 제거하고 신명(神明)을 통한다."라고 했으니, 이는 그 효능이 사람에게 유익하기 때문에 항상 남은 것을 먹고 그만두지 않는 것이다. 『예기』「옥조」의 「주」에 맵고 냄새나는 채소[葷菜] 중에는 생강도 있다고 했는데, 여기에서 "생강은 냄새가 나지 않는다"라고 한 것은 산문(散文)에서는 "매운맛[辛]" 역시 "훈채[葷]"가 되지만, 대문(對文)에서는 "훈채[葷]"와 "매운맛[辛]"이 다르기 때문이다.

원문 姚氏鼐『經說』, "古者有庪食之閣, 大夫于閣三, 士于坫一. 大夫七十而有閣, 則未知孔子之已有閣與其坫也與. 凡食畢, 鼎食則徹, 于造脯醢葷菜則不徹, 庪以備時食, 所以優尊者也. 『禮』, '夜侍坐于君子, 君子問夜, 膳葷, 請退可也.' 故不徹葷者, 禮也. 薑亦葷也. 孔子以爲蔥薤之類氣皆濁, 不若薑之淸, 則所庪薑而已."

역문 요내(姚鼐)[46]의 『구경설(九經說)』에 "옛날에는 음식물을 보관하는 전각

---

45 『설문해자』 권1: 강(薑)은 습기를 막는 채소이다. 초(艸)로 구성되었고 강(彊)이 발음을 나타낸다. 거(居)와 양(良)의 반절음이다.[薑, 禦溼之菜也. 從艸彊聲. 居良切.]

46 요내(姚鼐, 1731~1815): 청나라 안휘(安徽) 동성(桐城) 사람. 자는 희전(姬傳) 또는 몽곡(夢穀)이고, 호는 석포선생(惜抱先生)이다. 건륭(乾隆) 28년(1763) 진사가 되었다. 서길사(庶吉士)에 올랐다가 예부주사(禮部主事)로 옮겼다. 산동(山東)과 호남(湖南)의 향시고관(鄕試考官)을 지냈고, 회시동고관(會試同考官)을 역임했다. 『사고전서(四庫全書)』 편수관으로, 책이 완성되자 사직을 청원하고 귀향했다. 40년 동안 강남(江南) 종산(鍾山)과 자양(紫陽) 등 서원(書院)의 강석(講席)을 지냈다. 동향 선배인 유대괴(劉大櫆)에게 문장을 배워 간결하며 격조 높은 글을 썼다. 문장 이론은 역시 방포(方苞) 이래의 고문설(古文說)을 정리, 집대성하여 종래의 송학(宋學) 중심의 이론에 한학의 방법을 도입하여 널리 문학의 형식과 내용의 일치를 주장했다. 구양수(歐陽脩)와 증공(曾鞏) 등을 좋아했고, 방포, 유대괴와 함께 동성파

[餕食之閣]이 있었으니, 대부는 협실(夾室)에 세 개의 전각에 음식물을 보관하고, 사는 내실(內室) 중앙에 한 개의 토점(土坫)에 음식물을 보관한다. 대부는 70세에 음식을 보관하는 전각을 갖는데, 공자가 이미 전각과 토점을 가지고 있었는지는 모르겠다. 무릇 식사를 마치면 솥을 늘어놓고 하던 식사는 거두지만, 조리한 포나 젓갈, 훈채(葷菜)는 거두지 않고 보관해 두었다가 때맞춰 먹을 때를 대비하니, 존자(尊者)를 우대하기 위한 것이다. 『의례』「사상견례(士相見禮)」에 '밤에 군자를 모시고 앉아 있을 때 군자가 밤이 늦었는지 묻거나 반찬에 훈채가 들어 있는 음식을 찾으면 물러갈 것을 청하는 것이 옳다.'라고 했으니, 따라서 훈채를 거두지 않는 것은 예이다. 생강 역시 훈채이다. 공자는 파나 염교와 같은 부류의 기운은 모두 탁해서 생강의 기운이 맑은 것만 못하다고 여겼으므로 생강을 보관한 것일 뿐이다."라고 했다.

10-7

祭於公, 不宿肉, 【注】周曰: "助祭於君, 所得牲體, 歸則以班賜, 不留神惠." 祭肉不出三日. 出三日, 不食之矣. 【注】鄭曰: "自其家祭肉, 過三日不食, 是褻鬼神之餘."

나라에서 제사를 돕고 받은 고기는 그날 밤을 넘기지 않았으며,

(桐城派)의 기반을 구축했다. 고금의 모범적인 문장을 모아 비평을 더한 『고문사유찬(古文辭類纂)』74권을 편찬했다. 그 밖의 저서에 『구경설(九經說)』과 『춘추삼전보주(春秋三傳補注)』, 『국어보주(國語補注)』, 『노자장의(老子章義)』, 『장자장의(莊子章義)』, 『석포헌전집(惜抱軒全集)』 등이 있다.

【주】주생렬(周生烈)이 말했다. "임금의 제사를 돕고 얻은 희생의 고기[牲體]는 집으로 돌아와서 즉시 나누어 주어 신의 은혜를 지체시키지 않았다." 집에서 제사 지낸 고기는 3일을 넘기지 않았으며, 3일이 지난 것은 먹지 않았다. 【주】정현이 말했다. "집에서 제사 지낸 고기부터 해서 3일이 지나도록 먹지 않는 것은 귀신이 남긴 것을 함부로 하는 것이다."

- 「注」, "助祭"至"神惠".

- 正義曰:「雜記」, "大夫冕而祭於公, 士弁而祭於公."「注」, "助君祭也." 是大夫士有助祭之禮. 「禮運」, "仲尼與於蜡賓."『史記』「世家」, "魯今且郊, 如致膰於大夫, 則吾猶可以止." 本篇云 "入太廟", 皆夫子助祭之徵.『周官』「大宗伯」於兄弟有脤膰, 異姓有賀慶. 此互文, 明兼有之也.

○「주」의 "조제(助祭)"부터 "신혜(神惠)"까지.

○ 정의에서 말한다.

『예기』「잡기(雜記)」에 "대부는 면(冕)을 착용하고 공소(公所)에서 제사하고, 사는 변(弁)을 착용하고 공소에서 제사한다."라고 했는데, 「주」에 "군주의 제사를 돕는 것이다."라고 했으니, 대부와 사는 제사를 돕는 예가 있다. 「예운(禮運)」에 "중니가 납향제사[蜡祭]를 돕는 역할에 참여했다."라고 한 것이나,『사기』「공자세가」에 "노나라가 지금 장차 교제를 지낼 것이니, 만일 제사 고기를 대부에게 보내 준다면 내 오히려 걸음을 멈출 수 있다."라고 한 것, 여기「향당」에서 "태묘에 들어가[入太廟]"라고 한 것은 모두 공자가 제사를 도왔다는 증거이다.『주례』「춘관종백상(春官宗伯上)·대종백(大宗伯)」에 보면 형제에게는 신번(脤膰)[47]의 예가 있고, 이성(異姓) 간에는 하경(賀慶)의 예가 있다.[48] 이는 호문(互文)으로 모두 그러한

---

47 진번(脤膰): 종묘에 제사 지내는 고기인데, 날것을 신(脤)이라 하고, 익힌 것을 번(膰)이라 한다.

48 『주례(周禮)』「춘관종백상(春官宗伯上)·대종백(大宗伯)」: 신번(脤膰)의 예로 형제의 나라를 가까이하고, 하경(賀慶)의 예로 이성(異姓)의 나라를 가까이한다.[以脤膰之禮, 親兄弟之

예가 있음을 밝힌 것이다.

원문 『穀梁』「定」十四年「傳」, "脤者何也? 俎實也, 祭肉也. 生曰脤, 熟曰膰." 『說文』, "膰, 宗廟火孰肉. 『春秋傳』曰: '天子有事膰焉.'" 今或作 "燔"·作"膰". 又『說文』, "胙, 祭福肉也." 『左』「僖」九年「傳」, "王使宰孔賜齊侯胙." 脤·膰·胙, 皆祭肉名. 天子諸侯祭畢, 助祭之臣皆班賜之, 以均神惠, 卽此「注」所云"牲體"也.

역문 『춘추곡량전』「정공(定公)」 14년의 「전」에 "신(脤)이란 무엇인가? 적대(炙臺)에 담은 고기이며 제사 지낸 고기이다. 날것을 신(脤)이라 하고 익힌 것을 번(膰)이라 한다."라고 했다. 『설문해자』에 "번(膰)은 종묘 제사에서 올리는 불로 익힌 고기이다. 『춘추전(春秋傳)』에 '천자가 일이 있으면 번육(膰肉)을 마련한다.'라고 했다."[49]라고 하였는데, 지금은 더러 "번(燔)"으로 쓰기도 하고 "번(膰)"으로 쓰기도 한다. 또 『설문해자』에 "조(胙)는 제사에서 음복하는 고기이다."[50]라고 했다. 『춘추좌씨전』「희공」 9년의 「전」에 "주 양왕(周襄王)이 재공(宰孔)을 보내어 제후(齊侯)에게 조육(胙肉)을 하사했다."라고 했는데, 신(脤)·번(膰)·조(胙)는 모두 제육(祭肉)의 명칭이다. 천자와 제후(諸侯)가 제사를 마치면 제사를 돕는 신하 모두에

國; 以賀慶之禮, 親異姓之國也.]

49 『설문해자』 권10: 번(膰)은 종묘 제사에서 올리는 불로 익힌 고기이다. 자(炙)로 구성되었고 번(番)이 발음을 나타낸다. 『춘추전(春秋傳)』에 "천자가 일이 있으면 번육(膰肉)을 마련해서 동성의 제후에게 선물로 준다."라고 했다. 부(附)와 원(袁)의 반절음이다.[膰, 宗廟火孰肉. 從炙番聲. 『春秋傳』曰: "天子有事膰焉, 以饋同姓諸侯." 附袁切.]

50 『설문해자』 권4: 조(胙)는 제사에서 음복하는 고기이다. 육(肉)으로 구성되었고 사(乍)가 발음을 나타낸다. 작(昨)과 오(誤)의 반절음이다.[胙, 祭福肉也. 從肉乍聲. 昨誤切.]

게 희생으로 사용한 고기를 나누어 주어 신의 은혜를 균등하게 베푸니, 바로 이 「주」에서 말한 "희생의 고기[牲體]"이다.

원문 「少儀」言致膳之法云: "其禮大牢, 則以牛左肩·臂·臑折九個; 少牢, 則以羊左肩七個; 犆豕, 則以豕左肩五個." 「注」, "折, 斷分之也. 皆用左者, 右以祭也. 羊豕不言臂臑, 因牛序之可知." 由「少儀」此文推之, 凡天子諸侯所班之胙, 是依牢禮爲之, 其牲體當亦準准此矣.

역문 『예기』「소의」에 음식을 드리는 예법을 말하면서 "그 예(禮)를 보면 태뢰에 있어서는 소의 왼쪽 어깻죽지[肩]·팔[臂]·앞다리[臑]를 절단한 9개를 보내며, 소뢰에 있어서는 양의 왼쪽 어깻죽지 7개를 보내며, 특시(犆豕)에 있어서는 돼지의 왼쪽 어깻죽지 5개를 보낸다."라고 했는데,「주」에 "절(折)은 끊어서 나눈다[斷分]는 뜻이다. 모두 왼쪽을 사용하는 이유는 오른쪽을 가지고 제사 지내기 때문이다. 양과 돼지의 경우에 팔[臂]과 앞다리[臑]를 말하지 않았으니, 소로 인하여 차례를 매긴 것임을 알 수 있다"라고 했다. 「소의」의 이 글을 가지고 추정해 보면, 천자와 제후가 나누어 주는 제사 고기는 태뢰와 소뢰의 예에 따라 나누어 주니 그 희생의 고기를 나누어 주는 것도 역시 당연히 이것을 표준으로 삼을 것이다.

원문 「曲禮」云: "凡祭於公者, 必自徹其俎." 「疏」云: "此謂士助君祭也. 若大夫以上, 則君使人歸之." 然則助祭之臣, 亦得各獻俎肉, 『禮』所云"賓俎"者也. 與君賜之胙, 同名爲脤膰, 故江氏永以膰肉不至爲賓俎, 而『左』「昭」十六年「傳」亦云: "爲嗣大夫, 喪祭有職, 受脤歸脤." 受脤, 謂受君賜; 歸脤, 則君使人歸之賓俎也. 祭公不宿之肉, 當兼君賜及己所獻之俎. 「注」言"所得牲體", 當專指賜胙, 不及歸俎, 或是擧一以例之耳. 凡殺牲皆於祭日旦明行事, 至天予諸侯祭之明日又祭, 謂之繹祭, 祭畢, 乃頒所賜肉, 及歸

賓客之俎. 則胙肉之來, 或已三日, 故不可再宿.

역문 『예기』「곡례상」에 "무릇 공소에서 제사를 돕는 사람은 반드시 스스로 그 제기를 치운다."라고 했는데, 「소」에 "이것은 사가 임금의 제사를 돕는 경우를 말한다. 대부 이상의 경우에는 임금이 다른 사람을 시켜 그 제사 고기를 보내 준다."라고 했으니, 그렇다면 제사를 돕는 신하도 역시 각자가 바쳤던 조육(俎肉)[51]을 얻으니, 『예』에서 말하는 "빈조(賓俎)"라는 것이다. 군주가 하사한 제사 고기와 함께 똑같이 신번이라고 부르기 때문에, 강영은 제사 고기[膰肉]가 이르지 않은 것을 빈조가 이르지 않은 것이라고 생각했는데, 『춘추좌씨전』「소공」 16년의 「전」에도 "세습한 대부[嗣大夫]가 되어 국가의 상사(喪事)와 제사(祭祀)에 일정한 직책이 있으면 제육을 받기도 하고 제육을 보내 주기도 한다."라고 했으니, 제육을 받는다[受脤]는 것은 군주가 하사한 것을 받는다는 말이고, 제육을 보내 준다[歸脤]는 것은 군주가 다른 사람을 시켜 빈조를 보내 준다는 말이다. 나라에서 제사를 돕고 받은 고기 중에 그날 밤을 넘기지 않아야 할 제육은 당연히 군주가 하사한 것과 자기가 바친 조(俎)를 겸한 것이다. 「주」에서 말한 "얻은 희생의 고기"는 당연히 오로지 하사한 제사 고기를 가리키는 것이고, 다른 사람을 시켜 보내 준 제사 고기[歸俎]를 언급하지 않은 것은 아마도 하나를 들어 예를 들어 보여 준 것일 뿐인 듯하다. 무릇 희생을 잡는 것은 모두 제사 당일 아침 해가 밝을 무렵에 일을 행하고, 천자와 제후가 제사 지낸 다음 날에 이르러 또 제사 지내는데 이것을 역제(繹祭)라 하고, 제사를 마치고 나서 이에 하사할 고기와 다른 사람을 시켜 빈객에게 전해 줄 조(俎)를 나눈다. 그렇다면 제사 지낸 고

---

51 조육(俎肉): 제사가 끝난 다음 음복용으로 나누어 주는 고기이다.

기가 오는 것은 어쩌면 이미 3일이 지났기 때문에 다시 하루를 묵힐 수 없었던 것이다.

- ●「注」, "自其"至"之餘".
- ● 正義曰:「少儀」, "爲人祭曰致福, 爲己祭而致膳於君子曰膳, 祔‧練曰告. 凡膳, 告於君子, 主人展之, 以授使者於阼階之南, 南面, 再拜稽首送, 反命, 主人又再拜稽首."「注」, "此皆致 祭祀之餘於君子也. 攝主言'致福', 申其辭也; 自祭言'膳', 謙也. 祔‧練言'告', 不敢以爲福膳 也. '展', 省具也." 此致祭肉之禮. 所以云"不出三日"者, 卿‧大夫祭後又祭曰賓尸, 本日無暇 致胙, 又禮賜君子與小人不同日, 自諸父兄弟逮及賤者, 頒有先後, 故必二日而徧, 合前祭日 爲三日也. 過三日, 則肉不堪食, 必爲人所棄, 是'褻鬼神之餘'爲不敬矣. "出三日不食"之文, 正申明"不出三日"之故.
- ○「주」의 "자기(自其)"부터 "지여(之餘)"까지.
- ○ 정의에서 말한다.

  『예기』「소의」에 "남을 대신하여 제사 지냈으면 '복을 바친다[致福]'라고 하고, 자신이 지내야 할 제사를 지내고 군자에게 음식을 드리면 '음식을 드린다[膳]'라고 하고, 부제(祔祭)와 연제 (練祭)에는 '고한다[告]'라고 한다. 무릇 군자에게 제사 지낸 뒤 맛있는 음식을 드리고[膳], 부 제와 연제를 지낸 뒤에 고(告)할 경우에는 주인이 갖춰진 상태를 살펴보고서 동쪽 계단의 남 쪽에서 남향하고 심부름꾼에게 주되 재배하고 머리를 조아리면서 보내고, 복명을 하거든 주 인이 또다시 재배하고 머리를 조아린다."라고 했는데,「주」에 "이는 모두 제사 지내고 남은 것을 군자에게 보내는 것이다. 섭주(攝主)[52]가 '복을 바친다[致福]'라고 말하는 것은 그 말을 거듭함이고, 자신의 제사를 지내면서 '음식을 드린다[膳]'라고 말하는 것은 겸양함이다. 부제 나 연제에 '고(告)'라고 말하는 것은 감히 복을 바치거나 음식을 드린다고 하지 못하기 때문 이다. '전(展)'은 갖춰진 상태를 살펴본다는 뜻이다."라고 했다. 이는 제육을 바치는 예이다.

---

52 섭주(攝主): 주인을 대리한다는 뜻으로, 여기서는 제주(祭主)를 대신하여 제사 주관하는 자 를 말한다.

"3일을 넘기지 않았다"라고 말한 것은 경과 대부가 제사를 지낸 뒤에 다음 날 또 제사 지내는 것을 빈시(賓尸)라고 하는데, 본 제사를 지내는 당일에는 제사 고기를 보낼 겨를이 없고, 또 예에 따라서 군자와 소인에게 하사하는 일은 같은 날 하지 않으며, 제부(諸父)와 형제로부터 천한 자에게까지 미치는 것은 나누어 줌에 선후가 있기 때문에 반드시 2일이 지나야 두루 마칠 수 있으니, 앞서 제사 지낸 날과 합해서 3일이 되기 때문이다. 3일이 지나면 고기는 감히 먹을 수 없기 때문에 반드시 사람들이 버리니, 이것이 '귀신이 남긴 것을 함부로 하는 것'으로 불경(不敬)이 되는 것이다. "3일이 지난 것은 먹지 않았다"라는 글은 바로 "3일을 넘기지 않은" 까닭을 거듭 밝힌 것이다.

10-8

食不語, 寢不言.

음식을 먹을 때는 말하지 않았으며, 잠자리에 누웠을 때도 말하지 않았다.

원문 正義曰: 『詩』「公劉」「傳」, "直言曰言, 論難曰語." 『禮』「雜記」「注」, "言, 言己事, 爲人說爲語." 是"言"·"語"義別, 此文互見之也. 『書鈔』「禮儀部」七引鄭此「注」云: "爲其不敬, 明當食寢, 非言語時也." 王氏壼『正義』引任啓運曰: "當食時, 心在於食, 自不他及, 日常如此, 故記之. 若禮食相會, 豈無應對辭讓之文? 祭與養老, 更有合語·乞言之禮. 但行禮時則語, 食時自不語也."

역문 정의에서 말한다.

『시경』「대아(大雅)·공류(公劉)」의「전」에 "곧바로 말함을 언(言)이라 하고, 논란함을 어(語)라 한다."라고 했고, 『예기』「잡기하(雜記下)」의「주」에 "언(言)은 자기의 일을 말함이고, 남을 위해 논설하는 것이 어(語)이다."라고 했으니, "언(言)"과 "어(語)"는 뜻이 구별되는데, 이 문장에서는 뜻을 서로 번갈아 가며 표현한 것이다. 『북당서초(北堂書鈔)』「예의부(禮儀部)」권7에 정현의 이「주」를 인용하면서 "불경함이 되니, 음식을 먹을 때나 잠자리에 들었을 때는 말할 때가 아님을 밝힌 것이다."라고 했고, 왕류(王瓘)의 『향당정의(鄕黨正義)』에는 임계운(任啓運)이 "음식을 먹을 때를 당해서는 마음이 음식에 있어 저절로 다른 곳으로 미치지 아니하여 일상이 이와 같았기 때문에 기록한 것이다. 만약 예식(禮食) 때 서로 모여 있을 때라면 어찌 응대(應對)하고 사양(辭讓)한다는 글이 없겠는가? 제사와 노인을 봉양함에는 더더욱 선왕의 법으로 의리에 부합하는 말[脩語]을 고해 주고, 훌륭한 말을 청하는[乞言] 예가 있는 것이다. 단지 예를 행할 때는 말하지만, 음식을 먹을 때는 스스로 말하지 않는다는 것이다."라고 한 것을 인용했다.

10-9

雖疏食菜羹, 瓜祭, 必齊如也. 【注】孔曰: "'齊', 嚴敬貌, 三物雖薄, 祭之必敬."

비록 거친 밥과 나물국이라도 반드시 제사를 지냈으니, 반드시 엄숙하고 경건했다. 【주】공안국이 말했다. "'제(齊)'는 엄숙하고 경건한[嚴敬] 모습이니, 세 가지 물건[53]이 비록 하찮은 음식이지만 제사할 때는 반드시 경건했다."

원문 正義曰: 皇本"疏"作"蔬", 誤. "菜羹"者, 以菜爲羹也. 『說文』云: "䰜, 五
味盉羹也. 小篆作羹."『釋名』「釋飮食」, "羹, 汪也, 汁汪郎也."『爾雅』「釋
器」, "肉謂之羹." 言煮肉之有汁者也. 凡肉汁和以鹽菜爲銄羹, 不和鹽菜
爲大羹. 其常食之羹, 如雞犬兔及菜羹, 皆和米屑作之. 『呂覽』「愼人」云:
"孔子窮於陳·蔡之間, 藜羹不糝." "糝"卽米屑也. 「內則」別有"芼羹·菫·
苣·葵薇"之類, 彼是禮食. 此文菜羹與疏食相儷, 則但謂藜藿之類耳.

역문 정의에서 말한다.

황간본에는 "소(疏)"가 "소(蔬)"로 되어 있는데, 잘못이다. "채갱(菜羹)"
이란 나물로 끓인 국이다. 『설문해자』에 "갱(䰜)은 다섯 가지 맛으로 조
미한 국이다. 소전체(小篆體)로는 갱(羹)으로 쓴다."[54]라고 했고, 『석명』「석
음식」에 "갱(羹)은 괴어 있는 물[汪]이라는 뜻이니, 국물[汁]이 잘 괴어 있
는 것이다."라고 했으며, 『이아』「석기」에 "고기로 끓인 것을 갱(羹)이라
한다."라고 했는데, 삶은 고기에 국물[汁]이 있는 것이다. 대체로 절인 채
소로 육즙을 조미한 것을 형갱(銄羹)이라 하고, 절인 채소로 조미하지 않
은 것을 대갱(大羹)이라 한다. 평소 먹는 국 중에 닭고깃국과 개고깃국과
토끼 고깃국 및 나물국은 모두 쌀가루를 곁들여 끓인다. 『여씨춘추』「효
행람·신인(愼人)」에 "공자는 진(陳)나라와 채(蔡)나라 사이에서 곤궁하

---

53 거친 밥[疏食]·나물국[菜羹]·오이[瓜]를 가리키는 것으로 공안국(孔安國)은 "雖疏食菜羹
瓜, 祭."라고 읽은 것이다.

54 『설문해자』 권3: 갱(䰜)은 다섯 가지 맛으로 조미한 국이다. 역(䰜)으로 구성되었고 고(羔)
로 구성되었다. 『시경』에 "또한 조미한 국이 이미 마련되었다[亦有和䰜]."라고 했다. 갱(鬻)
은 갱(䰜)의 혹체자인데 생략형이다. 갱(䰞)은 혹체자인데 미(美)로 구성되었으며, 갱(䰜)의
생략형이다. 갱(羹)은 소전체(小篆體)인데 고(羔)로 구성되었고 미(美)로 구성되었다. 고
(古)와 행(行)의 반절음이다.[䰜, 五味盉羹也. 從䰜從羔. 『詩』曰: "亦有和䰜." 鬻, 䰜或省. 䰞,
或從美, 䰜省. 羹, 小篆從羔從美. 古行切.]

여 명아주국에 쌀가루도 곁들이지 못했다.[藜羹不糁.]"라고 했는데, "삼(糁)"이 바로 쌀가루이다. 『예기』「내칙」에는 별도로 "채소를 고기와 섞어 끓인 국[芼羹]과 씀바귀[堇]를 넣어서 끓인 국과 환채(荁菜)를 넣고 끓인 국과 아욱국[葵]과 고사릿국[薇]"의 종류가 있으니, 앞에서 말한 것은 예식(禮食)이다. 이 글에서의 나물국과 거친 밥은 서로 짝이 되니, 그렇다면 단지 명아주국이나 콩잎국과 같은 종류를 말하는 것일 뿐이다.

원문 "瓜", 『魯論』作"必". 鄭「注」云: "『魯』讀'瓜'爲'必', 今從『古』." 李氏惇『群經識小』, "必字從八弋, 篆文作㣇, 與瓜相近而誤." 李氏此說, 用『魯論』義, 得之. 臧氏庸『拜經日記』, "『公羊』「襄」二十九年「傳」, '飮食必祝.'「注」, '祝, 因祭祝也, 『論語』曰: "雖疏食菜羹瓜祭"是也.' 何邵公止通今學, 不當引『古論』. 此蓋用『魯論』之文, 以證「傳」中'必祝', 後人誤據今本改之."

역문 "과(瓜)"는 『노논어』에 "필(必)"로 되어 있다. 정현의 「주」에 "『노논어』에서는 '과(瓜)'를 '필(必)'의 뜻으로 읽으나, 지금은 『고논어』를 따른다."라고 했다. 이돈의 『군경식소』에 "필(必) 자는 팔(八)과 익(弋)으로 구성되었고, 전서체는 필(㣇)로 되어 있으니 과(瓜) 자와 서로 비슷하다 보니 잘못 쓴 것이다."라고 했는데, 이씨(李氏)의 이 말은 『노논어』의 뜻을 원용한 것으로 옳다. 장용의 『배경일기(拜經日記)』에 "『춘추공양전』「양공(襄公)」 29년의 「전」에 '먹고 마실 때면 반드시 그를 위해 축원을 하였다.[飮食必祝.]'라고 했는데, 「주」에 '축(祝)은 제사에 따른 축원[祝]이니, 『논어』에서 "비록 거친 밥과 나물국이라도 반드시 제사를 지냈다."라고 한 것이 이것이다.'라고 했다. 하소공(何邵公)[55]은 오로지 금문경학에만

---

55 하소공(何邵公, 129~182): 중국 후한 말의 사상가인 하휴(何休). 소공(邵公)은 그의 자이다. 후한 말기 임성(任城) 번현(樊縣) 사람으로 육경(六經)을 깊이 연구하여 어느 학자도 따라오

정통했기 때문에 당연히 『고논어』를 인용하지는 않았을 것이다. 이는 아마도 『노논어』의 글을 원용해서 『춘추공양전』의 「전」에 있는 '반드시 축원했다[必祝]'라는 말을 증명한 것인데, 후대의 사람들이 잘못해서 금문본을 근거로 고친 듯하다."라고 했다.

원문 案, 臧按是也. 鄭所以從『古』者, "瓜"字義亦可通. 「玉藻」云: "瓜祭上環, 食中, 棄所操." 「注」云: "上環, 頭忖也." 錢氏坫『後錄』, "上環是霣間, 下環是脫華處. 食瓜者必祭用上環, 而食其中忖. 忖卽刌字, 刌之言切也. 此瓜祭之說, 鄭之所以必從『古』與."

역문 살펴보니, 장용의 말이 비교적 옳다. 정현이 『고논어』를 따른 까닭은 "과(瓜)" 자의 뜻도 통할 수 있기 때문이다. 『예기』「옥조」에 "외[瓜]는 꼭지 부분을 둥글게 절단해서 제사 지내고 중간 부분은 먹고 손으로 쥐었던 부분은 버린다."라고 했는데, 「주」에 "상환(上環)은 꼭지 부분을 절단한다[頭忖]는 뜻이다."라고 했다. 전점(錢坫)의 『논어후록(論語後錄)』에 "상환(上環)은 꼭지 부분이고 하환(下環)은 꽃이 떨어진 부분이다. 외를 먹는 자는 반드시 꼭지 부분을 사용해서 제사하고 그 중간 부분을 절단[忖]해서 먹는다. 절단[忖]은 바로 촌(刌) 자인데, 촌(刌)이란 자른다[切]는 말이다. 이 외로 제사 지낸다는 말이 정현이 굳이 『고논어』를 따른 까

지 못했다. 15년의 각고 끝에 『춘추공양해고(春秋公羊解詁)』를 완성했다. 이 책은 『공양전(公羊傳)』을 바탕으로 『춘추』의 미언대의(微言大義)를 기술한 것이다. 그의 공양학은 한나라 경제(景帝) 때의 박사(博士) 호무생(胡母生)에서 비롯되어 동중서(董仲舒)를 거쳐 그에게 이어진 것으로, 청나라 말에 이르러 금문공양학(今文公羊學)으로 개화했다. 그 밖의 저서에 『공양묵수(公羊墨守)』와 『좌씨고맹(左氏膏肓)』, 『곡량폐질(穀梁廢疾)』 등이 있었지만, 모두 없어지고, 편집본이 일부 남아 있다. 『논어정의』에는 "邵"가 "劭"로 되어 있는데, 잘못이다.

닭인 듯싶다."라고 했다.

案, 從『古論』, 則"祭"字當爲一句. 瓜有二種: 一果實, 一般實. 此是果食, 卽「曲禮」所云"削瓜"也. 皇本作"苽", 此形近之誤. 食所以有祭者, 「禮運」曰: "昔者先王未有火化, 食草木之實, 鳥獸之肉, 飮其血, 茹其毛. 後聖有作, 然後修火之利, 范金合土, 以炮以燔, 以烹以炙, 以爲醴酪, 以養生送死, 以事鬼神上帝, 皆從其朔." 此以祭之, 所以報功, 不忘本也.

살펴보니, 『고논어』를 따르면 "제(祭)" 자가 마땅히 한 구(句)가 되어야 한다. 외[瓜]에는 두 가지 종류가 있으니, 하나는 과실(果實)이고 다른 하나는 효실(般實)이다. 여기서는 과실을 먹는 것으로 바로 『예기』「곡례상」에서 말한 "외를 깎는다[削瓜]"라는 것이다. 황간본에는 "고(苽)"로 되어 있는데, 이는 글자의 모양이 비슷해서 생긴 오자(誤字)이다. 음식을 먹을 때 제사 지내는 까닭에 대해 『예기』「예운」에서 "옛날에 선왕이 아직 불로 익혀 먹는 방법이 없었기 때문에 초목의 열매와 짐승의 고기를 먹었으며, 그 피를 마시고 그 털까지 먹었다. 후세에 성인이 나온 뒤에 불의 이로움을 닦아서, 쇠를 주조하고 흙을 빚어 통째로 굽거나 불에 직접 구우며, 솥에 삶거나 꼬치를 굽고, 단술과 식초를 만들어 산 사람을 봉양하고 죽은 이를 장송하고 귀신과 상제를 섬겼으니, 이는 모두 그 처음을 따른 것이다."라고 했으니, 이는 제사를 지냄으로써 은공에 보답하고 근본을 잊지 않기 위한 것이었다.

「春官·大祝」, "辨九祭: 一曰命祭, 二曰衍祭, 三曰炮祭, 四曰周祭, 五曰振祭, 六曰擩祭, 七曰絶祭, 八曰繚祭, 九曰共祭." 此通言祭食之禮, 義具彼「注」. 凡祭皆出少許, 置之籩豆之間, 或上豆·或醬湆之間. 凌氏廷堪『禮經釋例』言之詳矣.

역문 『주례』「춘관종백하(春官宗伯下)·대축(大祝)」에 "9가지 제사를 갖추니, 첫째는 명제(命祭)이고, 둘째는 연제(衍祭)이며, 셋째는 포제(炮祭), 넷째는 주제(周祭), 다섯째는 진제(振祭), 여섯째는 유제(擩祭), 일곱째는 절제(絶祭), 여덟째는 요제(繚祭), 아홉째는 공제(共祭)이다."라고 했는데, 이는 제식(祭食)[56]의 예를 통틀어 말한 것으로, 뜻이 「대축」의 「주」에 갖추어져 있다. 무릇 제사에서는 모든 음식에서 각기 조금씩 덜어 내어 제기[籩豆] 사이에 놓거나 혹은 굽그릇[上豆], 또는 장이나 고깃국 사이에 놓는다. 능정감의 『예경석례(禮經釋例)』에 설명해 놓은 것이 자세하다.

원문 「公食大夫禮」, "魚腊醬湆不祭." 「注」云: "不祭者, 非食物之盛者." 「疏」云: "以其有三牲之體, 魚臘醬湆非盛者, 故不祭也." 「玉藻」云: "唯水漿不祭, 若祭爲已僭卑." 「注」云: "水漿, 非盛饌也. 祭之爲大有所畏迫, 臣於君則祭之." 「疏」云: "言食於敵體之人. 若祭水漿, 爲大厭降也, 卑微有所畏迫也. '臣於君則祭之'者, 「公食大夫禮」'祭醴漿'是也."

역문 『의례』「공사대부례」에 "생선포와 젓갈[醬]과 갱즙[湆]은 제사하지 않는다."라고 했는데, 「주」에 "제사하지 않는 까닭은 성대한 음식이 아니기 때문이다."라고 했고, 「소」에 "정찬(正饌) 중에 세 가지 희생의 몸[三牲之體]이 있고, 생선포와 젓갈과 갱즙은 성대한 음식이 아니기 때문에 제사하지 않는 것이다."라고 했다. 『예기』「옥조」에 "오직 물과 장(漿)으로는 식전의 제사를 지내지 않으니, 만약 물과 장으로 식전의 제사를 지내면 너무 낮추는 것이 된다."라고 했는데, 「주」에 "물과 장은 성찬이 아

---

56 제식(祭食): 옛사람들은 식사 때마다 근본을 잊지 않는다는 뜻으로 상 위에 있는 음식을 조금씩 덜어 내어 두간(豆間)에 놓고서 선대(先代) 때 처음으로 음식을 만든 사람에게 제사하였는데, 이를 제식이라 한다. 두간은 자리를 깐 곳과 흙바닥을 그대로 둔 곳 사이이다.

니다. 그런데도 식전의 제사를 지내는 것은 크게 두려워하고 핍박받는 바가 있기 때문이니, 신하는 군주에게 제사를 지낸다."라고 했고,「소」에 "대등한 사람에게서 음식 대접을 받을 때를 말한 것이다. 만약 물과 장으로 식전의 제사를 지내면 너무 억눌러 내리는 것이 되니, 낮고 미천해서 두려워하고 핍박받는 바가 있는 것이다. '신하가 군주에게 제사를 지낸다'라는 것은 「공사대부례」에 '치(觶)에 따라 놓은 장(漿)에 제사를 지낸다'라는 것이 이것이다."라고 했다.

원문 據此, 是盛物方祭, 非盛物, 或可不祭. 夫子家居, 所食雖極之疏食菜羹, 亦必祭之. 又必致其肅敬之容, 所謂"不敢以菲薄廢禮"者也.

역문 이에 의거해 보면 성대한 음식물에는 바야흐로 제사를 지내지만 성대한 음식물이 아닐 경우에는 혹 제사를 지내지 않아도 된다. 공자는 집에 거처할 때 먹는 것이 비록 지극히 거친 밥과 나물국이라 할지라도 또한 반드시 제사를 지냈고, 또 반드시 엄숙하고 경건한 용모를 다했으니 이른바 "감히 변변찮은 음식이라 하여 예를 폐하지 않는다."[57]라는 것이다.

- 「注」, "齊, 嚴敬貌, 三物雖薄, 祭之必敬."
- 正義曰: 齊者, 整肅, 故訓嚴敬. 今人讀側皆反, 非也. 孔云"三物", 亦從鄭作"瓜".
- 「주」의 "제(齊)는 엄숙하고 경건[嚴敬]한 모습이니, 세 가지 물건이 비록 하찮은 음식이지만 제사할 때는 반드시 경건했다."
- 정의에서 말한다.

---

57 『예기』「방기(坊記)」: 공자가 말했다. "존경하는 자에게는 제기를 사용한다. 그러므로 군자는 변변찮은 음식이라 하여 예를 폐하지 않는다."[子云: "敬則用祭器, 故君子不以菲廢禮."]

제(齊)란, 정숙(整肅)하다는 뜻이기 때문에 엄숙하고 경건한 모습으로 뜻을 새긴 것이다. 지금 사람들은 측(側)과 개(皆)의 반절음으로 읽는데, 잘못이다. 공안국이 말한 "세 가지 물건[三物]"은 역시 정현의 뜻에 따라 "과(瓜)"로 본 것이다.

10-10

席不正, 不坐.

자리가 바르지 않으면 앉지 않았다.

원문 正義曰:『說文』云:"席, 藉也." 謂以席藉之於地也. 凡先設迫地者爲筵, 後加者爲席. 故「春官·序官」「注」云:"鋪陳曰筵; 藉之曰席, 然其言之筵席通矣." 謂散文筵席得通稱也. 「禮器」云:"諸侯三重, 大夫再重." 據「司几筵」, 天子亦三重, 則天子諸侯制同. 天子諸侯同是三重, 則士與大夫亦同是再重可知. 凡席之名, 「司几筵」有莞·繅·次·蒲·熊, 又有葦·柏. 莞者, 蒲類. 繅者, 削蒲蒻展之, 編以五采. 次者, 桃枝席有次列成文. 柏者, 鄭司農謂"迫地之席", 康成謂"椁字磨滅, 藏中神坐之席", 不言席身所用.

역문 정의에서 말한다.

『설문해자』에 "석(席)은 자리[藉]이다."[58]라고 했으니, 자리를 땅에 깐

---

[58] 『설문해자』 권7: 석(席)은 자리[藉]이다. 『예기』에 "천자와 제후의 자리는 여러 가지 수를 놓은 생사로 장식을 한다."라고 했다. 건(巾)과 서(庶)의 생략형으로 구성되었다. 석(圂)은 석(席)의 고문인데 석(石)의 생략형으로 구성되었다. 상(祥)과 역(易)의 반절음이다.[席, 藉也. 『禮』, "天子·諸侯席, 有黼繡純飾." 從巾, 庶省. 圂, 古文席從石省. 祥易切.]

다는 말이다. 무릇 먼저 땅에다 까는 자리가 연(筵)이고 뒤에 덧까는 자리가 석(席)이다. 그러므로 『주례』「춘관종백상·서관(序官)」의 「주」에 "땅바닥에 까는 돗자리[鋪陳]를 연(筵)이라 하고, 그 위에 까는 자리를 석(席)이라 하지만 연석(筵席)이라는 말은 통용된다."라고 했으니, 산문에서는 연석을 통칭할 수 있다는 말이다. 『예기』「예기(禮器)」에 "제후의 자리는 3중이고 대부의 자리는 2중이다."라고 했는데, 『주례』「춘관종백상·사궤연(司几筵)」에 의거하면 천자의 자리도 3중이니, 천자와 제후의 자리 제도가 같다. 천자와 제후의 자리가 똑같이 3중이라면 사와 대부의 자리 역시 똑같이 2중임을 알 수 있다. 무릇 자리[席]의 명칭으로는 『주례』「춘관종백상·사궤연」에 관석(莞席)·조석(繅席)·차석(次席)·포석(蒲席)·웅석(熊席)이 있고, 또 위석(葦席)과 백석(柏席)이 있다. 관석이란 왕골[蒲]의 종류이다. 조(繅)는 부들을 잘라 펼친 다음 5채색으로 엮은 자리이다. 차석은 복숭아 가지로 만든 자리이며 차례로 줄지어 문양을 이루고 있다. 백석에 대해서 정사농은 "땅바닥에 까는 자리"라고 했고, 정강성(鄭康成)은 "백(柏)은 '곽(槨)' 자가 마멸되고 남은 것인데, 무덤 안[藏中]의 신이 앉는 자리"라고만 했고, 자리의 용도에 대해서는 말하지 않았다.

원문 又「禮器」有越席,「郊特牲」有蒲越·槀鞂,「玉藻」有蒯席,『尙書』有篾席·底席·豐席·筍席,「玉府」有衽席. 越卽蒲越. 槀鞂者, 用禾穰爲之. 蒯者, 草名. 篾者, 析竹之次靑爲之. 底席, 卽蒲席. 豐者, 刮凍竹席. 筍者, 析竹靑皮. 衽者, 臥席, 其字從衣, 疑以布爲之, 加於席上. 凡皆諸席異稱也.

역문 또 『예기』「예기」에 활석(越席)이라는 것이 있고,「교특생(郊特牲)」에는 포활석(蒲越席)과 고갈석(槀鞂席)이라는 것이 있으며 「옥조」에는 괴석(蒯席)이 있고 『상서(尙書)』에는 멸석(篾席)과 저석(底席)·풍석(豐席)과 순석(筍席)이 있으며, 『주례』「천관총재하·옥부(玉府)」에 임석(衽席)이 있다. 활석은 바로 포활석이다. 고갈석이란 볏짚을 사용해서 만든 자리이다. 괴(蒯)는 풀 이름이다. 멸석은 대나무의 겉껍질을 벗겨 내고 푸른색을 띤 속껍질로 만든 자리이다. 저석은 바로 포석이다. 풍석은 대를 깎아서 누인 자리이다. 순석은 대나무의 푸른 거죽을 쪼개서 만든 자리이다. 임석은 눕는 자리[臥席]인데, 글자가 의(衣)로 구성되었으니, 아마도 베[布]로 만들어 자리 위에 덮는 것인 듯싶다. 이상은 모두 여러 가지 자리의 별칭이다.

원문 "不正"者, 謂設席有所移動偏斜也. 下文云"君賜食, 必正席, 先嘗之." 「曲禮」云: "主人跪正席, 客跪撫席而辭." 可知凡坐時, 皆有正席之禮. 夫子於席之不正者, 必正之而後坐也.

역문 "바르지 않다[不正]"라는 것은 마련된 자리가 옮겨졌거나 한쪽으로 기울어짐이 있다는 말이다. 아래 글에 "임금이 음식을 하사하면 반드시 자리를 바로 하고 먼저 맛보았다."라고 한 것이나, 『예기』「곡례상」에서 "주인이 꿇어앉아 자리를 바로잡으면, 손님은 꿇어앉아 자리를 어루만지며 사양한다."라고 했으니, 앉을 때는 모두 자리를 바로잡는 예가 있음을 알 수 있다. 공자는 자리가 바르지 않으면 반드시 바로잡은 뒤에 앉았던 것이다.

10-11

鄕人飮酒, 杖者出, 斯出矣. 【注】 孔曰: "'杖者', 老人也. 鄕人飮酒之禮, 主於老者, 老者禮畢出, 孔子從而後出."

고을 사람들과 함께 술을 마실 때 지팡이를 짚은 사람이 나가면 따라 나갔다. 【주】공안국이 말했다. "지팡이를 짚은 사람[杖者]'은 노인이다. 고을 사람들이 술을 마시는 예는 노인을 위주로 하는 것이니, 노인이 예를 마치고 나가면 공자가 따라서 그 뒤에 나간 것이다."

원문 正義曰: 稱"鄕人"者: 言同一鄕之人, 與下"鄕人儺"同. 『周官』「酒正」有 "爲公酒者", 「疏」云: "鄕射·飮酒數事, 爲國行禮, 不可斂民, 故得公酒." 又「族師」「疏」云: "州長·黨正有飮酒禮, 皆得官物爲之." 然則此文"飮 酒", 亦是公酒.

역문 정의에서 말한다.

"고을 사람[鄕人]"이라 일컫는 것은 동일한 고을의 사람이라는 말로 아래의 "고을 사람들이 길 제사를 지낼 때[鄕人儺]"와 같은 말이다. 『주례』「천관총재하·주정」에 "공적인 술을 만드는 경우[爲公酒者]"라고 했는데,「소」에 "향사례(鄕射禮)나 향음주례(鄕飮酒禮)의 몇 가지 일은 나라를 위해 행하는 예이므로 민중에게 세금을 걷을 수 없기 때문에 공적인 술을 얻는 것이다."라고 했고, 또 『주례』「지관사도상(地官司徒上)·족사(族師)」의 「소」에 "주장(州長)⁵⁹과 당정(黨正)⁶⁰에는 음주례(飮酒禮)가 있으니, 모두 관물(官物)을 얻어서 행한다."라고 했으니, 그렇다면 이 글에서의 "음주

---

59 주장(州長): 2,500가(家)가 주(州)이며, 주의 행정과 교육을 총괄하는 책임자를 주장이라 한다. 『주례』「지관사도상(地官司徒上)·주장(州長)」에, "주장은 각각 그 주의 교육을 관장하고 주의 행정을 법으로 다스린다.[州長, 各掌其州之敎, 治政令之法.]"라고 했다.

60 당정(黨正): 500가(家)가 당(黨)이며, 그 우두머리가 당정이다. 『주례』「지관사도상·당정(黨正)」에 "당정은 각기 그 당의 정령, 교화, 치안을 담당한다.[黨正, 各掌其黨之政令敎治.]" 라고 했다.

(飮酒)"도 공적인 술[公酒]을 마시는 것이다.

- 「注」, "杖者"至"後出".
- 正義曰: 『說文』云: "杖, 持也." 「曲禮」「注」云: "杖可以策身." 『呂氏春秋』「異用」云: "<u>孔子以 六尺之杖, 諭貴賤之等, 辨疏親之義.</u>" 所云"六尺", 亦大略言之. 「王制」云: "五十杖於家, 六 十杖於鄕, 七十杖於國, 八十杖於朝." 此行鄕飮, 年六十以上有杖, 卽「注」所云"老人"也.
- ○ 「주」의 "장자(杖者)"부터 "후출(後出)"까지.
- ○ 정의에서 말한다.

  『설문해자』에 "장(杖)은 의지하는 것[持]이다."[61]라고 했고, 『예기』「곡례상」의 「주」에 "지팡 이[杖]는 몸을 의지할 수 있다."라고 했으며, 『여씨춘추』「맹동기(孟冬紀)·이용(異用)」에 "공자는 여섯 자의 지팡이로 귀천의 등급을 깨우치고, 친소의 의리를 구분하였다."라고 했는 데, 이른바 "여섯 자[六尺]"라는 것도 대략 말한 것이다. 『예기』「왕제」에 "50세가 되면 집 안 에서 지팡이를 짚고, 60세가 되면 고을에서 지팡이를 짚고, 70세가 되면 나라 안에서 지팡이 를 짚고, 80세가 되면 조정에서 지팡이를 짚는다."라고 했는데, 여기서는 향음주례를 행할 때는 나이 60세 이상이 지팡이가 있는 것이니, 바로 「주」에서 말한 "노인"이다.

원문 『禮』「鄕飮酒義」「疏」云: "此篇前後凡有四事: 一則三年賓賢能, 二則 鄕大夫飮國中賢者, 三則州長習射飮酒也, 四則黨正腊祭飮酒. 總而言之, 皆謂之鄕飮酒. 鄕則三年一飮, 州則一年再飮, 黨則一年一飮也." <u>段氏玉裁</u> 『經韻樓集』說, "鄕飮酒禮, 古謂之饗. 『說文』, '饗, 鄕人飮酒也. 從鄕食, 會意.' 其禮主於養老. '賓興賢能'之文, 見於「鄕飮酒義」者, 乃用尙齒之

---

61 『설문해자』 권6: 장(杖)은 의지하는 것[持]이다. 목(木)으로 구성되었고 장(丈)이 발음을 나 타낸다. 직(直)과 양(兩)의 반절음이다.[杖, 持也. 從木丈聲. 直兩切.]

禮. 以禮賢能, 「鄕大夫之職」所謂‘以禮禮賓之’者也.”

역문 『예기』「향음주의(鄕飮酒義)」의 「소」에 “이 편의 앞뒤로 고을에서 술을 마시는 경우가 모두 4가지 경우가 있다. 첫 번째는 현명한 사람과 재능 있는 사람을 손님으로 대우하는 경우이며, 두 번째는 향대부(鄕大夫)가 나라 안의 현명한 사람에게 술을 대접하는 경우이고, 세 번째는 주장이 활쏘기를 익힘에 술을 마시는 경우이고, 네 번째는 당정이 납향제[臘祭]를 지내고 술을 마시는 경우인데, 이것을 총괄해서 말하면 모두 향음주(鄕飮酒)라고 한다. 향(鄕)에서는 3년마다 1회 마시고, 주(州)에서는 1년에 2회 마시며, 당(黨)에서는 1년에 1회 마신다.”라고 했다. 단옥재의 『경운루집(經韻樓集)』에 “향음주례는 옛날에 향(饗)이라 했다. 『설문해자』에 ‘향(饗)은 고을 사람들과 술을 마신다는 뜻이다. 향(鄕)과 식(食)으로 구성되었고, 회의자(會意字)이다.’62라고 했다. 이 예는 노인 봉양을 위주로 한다. 「향음주의」에 보이는 ‘현명하고 재능 있는 자를 빈례(賓禮)로 천거해서 향음주례를 베푼다’라고 한 것이 바로 나이 많은 이를 높이는 예를 적용한 것이다. 현명하고 재능 있는 자를 예우하는 것은 『주례』「지관사도상·향대부(鄕大夫)」의 이른바 ‘향음주의 예로써 현명한 사람과 재능 있는 자를 빈객으로 예우한다’라는 것이다.”라고 했다.

원문 方氏觀旭『偶記』, “此經云‘杖者出, 斯出矣.’ 是主於敬老. 「黨正職」云: ‘國索鬼神而祭祀, 則以禮屬民, 而飮酒於序, 以正齒位.’「鄕飮酒義」第五節云: ‘六十者坐, 五十者立侍, 以聽政役, 所以明尊長也. 六十者三豆, 七

---

62 『설문해자』 권5: 향(饗)은 고을 사람들과 술을 마신다는 뜻이다. 식(食)으로 구성되었고 향(鄕)으로 구성되었으며, 향(鄕)이 또 발음을 나타낸다. 허(許)와 양(兩)의 반절음이다.[饗, 鄕人飮酒也. 從食從鄕, 鄕亦聲. 許兩切.]

十者四豆, 八十者五豆, 九十者六豆, 所以明養老也.'「注」以「黨正」‘正齒
位’之禮解之, 與此經有‘杖者’同是敬老之事. 故知此‘鄕人飮酒’爲黨正臘祭
飮酒也.

역문 방관욱의『논어우기』에 "이 경에서 ‘지팡이를 짚은 사람이 나가면 따
라 나갔다.’라고 한 것은 노인 공경을 위주로 한 것이다.『주례』「지관사
도상 · 당정」의 직제에 ‘나라에서 귀신을 찾아 제사할 때엔 예를 갖추어
백성을 모아 당에 설치한 학교[序]에서 술을 마시는데, 나이 순서대로 자
리를 바르게 한다.’라고 했고,「향음주의」제5절에 ‘60세가 된 사람과 앉
으면 50세가 된 사람이 서서 모시며, 정역(政役)을 듣는 것은 어른을 존
중하는 예의를 밝힌 것이다. 60세가 된 사람은 세 접시[豆], 70세가 된 사
람은 네 접시, 80세가 된 사람은 다섯 접시, 90세가 된 사람은 여섯 접시
를 놓는 것은 노인을 봉양하는 도리를 밝힌 것이다.’라고 했는데,「주」
에서「당정」의 ‘나이 순서대로 자리를 바르게 하는’ 예를 가지고 해설했
으니, 이 경에 있는 ‘지팡이를 짚은 사람’과 똑같이 노인을 공경하는 일
이다. 따라서 여기에서 ‘고을 사람들과 술을 마신 것’은 당정이 되어 납
향제[臘祭]를 지내고 술을 마신 것임을 알 수 있다.

원문 若鄕大夫飮國中賢者, 與州長習射飮酒, 無關養老, 其實賢能之鄕飮灑,
則以鄕學之士將升者賢者爲賓, 其次爲介, 其次爲衆賓, 皆是年少者爲之,
不得有杖者也.『禮』言‘六十杖於鄕’, 夫子與鄕人飮酒而出後杖者, 則時爲
立侍之衆賓可知.「黨正」‘飮灑’亦稱‘鄕’者, 黨 · 鄕之細, 與「州長」‘以禮會
民而射於州序’之飮, 同得爲鄕飮酒.

역문 향대부가 나라 안의 현자에게 술을 대접하는 경우와 주장이 활쏘기를
익힘에 술을 마시는 경우와 같은 것은 노인 봉양과는 관계가 없고, 사실
현명하고 재능 있는 자들의 향음주례는 향학(鄕學)의 선비로서 당에 올

라간 자 중에 현자(賢者)가 빈(賓)이 되고, 그다음이 빈을 돕는 개(介)가 되고, 또 그다음이 중빈(衆賓)이 되는데, 모두 나이 어린 자들이 그 일을 맡으니 지팡이를 짚은 자가 있을 수 없다. 『예기』에서 '60세가 되면 고을에서 지팡이를 짚는다'라고 했는데, 공자는 고을 사람들과 술을 마시고 나갈 때 지팡이를 짚은 사람 뒤에 나갔으니, 그렇다면 당시에 서서 모시는 중빈이었다는 것을 알 수 있다. 「당정」의 '음주(飮酒)' 역시 '고을[鄕]에서 마시는 것'을 일컫는 것으로, 당과 향이 규모가 작기는 하지만 「주장」의 '예를 갖추어 백성을 모아 주에 설치한 학교[序]에서 활을 쏘고' 술을 마시는 것과 함께 똑같이 향음주가 될 수 있다.

원문 康成云: '謂之鄕者, 州·黨·鄕之屬也.' 又有別解云: '或則鄕之所居州·黨, 鄕大夫親爲主人焉.' 是也. 臘祭飮酒, 初雖正齒位, 及其禮末, 皆以醉爲節. 「雜記」云: '子貢觀於蜡, 曰: "一國之人皆若狂."' 是旣醉而出之時, 不復有先後之次, 此夫子'杖者出, 斯出矣.' 所以爲異於人."

역문 정강성은 '고을[鄕]이라고 하는 것은 주와 당과 향의 등속이다.'라고 했고, 또 별도의 해석에 '혹은 고을에 사는 주나 당이나 향의 대부가 친히 그곳의 주인이 된다.'라고 했는데, 옳다. 납향제[臘祭] 때 술을 마시는 예는 처음에는 비록 나이 순서대로 자리를 바르게 하지만 그 예의 끝에 이르면 모두 취하는 것으로 절도를 삼는다. 『예기』「잡기하」에 '자공(子貢)이 납향제사[蜡]를 구경하고 말하길, "온 나라 사람들이 모두 미친 듯합니다."라고 했다.'라고 했는데, 이는 이미 취하고 나올 때 다시는 선후의 차례가 없었기 때문이었으니, 여기에서 공자가 '지팡이를 짚은 사람이 나가면 따라 나간 것'이 바로 남과 다르게 되는 까닭이다."라고 했다.

원문 案, 方說卽此「注」意.「鄕飮酒禮」云:"明日息."「司正記」云:"徵惟所欲, 以告于先生君子可也."「注」云:"先生不以筋力爲禮, 於是可以來. 君子, 國中有盛德者." 是賓賢能之禮, 不主養老, 故惟蜡飮近之. 又「族師」有"春秋祭酺",『詩』「鳧鷖」「箋」有"祭社宗燕飮", 皆民間自爲飮酒之事, 其禮亦非養老, 解者多援以釋『論語』, 蓋未是.

역문 살펴보니, 방관욱의 설명이 바로 이「주」의 뜻이다.『의례』「향음주례」에 "다음 날 위로를 한다."[63]라고 했고,「사정기(司正記)」에 "부르고자 하는 대로 부르고, 선생과 군자에게 청해도 괜찮다."라고 했는데,「주」에 "선생은 근력 때문에 예에 참석하지 못했으나, 다음 날 여기에서는 올 수 있다. 군자는 나라 안에서 성대한 덕을 갖춘 사람이다."라고 했는데, 이는 현명한 사람과 재능 있는 사람을 손님으로 대우하는 예로서 노인 봉양을 위주로 하지 않기 때문에 오직 납향제[蜡飮]만이 이에 가깝다. 또『주례』「지관사도상・족사」에 "봄과 가을에 포제사를 지낸다[祭酺]"라고 했고,『시경』「부예(鳧鷖)」의「전」에 "종묘[社宗]에서 제사를 다 마치고 연음(燕飮)한다"라고 했는데, 이는 모두 민간에서 나름대로 술 마시는 일을 거행한 것으로 그 예도 역시 노인 봉양이 주가 아닌데, 해석하는 자들이 많이들 이것을 끌어다『논어』를 해석했으니, 아무래도 옳지 않은 듯싶다.

---

63 『의례』「향음주례(鄕飮酒禮)」에 "주인은 옷을 벗고 현단복(玄端服)으로 갈아입고 이에 사정의 수고를 위로한다.[主人釋服, 乃息司正.]"라고 했는데, 정현의「주」에 "조복(朝服)을 벗고 다시 현단복을 입는다. '식(息)'은 '위로함[勞]'이다. 어제 도와서 일을 집행한 사람의 수고를 위로하는 것이다.[釋朝服, 更服玄端. '息', 勞也. 勞賜昨日贊執事者.]"라고 했다.

鄉人儺, 朝服而立於阼階. 【注】孔曰: "'儺', 驅逐疫鬼, 恐驚先祖, 故朝服而立於廟之阼階."

고을 사람들이 길제사[儺]를 지낼 때는 조복(朝服)을 입고 동쪽 섬돌에 서 있었다. 【주】공안국이 말했다. "나(儺)'는 역귀(疫鬼)를 쫓아내는 의식이니, 선조를 놀라게 할까 두려웠기 때문에 조복을 입고 사당의 동쪽 섬돌에 서 있었던 것이다."

원문 正義曰: 『周官』「占夢」云: "季冬, 遂令始難驅疫." 「注」, "難謂執兵以有難卻也. 故書難或爲儺. 杜子春'儺'讀爲難問之難, 其字當作難. 「月令」, '季春之月, 命國難, 九門磔攘, 以畢春氣. 仲秋之月, 天子乃難, 以達秋氣. 季冬之月, 命有司大難, 旁磔, 出土牛, 以送寒氣.'" 段氏玉裁『周禮漢讀考』, "案儺, 杜子春讀爲難問之難, 而鄭從之, 故「占夢」·方相氏「注」皆云'難卻'. 於「月令」'季春'·'季秋'·'季冬', 「注」云: '此難, 難陰氣也. 此難, 難陽氣也.' 難皆當讀乃且反."

역문 정의에서 말한다.

『주례』「춘관종백하·점몽(占夢)」에 "늦겨울에 마침내 방상씨(方相氏)에 명하여 비로소 역귀를 몰아내게 한다[遂令始難驅疫.]"라고 했는데, 「주」에 "난(難)은 무기를 들고서 어려움이 있으면 물리친다는 말이다. 그러므로 난(難) 자를 썼을 때 더러는 물리침[儺]의 뜻이 되기도 한다. 두자춘(杜子春)은 '나(儺)'를 난문(難問)이라고 할 때의 난(難)의 뜻으로 읽었으니 그 글자는 당연히 난(難) 자가 되어야 한다. 『예기』「월령」에 '계춘(季春)의 달에 나라에 명하여 길제사를 지내도록 해서 구문(九門)에서 희생을 찢어 바쳐 재앙을 없앰으로써 봄의 나쁜 기운을 그치게 한다. 중추(仲秋)의 달에 천자가 비로소 길제사를 지내어 가을의 기운을 통하게 한다. 계동(季冬)의 달에 유사(有司)에게 명하여 길제사를 성대하게 거행하게 하고, 사방 문에서 희생을 찢어 신에 바쳐서 음기(陰氣)를 제거하며 흙으로 소를 만들어 한기(寒氣)가 사라지게 한다.'라고 했다.''라고 하였다. 단옥재의 『주례한독고(周禮漢讀考)』에 "나(儺) 자를 살펴보니 두자춘은 난문(難問)이라고 할 때의 난(難)의 뜻으로 읽었고, 정현은 이 뜻을 따랐기 때문에 『주례』「춘관종백하 · 점몽」과 「하관사마하 · 방상씨(方相氏)」의 「주」에서 모두 '물리쳤다[難卻]'라고 한 것이다. 「월령」의 '계춘'과 '계추'와 '계동'에 대해, 「주」에서 '이 나(難)는 양기(陽氣)를 물리치는 것이다. 이 나는 음기(陰氣)를 물리치는 것이다.'라고 했으니, 나(難)는 모두 마땅히 내(乃)와 차(且)의 반절음으로 읽어야 한다."라고 했다.

원문 案, 『淮南』「時則訓」高誘「注」, "儺猶除也, 儺讀躁難之難." 譙周『論語注』, "儺, 卻之也." 竝同杜 · 鄭之義. 「舜典」"而難任人", "難"亦謂屏卻之. 鄭此「注」云: "儺, 『魯』讀爲獻, 今從『古』. 十二月, 命方相氏索室中, 逐疫鬼." 段氏玉裁『周禮漢讀考』謂"鄭從『古論』作'難', 後人改之, 加偏旁耳.「方相氏」「疏」引『論語』正作'難'. 劉昌宗依杜難音乃旦反, 是也. 戚衰音乃多反, 乃『詩』「竹竿」'儺'字之音. 陸氏無識, 於「方相氏」 · 「月令」 · 「郊特牲」 · 「鄕黨」, 皆音乃多反. 淺人反以儺爲驅疫正字, 改易淆譌, 音形俱失."

역문 살펴보니, 『회남자』「시칙훈(時則訓)」고유의 「주」에 "나(儺)는 제거함[除]과 같으니, 나는 조난(躁難)이라고 할 때의 난(難)으로 읽어야 한다." 라고 했고, 초주(譙周)[64]의 『논어주(論語注)』에 "나(儺)는 물리친다[卻之]는

---

64 초주(譙周, 201~270): 삼국시대 촉(蜀)나라 파서(巴西) 서충(西充) 사람. 자는 윤남(允南)이

뜻이다."라고 했는데, 모두 두자춘이나 정현의 뜻과 같다. 『서경(書經)』 「순전(舜典)」에 "간사한 사람을 물리친다[而難任人]"라고 할 때의 "나(難)" 역시 막고 물리친다[屛却]는 말이다. 정현은 「향당」의 「주」에서 "나(儺) 는 『노논어』에서는 사(獻)의 뜻으로 읽으나, 지금은 『고논어』를 따른 다. 12월에 방상씨에게 명하여 집 안을 뒤져서 역귀(疫鬼)를 물리치게 한 다."라고 했다. 단옥재의 『주례한독고』에는 "정현은 『고논어』를 따라 '나(難)'라고 썼으나 후대의 사람들이 이것을 고쳐 편방(偏旁)[65]을 더한 것 일 뿐이다. 『주례』「하관사마하 · 방상씨」의 「소」에는 『논어』를 인용하 면서 바로잡아 '나(難)'라고 썼다. 유창종(劉昌宗)[66]은 두자춘을 근거로 '難'의 발음을 내(乃)와 단(旦)의 반절음이라고 했는데, 옳다. 척곤(戚袞)[67]

다. 경사(經史)에 정통했고, 서찰을 잘 썼다. 제갈량(諸葛亮)이 익주목(益州牧)으로 있을 때 불려 권학종사(勸學從事)가 되었다. 유선(劉禪)이 태자로 있을 때 복(僕)이 되고, 가령(家 令)으로 옮겼다가 광록대부(光祿大夫)를 지냈다. 경요(景曜) 말에 위나라 군대가 촉을 공격 하자 유선에게 항복하기를 힘써 권했다. 위나라에 들어가 양성정후(陽城亭侯)에 봉해졌다. 진(晉)나라에 들어 기도위(騎都尉)가 되었는데, 스스로 공이 없다고 하여 작토(爵土)를 반환 하겠다고 청했다. 풍모는 질박했고, 성격은 진실했으며, 꾸밈이 없고 임기응변에 능하진 못 했지만 명민한 두뇌의 소유자였다. 후한 말기의 형세와 남북조시대의 변화를 누구보다 빨리 읽은 사람이기도 했다. 저서에 『오경론(五經論)』과 『법훈(法訓)』, 『고사고(古史考)』 등이 있었지만, 모두 없어졌다.

65 편방(偏旁): 한자(漢字)의 왼쪽 획인 편(偏)과 오른쪽 획인 방(旁)을 이름. 곧 한자의 부수 (部首)로 편과 방은 서로 대(對)이다.

66 유창종(劉昌宗, ?~?): 동진 시기의 학자라고는 하나, 생몰연대는 자세하지 않다. 삼례(三禮)를 주석하여 세상에 이름을 떨쳤다고 한다. 저서에는 『주례음(周禮音)』 등이 있다.

67 척곤(戚袞, 519~581): 남조 진(陳)나라 오군(吳郡) 염관(鹽官) 사람. 자는 공문(公文)이다. 젊어서 건강(建康)에 유학하여 유문소(劉文紹)와 함께 송회(宋懷) 삼례를 배워 남북이학(南 北二學)의 장점을 터득했다. 양 무제(梁武帝) 때 대책(對策)이 최고 성적을 받아 양주좨주종 사사(揚州祭酒從事史)에 임명되었다. 얼마 뒤 태학박사(太學博士)를 겸했다. 양(梁)나라 간 문제(簡文帝)가 태자로 있을 때 일찍이 불러 중서자(中庶子) 서리(徐摛)와 함께 경의(經義)

은 내(乃)와 다(多)의 반절음으로 발음한다고 했는데, 바로 『시경』 「죽간 (竹竿)」의 '나(儺)' 자의 발음이다.[68] 육씨[陸氏: 육덕명(陸德明)]는 무식하다 보니 「방상씨」와 「월령」과 「교특생」과 「향당」에서 모두 내(乃)와 다 (多)의 반절음으로 발음했다. 천박한 사람들은 도리어 나(儺)를 역귀를 몰아낸다[驅疫]는 뜻의 정자(正字)라고 하는데, 고치고 바꾸다가 오류가 생긴 것으로, 발음이나 자형이나 모두 잘못이다."라고 했다.

원문 案, 乃旦·乃多, 一音之轉, 若以古正音, 則當是乃多. 故「隰桑」以 "阿"·"難"·"何"爲韻, 而『魯』讀儺亦爲獻也. 阮氏元『校勘記』, "「郊特牲」, '汁獻涗於醆酒.' 「注」, '獻讀當爲莎, 齊人語. 聲之誤也.' 此讀'儺'爲'獻', 亦聲近之誤."

역문 살펴보니, 내(乃)와 단(旦)의 반절음과 내(乃)와 다(多)의 반절음은 하나 의 발음이었다가 바뀌어 달라진 것이니, 만약 옛날대로 발음을 바로잡는 다면 당연히 내(乃)와 다(多)의 반절음이어야 한다. 그러므로 『시경』 「소 아(小雅)·도인사지십(都人士之什)·습상(隰桑)」에 "아(阿)"와 "나(難)"와 "하(何)"를 운자로 삼은 것이고, 『노논어』에서 나(儺) 자를 사(獻)의 뜻으 로 읽었던 것이다. 완원(阮元)의 『십삼경주소교감기(十三經注疏校勘記)』에 "『예기』 「교특생」에 '즙사(汁獻)는 잔주[醆酒]를 섞어서 거른다.'라고 했는

를 질의했다. 양 경제(梁敬帝)가 즉위하자 강주자사(江州刺史)가 되었다. 정문계(程文季)를 따라 북정(北征)에 나섰다가 군대가 패하자 북주(北周)로 들어갔는데, 오랜 뒤 돌아올 수 있 었다. 진나라 선제(宣帝) 태건(太建) 중에 시흥왕부녹사참군(始興王府錄事參軍)으로 죽었 다. 저서에 『삼례의기(三禮義記)』와 『주례음(周禮音)』, 『예기의(禮記義)』가 있었는데, 『주 례음』 외에는 다 없어졌다.

68 『시경』 「국풍(國風)·위(衛)·죽간(竹竿)」에 "예쁘게 웃으매 이가 하얗게 보이며 패옥(佩 玉) 차고 아장아장 걸어갈 수 있을까?[巧笑之瑳, 佩玉之儺.]"라고 했다.

데, 「주」에 '사(獻)는 마땅히 사(莎)로 읽어야 하니, 제(齊)나라 사람들의 말은 발음상의 착오이다.'라고 했으니, 여기에서 '나(儺)'를 '사(獻)'로 읽는 것도 역시 발음이 가까워서 생긴 착오이다."라고 했다.

원문 案, "儺"·"獻"既由聲近, "獻"字或用叚借, 未必爲誤字矣. 「郊特牲」, "鄕人禓, 孔子朝服立於阼." 「注」云: "禓, 强鬼也, 謂時儺索室驅疫, 逐强鬼也. 禓或爲獻, 或爲儺." 段氏『說文注』疑"易聲與獻·儺音理遠隔, 『記』當本是禓字, 從示, 易聲. 則與獻·儺差近." 其說似是而非.

역문 살펴보니, "나(儺)"와 "사(獻)"가 이미 발음이 서로 가까운 것에 말미암은 것이라면 "사(獻)" 자는 어쩌면 가차(叚借)를 적용한 것이니, 굳이 오자(誤字)라고 할 필요는 없다. 「교특생」에 "고을 사람들이 길제사를 지낼 때[鄕人禓] 공자는 조복을 입고 동쪽 섬돌에 서 있었다."라고 했는데, 「주」에 "상(禓)[69]은 강귀(强鬼)[70]이니, 계절마다 길제사를 지내어 집 안을 뒤져서 역귀를 몰아내고 강귀를 쫓아냈던 것을 말한다. 상(禓)은 혹 사(獻)라고도 하고, 혹 나(儺)라고도 한다."라고 했다. 단씨(段氏)의 『설문해자주』에 "양(易) 자는 발음이 사(獻) 자나 나(儺) 자와는 소리의 원리가 멀리 떨어져 있고, 『예기』에는 본래 상(禓) 자로 되어 있는데, 상(禓)은 시(示)로 구성되었고 양(易)이 발음을 나타낸다. 그렇다면 사(獻) 자나 나(儺)[71] 자와 가깝다."라고 의심했는데, 이 말이 옳은 것 같지만 아니다.

---

69 『예기주소(禮記註疏)』 권25, 「교특생(郊特牲)」 육덕명(陸德明)의 음의(音義)에 "상(禓)은 음이 상(傷)이니 귀신의 이름이다.[禓, 音傷, 鬼名也.]"라고 했다.

70 『논어정의』에는 "彊鬼"로 되어 있으나, 『예기주소』 권25, 「교특생」을 근거로 "强鬼"로 고쳤다. 아래도 같다.

71 『논어정의』에는 "難"으로 되어 있으나, 『설문해자주』를 근거로 고쳤다.

원문 <u>任氏大椿</u>『弁服釋例』說曰: "禓自爲彊鬼之名, 儺自爲攘祭之名. 「郊特牲」言'鄕人禓', 言於儺時驅逐疫鬼, 又兼驅逐禓, 故卽以禓名祭也.『說文』, '禓, 道上祭也.'『急就篇』'謁禓塞禱鬼神寵', <u>顏師古</u>「注」, '禓, 道上之祭也.' 蓋驅逐强鬼而祭之於道上也." 案, <u>任</u>說是也. 但强鬼卽疫鬼, 不必分爲二. 言鬼名則曰禓, 言驅除此鬼則曰儺, 其後叚鬼名以爲祭名, 則亦曰禓.

역문 임대춘(任大椿)은 『변복석례(弁服釋例)』에서 말하길 "상(禓)은 그 자체로 강귀(彊鬼)의 이름이고, 나(儺)는 그 자체로 물리치는 제사[攘祭]의 명칭이다. 「교특생」의 '고을 사람들이 역귀를 쫓아내는 의식을 거행할 때[鄕人禓]'라는 말은 길제사를 지낼 때 역귀를 쫓아낸다는 말이고, 또한 길귀신[禓]을 쫓아낸다는 뜻을 겸하고 있으므로 바로 상(禓)을 가지고 제사의 명칭을 삼은 것이다. 『설문해자』에 '상(禓)은 길제사[道上祭]이다.'[72]라고 했고, 『급취편(急就篇)』에 '길제사를 지내어 귀신의 총애에 보답하고 도움을 구할 것을 아뢰고 청한다.'라고 했는데, 안사고(顏師古)의 「주」에 '상(禓)은 길제사[道上之祭]이다.'라고 했으니, 아마도 강귀(强鬼)를 물리치고 길에서 제사를 지내는 것인 듯싶다."라고 했다. 살펴보니, 임대춘의 말이 옳다. 다만 강귀는 바로 역귀이니 굳이 둘로 나눌 필요는 없다. 귀신의 명칭을 말할 땐 상(禓)이라 하고, 이 귀신을 물리치는 것을 말할 땐 나(儺)라고 하는데, 그 뒤로는 귀신의 이름을 빌려다 제사의 명칭으로 삼았다면 역시 상(禓)이라고 하는 것이다.

원문 『太平御覽』五百二十九引「世本」云: "微作禓五祀."「注」, "微者, <u>殷</u>之八世孫也: 禓者, 强死鬼也, 謂時儺, 索室驅疫, 逐强死鬼也." 此驅疫鬼稱

---

72 『설문해자』 권1: 상(禓)은 길제사[道上祭]이다. 시(示)로 구성되었고 양(易)이 발음을 나타낸다. 여(與)와 장(章)의 반절음이다.[禓, 道上祭. 從示易聲. 與章切.]

禓之證. 『禮記』別本作"獻", 與『魯』讀同; 作"儺", 與『古論』同. <u>徐仙民</u>音
"禓"爲"儺", 大誤. "禓"從易聲, 自讀如傷也.

역문 『태평어람』 권529, 「세본(世本)」에 "미(微)가 오사(五祀)에서 길제사[禓]
를 지냈다."라고 했는데, 「주」에 "미(微)는 은왕(殷王)의 8세손이고, 상
(禓)은 강사귀(强死鬼)이니, 계절마다 길제사를 지내어[儺] 방 안을 뒤져서
역귀를 몰아내고 강사귀를 쫓아냈다는 말이다."라고 했으니, 이것이 역
귀를 몰아내는 일을 상(禓)이라 칭한 증거이다. 『예기』별본(別本)에 "사
(獻)"로 되어 있는 것은 『노논어』에서 나(儺) 자를 사(獻)로 읽은 것과 같
고, "나(儺)"로 되어 있는 것은 『고논어』와 같은 것이다. 서선민(徐仙民)[73]
이 "상(禓)"을 "나(儺)"로 발음한 것은 큰 잘못이다. "상(禓)"은 양(易)이 발
음을 나타내는 것을 따르니, 본래부터 상(傷)으로 읽는다.

원문 「月令」"季春"「注」云: "陰寒至此不止, 害將及人. 所以及人者, 陰氣右
行, 此月之中, 日行歷昴, 昴有大陵積尸之氣, 氣佚則厲鬼隨而出行." "仲
秋"「注」云: "陽暑至此不衰, 害亦將及人. 所以及人者, 陽氣左行, 此月宿
値昴・畢, 昴・畢亦得大陵積尸之氣, 氣佚則厲鬼亦隨而出行." "季冬"「注」
云: "陰氣右行. 此月之中, 日歷虛・危, 虛・危有墳墓四司之氣, 爲厲鬼,

---

73 서선민(徐仙民, 344~397): 동진(東晉) 동완(東莞) 고막(姑幕) 사람인 서막(徐邈)이다. 선민
(仙民)은 그의 자이다. 조부 때부터 경구(京口, 강소성 진강)로 옮겨 살았다. 효무제(孝武帝)
때 유학(儒學)하는 선비로 불려 태부(太傅) 사안(謝安)이 천거해 중서사인(中書舍人)을 거
쳐 산기시랑(散騎侍郎)에 올랐다. 10년 동안 황제를 모시면서 고문으로서 많은 도움을 주었
다. 나중에 동궁(東宮)에서 일하면서 조정의 일에 참여했다. 안제(安帝) 때 효기장군(驍騎將
軍)에 이르렀다. 범녕과 이름을 나란히 했다. 저서에 『모시서씨음(毛詩徐氏音)』과 『고문상서
음(古文尙書音)』, 『주역서씨음(周易徐氏音)』, 『예기서씨음(禮記徐氏音)』, 『주례서씨음(周
禮徐氏音)』, 『춘추서씨음(春秋徐氏音)』, 『곡량전주(穀梁傳注)』 등이 있다.

將隨强陰出害人也." <u>孔</u>「疏」於"季冬"云: "言大者, 以季春唯國家之難, 仲秋唯天子之難, 此則下及庶人, 故云'大難'." 據此, 則三儺惟季冬之儺通於上下, 而<u>皇侃</u>『論語疏』反主季春, 非也.

역문 『예기』「월령」"계춘"의 「주」에 "음(陰)의 추위가 이때에 이르러도 그치지 않으면 해가 장차 사람에게까지 미친다. 해가 사람에게 미치는 까닭은 음기(陰氣)가 오른쪽으로 운행하여 이달[季春] 중에 태양이 운행하여 묘수(昴宿)를 지나는데, 묘수에는 대릉(大陵)[74]과 적시(積尸)[75]의 기운이 있어서, 이 기운이 번갈아 일어나면 여귀(厲鬼)가 따라 나와서 유행하기 때문이다."라고 했고, "중추"의 「주」에 "양(陽)의 더위가 이때에 이르러도 수그러들지 않으면 해로움이 또한 장차 사람에게까지 미친다. 해가 사람에게 미치는 이유는 양기(陽氣)가 왼쪽으로 운행하여 이달[中秋]의 별이 묘수와 필수(畢宿)에 머무는데, 묘수와 필수 또한 대릉과 적시의 기운을 얻고, 이 기운이 넘치면 여귀가 또한 따라 나와서 유행하기 때문이다."라고 했으며, "계동"의 「주」에 "음의 기운은 오른쪽으로 운행한다. 이달[季冬] 중에 태양이 허수(虛宿)와 위수(危宿)를 지나는데, 허수와 위수에는 분묘(墳墓)와 사사(四司)[76]의 기운이 있어서 여귀가 되어 장래에 강

---

74 대릉(大陵): 남방의 위수(胃宿)에 속한 8개의 별로서 죽음과 상례(喪禮)를 주관하고, 큰 무덤을 의미한다.

75 적시(積尸): 북방의 귀성(鬼星)에 딸린 별로서 오성(五星)으로 이루어져 있다. 이 별이 밝아지면 죽은 사람의 시신이 산처럼 쌓여 있다고 한다. 해가 묘수와 필수에 있으면 전염병이 유행하여 사람이 많이 죽는다고 한다.

76 사사(四司): 사명(司命), 사록(司祿), 사위(司危), 사중(司中)을 이르는데, 『예기주소』 권17, 「월령(月令)」 공영달(孔穎達)의 「소」에 따르면, "사명 두 별은 허수(虛宿)의 북쪽에 있고, 사록 두 별은 사명의 북쪽에 있고, 사위 두 별은 사록의 북쪽에 있고, 사중 두 별은 사위의 북쪽에 있다.[司命二星, 在虛北, 司祿二星, 在司命北, 司危二星, 在司祿北, 司中二星, 在司危北.]"라고 했고, 또 사마천(司馬遷)의 말을 빌려 "사사(四司)는 귀관(鬼官)의 우두머리이다.

한 음의 기운[強陰]을 따라 나와 사람을 해치게 된다."라고 했는데, 공영달(孔穎達)의 「소」에 "계동"에 대해 "(길제사를) 크게 지내게 한다는 말은, 계춘에는 오직 국가의 길제사[難]만을 지내고, 중추에는 오직 천자의 길제사만을 지내는데, 이것이 아래로 서인들에게까지 미치기 때문에 '크게 길제사를 지내게 한다'라고 한 것이다."라고 했다. 여기에 의거해 보면 세 번의 길제사 중에 오직 계동의 길제사만이 위아래로 통하는데, 황간의 『논어의소(論語義疏)』는 반대로 계춘을 주장했으니, 잘못이다.

원문 『周官』, "方相氏, 狂夫四人. 掌蒙熊皮, 黃金四目, 玄衣朱裳, 執戈揚盾, 帥百隷而時難, 以索室驅疫." 「注」云: "方相猶言放想, 可畏怖之貌. 蒙, 冒也, 冒熊皮者, 以驚驅疫癘之鬼, 如今魌頭也. 時難, 四時作方相氏以難卻凶惡也. 「月令」季春, '命國難.' 索, 庾也." 此以方相氏兼有三難, 而季冬爲大難, 稱"四時"者趁辭, 非季夏亦有儺也. 『論語』儺在季冬, 故鄭以十二月解之, 又引「方相」文爲證矣.

역문 『주례』 「하관사마하·방상씨」에 "방상씨는 광부(狂夫) 네 사람이 담당한다. 방상씨는 곰 가죽을 덮어쓰고[蒙], 황금으로 된 네 개의 눈을 달고, 검정 저고리와 붉은 치마 차림으로 창을 쥐고 방패를 쳐들고서 100명의 노예를 거느리고 계절마다 길제사를 지내어 집 안을 뒤져서 역귀를 몰아낸다."라고 했는데, 「주」에 "방상(方相)은 방상(放想)[77]이라는 말과 같으니, 무서워할 만한 모습이다. 몽(蒙)은 덮는 것[冒]이니, 곰 가죽을 덮는 것은 역병[疫癘]을 일으키는 귀신을 놀라게 해서 몰아내는 것으로 지금의 기두(魌頭)와 같다. 계절마다 길제사를 지낸다[時難]는 것은 네 계절마

[四司, 鬼官之長.]'라고 했다.

77 방상(放想): 상상했던 것과 방불하다는 말이다.

다 방상씨를 세워 길제사를 지내어 흉악함을 물리친다는 말이다. 「월령」에 계춘의 달에 '나라에 명하여 길제사를 지내게 한다[命國難].'라고 했다. 색(索)은 찾는다[廋]는 뜻이다."라고 했는데, 여기에서 방상씨가 세 번의 길제사를 겸해서 담당하고 있으면서 계동에 성대하게 길제사를 지내는 데에도 "네 계절[四時]"이라고 일컬은 것은 말을 이어 붙인 것이지, 계하(季夏)에도 길제사가 있다는 것은 아니다. 『논어』의 길제사는 계동에 있었기 때문에 정현이 12월이라고 해석한 것이고, 또 「방상씨」의 글을 인용해서 증명한 것이다.

원문 "阼階"者, 『說文』云: "阼, 主階也." 『儀禮』「鄕射禮」「注」, "阼階, 東階." 「士冠禮」「注」, "阼猶酢也. 東階, 所以答酢賓客也." 『釋文』, "'於阼', 本或作'於阼階'." 臧氏琳『經義雜記』, "「郊特牲」文與『論語』同, 亦無階字."

역문 "조계(阼階)"라는 것에 대해, 『설문해자』에 "조(阼)는 주인이 오르는 섬돌[主階]이다."[78]라고 했고, 『의례』「향사례(鄕射禮)」의 「주」에 "조계(阼階)는 동쪽 섬돌[東階]이다."라고 했으며, 「사관례(士冠禮)」의 「주」에는 "조(阼)는 초(酢)와 같으니, 동쪽 섬돌[東階]은 빈객에게 답례로 잔을 주는[答酢] 곳이다."라고 했다. 『경전석문』에 "'어조(於阼)'는 판본에 따라 더러 '어조계(於阼階)'로 되어 있다."라고 했고, 장림(臧琳)의 『경의잡기(經義雜記)』에 "「교특생」의 문장은 『논어』와 같으니 역시 계(階) 자가 없다."라고 했다.

---

[78] 『설문해자』 권14: 조(阼)는 주인이 오르는 계단[主階]이다. 부(𨸏)로 구성되었고 사(乍)가 발음을 나타낸다. 작(昨)과 오(誤)의 반절음이다.[阼, 主階也. 從𨸏乍聲. 昨誤切.]

- 「注」, "恐驚先祖, 故朝服而立於廟之阼階."
- 正義曰:「郊特牲」, "鄉人禓, 孔子朝服立於阼, 存室神也."「注」云: "'存室神', 神依人也."「疏」云: "於時驅逐强鬼, 恐己廟室之神, 時有驚恐, 故著朝服立於廟之阼階, 存安廟室之神, 使神依己而安也. 大夫朝服以祭, 故用祭服以依神." 孔「疏」之說, 卽僞孔此「注」義.
- ○「주」의 "선조를 놀라게 할까 두려웠기 때문에 조복을 입고 사당의 동쪽 섬돌에 서 있는 것이다."
- ○ 정의에서 말한다.

  『예기』「교특생」에 "고을 사람들이 길제사를 지낼 때[鄉人禓] 공자는 조복을 입고 동쪽 섬돌에 서 있었으니, 이것은 묘실의 신을 보존하여 편안하게 하고자 해서였다[存室神]."라고 했는데, 「주」에 "'묘실의 귀신을 편안하게 보존하고자 해서였다[存室神]'라는 것은 귀신이 사람에게 의지했다는 것이다."라고 했고, 「소」에 "당시에 강귀(强鬼)를 쫓아내는 의식을 거행하자 자기 묘실의 귀신이 때때로 놀라고 두려워할까 걱정했기 때문에 조복을 입고 동쪽 섬돌에 서서 묘실의 귀신을 편안하게 보존하고자 해서 귀신으로 하여금 자기에게 의지해서 편안하게 한 것이다. 대부는 조복을 입고 제사를 지내기 때문에 제복(祭服)을 착용하여 귀신을 의지하게 하는 것이다."라고 했는데, 공영달의 「소」의 설명이 바로 위공의 이 「주」의 뜻이다.

10-12

問人於他邦, 再拜而送之. 【注】拜送使者, 敬也.

다른 나라에 사람을 보낼 때, 두 번 절하고 보냈다. 【주】절을 하고 사자(使者)를 보낸 것은 상대를 공경(恭敬)한 것이다.

원문 正義曰:『說文』, "問, 訊也." 己或有事問人, 或聞彼有事, 使人問之. 凡問人, 有物以表意, 故問亦訓遺.「曲禮」"凡以弓·劍·苞苴·簞笥問人."

是也. 此"問人於他邦", 亦當有物, "人"指朋友言. 皇「疏」以"問"爲聘問, "人"爲鄰國之君, 非也.

역문 정의에서 말한다.

『설문해자』에 "문(問)은 방문한다[訊]는 뜻이다."[79]라고 했으니, 자기에게 혹 일이 있어서 남을 방문하거나, 혹은 저 사람이 일이 있음을 듣고 사람을 시켜 그를 방문하는 것이다. 무릇 남을 방문할 때에는 물건을 가지고 뜻을 표하기 때문에 "문(問)"을 또 보낸다[遺]는 뜻으로 풀이하기도 한다. 『예기』「곡례상」에서 "무릇 활이나 검, 포저(苞苴)[80]와 단사(簞笥)[81]에 싸거나 담은 물품을 남에게 보낸다."라고 한 것이 이것이다. 여기의 "다른 나라에 사람을 보냄[問人於他邦]"에도 당연히 물건이 있었고, "사람[人]"은 친구[朋友]를 가리켜서 한 말이다. 황간의 「소」에는 "문(問)"을 빙문(聘問)이라 하고, "사람[人]"을 이웃 나라의 군주라고 했는데, 아니다.

원문 "再拜", 卽『禮』之"空首", 鄭注「大祝」以"空首"爲"拜, 頭至手". <u>段氏玉裁</u>釋"拜", 以"空首"爲"跪而拱手, 首俯至手", 故對稽首之頭著地, 而以不著地者爲空首. <u>王氏塈</u>『正義』以空首爲"首俯而不至手, 首與尻平. 故<u>荀卿</u>言'平衡曰拜'. 但以手據地, 故曰拜手; 其首空懸, 故曰空首." 三說不同, 以<u>王</u>爲允.

---

79 『설문해자』권2: 문(問)은 방문한다[訊]는 뜻이다. 구(口)로 구성되었고 문(門)이 발음을 나타낸다. 망(亡)과 운(運)의 반절음이다.[問, 訊也. 從口門聲. 亡運切.]

80 포저(苞苴): 남에게 증정하는 물품. 포(苞)는 생선이나 고기를 포장하는 부들로 만든 꾸러미[蒲包]를 뜻하고, 저(苴)는 물건을 담는 풀로 짠 고리[草藉]를 말한다. 뇌물로 주기 위해서는 선물을 반드시 포장해야[苞苴] 하므로, 뇌물이라는 뜻이 되었다.

81 단사(簞笥): 대나무로 만든 용기이다. 둥글게 만든 대광주리를 단(簞)이라 하고, 네모진 상자를 사(笥)라 한다.

역문 "재배(再拜)"는 바로 『주례』「춘관종백하 · 대축」의 "공수(空首)"인데, 정현은 「대축」을 주석하면서 "공수"는 "절할 때 머리가 손에 닿게 하는 것"이라고 했다. 단옥재는 "배(拜)"를 풀이하면서 "공수"를 "꿇어앉아서 두 손을 맞잡고 머리를 숙여 손에 닿게 하는 것"이라고 했으니, 따라서 계수(稽首)할 때의 머리가 바닥에 닿는 것과 대비해서 바닥에 닿지 않는 것이 공수가 된다. 왕류의 『향당정의』에서는 공수를 "머리를 숙이되 손까지 닿지는 않고, 머리를 뒤꽁무니와 수평이 되게 하는 것이다. 그러므로 순경(荀卿)은 '허리를 숙여 머리가 허리와 수평을 이루는 것을 배(拜)라 한다.'[82]라고 말한 것이다. 다만 손으로 바닥을 짚기 때문에 배수(拜手)라 하고, 그 머리가 공중에 떠 있기 때문에 공수라 한다."라고 했다. 세 사람의 설명이 같지 않으나, 왕류의 설명이 믿을 만하다고 생각된다.

원문 王又云: "經中不見有'空首'之文, 以或言'拜', 或言'拜手', 皆空首也." 據王說, 則此文"再拜"當爲空首之再拜矣. 「大祝」, "七曰奇拜, 八曰襃拜." 鄭大夫云: "奇拜, 謂一拜也. 襃讀爲報, 報拜, 再拜是也." 凡拜有奇有耦, 耦者尤爲敬也. 「曲禮」, "君使反, 則拜送於門外; 己使歸, 則下堂而受命." 己使卑於君, 受命旣在堂下, 則拜送亦必在堂下, 異於君使反送之禮矣.

역문 왕류는 또 "경(經) 가운데는 '공수'라는 글이 있는 것이 보이지 않으니, 혹 '배'라고 하거나, 혹 '배수'라고 한 것은 모두 공수이다."라고 했으니, 왕류의 설명에 따르면 이 문장에서의 "재배"는 당연히 공수의 재배이다. 「대축」에 "일곱째를 기배(奇拜)라 하고 여덟째를 포배(襃拜)라 한다."라고 했는데, 정대부(鄭大夫)는 이르길 "기배는 한 번 절하는 것이다. 포(襃)

---

82 『순자(荀子)』「대략편(大略篇)」.

는 보(報)로 읽으니, 보배(報拜)란 재배가 이것이다."라고 했다. 무릇 절에는 홀수로 하는 절과 짝수로 하는 절이 있는데, 짝수로 하는 절이 더욱 공경함이 된다. 『예기』「곡례상」에 "군주의 사신이 되돌아가면 문밖에서 절하고 전송하고, 자기의 사신이 되돌아오면 당에서 내려가 군주의 명을 받는다."라고 했는데, 자기의 사신이 군주보다 낮고 이미 당 아래서 군주의 명을 받았다면, 절하고 전송하는 것도 반드시 당 아래서 하는 것이니, 군주의 사신을 되돌려 보내는 예와는 다르다.

원문 「少儀」, "凡膳・告於君子, 主人展之, 以授使者於阼階之南, 南面再拜稽首, 送." 是拜送不出門, 以彼例此, 知亦不出門矣. 江氏永『圖考』曰: "其時使者不答拜, 鄭注『儀禮』云'凡爲人使, 不當其禮.' 是也."

역문 『예기』「소의」에 "무릇 군자에게 제사 지낸 뒤 맛있는 음식을 올리고 부제와 연제를 지낸 뒤 고할 경우에는, 주인이 펼쳐 보고[展] 동쪽 섬돌[阼階]의 남쪽에서 사자에게 주고, 남면하여 재배하고 머리를 조아리고 전송한다."라고 했는데, 여기서는 절하고 전송하되 문을 나가지 않았으니, 앞에서 말한 것을 가지고 여기에 맞춰 보면 역시 문을 나가지 않음을 알 수 있다. 강영의 『향당도고』에 "그 당시 사자는 답배하지 않았는데, 이에 대해 정현이 『의례』「빙례」를 주석한 것에 보면 '무릇 남의 사신이 되어 그 예를 감당할 수 없기 때문이다.'[83]라고 했는데, 옳다."라고 했다.

---

83 『의례』「빙례(聘禮)」에 "위로하러 온 자는 답배하지 않는다.[勞者, 不答拜.]"라고 한 것에 대한 정현의 「주」이다.

康子饋藥, 【注】 包曰: "饋孔子藥." 拜而受之, 曰: "丘未達, 不敢
嘗." 【注】 孔曰: "未知其故, 故不敢嘗, 禮也."

계강자(季康子)가 약(藥)을 보내오자, 【주】 포함(包咸)이 말했다. "공자에
게 약을 보낸 것이다." 공자가 절하고 받으면서 말했다. "나는 무슨 약
인지 알지 못하기 때문에 감히 맛보지 못하겠습니다." 【주】 공안국
이 말했다. "약의 성질을 모르기 때문에 감히 맛보지 않은 것이니, 이것이 예이다."

원문 正義曰: 『周官』「疾醫」, "以五藥養其病." 「注」, "養猶治也. 病由氣勝負
而生, 攻其羸, 養其不足者. 五藥, 草·木·蟲·石·穀也." 此"饋藥", 當爲
丸散之類. "拜而受之", 謂空首奇拜也. 「玉藻」云: "酒肉之賜, 弗再拜." 弗
再拜, 則只用一拜. "饋藥"亦酒肉之類, 用一拜, 與前再拜異也. 『釋文』引
"一本無'而'·'之'二字."

역문 정의에서 말한다.

『주례』「천관총재하·질의(疾醫)」에 "다섯 가지 약으로 병을 치료한
다.[以五藥養其病.]"라고 했는데, 「주」에 "양(養)은 치료[治]와 같다. 병은
기(氣)의 승부(勝負)로 말미암아 생겨나니, 그 파리함을 공격하고 그 부
족함을 배양하는 것이다. 다섯 가지 약은 풀[草]·나무[木]·벌레[蟲]·암
석[石]·곡식[穀]이다."라고 했다. 여기의 "보내온 약[饋藥]"은 당연히 환약
이나 가루약의 종류이다. "절하고 받았다"라는 것은 공수로 한 번 절했
다는 말이다. 『예기』「옥조」에 "술과 고기를 하사하는 경우에는 재배하
지 않는다."라고 했는데, 재배하지 않는다는 것은 단지 한 번만 절한다

는 것이다. "약을 보내온 것[饋藥]"도 술과 고기를 하사하는 경우와 같은 종류이므로 한 번만 절한 것이니, 앞에서 재배한 것과는 다르다. 『경전석문』에는 "어떤 판본에는 '이(而)'와 '지(之)' 두 글자가 없다."라고 했다.

원문 『說文』云: "嘗, 口味之也." 引申爲飮食之義. 若『詩』"酌言嘗之", 與此文"不敢嘗", 皆謂飮之也. 鄭此「注」云: "饋, 遺也. 拜受, 敬也. 曰'丘未達', 言不服之義, 藥從中制外, 故當愼也."

역문 『설문해자』에 "상(嘗)은 입으로 맛본다[口味之]는 뜻이다."[84]라고 했는데, 이 뜻이 확대되어 마시고 먹는다는 뜻이 되었다. 예컨대, 『시경』「소아 · 도인사지십 · 호엽(瓠葉)」의 "술을 떠서 맛본다[酌言嘗之]"와 같은 것은 이 글에서 "감히 맛보지 못하겠다[不敢嘗]"라고 한 것과 마찬가지로 모두 마신다는 말이다. 이 글에 대한 정현의 「주」에 "궤(饋)는 보낸다[遺]는 뜻이다. 절하고 받음[拜受]은 공경한 것이다. '나는 약의 성질을 모른다[丘未達]'라고 한 것은 복용하지 않겠다는 뜻을 말한 것이니, 약물 복용은 속을 따라서 밖을 다스리는 것이기 때문에 당연히 신중해야 하는 것이다."라고 했다.

원문 案, "饋, 遺也."者, 鄭注「檀弓」·「坊記」並同. 『說文』, "饋, 餉也." 『周官』「玉府」「注」, "古者致物於人, 尊之則曰獻, 通行曰饋." "拜受 · 敬也." 者, 禮, 大夫賜, 皆拜受於家. 故此拜受爲敬也. 據鄭云"拜受", 亦似經文無 "而" · "之"二字.

역문 살펴보니, "궤(饋)는 보낸다[遺]는 뜻이다."라고 한 것은, 정현이 「단궁

---

84 『설문해자』 권5: 상(嘗)은 입으로 맛본다[口味之]는 뜻이다. 지(旨)로 구성되었고 상(尙)이 발음을 나타낸다. 시(市)와 양(羊)의 반절음이다.[嘗, 口味之也. 從旨尙聲. 市羊切.]

(檀弓)」과 「방기(坊記)」를 주석한 곳에도 모두 같다. 『설문해자』에 "궤(饋)는 음식을 보낸다[餉는 뜻이다.]"[85]라고 했다. 『주례』「천관총재하·옥부」의 「주」에 "옛날에 남에게 물건을 보낼 적에 높이면 헌(獻)이라 하고 통행하면 궤(饋)라 하였다."라고 했다. "절하고 받음[拜受]은 공경한 것이다."라고 했는데, 예에 따르면 대부가 하사한 것은 모두 집에서 절하고 받는 것이다. 그러므로 여기에서 절하고 받은 것은 공경을 행한 것이다. 정현이 "절하고 받는다[拜受]"라고 한 것에 의거해 보더라도 경문(經文)에는 "이(而)"와 "지(之)" 두 글자가 없었을 것 같다.

원문 "丘未達"云云者, 達猶曉也, 言不曉此藥治何疾, 恐飲之反有害也. 服者, 言病宜以此藥服之, 「曲禮」"醫不三世, 不服其藥." 是也. 『集注』引楊氏曰: "未達, 不敢嘗, 謹疾也. 必告之, 直也."

역문 "나는 약의 성질을 모른다[丘未達]"라고 운운했는데, 달(達)은 훤히 알고 있다[曉]는 뜻이니, 이 약이 어떤 병을 치료하는지 알지 못하므로 마셨을 경우 도리어 해가 될까 염려된다는 말이다. 복(服)이란 병이 들면 마땅히 이 약을 복용해야 한다는 말이니, 『예기』「곡례하(曲禮下)」에서 "3대에 걸쳐서 치료해 줄 정도로 경험이 풍부한 의원이 아니면 그 약을 복용하지 않는다."라고 한 것이 이것이다. 『논어집주』에는 양씨(楊氏)를 인용해서 "알지 못하면 감히 맛보지 못하는 것은 병을 삼가는 것이며, 반드시 솔직하게 말하는 것은 정직함이다."라고 했다.

---

85 『설문해자』권5: 궤(饋)는 음식을 보낸다[餉는 뜻이다. 식(食)으로 구성되었고 귀(貴)가 발음을 나타낸다. 구(求)와 위(位)의 반절음이다.[饋, 餉也. 從食貴聲. 求位切.]

- 「注」, "饋孔子藥."
- 正義曰: 皇本作"遺孔子藥也."『釋文』, "遺, 唯季反. 本今無此字." 案, 無"遺"字, 則"孔子"上 當有"饋"字, 即邢「疏」所據本.
- 「주」의 "공자에게 약을 보낸 것이다."
- 정의에서 말한다.
  황간본에는 "공자에게 약을 보낸 것이다.[遺孔子藥也.]"로 되어 있다. 『경전석문』에 "유(遺) 는 유(唯)와 계(季)의 반절음이다. 판본에 따라 지금은 이 글자가 없다."라고 했다. 살펴보니, "유(遺)" 자가 없다면 "공자(孔子)" 앞에 당연히 "궤(饋)" 자가 있어야 하니, 바로 형병의 「소」 가 근거로 한 판본이다.

- 「注」, "未知其故."
- 正義曰: "故", 猶言性也.
- 「주」의 "약의 성질을 알지 못한다.[未知其故.]"
- 정의에서 말한다.
  "고(故)"는 성질[性]이라는 말과 같다.

10-14

廐焚, 子退朝, 曰: "傷人乎?" 不問馬.【注】鄭曰: "重人賤畜. '退朝', 自君之朝來歸."

마구간이 불에 타자, 공자가 조정에서 물러 나와 "사람이 다쳤는 가?"라고 묻고 말에 대해서는 묻지 않았다.【주】정현이 말했다. "사람 을 중히 여기고 가축을 천히 여긴 것이다. '퇴조(退朝)'는 임금의 조정에서 돌아온 것

이다."

원문 正義曰:『說文』, "廐, 馬舍也. 𤘓, 古文從九."『汗簡』引『古論』作"𠪲", 卽"𤘓"省.『釋名』「釋宮室」, "廐, 勾也, 勾, 聚也, 牛馬之所聚也."

역문 정의에서 말한다.

『설문해자』에 "구(廐)는 마구간[馬舍]이다. 구(𤘓)는 구(廐)의 고문인데 구(九)로 구성되었다."[86]라고 했다. 『한간(汗簡)』에는 『고논어』에 "구(𠪲)"로 되어 있는 것을 인용했는데, 바로 "구(𤘓)"의 생략형이다. 『석명』 「석궁실(釋宮室)」에 "구(廐)는 구(勾)이고, 구(勾)는 모은다[聚]는 뜻이니, 소와 말이 모여 있는 곳이다."라고 했다.

원문 『廣雅』「釋言」, "焚, 燒也."『左氏傳』, "人火曰火, 天火曰災." 二者皆稱焚. 邢「疏」云: "'不問馬'一句, 記者之言也."『釋文』, "'傷人乎'絶句, 一讀至'不'字絶句." 此誤讀"不"爲"否"也. 揚雄『太僕箴』, "廐焚問人, 仲尼深醜." 以問人爲醜, 則不徒問人, 此卽『釋文』一讀之義.

역문 『광아』「석언(釋言)」에 "분(焚)은 불태운다[燒]는 뜻이다."『춘추좌씨전』 「선공(宣公)」 16년의 「전」에 "사람이 방화한 것을 화(火)라 하고, 자연발화를 재(災)라 한다."라고 했는데, 두 가지를 모두 분(焚)이라 칭한다. 형병의 「소」에 "'말에 대해서는 묻지 않았다[不問馬]'라는 한 구절은 기록한

---

86 『설문해자』 권9: 구(廐)는 마구간[馬舍]이다. 엄(广)으로 구성되었고 구(𣪊)가 발음을 나타낸다. 『주례』에 "말 214필이 있는 마구간을 구(廐)라 하고, 구(廐)에는 마부[僕夫]가 있다." 라고 했다. 구(𤘓)는 구(廐)의 고문인데 구(九)로 구성되었다. 거(居)와 우(又)의 반절음이다. [廐, 馬舍也. 從广𣪊聲.『周禮』曰: "馬有二百十四匹爲廐, 廐有僕夫." 𤘓, 古文從九. 居又切.]

자의 말이다."라고 했다. 『경전석문』에는 "상인호(傷人乎)"에서 구두를 끊어 놓고, 또 "일부에서는 '불(不)' 자까지 읽고 구두를 끊기도 한다."라고 했는데, 이는 "불(不)"을 "부(否)"의 뜻으로 잘못 읽은 것이다.[87] 양웅(揚雄)의 『태복잠(太僕箴)』에 "마구간이 불탔을 때 사람이 상했는가만 물었다면, 중니는 참으로 추한 자였을 것이다."라고 했는데, 사람만 묻는 것을 추하게 여겼다면 단지 사람만 물은 것이 아니니, 이것이 바로 『경전석문』에서 말한 일부에서 구두를 끊고 읽을 때의 뜻이다.

- 「注」, "退朝, 自君之朝來歸."
- 正義曰: "少儀" 云: "朝廷曰退." 言臣自朝廷歸爲退也. 夫子仕魯爲大夫, 得有馬乘, 故鄭以 "退朝"爲自朝來歸, 明此廐爲夫子家廐矣. 「雜記」云: "廐焚, 孔子拜鄉人爲火來者. 拜之, 士 壹, 大夫再, 亦相吊之道也." 「注」云: "拜, 謝之." 是廐焚爲夫子家廐之證.

○ 「주」의 "퇴조는 임금의 조정에서 돌아온 것이다."

○ 정의에서 말한다.

『예기』「소의」에 "조정(朝廷)에서 물러 나오는 것을 '퇴(退)'라 한다."라고 했는데, 신하가 조정으로부터 되돌아오는 것을 퇴라 한다는 말이다. 공자는 노나라에서 벼슬하면서 대부가 되어 말과 수레를 소유할 수 있었기 때문에 정현이 "퇴조"를 조정에서 돌아온 것이라고 하였으니, 이 마구간이 공자의 집에 있는 마구간임을 밝힌 것이다. 『예기』「잡기하」에 "마구간이 불탔을 때, 공자는 화재를 위로하러 온 고을 사람에게 절을 하였다. 절을 하되 사에게는 한 번하고 대부에게는 두 번 하였으니, 또한 서로 위로하는 법도이다."라고 했는데, 「주」에 "배(拜)는 사례함[謝]이다."라고 했으니, 이것이 불탄 마구간이 공자의 집에 있는 마구간이라는 증거가 된다.

---

87 "傷人乎否?"로 읽었다는 말이다. 해석은 "사람이 다치지 않았는가?"가 된다.

『家語』「子貢篇」, "孔子爲大司寇, 國廏焚." 『鹽鐵論』「刑德篇」, "魯廏
焚, 孔子罷朝, 問人不問馬, 賤畜而重人也." 又揚雄『太僕箴』引此文, 亦似
指公廏, 均與「雜記」異. 但是公廏, 則"新延廏"書於『春秋』, 此"廏焚"亦當
書之. 今旣未書, 知宜爲家廏矣.

역문 『공자가어(孔子家語)』「자공(子貢)」에 "공자가 대사구(大司寇)가 되었을
때 나라의 마구간이 불탔다."라고 했고, 『염철론(鹽鐵論)』「형덕(刑德)」에
"노나라의 마구간이 불타자 공자가 조회를 파하고 나와 사람이 상했는
가를 묻고 말에 대해서 묻지 않은 것은 가축을 천하게 여기고 사람을 중
히 여긴 것이다."라고 했으며, 또 양웅의 『태복잠』에도 이 글을 인용했
는데, 역시 나라[公]의 마구간을 가리키는 것 같으니, 모두 「잡기」의 내
용과는 다르다. 다만 나라의 마구간이었다면 "연구(延廏)를 새로 지었
다"라고 『춘추』에 기록되어 있으니,[88] 이 "마구간이 불탔다[廏焚]"라는 것
도 역시 당연히 기록했을 것이다. 그러니 이제 이미 기록하지 않았으니,
당연히 집에 있는 마구간이 된다는 것을 알 수 있다.

10-15

君賜食, 必正席, 先嘗之, 【注】 孔曰: "敬君惠也. 旣嘗之, 乃以班賜."
君賜腥, 必熟而薦之, 【注】 孔曰: "薦其先祖." 君賜生, 必畜之.

임금이 음식을 주면 반드시 자리를 바로 하고 먼저 맛보았으며,
【주】 공안국이 말했다. "임금의 은혜에 경의를 표한 것이다. 이미 맛을 보았으면 곧

바로 나누어 준다." 임금이 날고기를 주면 반드시 익혀서 조상께 올리고, 【주】 공안국이 말했다. "자신의 선조에게 올린 것이다." 임금이 살아 있는 것을 주면 반드시 길렀다.

원문 正義曰: "食"是熟食, 雖爲君賜, 然來自外間, 恐有不潔, 或兼有餕餘, 故不敢以薦. "腥"者, 『釋文』云: "腥音星. 『說文』·『字林』竝作'胜', 云: '不熟也.'" 案, 『說文』, "腥, 星見食豕, 令肉生小息肉也." 此別一義, 而與"胜"同從生, 故多叚"腥"爲"胜"字.

역문 정의에서 말한다.

"식(食)"은 익힌 음식이니, 비록 임금이 준 것일지라도 외간(外間)으로부터 온 것이므로 불결한 것이 있거나 혹시라도 먹다 남은 것이 있을까 걱정스럽기 때문에 감히 조상에게 올리지 못하는 것이다. "성(腥)"은 『경전석문』에 "성(腥)은 발음이 성(星)이다. 『설문해자』와 『자림』에는 모두 '성(胜)'으로 되어 있는데, '익히지 않은 것이다.'[89]라고 했다."라고 하였다. 살펴보니, 『설문해자』에 "성(腥)은 식용 돼지에서 보이는 별인데, 가령 근육 속의 작은 군더더기 살과 같은 것이다."[90]라고 했으니, 이는 일반적인 의미와는 다르지만, "성(胜)" 자와 같이 생(生)으로 구성되었기 때

---

[89] 『설문해자』 권4: 성(胜)은 개 기름 냄새[犬膏臭]이다. 육(肉)으로 구성되었고 생(生)이 발음을 나타낸다. 일설에는 익히지 않은 것이라고 한다. 상(桑)과 경(經)의 반절음이다.[胜, 犬膏臭也. 從肉生聲. 一曰不孰也. 桑經切.]

[90] 『설문해자』 권4: 성(腥)은 식용 돼지에서 보이는 별인데, 가령 근육 속에 있는 작은 군더더기 살과 같은 것이다. 육(肉)으로 구성되었고 성(星)으로 구성되었는데, 성(星)이 또한 발음을 나타낸다. 소(穌)와 영(佞)의 반절음이다.[腥, 星見食豕, 令肉中生小息肉也. 從肉從星, 星亦聲. 穌佞切.]

문에 많이들 "성(腥)" 자를 가차해서 "성(胜)" 자의 뜻으로 삼는다.

원문 鄭此「注」云: "『魯』讀生爲牲, 今從『古』." 考『說文』, "牲, 牛完全也." 引申爲凡獸畜之稱. 『周官』「庖人」「注」, "始養之曰畜, 將用之曰牲." 鄭以言"牲"爲行禮時所稱. 此"賜生", 泛說平時, 不必言"牲", 故從『古論』作"生"也.

역문 정현은 이 「주」에서 "『노논어』에서는 생(生)을 성(牲)의 뜻으로 읽으니, 지금은 『고논어』를 따른다."라고 했다. 『설문해자』를 살펴보니, "생(牲)은 완전한 소[牛完全]라는 뜻이다."[91]라고 했는데, 이 뜻이 확대되어 모든 짐승과 가축을 일컫는 것이 되었다. 『주례』「천관총재상·포인(庖人)」의 「주」에 "처음부터 기르는 놈을 축(畜)이라 하고, 앞으로 사용할 놈을 생(牲)이라 한다."라고 했으니, 정현은 "생(牲)"이라고 말하는 것을 예를 거행할 때 일컫는 것이라고 생각한 것이다. 따라서 여기서의 "사생(賜生)"은 평상시를 범범하게 말한 것으로, 굳이 "희생[牲]"이라고 말할 필요가 없기 때문에 『고논어』를 따라 "생(生)"이라고 쓴 것이다.

원문 "畜"者, 『詩』「我行其野」「傳」云"養也." 『集注』云: "畜之者, 仁君之惠, 無故不敢殺也." 凌氏廷堪『禮經釋例』, "'君賜食', 卽「聘禮」所謂'飪'也; '君賜腥', 卽「聘禮」所謂'腥'也; '君賜生', 卽「聘禮」所謂'餼'也. 凡牲, 殺曰饔, 生曰餼. 「聘禮」, '歸賓饔餼, 飪一牢, 鼎九, 設于西階前. 陪鼎當內廉, 東面, 北上. 上當碑, 南陳, 牛·羊·豕·魚·腊·腸·胃同鼎, 膚·鮮魚·鮮腊, 設扃鼎, 腸·膷·膮, 蓋陪牛羊豕.' 牲之已亨者謂之飪. '腥二牢, 鼎

---

91 『설문해자』 권2: 생(牲)은 완전한 소[牛完全]라는 뜻이다. 우(牛)로 구성되었고 생(生)이 발음을 나타낸다. 소(所)와 경(庚)의 반절음이다.[牲, 牛完全. 從牛生聲. 所庚切.]

二七, 無鮮魚・鮮臘, 設於阼階前, 西面, 南陳, 如飪鼎, 二列.' 牲之未亨者謂之腥. '飪'與'腥', 皆饔也. 是牲之殺者曰饔也. 又歸聘賓, '餼二牢, 陳于門西, 北面, 東上. 牛以西羊・豕, 豕西牛・羊・豕.'「注」, '餼, 生也.' 是牲之生者曰餼也."

역문 "흌(畜)"이라고 하는 것은, 『시경』「아행기야(我行其野)」의 「전」에 "기른다[養]는 뜻이다."라고 했고, 『논어집주』에 "기르는 것은 임금의 은혜를 사랑하여 연고가 없으면 감히 죽이지 않는 것이다."라고 했다. 능정감의 『예경석례』에 "'임금이 음식을 준다[君賜食]'라는 것은 바로 『의례』「빙례」의 이른바 '임(飪)'이라는 것이고, '임금이 날고기를 준다[君賜腥]'라는 것은 바로 「빙례」의 이른바 '성(腥)'이라는 것이며, '임금이 살아 있는 것을 준다[君賜生]'라는 것은 바로 「빙례」의 이른바 '희(餼)'라는 것이다. 모든 희생[牲]은 죽인 것을 옹(饔)이라 하고, 살아 있는 것을 희(餼)라고 한다. 「빙례」에 '주군(主君)이 손님[賓]에게 옹희(饔餼)를 보내 주는데, 삶아서 익힌 것 1뢰(一牢)[92]와 세발솥[鼎]이 9개이니, 이것을 서쪽 섬돌 앞에 진설한다. 배정(陪鼎)[93]은 안쪽 모서리에 마주하게 하고 동면(東面)하여 북쪽이 상석이 되도록 한다. 위쪽은 비(碑)를 마주하게 해서 남쪽으로 진열한다. 소와 양과 돼지와 생선[魚]과 포[腊]와 창자[腸]와 위(胃)를 하나의 세발솥에 넣고, 돼지고기[膚]와 싱싱한 생선[鮮魚]과 생강과 계피에 절여서 만든 생선포[鮮腊]는 들막대기[扃]와 뚜껑[鼏]이 있는 솥에 넣어서 진설하고, 쇠고깃국[臐]과 양고깃국[臐]과 돼지고깃국[膮]은 대체로 소와 양과 돼지가 있는 배정에 둔다.'라고 했으니, 이미 삶아서 익힌 희생을 임(飪)이라고 한다. 또 '날고기 2뢰(二牢)는 14개의 세발솥에 두는데, 싱싱

---

92 1뢰(一牢): 소・양・돼지이다.

93 배정(陪鼎): 수정(羞鼎)으로, 쇠고깃국과 양고깃국과 돼지고깃국을 담은 솥이다.

한 생선[鮮魚]과 생강과 계피에 절여서 만든 생선포[鮮腊]는 없이 동쪽 섬 돌 앞에 진설하고 서쪽을 향하여 남쪽으로 진설하는데, 익힌 고기를 세 발솥에 넣는 것과 같이 해서 두 줄로 진설한다.'라고 했으니, 아직 삶아서 익히지 않은 희생을 성(腥)이라 한다. '임(飪)'과 '성(腥)'은 모두 죽은 희생[饔]이다. 이렇듯 죽은 희생을 옹이라 하는 것이다. 또 사신[聘賓]에게 보내 주되, '산 희생[餼] 2뢰(二牢)를 문의 서쪽에서 북쪽을 향해 동쪽을 상석이 되도록 진설한다. 소의 서쪽에 양과 돼지가 있고, 돼지의 서쪽에는 소와 양과 돼지가 있다.'라고 했는데,「주」에 '희(餼)는 살아 있는 것이다.'라고 했으니, 이처럼 살아 있는 희생을 희라고 하는 것이다."라고 했다.

원문 王氏塗『正義』, "按淩氏以'君賜'當聘禮, 似精而末核.「聘禮」「記」, '賜饔, 惟羹飪, 筮一尸, 如饋食之禮, 假器于大夫.'「注」, '腥餼不祭.' 則明與此篇'腥'異矣. 蓋彼爲大禮, 三者一時俱致, 則獨薦飪耳. 意者此爲尋常小賜之禮, 在歸饔餼後, 所謂'燕與時賜無數'也. 然以君賜屬聘禮, 第爲鄰國君之所賜, 其義未賅. 若本國之君, 有所賜予, 其儀亦當準此. 證之以孔子賜鯉事及穆公饋子思鼎肉事, 則聘禮外君賜亦佸其中也." 案, 王氏是也.「天官·膳夫」, "凡肉修之頒賜, 皆掌之."「內饔」, "凡王之好賜肉修, 則饔人共之."「注」云: "好賜, 王所善而賜之."「玉藻」, "酒肉之賜, 弗再拜." 竝謂平時所賜.『論語』此文, 當得兼之.

역문 왕류의『향당정의』에 "상고해 보건대, 능씨가 '임금의 하사[君賜]'를 빙례에 해당시킨 것은 자세하지만 적확하지는 않은 듯하다.「빙례」의「기」에 '죽은 희생을 하사하는데, 오직 삶아서 익힌 것이 1뢰이고, 시초점으로 시동 한 사람을 뽑으니, 마치 음식을 올리는 예[饋食之禮]와 같고, 제기는 대부에게서 빌린다.'라고 했는데,「주」에 '날것[腥]이나 살아 있는 희

생[饋]은 제사하지 않는다.'라고 했으니, 그렇다면 분명히 이 편의 '성(腥)'
과는 다른 것이다. 대개 「빙례」는 큰 예가 되니, 세 가지⁹⁴를 한꺼번에
갖추어 바친다면 오로지 임만을 올릴 뿐이다. 아마도 이것은 대수롭지
않게 작게 하사하는 예인 듯하니, 옹희를 보내 준 뒤의 이른바 '연례와
때때로 내려 주는 하사품은 일정한 수가 없다'⁹⁵는 것이다. 그러나 임금
이 하사한 것을 빙례에 귀속시키면 단지 이웃 나라의 임금이 하사한 것
이 될 뿐이어서 그 뜻이 충분하지가 않다. 만약 본국의 임금이 하사하는
것이 있다면 그 법도 역시 마땅히 이를 표준으로 삼아야 한다. 공자에게
잉어를 하사한 일과 목공(穆公)이 자사(子思)에게 삶은 고기를 보내 준
일⁹⁶을 가지고 증명해 보면 빙례 외에 임금이 하사하는 것도 그 가운데
포함된다."라고 했다. 살펴보니, 왕씨(王氏)의 말이 옳다.

　『주례』「천관총재상·선부」에 "마른 육포를 나누어 주는 일도 모두
관장한다." 했고, 「내옹」에 "왕이 좋아해서 육포를 하사할 때는 옹인(饔
人)이 함께한다."라고 했는데, 「주」에 "호사(好賜)는 왕이 좋아해서 하사
하는 것이다."라고 했으며, 『예기』「옥조」에 "술과 고기를 하사하는 경
우에는 재배하지 않는다."라고 했는데, 모두 평상시에 하사한 것을 말한
것이다. 『논어』의 이 글도 당연히 평상시의 하사를 겸해서 한 말이다.

94　『의례』「빙례」의 옹(饔)과 성(腥)과 희(餼).

95　『예기』「빙의(聘義)」.

96　『맹자(孟子)』「만장하(萬章下)」: 노나라 목공(繆公)이 자사(子思)를 대함에 자주 문안하고
　　자주 삶은 고기를 보내 주자, 임금의 명을 받은 하인이 물건을 가져다주면 매번 절을 하고
　　받아야 하는데, 이는 현자를 대우하는 예가 아니므로 자사가 기뻐하지 않았다.[繆公之於子
　　思也, 亟問, 亟餽鼎肉, 子思不悅.]

- ●「注」, "敬君惠也. 旣嘗之, 乃以班賜."
- ● 正義曰: "君惠"統三句言, 惠卽賜也. 『初學記』「政理部」引何曰: "賜, 惠也." 所見本異. 己承 君賜, 當先受之. 若未嘗, 不敢頒賜於人, 恐褻君惠之意.
- ○「주」의 "임금의 은혜에 경의를 표한 것이다. 이미 맛을 보았으면 곧바로 나누어 준다."
- ○ 정의에서 말한다.

  "임금의 은혜[君惠]"는 세 구절을 총괄해서 말한 것이니, 은혜[惠]는 바로 하사[賜]이다. 『초학 기(初學記)』「정리부(政理部)」[97]에는 하안(何晏)이 "사(賜)는 은혜[惠]이다."라고 한 것을 인 용했으니, 본 판본과 다르다. 몸소 임금의 하사품을 받들었다면 당연히 먼저 그것을 받아야 하는 것이다. 만약 아직 맛보지 않았다면 감히 남에게 나누어 주지 않으니, 임금의 은혜를 더 럽힐까 두려워하는 생각에서이다.

- ●「注」, "薦, 薦其先祖."
- ● 正義曰: 『爾雅』「釋詁」, "薦, 進也." 此常訓. 凡祭, 進熟食曰薦. 此因君賜而薦, 如嘗新, 先薦 寢廟, 不爲祭禮也.
- ○「주」의 "천(薦)은 자신의 선조에게 올린 것이다."[98]
- ○ 정의에서 말한다.

  『이아』「석고(釋詁)」에 "천(薦)은 올린다[進는 뜻이다."라고 했는데, 이것이 일반적인 해석 이다. 무릇 제사에서 익힌 음식을 올리는 것을 천(薦)이라 한다. 이는 임금이 하사한 것으로 인해 올리는 것이니, 만일 새로 나온 음식물을 맛보는 경우라면 먼저 사당[寢廟]에 올리기만 하고 제사 지내지 않는 것이 예이다.

---

97 『논어정의』에는 "人事部"로 되어 있는데, 『초학기(初學記)』「정뢰부(政理部)」를 근거로 수 정했다.

98 공안국의 「주」에는 "薦其先祖"라고 만 되어 있다. 유보남은 공안국이 경문의 "薦" 자를 설명 한 것으로 생각해서 "薦" 자를 첨자한 것 같다.

侍食於君, 君祭, 先飯. 【注】 鄭曰: "於君祭, 則先飯矣, 若爲君嘗食然."

임금을 모시고 밥을 먹을 때, 임금이 제사를 지내고 있으면 먼저 밥을 먹었다. 【주】 정현이 말했다. "임금이 제사를 지내고 있으면 먼저 밥을 먹었는데, 마치 임금을 위해 음식을 맛보고 먹는 것처럼 했다는 말이다."

원문 正義曰: "先飯", 先嘗食之, 謂黍稷也. 不言"徧嘗羞飲而俟"者, 以言"飯", 則餘可知.

역문 정의에서 말한다.

"선반(先飯)"은 먼저 음식을 맛보고 먹는다는 뜻이니, 메기장과 찰기장으로 지은 밥[黍稷]을 이른다. "여러 가지 음식을 두루 맛보고 음료를 마시고서 기다린다"라고 하지 않은 것은 "먼저 밥을 먹었다[飯]"라고 말했으면 나머지는 알 수 있기 때문이다.

- 「注」, "於君祭, 則先飯矣, 若爲君嘗食然."
- 正義曰: 「士相見禮」, "君賜之食, 則君祭先飯, 徧嘗膳, 飲而俟. 君命之食, 然後食. 若有將食者, 則俟君之食, 然後食." 又「玉藻」云: "若賜之食而君客之, 則命之祭然後祭, 先飯, 辨嘗羞飲而俟. 若有嘗羞者, 則俟君之食然後食, 飯飲而俟." 是二『禮』文同, 特「士相見」無"君客之"及"命祭"之文, 「玉藻」無"君祭"及"君命食然後食"之文, 詳略互見, 正可參考. 蓋命食, 禮之所同: 命祭不命祭, 禮之所異. 命祭, 則君祭後臣亦祭, 禮儗於君, 是以客禮待之; 不命祭, 則臣不得祭, 臣統於君, 是不以客禮待之. 故但有命食, 而無命祭, 二者皆爲侍食, 於膳夫之有無無與也. 惟有膳夫則不命祭者, 於君祭之後, 取己前之食; 命祭者, 於己祭之後, 皆飯飲而俟. "俟者", 俟膳夫嘗食畢, 君已就食, 命臣食而後食也. 無膳夫, 則於君祭之後, 或於己承君命祭之後, 取君前之食, 先飯, 徧嘗膳飲而俟, 此則代膳夫之職, 若爲君嘗食然也.

○ 「주」의 "임금이 제사를 지내고 있으면 먼저 밥을 먹었는데, 마치 임금을 위해 음식을 맛보고 먹는 것처럼 했다는 말이다."

○ 정의에서 말한다.

『의례』「사상견례」에 "임금이 음식을 하사하면 임금이 제사하고 있을 때 먼저 밥을 먹는데, 두루 반찬을 맛보고 음료를 마시고서 기다린다. 임금이 먹으라고 명한 뒤에 식사를 한다. 만약 음식을 올리는 자가 있으면 임금이 식사하기를 기다린 뒤에 식사를 한다."라고 했고, 또 『예기』「옥조」에 "만약 음식을 하사하고 임금이 자기를 손님으로 예우하면 식전의 제사를 지낼 것을 명한 뒤에야 식전의 제사를 지내며, 먼저 밥을 먹고서 여러 가지 음식을 두루 맛보고 음료를 마시고서 기다린다."라고 했는데, 이 두 『예』의 글이 같고, 단지 「사상견례」에는 "임금이 자기를 손님으로 예우한다[君客之]"와 "식전의 제사를 지낼 것을 명한다[命祭]"라는 글만 없고, 「옥조」에는 "임금이 제사하고 있을 때[君祭]"와 "임금이 먹으라고 명한 뒤에 식사를 한다[君命食然後食]"라는 글만 없을 뿐, 상세함과 간략함이 상호적으로 드러나니 바로 참고할 만하다.

대체로 먹으라고 명하는 것은 예(禮)가 같은 것이고, 제사 지낼 것을 명하는 것과 제사 지낼 것을 명하지 않는 것은 예가 다른 것이다. 제사 지낼 것을 명하면 임금이 제사를 지낸 뒤에 신하 역시 제사를 지내는데, 예는 임금을 본뜨는 것이니 이것은 손님의 예로 대한 것이고, 제사 지낼 것을 명하지 않으면 신하는 제사를 지내지 않을 수 있는데, 신하는 임금에게 통솔되는 것이니, 이것은 손님의 예로 대한 것이 아니다. 그러므로 단지 먹으라는 명만 있을 뿐 제사 지내라는 명은 없으나 두 가지는 모두 임금을 모시고 식사하는 것이 되니, 선부(膳夫)[99]가 있고 없고는 관계가 없다. 선부가 있으면 제사 지낼 것을 명받지 않은 사람은 임금이 제사를 지낸 뒤에 자기 앞의 음식을 가져다 맛본다는 것이고, 제사 지낼 것을 명받은 사람은 자기가 제사를 지낸 뒤에 모두 두루 음식을 맛보고 음료를 마시고서 기다리는 것이다. "기다린다"라는 것은 선부가 음식을 맛보고 먹는 것이 끝나기를 기다린다는 것이니, 임금이 취식(就

---

99 선부(膳夫):『주례』에서 천관(天官)에 속한 벼슬 이름으로, 왕의 음식과 선수(膳羞: 고기 요리) 등을 맡아보았다.

食)을 마치고 신하에게 먹을 것을 명한 뒤에 먹는다는 것이다. 선부가 없으면 임금이 제사를 지낸 뒤라든가 혹은 자기가 임금의 명을 받들어 제사를 지낸 뒤에 임금 앞의 음식을 가져다 먼저 음식을 맛보는데, 여러 가지 음식을 두루 맛보고 음료를 마시고서 기다리는 것이니, 이 것이 바로 선부가 할 일을 대신한 것으로, 마치 임금을 위해 음식을 맛보고 먹는 것처럼 한다 는 것이다.

원문 『論語』“君祭, 先飯”, 正以無膳夫在旁, 君祭之時, 夫子先取君前之食嘗 之, 故曰“先飯”. 且“徧嘗飮而俟”, 卽「注」所云“若爲君嘗食者”是也. 邢「疏」 云: “若敵客, 則得先自祭; 降等之客, 則後祭. 若臣侍君而賜之食, 則不祭; 若賜食而以客禮待之, 則得祭. 雖得祭, 又先須君命之祭, 然後敢祭也. 此 言‘君祭, 先飯’, 則是非客禮也. 故不祭而先飯, 若爲君嘗食也.”

역문 『논어』에서 “임금이 제사를 지내고 있으면 먼저 밥을 먹었다”라는 것 은 바로 선부가 곁에 없이 임금이 제사 지낼 때 공자가 먼저 임금 앞의 음식을 가져다 맛을 본 것이기 때문에 “먼저 밥을 먹었다”라고 한 것이 다. 또 “여러 가지 음식을 두루 맛보고 음료를 마시고서 기다린다”라는 것은 바로 「주」에서 말한 “마치 임금을 위해 음식을 맛보고 먹는 것처 럼 한 것”이 그것이다. 형병의 「소」에 “만약 신분이 대등한 손님이면 먼 저 스스로 제사를 지낼 수 있고, 등급이 주인보다 낮은 손님이면 뒤에 제사를 지낸다. 만약 신하가 임금을 모시고 임금이 내려 준 음식을 먹을 때라면 제사를 지내지 않지만, 만약 음식을 내려 주고서 손님의 예로써 대접할 때라면 제사를 지낼 수 있다. 그러나 비록 제사를 지낼 수는 있 지만, 또 먼저 임금이 제사를 지내라고 명하기를 기다린 뒤라야 감히 제 사를 지낼 수 있다. 여기에서 ‘임금이 제사를 지내고 있으면 먼저 밥을 먹었다’라고 했는데, 이는 손님을 대접하는 예가 아니다. 그러므로 제사를 지내지 않고 먼저 밥을 먹은 것이니, 마치 임금을 위해 음식을 맛보고 먹는 것처럼 했던 것이다."라고 했다.

원문 案, 命祭不命祭, 『論語』無文, 不得遽指爲非客禮, 「疏」說稍泥. 鄭注「士相見」云: "'君祭先飯', 於其祭食, 臣先飯, 示爲君嘗食也, 此謂君與之禮食. 膳謂進庶羞. 旣嘗庶羞, 則飮, 俟君之徧嘗也. '將食', 猶進食, 謂膳宰也. 膳宰嘗食, 則臣不嘗食. 『周禮』'膳夫授祭品嘗食, 王乃食.'" 此「注」未誤.

역문 살펴보니, 제사 지낼 것을 명한 것이나, 제사 지낼 것을 명하지 않은 것은 『논어』에는 글이 없는데, 느닷없이 이것을 가리켜 손님을 대접하는 예가 아니라고 할 수는 없으니, 「소」의 설명이 조금은 엉성하다. 정현은 『의례』「사상견례」를 주석하면서 "'임금이 제사를 지내고 있으면 먼저 밥을 먹었다'라는 것은 제식(祭食) 때 신하가 먼저 밥을 먹는 것으로, 임금을 위해 음식을 맛보고 먹는 예를 보인 것이니, 이는 임금이 신하와 더불어 정찬이 아닌 소소한 예식(禮食)을 먹는 것을 이른다.[100] 선(膳)은 여러 가지 반찬을 차려서 올린다는 말이다. 이미 여러 가지 반찬을 맛보았으면 음료를 마시고서 임금이 두루 맛보기를 기다리는 것이다. '장식(將食)'은 음식을 올린다[進食]는 말과 같으니 선재(膳宰)를 이른다. 선재가 음식을 맛보고 먹었으면 신하는 맛보지 않는다. 『주례』「천관총재상·선부」에 '선부가 제사 지낼 물건을 올리고 각종 음식을 맛보고 먹으면 그제야 임금이 먹는다.'라고 했다."라고 하였으니, 이「주」는

---

100 『의례』「사상견례(士相見禮)」에 "만약 임금이 식사를 내리면[若君賜之食則]"이라고 한 곳의 가공언의 「소」에 보면 예식에 대하여 다음과 설명하였다. "여기서 말한 임금이 예식을 내렸다고 한 것은 임금이 신하와 더불어 정찬이 아닌 소소한 예식을 먹는 법을 말한 것이다. 따라서 정식의 예식을 먹는 법이 아니며, 정식의 예식을 먹는 법은 바로 공사대부례(公食大夫禮)이다.[云此謂君與之禮食者, 謂君與臣小小禮食法. 仍非正禮食 正禮食則公食大夫是也.]"

잘못되지 않았다.

又於「玉藻」“賜食”至“先飯”云云下「注」云: “雖見賓客, 猶不敢備禮也. 侍食則正不祭. 君將食, 臣先嘗之, 忠孝也.” 又「注」“若有嘗羞者”云云. 下「注」云: “不祭, 侍食不敢備禮也. 不嘗羞, 膳宰存也. 飯飮, 利將食也.”

또 『예기』「옥조」에서 “음식을 하사하다[賜食]”에서부터 “먼저 밥을 먹는다[先飯]”[101]라고 운운한 것 아래의 「주」에 “비록 빈객을 만나 볼 때라도 마치 감히 예를 구비하지 못한 것처럼 하는 것이다. 임금을 모시고 밥을 먹을 때는 바로 제사를 지내지는 않는다. 임금이 장차 밥을 먹으려 할 때 신하가 먼저 맛보는 것은 충효이다.”라고 했고, 또 「주」에 “마치 음식을 맛보는 것처럼 하는 것이 있다”라고 운운했다. 이 구절 아래의 「주」에서는 “제사를 지내지 않으면, 임금을 모시고 밥을 먹으면서 감히 예를 구비하지 못한 것이다. 음식을 맛보지 않은 것은 선재가 있기 때문이다. 밥을 먹고 음료를 마시는 것은 장차 먹는 것을 편리하게 하려는 것이다.”라고 했다.

據「注」, 以有膳宰, 臣不得祭, 爲用臣禮而不祭, 遂得專侍食之名. 於是斷爲兩節, 有客禮·臣禮之分. 客禮則無膳夫, 君祭後, 臣卽應祭, 猶不敢備禮, 故須君命之祭然後敢祭. 及臣祭畢, 乃爲君嘗食以俟也. 臣禮則有膳夫, 君祭之後, 不命臣祭, 臣取已前之食, 飯飮而俟, 名爲侍食. 此則鄭「注」之誤, 不祭專爲侍食, 又以客禮爲無膳夫也.

---

101 『예기』「옥조(玉藻)」: 군주가 만약 음식을 하사하고 자기를 손님으로 예우하면 식전의 제사를 지낼 것을 명한 뒤에야 식전의 제사를 지내며, 먼저 밥을 먹는다.[若賜之食, 而君客之, 則命之祭然後祭, 先飯.]

역문 「주」에 의거해 보면 선재가 있기 때문에 신하가 제사 지내지 못하는 것을 신하의 예를 써서 제사 지내지 않는 것이라고 해서 마침내 전적으로 임금만 모시고 밥을 먹는다는 명칭을 얻게 된 것이다. 이것을 나누어 두 구절로 만들면 손님의 예[客禮]와 신하의 예[臣禮]의 구분이 있다. 손님의 예에는 선부가 없으니, 임금이 제사한 뒤에 신하가 즉시 제사에 응하더라도 마치 감히 예를 구비하지 못한 것과 같기 때문에 반드시 임금이 제사를 지내라고 명한 뒤에 감히 제사할 수 있다. 신하가 제사 지내기를 마치기까지가 바로 임금을 위해 음식을 맛보고 먹고서 기다리는 것이다. 신하의 예에는 선부가 있으므로 임금이 제사한 뒤에 신하에게 제사 지낼 것을 명하지 않고, 신하는 자기 앞의 음식을 가져다 밥을 먹고 음료를 마시고서 기다리니, 명분상 임금을 모시고 밥을 먹는 것이 된다. 그렇다면 정현 「주」의 잘못은 살펴보지도 않고 전적으로 임금만 모시고 밥을 먹는 것이라고 한 것이고, 또 손님의 예에는 선부가 없다고 한 것이다.

원문 不知侍食乃通名, 客禮·臣禮分於命祭不命祭, 不分於有膳宰無膳宰也. 蓋君禮食及平時常食, 皆膳宰嘗食, 然或膳宰有故, 或設饌未畢, 或監視加饌, 未得侍列, 旁近之臣皆得嘗食. 故此侍食得爲君嘗食之也. 嘗食雖膳夫之職, 然凡臣皆可代嘗, 則鄭「注」所謂"忠孝", 不嫌於越職矣. 若必以有膳宰無膳宰定禮之隆殺, 則有膳宰爲君嘗食, 己但膳飮而俟, 正似客禮; 無膳宰則己爲君嘗食, 同於膳夫, 正似臣禮. 今乃故反其說, 亦理之所未達矣. 若然, 「膳夫職」云: "凡王祭祀賓客食, 則徹王之胙俎."

역문 모르겠으나, 임금을 모시고 밥을 먹는다[侍食]는 것은 통용되는 명칭이고, 손님의 예와 신하의 예는 제사 지낼 것을 명하거나 제사 지낼 것을 명하지 않는 데서 구분되는 것이지, 선재가 있고 없는 데서 나뉘는 것이 아니다. 대체로 임금의 예식과 평상시의 식사는 모두 선재가 음식을 맛보고 먹지만 더러 선재의 유고 시라든가 혹은 음식을 진설하는 것이 마치지 않았다든가, 혹은 가찬(加饌)을 감시(監視)할 때 모시고 식사하는 신하의 반열을 얻지 못하였을 경우 곁에 가까이 있는 신하들이 모두 음식을 맛볼 수 있다. 따라서 이때의 시식(侍食)은 임금을 위해 음식을 맛보고 먹는 것이 될 수 있다. 음식을 맛보고 먹는 것이 비록 선부의 직책이기는 하지만 모든 신하가 다 대신 맛볼 수 있으니, 그렇다면 정현「주」의 이른바 "충효(忠孝)"는 직분을 넘어섰다는 것에는 혐의되지 않는다. 만약 군이 선재가 있고 없는 것을 가지고 예의 융성과 쇠락을 정한다면, 선재가 있어서 임금을 위해 음식을 맛보고 먹으면 자기는 단지 음식을 두루 맛보고 기다릴 뿐이니 바로 손님의 예와 같고, 선재가 없으면 자기가 임금을 위해 음식을 맛보고 먹어서 선부와 같아지니, 바로 신하의 예와 같다. 그런데 지금 고의로 그 말을 뒤집어서 했으니, 또한 이치가 통하지 않는 것이다. 만약 그렇다면『주례』「천관총재상·선부직(膳夫職)」[102]에서 "왕이 제사를 지내거나 빈객에게 음식을 접대할 때에는 왕의 조조(胙俎)[103]를 치운다."라고 한 것처럼 했을 것이다.

원문 不言"嘗食"者, 以上文常食, 已言"授祭, 品嘗食", 故此不須言也. 王氏引之『經義述聞』, "「士相見」所記者, 侍食之常禮;「玉藻」所記者, 則見客於君者也. 常禮則臣不祭, 故「士相見」但言'君祭'也. 客禮則臣亦得祭, 故「玉藻」言'命之祭然後祭'也. 二者不同, 鄭「注」·賈「疏」强合之, 非也.『論語』

---

102 『논어정의』에는 "膳宰職"으로 되어 있다.『주례』「천관총재상(天官冢宰上)·선부직(膳夫職)」을 근거로 수정했다.
103 조조(胙俎): 제사를 지낼 때 희생의 고기를 올려놓는 적대(炙臺).

邢「疏」以爲'非客禮', 足以正鄭‧賈之失.” 又云: “侍食之常禮, 與見客於
君之禮所異者, 祭不祭耳, 其餘則同.” 王氏此說亦通. 至以邢「疏」“非客
禮”之言爲是, 則未然.

역문 “음식을 맛보고 먹는다[嘗食]”라고 말하지 않은 것은 앞글의 평상시 식
사에서 이미 “제사 지낼 물건을 올리고 각종 음식을 맛보고 먹는다”라고
했기 때문에 여기서는 굳이 말하지 않은 것이다. 왕인지(王引之)의 『경
의술문(經義述聞)』에 “「사상견례」에서 기록한 것은 임금을 모시고 식사
할 때[侍食]의 상례(常禮)이고, 「옥조」에서 기록한 것은 손님을 임금에게
알현시킬 때의 예이다. 일상적인 예[常禮]에서는 신하가 제사를 지내지
않기 때문에 「사상견례」에서는 다만 ‘임금이 제사를 한다[君祭]’라고만
한 것이다. 손님의 예[客禮]에서는 신하 역시 제사를 지낼 수 있기 때문
에 「옥조」에서 ‘제사를 지내라고 명한 뒤에 제사를 지낸다’라고 말한 것
이다. 두 개의 예가 같지 않은데, 정현의 「주」와 가공언의 「소」에서 억
지로 합해 놓았으니 잘못이다. 『논어』 형병의 「소」에서는 ‘손님의 예가
아니다’라고 했으니, 충분히 정현과 가공언의 잘못을 바로잡을 수 있
다.”라고 했다. 또 “임금을 모시고 식사할 때[侍食]의 상례와 손님을 임금
에게 알현시킬 때의 예에서 다른 것은 제사를 지내는 것과 제사를 지내
지 않는 것일 뿐이고, 그 나머지는 같다.”라고 했는데, 왕씨(王氏)의 이
말도 통한다. 그러나 형병 「소」의 “손님의 예가 아니다”라는 말을 옳다
고 여긴 것까지는 옳지 않다.

원문 凡客禮, 雖先飯, 後亦可命祭.「玉藻」云: “侍食於先生, 異爵者, 後祭先
飯.”「疏」云: “此饌不爲己, 故後祭, 而先飯者, 示爲尊者嘗食也.” 然則先
飯後, 不妨更取己前之食祭之. 『論語』但言“先飯”, 其後命祭不命祭, 俱不
可知, 而邢「疏」遽斷爲非客禮, 王氏且是之, 誤矣. 若然, 『淮南』「說山訓」,

"先祭而後饗則可, 先饗而後祭則不可." 高誘「注」, "饗猶食也. 爲不敬, 故曰'不可'也." 彼文言饗是己前之食, 故已食不可更祭. 若先爲君或長者嘗食, 後更取己前之食祭之, 亦無不可.

역문 무릇 손님을 접대하는 예[客禮]는 비록 먼저 밥을 먹은 뒤라 할지라도 또한 제사 지낼 것을 명할 수는 있다. 「옥조」에 "자기보다 나이가 많은 선생이나 자기보다 작위가 높은 자를 모시고 음식을 먹을 때에는 식전의 제사를 나중에 지내고 밥을 먼저 먹는다."라고 했는데, 「소」에 "이 음식은 자기를 위한 것이 아니기 때문에 제사를 나중에 지내고 밥을 먼저 먹는 것은 존귀한 자를 위해 음식을 맛보고 먹는 예를 보여 주는 것이다."라고 했으니, 그렇다면 먼저 밥을 먹은 뒤에 다시 자기 앞의 음식을 가져다 제사를 지내는 것이 무방하다. 『논어』에서 단지 "먼저 밥을 먹었다"라고만 했으니, 그 뒤에 제사 지낼 것을 명했는지 아닌지는 전혀 알 수가 없는데, 형병의 「소」에서 느닷없이 손님의 예가 아니라고 단정 지었고, 왕씨는 또 그것을 옳다고 했으니, 잘못이다. 만약 그렇다면 『회남자』「설산훈(說山訓)」에서 "먼저 제사를 지낸 다음 밥을 먹는 것은 괜찮지만, 먼저 밥을 먹은 뒤에 제사를 지내는 것은 불가하다."라고 했는데, 고유의 「주」에 "향(饗)은 밥을 먹는다는 뜻과 같다. 불경이 되기 때문에 '불가하다'라고 한 것이다."라고 했다. 『회남자』의 글에서 말한 밥을 먹는다[饗]는 것은 자기 앞에 있는 밥이기 때문에 이미 먹고 났으면 다시 제사를 지낼 수 없다. 만약 임금이나 혹은 어른을 위해 먼저 음식을 맛보고 먹은 뒤에 다시 자기 앞에 있는 밥을 가져다가 제사를 지내는 것은 또한 불가할 것이 없다.

10-16

疾, 君視之, 東首, 加朝服, 拖紳. 【注】包曰: "夫子疾, 處南牖之下, 東首, 加其朝服, 拖紳. '紳', 大帶, 不敢不衣朝服見君."

병을 앓고 있을 때 임금이 문병을 오면, 머리를 동쪽으로 두고 조복을 몸에 덮고, 띠를 끌어다 가슴 아래로 드리웠다. 【주】 포함이 말했다. "공자는 병을 앓고 있을 때 남쪽 창문 아래에 거처하면서 머리를 동쪽으로 두고, 자기의 조복을 덮고서 띠를 끌어다 가슴 아래로 드리웠다. '신(紳)'은 큰 띠이니, 감히 조복을 입지 않고 임금을 뵐 수 없었던 것이다."

원문 正義曰:「喪大記」, "君於大夫疾, 三問之; 士疾, 一問之."『荀子』「大略篇」, "君於大夫三問其疾, 三臨其喪; 於士一問一臨." 而「雜記」云: "卿 · 大夫疾, 君問之無算, 士一問之." 此通說君親視疾及遣使來問之事. 蓋三問之後, 若病未愈, 君亦得使人或親自問之, 故曰"無算". 孔「疏」以三問爲君自行, 無算焉遣使, 未然也.

역문 정의에서 말한다.

『예기』「상대기(喪大記)」에 "임금은 대부의 질병에 세 번 병문안을 하고 사의 질병에는 한 번 병문안을 한다."라고 했고,『순자』「대략편(大略篇)」에 "임금은 대부에 대해서는 세 번 그의 질병을 문안하고, 세 번 그의 초상에 임하며, 사에 대해서는 한 번 병문안하고 한 번 그의 초상에 임한다."라고 했으며,『예기』「잡기하」에 "경과 대부가 병에 걸리면 임금은 무수히 병문안을 하고, 사는 한 번만 병문안을 한다."라고 했으니, 이것이 임금이 친히 문병을 하거나 사신을 보내와서 병문안을 하는 일에 대한 통설이다. 대체로 세 번 병문안을 한 뒤에도 만약 병이 낫지 않으면 임금이 또 사람을 시키거나 혹은 친히 문안을 할 수 있기 때문에 "무수히[無算]"라고 한 것이다. 공영달[104]의 「소」에는 세 번 병문안하는 것은 임금이 직접 행차하는 것이고, 무수히 하는 것은 사신을 보내는 것이라고 했는데, 그렇지 않다.

원문 「旣夕」「記」, "士處適寢, 寢東首於北墉下."「注」, "將有疾, 乃寢於適室."「疏」, "「士喪」云: '士死於適室.' 此「記」云'適寢'者, 寢·室一也. 若不疾, 則在燕寢. '東首'者, 向生氣之所. '墉下'者, 墉謂之牆. 必在北墉下, 亦取十一月一陽生於北, 生氣之始也."

역문 『의례』「기석례」의 「기」에 "사는 병이 들면 정침[適寢]에 거처하게 하는데, 북쪽 벽 아래에서 동쪽으로 머리를 두고 눕힌다."라고 했고, 「주」에 "장차 병이 들면 이내 적실(適室)에 눕힌다."라고 했으며, 「소」에 "사상례에 '사는 적실에서 죽는다.'라고 했으니, 이는 「기석례」의 「기」에서 말한 '적침'이라는 것으로 침(寢)과 실(室)은 같은 것이다. 만약 질병이 없으면 연침에 있는다. '머리를 동쪽으로 두는 것'은 생기(生氣)가 있는 쪽으로 향한 것이다. '벽 아래[墉下]'라고 했는데, 벽[墉]을 장(牆)이라 한다. 반드시 북쪽 벽 아래 있는 것은 역시 11월에 1양(陽)이 북쪽에서 생겨나니 생기의 시작을 취하는 의미에서이다."라고 했다.

원문 毛氏奇齡『稽求篇』, "「玉藻」, '君子之居恒當戶, 寢恒東首.' 是平時臥寢無不東首者, 惟大禮易衽, 如「昏禮」'御衽于奧, 則北趾而南首'是也. 老者

---

104 『논어정의』에는 "賈"로 되어 있으나, 이 내용은 『예기주소』「잡기하(雜記下)」의 공영달의 「소」에 보이는 내용이다. 『예기주소』를 근거로 고쳤다.

更臥, 如「曲禮」少事長上, '請袵何趾', 「內則」子婦事舅姑, 亦'請袵何趾'
是也. 若君來視疾, 則『論語』與『儀禮』及「喪大記」皆云'寢東首', 是不問
遷臥與否. 必令東首者, 以室制尊西, 君苟人室, 則必在奧與屋漏之間, 負
西而向東. 故當東首以示面君之意, 竝非受生氣也. 疾在平時當受生氣, 曾
面君而受生氣乎?"

역문 모기령의 『논어계구편(論語稽求篇)』에 "「옥조」에서 '군자의 거처는 항
상 지게문[戶]을 마주하게 하고, 잠을 잘 때는 항상 머리를 동쪽으로 둔
다.'라고 한 것은 평상시 누워서 잠잘 때 머리를 동쪽으로 두지 않음이
없다는 것으로 오직 큰 예를 거행할 때에만 잠자리를 바꾸는 것이니, 예
를 들면 『의례』「사혼례(士昏禮)」에서 '신랑 측 시종이 방 아랫목에 이부
자리를 깔면 발을 북쪽으로 뻗고 머리를 남쪽으로 둔다.'라고 한 것이
이것이다. 노인은 잠자리를 바꾸는 것이니, 「곡례상」에서 젊은이가 지
위가 높거나 나이가 많은 사람[長上]을 섬길 때, '누울 자리를 펼 때 어느
쪽으로 발을 뻗을 것인지를 묻는 것'과 「내칙」에서 며느리가 시부모를
섬길 때도 역시 '누울 자리를 펼 때 어느 쪽으로 발을 뻗을 것인지를 묻
는 것'과 같은 것이 이것이다. 만약 임금이 와서 병문안을 했다면 『논어』
와 『의례』 및 『예기』「상대기」에서 모두 '머리를 동쪽으로 둔다[寢東首]'
라고 했으니, 이는 누울 자리를 옮길 것인지의 여부를 묻지 않은 것이
다. 굳이 머리를 동쪽으로 두게 한 것은 내실(內室)의 제도는 서쪽을 높
이는 것이기 때문에, 임금이 만일 집 안에 들어왔다면 반드시 아랫목과
서북쪽 모퉁이[屋漏] 사이에 있었을 것이니, 서쪽을 등지고 동쪽을 향했
을 것이기 때문이다. 따라서 당연히 머리를 동쪽에 두고 임금을 대면해
서 본다는 뜻이니, 모두 생기를 받는 것은 아니다. 평상시에 앓던 병이
라면 당연히 생기를 받아야 하겠지만 그렇다고 해서 임금을 대면해서
생기를 받기야 하겠는가?"라고 했다.

원문 案, 毛說是也. 但禮言寢恒東首, 明亦有不東首者, 故"請衽"之文見於「曲禮」·「內則」, 非必爲老者之更臥也. 病者惟意所適, 亦無定向, 惟君來視疾, 必正東首之禮, 且可面君, 故『論語』特著其文. 若「旣夕」「記」·「喪大記」所云"寢東首", 則兼取謹終之義, 蓋寢臥本以東首爲正也.

역문 살펴보니, 모기령의 말이 옳다. 그러나 예에서는 잠잘 때 항상 머리를 동쪽으로 두라고 말하지만, 분명한 것은 또한 머리를 동쪽으로 두지 않는 경우가 있기 때문에 "누울 자리를 묻는[請衽]" 글이 「곡례(曲禮)」와 「내칙」에 보이는데, 그렇다고 해서 반드시 노인이라야만 누울 자리를 고치는 것은 아니다. 병자는 오직 뜻에 맞게 하는 것이니, 역시 정해진 방향이 없고, 오직 임금이 병문안을 올 때만 머리를 동쪽으로 두는 예를 바르게 하고, 또 임금을 마주 대할 수 있기 때문에 『논어』에서는 특별히 그 글을 드러낸 것이다. 『의례』「기석례」의 「기」와 『예기』「상대기」에서 말한 "머리를 동쪽으로 둔다"라는 것과 같은 것은 죽음을 삼가는 뜻을 아울러 취한 것이니, 대체로 잠잘 때 눕는 것은 머리를 동쪽으로 두는 것을 바른 예로 삼는다.

원문 "加"者, 加於衾上也. 「旣夕」「記」云: "徹褻衣, 加新衣." 「注」云: "故衣垢汙, 爲來人穢惡之." 「疏」云: "'徹褻衣', 謂故玄端; '加新衣'者, 謂更加新朝服. 「喪大記」亦云: '徹褻衣, 加新衣.' 鄭「注」云: '"徹褻衣", 則所加者新朝服矣.' 必知'褻衣'是玄端, '新衣'是朝服者. 據「司服」士之齊戒服玄端, 則疾者與養疾者皆齊, 明服玄端矣."

역문 "가(加)"는 이불 위에 덮는다는 뜻이다. 「기석례」의 「기」에 "더러운 옷을 벗기고 새 옷을 입힌다.[徹褻衣, 加新衣.]"라고 했는데, 「주」에 "예전에 입던 옷은 더럽고 때가 탔으므로, 찾아오는 사람들이 더러워서 싫다고 여길까 해서이다."라고 했고, 「소」에 "'더러운 옷을 벗긴다'라는 것은 오래된 현단복을 말하고, '새 옷을 입힌다'라는 것은 다시 새로운 조복을 입힌다는 말이다. 「상대기」에도 '더러운 옷을 벗기고 새 옷을 입힌다.'라고 했는데, 정현의 「주」에 "더러운 옷을 벗긴다"라는 것은 입히는 것이 새 조복이라는 뜻이다.'라고 했으니, 분명히 '더러운 옷'은 현단복이며 '새 옷'은 조복이라는 것을 알 수 있다. 『주례』「춘관종백상·사복(司服)」에서 사가 재계할 때 현단복을 입는다고 한 것에 의거해 보면 병을 앓고 있는 사람이나, 병을 치료 중에 있는 사람이나 모두 재계를 하니, 현단복을 입는 것이 분명하다."라고 했다.

원문 案, 以「疏」語推之, 人平時服深衣, 疾時齊服玄端, 人來視疾亦然. 君來視疾, 易以朝服; 君去, 仍服玄端. 及臨死徹去玄端服, 加以朝服, 則二『禮』所云"新衣"也.

역문 살펴보니, 「소」의 말을 가지고 추측해 보면 사람들은 평상시에는 심의(深衣)를 입고 병을 앓고 있을 때는 재계하고서 현단복을 입는데, 사람들이 와서 문병할 때에도 그렇게 한다. 그러나 임금이 와서 문병할 때는 조복으로 갈아입었다가 임금이 떠나면 그대로 현단복을 입는다. 임종에 미쳐서는 현단복을 벗기고 조복을 입히니, 이것이 바로 『예기』와 『의례』에서 말하는 "새 옷[新衣]"인 것이다.

원문 "拖", 『釋文』作"扡", 云"本或作拖". 皇·邢本皆作"拖". 阮氏元『校勘記』, "『石經』拖作扡." 案, "拖"·"扡"一字, 本字作"扡", 故『漢書』「龔勝傳」作"扡紳". 『說文』, "扡, 曳也." 『易』「訟」上九鄭「注」, "三拖, 三加之也." 皇「疏」云: "孔子既病, 不能復著衣, 故加朝服, 覆之體上, 而牽引大帶於心下, 如健時著衣之爲."

역문 "타(拖)"는 『경전석문』에 "타(扡)"로 되어 있는데, 거기에 "판본에 따라

더러 타(拖)로 쓰기도 한다."라고 했다. 황간본과 형병본에는 모두 "타
(拖)"로 되어 있다. 완원의 『십삼경주소교감기』에 『『석경(石經)』에 타(拖)
는 타(扡)로 되어 있다."라고 했는데, 살펴보니, "타(拖)"와 "타(扡)"는 같
은 글자이고, 본 글자는 "타(扡)"로 쓰기 때문에 『전한서』「공승전(龔勝傳)」
에서 "타신(扡紳)으로 쓴 것이다."라고 했다. 『설문해자』에 "타(扡)는 끌
다[曳]이다."[105]라고 했다. 『주역(周易)』「송괘(訟卦)」 상구(上九) 정현의
「주」에 "삼타(三拖)는 세 번을 끈다[三加之]는 뜻이다."[106]라고 했다. 황간
의 「소」에 "공자가 이미 병이 나서 다시 옷을 입을 수 없었기 때문에 조
복을 끌어다 몸 위에 덮고, 큰 띠를 끌어다 가슴 아래로 드리워 마치 건
강할 때 옷을 입은 것처럼 한 것이다."라고 했다.

원문 案, "拖紳", 謂引紳於心下垂之. 「玉藻」云: "凡侍於君, 紳垂." 此其義也.
「玉藻」云: "紳長制, 士三尺, 有司二尺有五寸. 子游曰: '參分帶下, 紳居二
焉.'" 孔「疏」謂 "人長八尺, 大帶之下四尺五寸, 分爲三分, 紳居二分, 是爲
三尺." 若然, 則以士禮推之, 此拖紳之下至足, 餘一尺五寸. 其大夫紳制,
當比士爲長, 今無文以明之. 『說文』又云: "袉, 裾也." 引此文作 "袉紳", 段
「注」謂 "許所見本作袉, 段借爲扡字." 是也. 錢氏坫 『後錄』據「士昏禮」 "纁
裳緇袘", 袘爲裳緣, 謂 "與袉同, 袉卽是裾." 此則穿鑿, 非其理也.

역문 살펴보니 "타신(拖紳)"은 띠를 끌어다 가슴 아래에 드리웠다는 말이다.
「옥조」에 "무릇 임금을 모실 때에는 큰 띠를 드리운다."라고 했는데, 이

---

105 『설문해자』 권12: 타(扡)는 끌다[曳]이다. 수(手)로 구성되었고 타(它)가 발음을 나타낸다.
  탁(託)과 하(何)의 반절음이다.[扡, 曳也. 從手它聲. 託何切.]
106 『주역(周易)』 「송괘(訟卦)」 상구에 "상구(上九)는 혹 반대(鞶帶)를 하사받더라도 하루아침
  을 마치는 사이에 세 번 벗으리라.[上九, 或錫之鞶帶, 終朝三褫之.]"라고 했는데, 정현본에는
  "褫"가 "拖"로 되어 있다.

것이 그 뜻이다. 「옥조」에 "큰 띠[紳] 길이의 제도는, 사는 석 자이고 유사(有司)는 두 자 다섯 치이다. 자유(子游)가 말했다. '허리 아래의 길이를 삼등분해서 신(紳)의 길이가 3분의 2[107]를 차지한다.'"라고 했는데, 공영달의 「소」에 "사람의 신장이 여덟 자이고, 큰 띠의 아래가 넉 자 다섯 치인데, 이것을 나누어 삼등분을 하면 큰 띠[紳]가 3분의 2를 차지하니, 이것이 석 자가 되는 것이다."라고 했다. 만약 그렇다면 사의 예를 가지고 추측해 보면, 드리운 띠 아래부터 발까지는 한 자 다섯 치 남짓이다. 대부의 띠 제도는 당연히 사에 비해 길 터이나 지금은 증명할 만한 글이 없다. 『설문해자』에는 또 "타(袘)는 옷자락[裾]이다."[108]라고 하고, 이 문장을 인용하면서 "타신(袘紳)"이라고 썼는데, 단옥재의 「주」에 "허신(許愼)이 본 판본에는 타(袘)로 되어 있어서 가차해서 타(袘) 자의 뜻으로 썼다"라고 했는데, 옳다. 전점의 『논어후록』에는 『의례』「사혼례」에서 "분홍빛 아랫도리에 검은색으로 가선을 둘렀다[纁裳緇袘]"[109]라고 한 것을 근거로, 이(袘)는 아랫도리의 가선임에도, "타(袘)와 같은 뜻이니, 타는 바로 옷자락[裾]이다."라고 했는데, 이것은 천착한 것으로 그럴 리가 없다.

- 「注」, "夫子"至"見君".
- 正義曰: 云"處南牖之下, 東首"者, 『漢書』「龔勝傳」, "莽遣使者, 奉璽書印綬, 立門外, 勝稱病篤, 爲牀室戶中西南牖下, 東首, 加朝服扡紳." 又前篇"伯牛有疾, 夫子自牖執其手", 故解此

---

107 『논어정의』에는 "一"로 되어 있다. 『예기』「옥조」를 근거로 고쳤다.
108 『설문해자』 권8: 타(袘)는 옷자락[裾]이다. 의(衣)로 구성되었고 타(它)가 발음을 나타낸다. 『논어』에 "조복을 덮고 큰 띠를 드리웠다."라고 했다. 당(唐)과 좌(左)의 반절음이다.[袘, 裾也. 從衣它聲. 『論語』曰: "朝服, 袘紳." 唐左切.]
109 『논어정의』에는 "紽"로 되어 있다. 『의례』「사혼례(士婚禮)」를 근거로 고쳤다. 아래도 같다.

爲南牖下也. 皇「疏」引欒肇曰: "南牖下, 欲令南面視之." 是也.

○ 「주」의 "부자(夫子)"부터 "현군(見君)"까지.

○ 정의에서 말한다.

"남쪽 창문 아래에 거처하면서 머리를 동쪽으로 두었다"라는 말은, 『전한서』 「공승전」에 "왕망이 보낸 사자가 옥새를 찍은 친서[璽書]와 인끈[印綬][110]을 받들고서 문밖에 서 있자, 공승(龔勝)[111]이 병이 위독함을 핑계로 방 안에 평상을 만들고 지게문 서쪽 남쪽으로 낸 창 아래서 머리를 동쪽으로 두고 누워서 조복을 몸에 덮고 큰 띠를 끌어다가 가슴 아래로 드리우고 있었다."라고 했고, 또 앞의 「옹야(雍也)」에서 "백우(伯牛)가 병을 앓자 공자가 창문을 통해 그의 손을 잡았다."라고 했으므로 이것을 해석하면서 남쪽 창문 아래라고 한 것이다. 황간의 「소」에는 난조(欒肇)가 "남쪽 창문 아래로 옮긴 것은 남면하여 뵙게 하려는 것이다."라고 한 것을 인용했는데, 옳다.

원문 然「既夕」「記」·「喪大記」皆言 "寢東首於北墉下", 室中以奧爲尊, 君視臣疾, 儘可主奧, 不必以南面爲尊. 若因君視疾之故而遷牖下, 則君視大夫及遣使問疾無數, 豈將屢爲遷動耶? 必不然矣. 然則伯牛·龔勝何以居牖

---

110 인수(印綬): 인끈. 벼슬에 임명될 때 임금에게 받는 신분이나 벼슬의 등급을 나타내는 관인(官印)을 몸에 차기 위한 끈으로 관인의 꼭지에 단다.

111 공승(龔勝, 기원전 68~11): 전한 초국(楚國) 팽성(彭城) 사람. 자는 군빈(君賓)이다. 젊었을 때 학문을 좋아해 『오경(五經)』에 정통했고, 공사(龔舍)와 함께 명절(名節)로 유명했다. 처음에 군리(郡吏)가 되었는데, 주(州)에서 무재(茂才)로 천거해 중천령(重泉令)에 올랐다. 애제(哀帝) 때 불려 간대부(諫大夫)가 되었다. 여러 차례 글을 올려 형벌이 너무 가혹한 것과 부세가 과중하다는 사실을 지적했다. 광록대부(光祿大夫)로 옮겼다. 나중에 애제가 동현(董賢)을 총애하는 데 불만을 품었다가 외직으로 나가 발해태수(渤海太守)가 되었는데, 병을 이유로 사직했다. 왕망이 정권을 잡자 귀향했다. 왕망 시건국(始建國) 원년 억지로 태자사우(太子師友)와 좨주(祭酒)로 불렸지만 끝내 거절하고 굶어 죽었다. 상서학자 진옹생(陳翁生)에게 상서구양씨학(尙書歐陽氏學)을 배웠다.

下也? 蓋伯牛有惡疾, 恐人來視己, 不便入室, 故遷於牖下; 襲勝不欲仕莽, 辭以不敢當尊之意, 故亦居於牖下, 皆禮之變, 不可以解此文也.

역문 그러나 『의례』 「기석례」의 「기」와 『예기』 「상대기」에서는 모두 "북쪽 벽 아래에서 동쪽으로 머리를 두고 눕힌다."라고 했는데, 방 안에서는 아랫목이 높은 자리가 되므로 임금이 신하의 질병을 병문안할 때는 항상 아랫목을 주장할 수 있으니 반드시 남면하는 것만 가지고 높이는 것으로 삼지는 않는다. 만약 임금이 병문안을 한다는 까닭으로 인해 창문 아래로 옮겨야 한다면, 임금이 대부를 병문안하는 것과 사신을 보내 무수히 병문안을 할 경우 어떻게 계속 되풀이해서 옮겨 다닐 수 있겠는가? 반드시 그렇지는 않을 것이다. 그렇다면 백우와 공승은 어떻게 창문 아래 거처하게 된 것일까? 아마도 백우는 악질에 걸리게 되자 사람들이 자기를 보러 왔을 때 방에 들어오는 것이 불편할까 저어했기 때문에 창문 아래로 자리를 옮겼을 것이고, 공승은 왕망에게서 벼슬하고 싶지 않아 지존의 뜻을 감당할 수 없다고 사양하려 했기 때문에 역시 창문 아래에 거처한 것으로 모두 예를 변용한 것이니, 이러한 이유로는 이 문장을 이해할 수 없다.

원문 室中止一牖, 但言"牖下", 其義已明. 「注」言"南牖"者, 以「喪大記」"北墉下", 相傳誤爲"北牖", 故解此爲"南牖"也.

역문 방 안에 단지 하나의 창문만 있고, 단지 "창문 아래[牖下]"라고만 했다면 그 뜻은 이미 분명하다. 「주」에 "남쪽 창문[南牖]"이라고 한 것은 「상대기」의 "북쪽 벽 아래[北墉下]"가 서로 잘못 전해져 "북쪽 창문[北牖]"이 된 것이니, 따라서 이것을 해석하면서 "남쪽 창문[南牖]"이라고 하게 된 것이다.

원문 云"紳, 大帶也"者, 『說文』訓同. 「玉藻」「注」云: "紳, 帶之垂者也, 言其屈而重也." 『禮』有二帶: 一大帶, 以絲爲之; 一革帶, 以皮爲之. 王氏塶『正義』, "紳爲帶之垂者, 又卽爲大帶之名, 大帶之垂者謂之紳; 革帶之垂者謂之厲, 革帶又謂之鞶. 上服用二帶, 深衣用革帶而已. '朝服拖紳', 則不必有革帶也."

역문 "신(紳)은 큰 띠[大帶]이다"라고 한 것은 『설문해자』에도 뜻을 새긴 것이 같다.[112] 『예기』「옥조」의 「주」에 "신(紳)은 띠를 드리운 것이니, 구부려서 거듭 묶었다는 말이다."라고 했다. 예에 따르면 두 가지 띠[帶]가 있는데, 하나는 대대(大帶)로 생사를 가지고 만들고, 다른 하나는 혁대(革帶)로 가죽을 가지고 만든다. 왕류의 『향당정의』에 "신(紳)은 띠를 드리운 것이고, 또 대대(大帶)의 이름이기도 하니, 대대를 드리운 것을 신이라 하고, 혁대를 드리운 것을 여(厲)라고 하며, 혁대는 또 반(鞶)이라고도 한다. 겉옷[上服]에는 두 개의 띠를 사용하고, 심의에는 혁대만 쓸 뿐이다. '조복에 큰 띠[紳]를 끌어다 드리웠다'라고 했으니, 그렇다면 반드시 혁대가 있었다는 것은 아니다."라고 했다.

10-17

君命召, 不俟駕行矣. 【注】鄭曰: "急趨君命, 出行而車駕隨之."

임금이 명령하여 부르면 수레에 멍에 하기를 기다리지 않고 갔다. 【주】정현이 말했다. "임금의 명령에 급히 달려나가 걸어 나가면 수레에 멍에

---

[112] 『설문해자』 권13: 신(紳)은 큰 띠[大帶]이다. 사(糸)로 구성되었고 신(申)이 발음을 나타낸다. 실(失)과 인(人)의 반절음이다.[紳, 大帶也. 從糸申聲. 失人切.]

를 해서 뒤에 따라오는 것이다."

원문 正義曰:「玉藻」云: "凡君召以三節, 二節以走, 一節以趨, 在官不俟屨, 在外不俟車."『孟子』「公孫丑篇」, "『禮』曰: '君命召, 不俟駕.'"趙岐「注」, "俟, 待也." 又「萬章篇」, "萬章曰: '孔子, 君命召, 不俟駕而行, 然則孔子非與?' 曰: '孔子當仕有官職, 而以其官召之也.'"『荀子』「大略篇」, "諸侯召其臣, 臣不俟駕, 顚倒衣裳而走, 禮也."

역문 정의에서 말한다.

『예기』「옥조」에 "무릇 임금이 신하를 부를 때는 삼절(三節)¹¹³을 가지고 부른다. 이절(二節)을 가지고 부르면 부를 때는 달려가고 일절(一節)로 부를 때는 종종걸음으로 간다. 관아에 있을 때는 신발을 신기를 기다리지 않고 가고, 밖에 있을 때는 수레를 기다리지 않고 가는 것이다."라고 했다.『맹자』「공손추하(公孫丑下)」에 "『예기』에서 말했다. '임금이 명령하여 부르면 수레에 멍에 하기를 기다리지 않고 달려간다.[君命召, 不俟駕.]'라고 했는데, 조기(趙岐)의 「주」에 "사(俟)는 기다린다[待]는 뜻이다."라고 했고, 또 「만장하(萬章下)」에 "만장(萬章)이 말했다. '공자께서는 임금이 명령하여 부르면 수레에 멍에 하기를 기다리지 않고 가셨는데, 그렇다면 공자께서는 잘못하신 것입니까?' 맹자가 말했다. '공자께서는 벼슬을 담당하셔서 관직이 있으셨고, 임금이 그 관직으로 불렀기 때문이다.'"라고 했다.『순자』「대략편」에는 "제후가 그 신하를 부르면 신하는 수레에 멍에 하기를 기다리지 않고 허둥지둥 윗도리 아랫도리를 반대로

---

113 삼절(三節): 절(節)은 옥으로 만든 할부(割符). 군명을 명백히 하는 것으로, 급한 일에는 이절(二節)로 부르고, 급하지 않은 일은 일절(一節)로 부르는데 합하여 삼절(三節)이라고 한다.

걸치면서도 달려가는 것이 예이다."라고 했다.

- 「注」, "出行而車駕隨之."
- 正義曰: 『說文』, "駕, 馬在軛中也." 軛加於馬頸, 馬在軛中, 則爲駕車. 可知大夫不可徒行, 而此承君命召, 急迫先行, 其家人必亦速駕, 隨出及之.
- ○ 「주」의 "걸어 나가면 수레에 멍에를 해서 뒤에 따라오는 것이다."
- ○ 정의에서 말한다.
  『설문해자』에 "가(駕)는 말이 멍에 안에 있는 것이다."[114]라고 했다. 멍에를 말의 목에 씌워서 말이 멍에 안에 있으면 멍에를 한 수레가 되는 것이다. 대부는 그냥 걸어 다닐 수 없는 노릇이지만 여기서는 임금이 명령하여 부름을 받들어야 하기 때문에 급박하게 먼저 출행을 하면 그 집안사람들이 반드시 또 속히 멍에를 해서 쫓아 나가 따라잡는다는 것을 알 수 있다.

10-18

入太廟, 每事問.

태묘(太廟)에 들어가 매사(每事)를 물었다.

원문 正義曰: 此弟子類記行事, 與前篇別出. 皇本有 "鄭 「注」" 云: '爲君助祭也.

---

114 『설문해자』 권10: 가(駕)는 말이 멍에 안에 있는 것이다. 마(馬)로 구성되었고 가(加)가 발음을 나타낸다. 가(犗)는 가(駕)의 주문(籀文)이다. 고(古)와 아(訝)의 반절음이다.[駕, 馬在軛中. 從馬加聲. 犗, 籀文駕. 古訝切.]

太廟, 周公廟也.'"

역문 정의에서 말한다.

이것은 제자들이 행사를 분류별로 기록한 것이기 때문에 앞 「팔일(八佾)」과는 별도로 나온 것이다. 황간본에는 "정현의 「주」에 '임금을 위해 제사를 도운 것이다. 태묘는 주공(周公)의 사당이다.'라고 했다."라는 내용이 있다.

10-19

朋友死, 無所歸, 曰: "於我殯."【注】重朋友之恩. 無所歸, 言無親昵.

벗이 죽어서 돌아갈 곳이 없으면 "내 집에 빈소를 차리라."라고 하였다.【주】벗의 은의(恩誼)를 중히 여긴 것이다. 돌아갈 곳이 없다는 것은 가까운 친척이 없다는 말이다.

원문 正義曰: 『說文』云: "殯, 死在棺, 將遷葬柩, 賓遇之." 「士喪禮」 「注」, "棺在肂中斂尸焉." 所謂殯也. 「檀弓」, "賓客至, 無所館. 夫子曰: '生於我乎館, 死於我乎殯.'" 彼謂館而殯之; 此則"無所歸"者, 雖非館亦殯之. 「檀弓」·『論語』文互相足.

역문 정의에서 말한다.

『설문해자』에 "빈소[殯]란 죽은 사람을 관(棺)에 안치시켜 놓고 장차 장사를 지내기 위한 영구로 옮기려 하면서 손님을 맞이하는 곳이다."[115]

---

115 『설문해자』권4: 빈(殯)이란 죽은 사람을 관(棺)에 안치시켜 놓고 장차 장사를 지내기 위한

라고 했고, 『의례』「사상례」의 「주」에 "관(棺)이 광중[壙中]에 있는 상태에서 시신을 염하는 곳이다."라고 한 것이 이른바 빈소[殯]이다. 『예기』「단궁상」에 "빈객이 이르렀는데 머물 객사가 없자 공자가 말했다. '살아 있는 사람이면 내 집 객사에 머물게 하고, 죽은 사람이면 내 집에 빈소를 차리게 하라.'"라고 했는데, 이는 객사[館]에다가 빈소[殯]를 차리라는 말이고, 「향당」에서는 "돌아갈 곳이 없는" 사람이라면 비록 객사는 아니지만 역시 빈소를 차리게 했다는 말이다. 「단궁」과 『논어』의 글이 서로 간에 바꿔 설명하기에 충분하다.

원문 『鄭志』, "問, '"朋友死, 無所歸, 於我殯." 若此者, 當迎彼還己館, 皆當停柩於何所?' 答曰: '朋友無所歸, 故呼而殯之, 不謂己殯迎之也. 館而殯之者, 殯之而已, 不於西階也.'" 云"呼而殯之"者, 此釋經"曰"字, 其殯資皆出自夫子, 就其所在殯之, 不迎於家也. 若'館而殯之, 不於西階', 則但殯之於館也.

역문 『정지(鄭志)』에 "'"벗이 죽어서 돌아갈 곳이 없으면 내 집에 빈소를 차리라"라고 했는데, 이와 같은 경우 그를 맞이해서 자기의 객사[館]로 돌려보내는 것이 마땅하지만, 모든 경우 널은 어디에 두는 것이 마땅한가?'라고 묻자, 다음과 같이 대답했다. '벗이 죽어서 돌아갈 곳이 없기 때문에 불러서 빈소를 차리게 한 것이지, 자기가 빈소를 차려 놓고 맞이했다는 말이 아니다. 객사에다가 빈소를 차리게 했다는 것은 빈소를 차

영구로 옮기려 하면서 손님을 맞이하는 곳이다. 알(歺)로 구성되었고, 빈(賓)으로 구성되었으며, 빈(賓)이 또한 발음을 나타내기도 한다. 하후씨(夏后氏)는 조계(阼階)에 빈소를 차렸고, 은인(殷人)은 양쪽 기둥 사이에 빈소를 차렸으며, 주인(周人)은 빈계(賓階)에 빈소를 차렸다. 필(必)과 인(刃)의 반절음이다.[殯, 死在棺, 將遷葬柩, 賓遇之. 從歺從賓, 賓亦聲. 夏后殯於阼階, 殷人殯於兩楹之間, 周人殯於賓階. 必刃切.]

리게만 한 것이지 서쪽 계단에 빈소를 차리게 한 것은 아니다.'"라고 했다. "불러서 빈소를 차리게 했다"라는 것은 경문(經文)의 "왈(曰)" 자를 해석한 것이고, 그 빈소를 마련하는 비용은 모두 공자에게서 나온 것이지만, 그가 있는 곳에 나아가서 빈소를 차리게 한 것이지 집에서 맞이한 것은 아니다. '객사에 빈소를 차리게 했지만, 서쪽 계단에 빈소를 차리게 한 것이 아니다'라는 것으로 말할 것 같으면 단지 객사에다가 빈소를 차리게 했을 뿐이라는 말이다.

10-20

朋友之饋, 雖車馬, 非祭肉, 不拜. 【注】孔曰: "不拜者, 有通財之義."

벗이 주는 것은 비록 수레나 말이라도 제사 지낸 고기가 아니면 절하지 않았다. 【주】공안국이 말했다. "절하지 않은 것은 벗 사이에는 재물을 통용하는 의리가 있기 때문이다."

원문 正義曰:「曲禮」云: "獻車馬者執策綏." 又云: "效馬效羊者右牽之."「坊記」云: "父母在, 饋獻不及車馬." 是朋友饋禮有車馬也. 夫車馬, 饋之重者, 車馬不拜, 則他饋自非祭肉皆不拜可知.

역문 정의에서 말한다.

『예기』「곡례상」에 "수레나 말을 바칠 때는 말채찍과 수레에 오를 때 잡는 인끈[綏]을 가져다 바친다."라고 했고, 또 "말이나 양을 바칠 때는 오른손으로 끌고 간다."라고 했으며,「방기」에 "부모님이 살아 계시면 남에게 무엇을 선물하거나 바치더라도 수레와 말까지는 미치지 않는다."라고 했는데, 이는 벗에게 선물하는 예에 수레와 말이 있다는 것이다. 수레와 말은 선물 중에서도 중한 것인데, 수레나 말인데도 절하지 않았다면 다른 선물은 본래 제사 지낸 고기가 아니면 모두 절하지 않았음을 알 수 있다.

10-21

寢不屍, 【注】 包曰: "偃臥四體, 布展手足, 似死人." 居不容. 【注】 孔曰: "爲室家之敬難久."

누워 있을 때는 시체처럼 드러눕지 않았으며, 【주】 포함이 말했다. "사체(四體)를 드러눕히고, 손과 발을 널브러뜨리면 죽은 사람과 같기 때문이다." 한가하게 거처할 때에는 용모를 꾸미지 않았다. 【주】 공안국이 말했다. "집 안에서의 경건한 태도는 오래 유지하기 어렵기 때문이다."

원문 正義曰: 『釋文』云: "居不客, 本或作容, 羊凶反." 『唐石經』亦作 "客". 臧氏琳 『經義雜記』, "邢 「疏」云 '不爲容儀.' 夫君子物各有儀, 豈以私居廢乎?" 是當從陸氏作 "客". 案, "容" · "客" 二字, 形近易譌. 「祭義」 "容以遠疏", 或 "容" 爲 "客" 字. 『莊子』 「天地篇」 "此謂德人之容", 『釋文』, "依 「注」 當作客." 皆共證.

역문 정의에서 말한다.

『경전석문』에 "거불객(居不客)은 판본에 따라 더러 용(容)으로 되어 있는데, 양(羊)과 흉(凶)의 반절음이다."라고 했고 『당석경(唐石經)』에도 역시 "객(客)"으로 되어 있다. 장림(臧琳)의 『경의잡기(經義雜記)』에 "형병의

「소」에 '용의(容儀)를 꾸미지 않았다.'라고 했으나, 군자의 인물됨은 각각이 법도에 맞는 행동거지가 있거늘 어찌 사사로이 거처할 때라고 해서 폐하겠는가?"라고 했는데, 이는 당연히 육덕명이 "객(客)"이라고 한 것을 따른 것이다. 살펴보니, "용(容)"과 "객(客)" 두 글자는 생김새가 비슷해서 착각하기가 쉽다. 『예기』「제의(祭義)」의 "용모를 차리느라 소원함[容以遠疏]"116은 간혹 "용(容)" 자가 "객(客)" 자로 되어 있기도 하다. 『장자』「천지(天地)」에 "이것을 일러 덕을 갖춘 사람의 모습이라 한다."라고 했는데, 『경전석문』에 "「주」에 의거해 보면 마땅히 객(客)이 되어야 한다."라고 했는데, 모두 증거가 같다.

- ●「注」, "偃臥四體, 布展手足似死人."
- ● 正義曰: 『書鈔』「禮儀部」七引鄭此「注」云: "惡其死也." 義與包同. 『說文』云: "尸, 陳也. 象臥之形. 屍, 終主也. 從尸死." 義同. 段氏玉裁「注」云: "方死無所主, 以是爲主. 故曰'終主'." 卽此「注」所謂"死人"也. "偃臥"者, 『說文』, "偃, 僵也." 『左傳』, "偃且射子鉏." 凡仰仆皆曰偃. 四體謂二手二足也. 皇「疏」言人臥法云: "眠當欹而小屈." 謂足小屈也. 夫子曲肱而枕, 則側臥可知. 今養生家亦如此說.
- ○「주」의 "사체를 드러눕히고, 손과 발을 널브러뜨리면 죽은 사람과 같기 때문이다."
- ○ 정의에서 말한다.
  『북당서초』「예의부」권7에 정현의 이「주」를 인용해서 "죽은 것 같음을 싫어한 것이다."라고 했는데, 뜻이 포함과 같다. 『설문해자』에 "시(尸)는 늘어놓는다[陳]는 뜻이다. 엎드려 있는 모양을 상형했다.117 시(屍)는 주검[終主]118이다. 시(尸)와 사(死)로 구성되었다.119"라

---

116 『예기』「제의(祭義)」에는 "疏" 자가 없다.
117 『설문해자』권8: 시(尸)는 늘어놓는다[陳]는 뜻이다. 엎드려 있는 모양을 상형했다. 모든 시(尸)부에 속하는 한자는 다 시(尸)의 뜻을 따른다. 식(式)과 지(脂)의 반절음이다.尸, 陳也.

고 했으니 뜻이 같다. 단옥재의 「주」에 "막 죽어서 신주[主]로 삼을 것이 없기 때문에 시신을 신주로 삼는 것이다. 그러므로 '종주(終主)'라고 한다."라고 했는데, 바로 이 「주」에서 말하는 "죽은 사람[死尸]"이다.

"언와(偃臥)"에 대해서 말하자면, 『설문해자』에 "언(偃)은 눕는다[僵]는 뜻이다."[120]라고 했고, 『춘추좌씨전』에 "몸을 돌려 뒤로 누워서 자서(子鉏)를 향해 활을 쏘았다[偃且射子鉏]."[121]라고 했으니, 무릇 앞으로 엎어지는 것이나 뒤로 자빠지는 것을 모두 언(偃)이라고 한다. 사체는 양손과 두 다리를 말한다. 황간의 「소」에 사람이 눕는 법도에 대해서 말하기를 "잠을 잘 때는 마땅히 비스듬히 누워 조금 구부린다."라고 했는데, 발을 조금 굽힌다는 말이다. 공자는 팔을 굽혀서 베었으니, 그렇다면 옆으로 누웠다는 것을 알 수 있다. 지금의 양생가(養生家)들도 역시 이 같은 말을 한다.

- 「注」, "孔曰: '爲室家之敬難久.'"
- 正義曰: 『書鈔』「禮儀部」七引作鄭「注」. 臧氏琳曰: "謂因一家之人, 難久以客禮敬己也."
- ○「주」의 "공안국이 말했다. '집 안에서의 경건한 태도는 오래 유지하기 어렵기 때문이다.'"
- ○ 정의에서 말한다.

『북당서초』「예의부」 권7의 인용문에는 정현의 「주」라고 되어 있다. 장림이 말했다. "다 같

象臥之形. 凡尸之屬皆從尸. 式脂切.]

118 허신(許信)의 『설문해자주(說文解字注)』에 "종주(終主)란 막 죽어서 신주[主]로 삼을 것이 없기 때문에 시신을 신주로 삼는 것이다. 「곡례」에 '침상[牀]에 모신 상태를 시(屍)라 한다.'라고 했다. 지금의 경전에서는 대체로 시(尸)로 쓰는데, 같은 음의 가차자이다. 죽는 것[死]은 종(終)이고, 주검[尸]이 신주[主]이다. 그러므로 '종주(終主)'라고 하는 것이다.[終主者, 方死無所主, 以是爲主也. 「曲禮」曰: '在牀曰屍.' 今經傳字多作尸, 同音假借也. 死者, 終也; 尸者, 主也. 故曰'終主'.]"라고 했다.

119 『설문해자』 권8: 시(屍)는 주검[終主]이다. 시(尸)와 사(死)로 구성되었다. 식(式)과 지(脂)의 반절음이다.[屍, 終主. 從尸從死. 式脂切.]

120 『설문해자』 권8: 언(偃)은 눕는다[僵]는 뜻이다. 인(人)으로 구성되었고 언(匽)이 발음을 나타낸다. 어(於)와 헌(幰)의 반절음이다.[偃, 僵也. 從人匽聲. 於幰切.]

121 『춘추좌씨전』「정공(定公)」 8년.

은 한 집안의 식구이므로 오랫동안 손님의 예를 가지고 자기를 경건한 태도로 유지하기 어렵다는 말이다."

10-22

見齊衰者, 雖狎必變. 【注】孔曰: "'狎'者, 素親狎." 見冕者與瞽者, 雖褻必以貌. 【注】周曰: "'褻'謂數相見, 必當以貌禮之."

상복 입은 자를 보면 비록 막역한 사이라도 반드시 낯빛을 바꾸었다. 【주】공안국이 말했다. "'압(狎)'은 평소 막역하게 친한 사이이다." 면류관을 쓴 자와 눈이 먼 사람을 보면 비록 일상적인 자리[褻]라도 반드시 예모로 대하였다. 【주】주생렬이 말했다. "'설(褻)'은 자주 서로 만나는 사이를 이르니, 비록 그런 사이라도 반드시 용모를 갖추어 예우했다는 말이다."

원문 正義曰: 皇本"見"上有"子"字.「子罕篇」『釋文』云: "冕, 鄭本作弁, 云'『魯』讀弁爲絻, 今從『古』.'「鄕黨篇」亦然." "「鄕黨篇」亦然"五字, 疑亦鄭「注」, 今輯本全載鄭「注」如前, 則此五字爲陸氏語.

역문 정의에서 말한다.

황간본에는 "견(見)" 위에 "자(子)" 자가 있다. 『경전석문』「자한(子罕)」에 "면(冕)은 정현본에 윤(弁)으로 되어 있는데, '『노논어』에서는 윤(弁)을 상복[絻]의 뜻으로 읽으니, 지금은 『고논어』를 따른다.'라고 했다. 「향당」도 역시 마찬가지다."라고 했다. "향당편역연(鄕黨篇亦然)" 다섯 글자는 아마도 역시 정현의 「주」인 듯하나, 지금 집본(輯本)에 온전하게 실려 있는 정현의 「주」는 앞과 같으니, 그렇다면 이 다섯 글자는 육덕명의 말이 된다.

- 「注」, "狎者, 素親狎."
- 正義曰:『爾雅』「釋詁」, "狎, 習也."『說文』, "狎, 尤可習也." 夫子於素所親習之人, 亦變容待之者, 哀敬之異於當時也.
- ○「주」의 "압(狎)은 평소 막역하게 친한 사이이다."
- ○ 정의에서 말한다.

  『이아』「석고」에 "압(狎)은 익숙함[習]이다."라고 했고,『설문해자』에 "압(狎)은 익숙해질 수 있는 개[犬可習]이다."[122]라고 했다. 공자가 평소 친하고 익숙한 사람에게도 또한 낯빛을 바꾸어 대한 것은, 당시에 아파하고 공경함이 달랐다는 것이다.

- 「注」, "褻謂數相見, 必當以貌禮之."
- 正義曰: "褻"與"狎"同, 故解爲"數相見". 或謂"褻爲私居", 非也. "冕"與"絻"同, 亦是喪服, 說見前「子罕篇」.「洪範」"貌曰恭." 恭者, 禮也. 故「注」以"禮"釋之, 與"必變"亦互文.
- ○「주」의 "설(褻)은 자주 서로 만나는 사이를 이르니, 비록 그런 사이라도 반드시 용모를 갖추어 예우했다는 말이다."
- ○ 정의에서 말한다.

  "설(褻)"은 "압(狎)"과 같은 뜻이기 때문에 "자주 서로 만나는 사이"라고 풀이한 것이다. 간혹 "설(褻)은 사사롭게 거처함[私居]이다"라고 하는데, 아니다. "면(冕)"은 "문(絻)"과 같은 뜻이고, 역시 상복(喪服)이니, 설명이 앞의 「자한(子罕)」에 보인다.『서경』「홍범(洪範)」에 "용모는 공손해야 한다[貌曰恭]"라고 했는데 공손함[恭]이란 예이다. 그러므로 「주」에서 "예(禮)"를 가지고 해석했으니, "반드시 낯빛을 바꾸었다[必變]"와는 역시 호문(互文)이다.

---

122 『설문해자』 권10: 압(狎)은 익숙해질 수 있는 개[犬可習]이다. 견(犬)으로 구성되었고 갑(甲)이 발음을 나타낸다. 호(胡)와 갑(甲)의 반절음이다.[狎, 犬可習也. 從犬甲聲. 胡甲切.]

凶服者式之, 式負版者. 【注】孔曰: "'凶服'者, 送死之衣物. '負版者',
持邦國之圖籍."

상복[凶服] 입은 자에게는 경의를 표하였으며, 나라의 단도(丹圖)
와 전적(典籍)을 짊어진 사람에게 경의를 표하였다. 【주】 공안국이
말했다. "'흉복(凶服)'은 죽은 자를 장송(葬送)하는 의복과 기물이다. '부판자(負版
者)'는 나라의 단도와 전적을 지닌 자이다."

원문 正義曰: 阮氏元『車制圖解』, "輿前衡木謂之式." 自注「考工記」曰: "三
分其隧, 一在前, 二在後, 以揉其式." 又曰: "以其廣之半, 爲之式崇." 是式
長與輿廣等, 崇於軫三尺三寸, 其兩旁居輢板上, 則須揉治而詘之. 一在
前, 卽式深; 二在後, 則輢深也. 江氏永『圖考』, "式是揉木, 作三曲之形,
在前可憑式者, 固是式. 左右曲向後, 接兩輢, 左人可憑左手, 右人可憑右
手者, 亦是式."

역문 정의에서 말한다.

완원의 『거제도해(車制圖解)』에 "수레 앞에 가로로 댄 나무를 식(式)이
라 한다." 하고, 스스로 『주례』「동관고공기상(冬官考工記上)·여인(輿人)」
을 주석하면서 "수(隧)[123]를 삼등분한 다음, 한 몫은 앞에, 두 몫은 뒤쪽에
있게 해서 식(式)을 바로잡는다."라고 했고, 또 "그 너비의 반을 식의 높
이로 한다."라고 했으니, 식의 길이는 수레의 너비와 같고, 수레 뒤턱 나

---

123 수(隧): 수레의 깊이.

무[軫]보다 석 자 세 치가 높으며, 그 양쪽 옆에 기대는 나무[輢]를 널빤지 위에 올려놓고는 반드시 바로잡고 다스려 구부린다. 앞에 있는 한 몫이 바로 식의 깊이[式深]이고, 뒤에 있는 두 몫은 수레 양쪽에 있는 기대는 나무의 깊이[輢深]이다. 강영의 『향당도고』에 "식(式)은 나무를 구부려 세 번 굽어진 모양으로 만든 것인데, 앞에 있으면서 머리를 숙여서 경의를 표할 수 있는 것이니, 본디 이것이 식이다. 왼쪽과 오른쪽은 뒤를 향해 휘어져, 양쪽의 기대는 나무[輢]에 연결되어 있는데, 왼쪽에 있는 사람은 왼손을 기댈 수 있고, 오른쪽에 있는 사람은 오른손을 기댈 수 있는 것으로, 이것 역시 식이다."라고 했다.

원문 案, "式"又作"軾".『說文』, "軾, 車前也."『釋名』「釋車」, "軾, 式也, 所伏以式所敬者也." 古人車皆立乘, 若有所禮以爲敬, 則微俯其身, 以手伏軾, 「曲禮」所謂"撫式"是也.

역문 살펴보니, "식(式)"은 또 "식(軾)"으로도 되어 있다. 『설문해자』에 "식(軾)은 수레의 앞쪽[車前]이다."[124]라고 했고, 『석명』「석거(釋車)」에 "식(軾)은 수레 앞에 가로로 놓인 나무[式]이니, 엎드려 공경할 대상에게 경의를 표하는 것이다."라고 했다. 옛사람들의 수레는 모두 서서 타는데, 만약 예로써 공경을 표해야 할 경우가 있으면 몸을 약간 숙이고 손을 식(軾)에 얹고 숙이는 것이니, 「곡례상」의 이른바 "식을 어루만진다[撫式]"라고 한 것이 이것이다.

원문 "負版"者,『說文』云: "版, 判也." 判木爲片, 名之爲版. <u>段氏玉裁</u>改"判"

---

124 『설문해자』권14: 식(軾)은 수레의 앞쪽[車前]이다. 거(車)로 구성되었고 식(式)이 발음을 나타낸다. 상(賞)과 직(職)의 반절음이다.[軾, 車前也. 從車式聲. 賞職切.]

爲"片", 非也. "版"又名方, 『中庸』云: "文·武之政, 布在方策." 鄭「注」, "方, 版也."「聘禮」「記」, "百名以上書於策, 不及百名書於方." 策以竹爲之, 方以木爲之. 稱方者, 當謂其形正方也. 鄭此「注」云: "版謂邦國圖籍也. 負之者, 賤隷人也."

— 역문 "부판(負版)"

『설문해자』에 "판(版)은 나눈다[判는 뜻이다."[125]라고 했는데, 나무를 쪼개어 조각으로 만든 것을 이름하여 판(版)이라 한다. 단옥재는 "판(判)" 을 "편(片)"으로 고쳐 놓았는데, 잘못이다. "판(版)"은 또 방(方)이라고 명명하기도 하니, 『중용』에 "문왕(文王)과 무왕(武王)의 정치가 서책에 서술되어 있다.[文·武之政, 布在方策.]"라고 했는데, 정현의 「주」에 "방(方)은 판(版)이다."라고 했다. 『의례』「빙례」의 「기」에 "1백 글자 이상은 책(策) 에다 쓰고, 1백 글자에 미치지 못하면 널빤지[方]에 쓴다."라고 했으니, 책(策)은 대나무로 만들고, 널빤지[方]는 나무로 만든다. 방(方)이라 일컬은 것은 당연히 그 모양이 정방형이라는 말이다. 정현은 여기의 「주」에서 "판(版)은 나라의 단도와 전적[圖籍]을 이른다. 그것을 짊어진 사람은 천한 노예이다."라고 했다.

원문 圖籍者, 惠氏士奇『禮說』, "古者邦國土地·人民·戶口·車服·禮器, 皆有圖, 丹書之以爲信, 謂之丹圖. 如民約, 則書於戶口圖; 地約, 則書於土地圖; 器約, 則書於禮器圖, 此「司約」所謂'小約劑書於丹圖'者與." "籍"卽"典籍"之籍, 孟子言'諸侯去其籍', 眘有籍氏, 籍兼方策二者而言, 圖籍非止一物, 申鄭義者未能備矣. 隷謂隷於官府有職業者也. 『周官』謂之胥

---

125 『설문해자』 권7: 판(版)은 나눈다[判는 뜻이다. 편(片)으로 구성되었고 반(反)이 발음을 나타낸다. 포(布)와 관(縮)의 반절음이다.[版, 判也. 從片反聲. 布縮切.]

徒, 鄭以夫子式圖籍, 非式所負之人, 若其人, 不過賤隷人耳.

역문 도적(圖籍)이란 혜사기(惠士奇)의 『예설(禮說)』에 "옛날에 나라의 토지와 인민과 호구(戶口)와 수레와 복식, 예기(禮器)에는 모두 도면(圖面)이 있었는데, 붉은 글씨로 써서 신표로 삼았으므로 그것을 단도라고 했다. 예를 들면 백성에 대한 약조인 민약(民約)과 같은 경우에는 호구도(戶口圖)에 적어 놓았고, 지약(地約)은 토지도(土地圖)에 적어 놓았으며, 기약(器約)은 예기도(禮器圖)에 적어 놓았으니, 이것이 『주례』「추관사구상(秋官司寇上)·사약(司約)」의 이른바 '소약자(小約劑)[126]는 단도에 기록한다.'라는 것일 것이다."라고 했다. 이때의 "적(籍)"은 바로 "전적(典籍)"이라고 할 때의 적(籍)으로, 맹자는 '제후들이 그 전적을 모두 없애 버렸다[諸侯去其籍]'[127]라고 했고, 진(晉)나라에는 적씨(籍氏)가 있었는데,[128] 적(籍)은 널빤지와 책[方·策] 두 가지를 겸해서 한 말이므로, 도적이란 비단 한 가지 물건만은 아니니, 정현의 뜻을 되풀이하는 것으로는 의미가 완비될 수 없을 것이다. 예(隷)는 관부(官府)에 예속되어 맡은 일이 있는 자를 이른다. 『주례』에서는 그들을 서도(胥徒)라고 불렀는데, 정현이 공자가 단도나 전적에 경의를 표한 것이지, 그것을 짊어진 사람에게 경의를 표한 것이 아니라고 한 것은, 그 사람들 같은 경우에는 천한 노예에 불과할 뿐이기 때문이다.

---

126 약자(約劑): 약조나 약속, 맹서 등의 문구 또는 문서. 자(劑)는 증서이다.

127 『맹자』「만장하」: 맹자(孟子)가 말했다. "그 상세한 내용은 내가 듣지 못했다. 제후들이 자신들에게 불리할까 싫어해서 그에 관한 전적을 모두 없애 버렸다."[孟子曰: "其詳, 不可得而聞也. 諸侯惡其害己也, 而皆去其籍."]

128 『춘추좌씨전』「소공」 15년: 손백염(孫伯黶)이 진나라의 전적(典籍)을 맡아 국가(國家)의 대정(大政)을 주재했기 때문에 적씨(籍氏)라 한다.[孫伯黶, 司晉之典籍, 以爲大政, 故曰籍氏.]

원문 王氏塋『正義』引"葉少蘊云: '喪服有負版.' 翟公巽謂"'式負版者", 非版籍之版, 乃喪服之版.'" 則不知喪服負版卽二衰之制, 上文"見齊衰必變"已言之, 此不應重述. 或又讀爲「曲禮」"雖負販者, 必有尊也"之"販", 則通衢市賈, 將有不勝爲禮者矣. 翟氏及或說竝誤.

역문 왕류의 『향당정의』에 "섭소온(葉少蘊)[129]이 '상복(喪服)에는 부판(負版)이 있다.'라고 했는데, 적공손(翟公巽)[130]이 이르길 "'식부판자(式負版者)'라고 할 때의 판(版)은 판적(版籍)이라고 할 때의 판(版)이 아니라 바로 상복(喪服)의 판(版)이다.'라고 했다."라는 말을 인용했는데, 그렇다면 모르겠지만 상복의 부판은 바로 참최(斬衰)와 자최(齊衰), 2최(二衰)의 제도이니, 앞에서 "상복을 입은 자를 보면 반드시 낯빛을 바꾸었다"라고 이미 말했으므로, 여기서는 응당 중복해서 서술할 필요는 없었을 것이다. 혹자는 또 「곡례상」에서 "비록 등짐을 지거나 물건을 파는 자[負販者]라도 반드시 높임이 있다"라고 할 때의 "판(販)"의 뜻으로 읽는데, 그렇다면 온 거리와 저자의 장사치들을 장차 이루 다 예우할 수 없는 경우가 있을

---

129 섭소온(葉少蘊, 1077~1148): 중국 송나라 오현(吳縣) 사람 섭몽득(葉夢得)이다. 소온(少蘊)은 그의 자이고, 호는 석림거사(石林居士)이다. 철종(哲宗) 소성(紹聖) 4년(1097) 진사가 되어 한림학사(翰林學士)를 맡아 사대부들이 파당(派黨)을 짓는 일에 대해 극론(極論)했다. 영창부(穎昌府)에서 일할 때 상평속(常平粟)을 열어 빈민들을 구휼했고, 환관 양전(楊戩) 등의 수탈을 억제했으며, 탐관오리들을 체포하다가 결국 축출되었다. 용도각직학사(龍圖閣直學士) 등을 지냈다. 평생 배우기를 좋아해 박학했고, 특히 사(詞)를 잘 지었다. 또한 『춘추』에 정밀하여 『춘추전(春秋傳)』과 『춘추고(春秋考)』, 『춘추얼(春秋讞)』, 『춘추지요총례(春秋指要總例)』, 『석림춘추(石林春秋)』 등을 저술했다. 그 밖의 저서에 『건강집(建康集)』과 『석림사(石林詞)』, 『피서록화(避署錄話)』, 『석림연어(石林燕語)』, 『석림시화(石林詩話)』 등이 있다.

130 적공손(翟公巽, 1076~1141): 중국 송나라 시대 윤주(潤州) 단양현[丹陽縣: 지금의 강소성 단양시(丹陽市)] 사람인 적여문(翟汝文)이다. 공손(公巽)은 그의 자이다. 시인이자 문학가였으며, 서화와 의학에도 해박했다. 송 고종(宋高宗) 때 참지정사(參知政事)를 역임했다. 문집에 『충혜집(忠惠集)』이 있다.

것이다. 적씨(翟氏)와 혹자의 설은 모두 잘못이다.

- 「注」, "凶服"至"圖籍".
- 正義曰:『說文』, "凶, 惡也."『釋名』「釋言語」, "凶, 空也, 就空亡也."『穀梁傳』, "乘馬曰賵, 衣衾曰襚, 貝玉曰含, 錢財曰賻." 皆送死者衣物也. 哀敬死者, 故送死者衣物亦式之也. 負訓持者, 負本義置之於背, 而圖籍非可負之物, 故解爲手持, 亦引申之義.
- ○「주」의 "흉복(凶服)"부터 "도적(圖籍)"까지.
- ○ 정의에서 말한다.

　『설문해자』에 "흉(凶)은 나쁘대惡]는 뜻이다."[131]라고 했고,『석명』「석언어(釋言語)」에 "흉(凶)은 텅 비었대空]는 뜻이니, 텅 비어 아무것도 없는 곳으로 나아간다는 뜻이다."라고 했다.『춘추곡량전』에 "말을 주는 것을 봉(賵)이라 하고, 옷과 이불을 주는 것을 수(襚)라 하며, 패옥(貝玉)을 주는 것을 함(含)이라 하고, 돈이나 재물을 주는 것을 부(賻)라 한다."[132]라고 했는데, 모두 죽은 자를 장송하는 의복과 기물이다. 죽은 자를 슬퍼하면서 공경하기 때문에 죽은 자를 장송하는 의복이나 기물에도 역시 경의를 표하는 것이다. 부(負)를 지니대持]로 풀이한 것은, 부(負)의 본래 뜻이 등에다 진다는 것인데, 단도나 전적은 짊어질 수 있는 물건이 아니기 때문에 손에 지닌다고 풀이했으니, 역시 의미가 확장된 것이다.

有盛饌, 必變色而作. 【注】孔曰: "'作', 起也, 敬, 主人之親饋."

---

[131]『설문해자』권7: 흉(凶)은 나쁘다惡]는 뜻이다. 땅이 파인 곳에서 다리가 엇갈려 그 가운데로 빠지는 모양을 형상하였다. 모든 흉(凶)부에 속하는 한자는 모두 흉(凶)의 의미를 따른다. 허(許)와 용(容)의 반절음이다.凶, 惡也. 象地穿交陷其中也. 凡凶之屬皆從凶. 許容切.]
[132]『춘추곡량전』「은공(隱公)」원년.

성대한 음식을 대접받으면 반드시 낯빛을 바꾸면서 일어났다.
【주】 공안국이 말했다. "'작(作)'은 일어난다[起]는 뜻이니, 주인이 친히 음식을 대접함에 경의를 표한 것이다."

- 「注」, "'作', 起也, 敬, 主人之親饋."
- 正義曰: 「曲禮」云: "食至起." 「注」云: "爲饌變." 此侍長者食禮, 若食於同等者, 雖盛饌或不起. 夫子必變色而起, 所以敬主人也. 「注」言"主人親饋"者, 「曲禮」「疏」云: "饋謂進饌也." 有盛饌, 當兼親饋, 若不親饋, 雖盛饌或不起矣. 「曲禮」云: "侍食於長者, 主人親饋, 則拜而食; 主人不親饋, 則不拜而食." 「坊記」云: "故食禮, 主人親饋則客祭, 主人不親饋則客不祭. 故君子苟無禮, 雖美不食焉."

○ 「주」의 "'작(作)'은 일어난다[起]는 뜻이니, 주인이 친히 음식을 대접함에 경의를 표한 것이다."
○ 정의에서 말한다.

『예기』「곡례상」에 "음식이 이르면 일어난다."라고 했고, 「주」에, "정찬으로 바뀌었기 때문이다."라고 했는데, 이는 장자(長者)를 모시고 식사하는 예이고, 만약 신분이 동등한 자와 식사를 할 경우에는 비록 성찬이라 할지라도 혹 일어나지 않는다. 공자가 반드시 낯빛을 바꾸고 일어난 것은 주인을 공경하기 위한 것이다. 「주」에서 말한 "주인이 친히 음식을 대접한다"라는 것은 「곡례상」의 「소」에서 "궤(饋)는 음식을 올리는 것[進饌]을 이른다"라는 말과 같다. 성찬이 있을 때, 주인이 겸상해서 친히 대접하는 경우라면 비록 성찬이라 할지라도 간혹 일어나지 않는다. 「곡례상」에 "장자를 모시고 식사를 할 때 주인이 친히 대접하면 절하고서 먹고, 주인이 친히 대접하지 않으면 절하지 않고 먹는다."라고 했고, 「방기」에 "그러므로 음식을 대접하는 예에서는 주인이 친히 대접하면 손님은 제사를 지내고, 주인이 친히 대접하지 않으면 손님은 제사 지내지 않는다. 그러므로 군자는 진실로 예가 없으면 비록 아무리 훌륭한 음식이라 할지라도 먹지 않는 것이다."라고 했다.

據此, 則親饋乃爲禮盛, 不只在食品之多備矣.「玉藻」云: "<u>孔子</u>食於<u>季</u>氏, 不辭, 不食肉而飧."「注」云: "以其待己及饌非禮也."「雜記」, "<u>孔子</u>曰: '吾食於<u>少施氏</u>而飽, <u>少施氏</u>食我以禮. 吾祭, 作而辭曰: "疏食, 不足祭也." 吾飧, 作而辭曰: "疏食, 不敢以傷吾子."'" 此卽<u>少施氏</u>親饋爲禮盛.

역문 여기에 의거해 보면 친히 대접을 하는 것이 예를 성대하게 베푸는 것이니, 단지 음식의 품목을 많이 갖추는 것에 달려 있는 것만은 아니다. 『예기』「옥조」에 "공자가 계씨(季氏)의 집에서 식사를 할 때 일어나 사양하지 않았으며, 고기를 먹지 않고 밥을 물에 말았다."라고 했는데,「주」에 "자신을 대접하는 것과 음식이 예에 맞지 않았기 때문이다."라고 했다.「잡기하」에 "공자가 말했다. '내가 소시씨(少施氏)의 집에서 식사할 때 배부르게 먹었으니, 소시씨가 나에게 예에 맞게 식사를 대접했기 때문이다. 내가 고수레를 지내자, 소시씨가 일어나 사양하기를 "거친 밥이어서 고수레할 것이 못 됩니다." 하였으며, 내가 밥을 물에 말자, 소시씨가 일어나 사양하며 말했다. "거친 밥인지라, 감히 억지로 더 드시다가 탈이 나게 할 수 없습니다."'"라고 했으니, 이것이야말로 소시씨가 친히 식사를 대접하면서 예를 성대하게 베푼 것이다.

迅雷風烈必變.【注】<u>鄭</u>曰: "敬天之怒. 風疾雷爲烈."

빠른 우레와 세찬 바람이 사나워지면 반드시 낯빛을 바꾸었다. 【주】 정현이 말했다. "하늘의 진노에 대해 경건하게 대처하는 것이다. 바람이 세차고 우레가 빨라져 사납게 된 것이다."

- 「注」, "敬天之怒. 風疾雷爲烈."

- 正義曰: "敬天之怒", 『詩』「板篇」文. 『爾雅』「釋詁」, "迅, 疾也." 此常訓. 「釋天」云: "疾雷爲霆霓." 「注」云: "雷之急激者謂霹靂." 『說文』云: "靁, 陰陽薄動靁雨, 生物者也. 烈, 火猛也." 『方言』, "烈, 暴也." "迅"・"烈"二文本通稱, 故「注」互言之, 曰"風疾雷爲烈"也. 「玉藻」云: "若有疾風迅雷甚雨, 則必變, 雖夜必興, 衣服冠而坐."

○ 「주」의 "하늘의 진노에 대해 경건하게 대처하는 것이다. 바람이 세차고 우레가 빨라져 사납게 된 것이다."

○ 정의에서 말한다.

"하늘의 진노에 대해 경건하게 대처하는 것"은 『시경』「판(板)」의 글이다.[133] 『이아』「석고」에 "신(迅)은 빠르다[疾]는 뜻이다."라고 했는데, 이것이 일반적인 뜻이다. 「석천(釋天)」에는 "빠른 우레[疾雷]는 정예[霆霓][134]이다."라고 했는데, 「주」에 "우레가 급격(急激)한 것을 벽력(霹靂)이라 한다."라고 했다. 『설문해자』에 "뇌(靁)[135]는 음양이 박동해서 천둥이 치고 비가 내려 만물을 낳는 것이다.[136] 열(烈)은 불이 사납다[火猛]는 뜻이다.[137]"라고 했고, 『방언』에 "열(烈)은 사납다[暴]는 뜻이다."라고 했으니, "신(迅)"과 "열(烈)" 두 글자는 본래 통칭했기 때문에 「주」에 호언(互言)[138]해서 "바람이 세차고 우레가 빨라져 사납게 된 것이다[風疾

---

133 『시경』「대아(大雅)・생민지십(生民之什)・판(板)」: 하늘의 진노에 대해 경건하게 대처해서 감히 안일하지 말라.[敬天之怒, 無敢戲豫.]

134 『논어정의』에는 "疾雷爲霆"이라고 되어 있는데, 『이아(爾雅)』「석천(釋天)」을 근거로 "霓"를 보충했다.

135 『논어정의』에는 "雷"로 되어 있으나, 『설문해자』에는 "靁"이다. 『설문해자』를 근거로 고쳤다.

136 『설문해자』 권11: 뇌(靁)는 음양이 박동해서 천둥이 치고 비가 내려 만물을 낳는 것이다. 우(雨)로 구성되었고 뇌(畾)는 회전(回轉)하는 모양을 상형한 것이다. 뇌(𩆍)는 뇌(靁)의 고문이다. 뇌(𩇓)는 뇌(靁)의 고문이다. 뇌(𩇓)는 뇌(靁)의 주문(籒文)이다. 뇌(靁) 사이에 소용돌이 부분[回]이 있는데, 소용돌이 부분이 우레의 소리를 나타낸다. 노(魯)와 회(回)의 반절음이다.[靁, 陰陽薄動靁雨, 生物者也. 從雨, 畾象回轉形. 𩆍, 古文靁. 𩇓, 古文靁. 𩇓, 籒文. 靁閒有回; 回, 靁聲也. 魯回切.]

137 『설문해자』 권10: 열(烈)은 불이 사납다[火猛]는 뜻이다. 화(火)로 구성되었고, 열(㓛)이 발음을 나타낸다. 양(良)과 얼(𤉡)의 반절음이다.[烈, 火猛也. 從火㓛聲. 良𤉡切.]

雷爲烈"라고 한 것이다. 『예기』「옥조」에 "만약 세찬 바람과 빠른 우레와 폭우가 있을 때는 반드시 낯빛을 바꾸며 비록 밤중이라도 반드시 일어나서 옷을 입고 관을 쓰고 앉는다."라고 했다.

10-24

升車, 必正立, 執綏. 【注】周曰: "必正立執綏, 所以爲安也."

수레에 오를 때 반드시 바르게 서서 인끈을 잡았다. 【주】주생렬이 말했다. "반드시 바르게 서서 인끈을 잡은 것은 안전을 위해서이다."

- 「注」, "必正立執綏, 所以爲安也."
- 正義曰: 升者, 登也. 凡升車, 皆自車後. 「曲禮」云: "僕展軨效駕, 奮衣由右上." 言僕由右上, 則凡乘車者, 當由左可知.
- ○「주」의 "반드시 바르게 서서 인끈을 잡은 것은 안전을 위해서이다."
- ○ 정의에서 말한다.

  승(升)이란 오른다[登]는 뜻이다. 무릇 수레에 오르는 일은 모두 수레의 뒤쪽으로부터 한다. 『예기』「곡례상」에 "마부는 걸쇠를 살펴보고 들어가서 말에 멍에를 하였음을 아뢰고, 옷의 먼지를 털고서 임금의 자리인 왼쪽을 피하여 수레의 오른쪽으로 올라간다."라고 했는데, 마

---

138 호언(互言): 같은 말을 되풀이하지 않기 위해 일부만 번갈아 쓰거나, 앞뒤의 문구에서 각기 교차 생략하고, 상호 보충하는 수사(修辭) 방식. 또는 두 개 이상의 문장이나 구절이 서로 뜻이 통해서 상호 보완하여 전체의 문의를 완전하게 통하도록 하는 문체. 호문이라고도 한다.

부가 오른쪽으로 올라간다고 했으니, 그렇다면 수레에 오르는 자들은 마땅히 왼쪽으로 올라

간다는 것을 알 수 있다.

원문 "正立"者, 正身而立, 不必皆四正也.「曲禮」又云: "君出就車, 僕竝轡授
綏."「疏」云: "綏有二: 一是正綏, 擬君之升; 一是副綏, 擬僕右之升."『說
文』, "綏, 車中把也." "把"與"靶"同. 綏系於車中, 人將升車, 援之以上. 所
以執綏者, 防有攀陟傾跌, 故「注」云"所以爲安也".

역문 "바르게 선다"라는 것은, 몸을 바르게 해서 선다는 것이지 반드시 모
두 사방으로 바르게 선다는 것이 아니다.「곡례상」에 또 "군주가 나와
서 수레에 다가오면 마부는 고삐를 아울러 한 손에 쥐고 정수(正綏)를 준
다."라고 했는데,"「소」에 "수(綏)에는 두 가지가 있으니, 하나는 정수로,
군주가 수레에 오르는 것을 대비한 것이고, 다른 하나는 부수(副綏)로,
마부와 오른쪽에서 수레에 오르는 자들을 대비한 것이다."라고 했다.『설
문해자』에 "수(綏)는 수레 안의 손잡이[把]다."[139]라고 했으니, "파(把)"는
"파(靶)"와 같은 글자이다. 인끈[綏]을 수레 안에 매어 놓았다가 사람이
장차 수레에 오르려 할 때는 그것을 잡아당겨서 오르는 것이다. 인끈을
잡는 까닭은 붙잡고 오르다가 넘어지거나 기울어지는 경우가 있을 때를
대비한 것이기 때문에「주」에서 "안전을 위해서이다."라고 한 것이다.

원문 崔駰『車左銘』, "正位受綏, 車中內顧." "正位"即"正立". 言"受綏"者, 謂
自僕手受綏而執之也. 升車在左, 故於"車左"銘之. 賈子「容經」, "立乘以

---

139 『설문해자』권13: 수(綏)는 수레 안의 손잡이[把]다. 사(糸)로 구성되었고 타(妥)로 구성되었
다. 식(息)과 유(遺)의 반절음이다.[綏, 車中把也. 從糸從妥. 息遺切.]

經立之容, 右持綏而左臂詘." 是其儀也.

역문 최인(崔駰)[140]의 『거좌명(車左銘)』에 "자리를 바루고 인끈을 받고 수레 안에서는 뒤를 돌아본다."라고 했는데, "자리를 바룬다[正位]"라는 것은 바로 "바르게 선다[正立]"라는 것이다. "인끈을 받는다[受綏]"라는 것은, 마부의 손에서 인끈을 건네받아 잡는다는 말이다. 왼쪽에서 수레에 오르기 때문에 "거좌명(車左銘)"이라고 좌우명을 새긴 것이다. 가의(賈誼)의 『신서(新書)』「용경(容經)」에 "서서 수레를 탈 때는 똑바로 선 자세로 오른손[141]으로 인끈을 잡고 왼팔은 굽혀서 칼 끈을 잡는다."라고 했는데, 이것이 수레에 탈 때의 법도에 맞는 자세이다.

원문 陳祥道『禮書』, "其旣登也, 正立執綏." 引『左傳』"范鞅逆魏舒, 請驂乘而持帶"爲證. 案, 此言"升車", 下文別言"車中", 則正立執綏非在旣升後矣. 陳說似是而非.

역문 진상도(陳祥道)의 『예서(禮書)』에 "이미 수레에 올랐으면 바르게 서서 인끈을 잡는다."라고 하면서 『춘추좌씨전』에서 "범앙(范鞅)이 위서(魏舒)

---

140 최인(崔駰, ?~92): 후한 탁군(涿郡) 안평(安平) 사람. 자는 정백(亭伯)이다. 박학하고 경전에 정통했으며, 문장을 잘 지어 젊어 태학(太學)에서 공부했다. 반고(班固), 부의(傅毅)와 이름을 나란히 했다. 일찍이 양웅의 「해조(解嘲)」를 모방해 「달지(達志)」를 지었다. 장제(章帝) 때 「사순송(四巡頌)」을 올려 한나라의 덕을 칭송했고, 화제(和帝) 초에 거기장군(車騎將軍) 두헌(竇憲)이 부(府)의 관리로 삼았다. 두헌이 정권을 장악하고 교만해지자 여러 차례 충고했지만 두헌이 듣지 않았다. 외직으로 나가 장잠장(長岑長)이 되었지만, 부임하지 않고 귀향했다. 경전은 물론 백가(百家)의 훈고(訓詁)에 이르기까지 두루 능통했다. 본래 문집이 있었지만 없어졌고, 「달지」와 「칠의(七依)」, 「혼례결언(婚禮結言)」, 「주경(酒警)」 등만 남아 있다. 명나라 때 편집된 『최정백집(崔亭伯集)』이 있다.

141 『논어정의』에는 "左"로 되어 있으나, 가의(賈誼)의 『신서(新書)』「용경(容經)」을 근거로 "右"로 고쳤다.

를 맞이하기 위해 가서 위서의 참승(驂乘)이 될 것을 청하고 띠[帶]를 잡았다"[142]라고 한 것을 인용해 증거로 삼았다. 살펴보니, 여기서는 "수레에 오르다[升軺]"라고 말하고, 아래 문장에서 별도로 "수레 안[車中]"이라고 말했으니, 그렇다면 바르게 서서 인끈을 잡는 것은 이미 수레에 오른 뒤에 있는 일이 아니다. 진상도의 말이 옳은 것 같지만 아니다.

車中, 不內顧, 不疾言, 不親指. **【注】** 包曰: "'車中不內顧'者, 前視不過衡軛, 傍視不過輢轂."

수레 안에서는 뒤를 돌아보지 않았으며, 목청을 높여 급하게 말하지 않았으며, 직접 손가락으로 가리키지 않았다. **【주】** 포함이 말했다. "'수레 안에서는 뒤를 돌아보지 않았다'라는 것은 앞을 볼 때는 시선이 수레의 끝채 끝의 가로댄 나무[衡]나 멍에[軛]를 넘어가지 않고, 옆을 볼 때는 시선이 수레 양쪽의 기대는 나무[輢]나 수레바퀴[轂]를 넘어가지 않았다는 것이다."

원문 正義曰: 鄭「注」云: "『魯』讀'車中內顧', 今從『古』." 案, 鄭從『古』作"不內顧", 與下二句一例. 『漢』「成帝紀」「贊」引此文, 亦用『古論』. 『白虎通』「車旂篇」, "車中不內顧者何? 仰卽觀天, 俯卽察地, 前聞和鸞之聲, 旁見四方之運, 此車敎之道." 亦『古論』說. 皇「疏」, "內猶後也. 顧, 回顧也. 升在車上, 不回頭內顧也. 所以然者, 後人從己, 不能常正, 若轉顧見之, 則掩人私不備, 非大德之所爲, 故不爲也. 故衛瓘曰: '不掩人之不備也.'" 又

---

142 『춘추좌씨전』「양공(襄公)」 23년.

云: "疾, 高急也. 在車上言易高, 故不疾言, 爲驚於人也. 故<u>繆協</u>云: '車行
則言傷疾也.' 車上旣高, 亦不得手有所親指點, 爲惑下人也."

역문 정의에서 말한다.

　정현의 「주」에 "『노논어』에는 '수레 안에서 뒤를 돌아본다[車中內顧]'
라는 뜻으로 읽지만, 지금은 『고논어』를 따른다."라고 했다. 살펴보니,
정현은 『고논어』를 따라 "뒤를 돌아보지 않았다[不內顧]"라고 썼는데, 아
래의 두 구절도 동일한 예[一例]이다. 『전한서』「성제기(成帝紀)」의 「찬」
에 이 글을 인용했는데, 역시 『고논어』를 인용했다. 『백호통의』「거기
(車旂)」에 "수레 안에서 뒤를 돌아보지 않는 것은 어째서인가? 우러러 하
늘을 관찰하고, 굽어서 땅을 살피며, 앞으로는 수레의 방울 소리[和鸞之
聲]를 듣고, 옆으로는 사방의 운행을 보는 것이니, 이것이 수레에서 가르
치는 도이다."[143]라고 했는데, 역시 『고논어』의 말이다.

　황간의 「소」에 "내(內)는 뒤[後]와 같다. 고(顧)는 머리를 돌려 뒤돌아
보는 것이다. 올라타서 수레 위에 있을 때는 머리를 돌려 뒤를 돌아보는

---

143 이 내용은 『백호통(白虎通義)』에는 보이지 않고, 또한 『백호통의』에는 「거기(車旂)」라는
편명도 없다. 다만, 『후한서(後漢書)』「여복지(輿服志)・여복상(輿服上)」 유소(劉昭)의 「주」
에 "『백호통의』에서 말했다. '수레 안에서 뒤를 돌아보지 않는 것이다. 우러러 하늘을 관찰
하고, 굽어서 땅을 살피며, 앞으로는 수레의 방울 소리[和鸞之聲]를 듣고, 옆으로는 사방의
운행을 보는 것이니, 이것이 수레에서 가르치는 도이다.'[『白虎通』曰: '居車中不內顧也. 仰
卽觀天, 俯卽察地, 前聞和鸞之聲, 旁見四方之運, 此車敎之道.']"라고 했는데, 이것도 『대대례
기(大戴禮記)』「보부(保傅)」에 "큰 수레를 만드는 데에는 대개 원으로 하늘을 상징하고, 28
개의 골격으로 모든 별을 본뜨며, 수레 뒤턱의 각진 나무로 땅을 형상하고 30폭의 바퀴로 달
을 본떴다. 그러므로 우러러서는 천문을 보고, 굽어서는 지리를 살피며, 앞으로 볼 때는 수
레 방울 소리를 보고 뒤로 들을 때는 사시의 운행을 관찰한다. 이것이 건거(巾車)에서 가르
치는 도이다.[爲路車也, 蓋圓以象天, 二十八橑以象列星, 軫方以象地, 三十輻以象月. 故仰則
觀天文, 俯則察地理, 前視則睹鸞和之聲, 側聽則觀四時之運, 此巾車敎之道也.']"라고 한 것에
서 인용한 것으로, 유보남이 고증 없이 『후한서』 유소의 주석 내용을 인용한 것인 듯싶다.

것이 아니다. 그렇게 하는 까닭은 뒷사람이 자기를 따를 때 항상 똑바로 따를 수는 없는데, 만약 머리를 돌려서 뒤돌아보게 되면 남이 사사롭게 대비하지 못한 것을 가리게 되니, 이는 큰 덕이 있는 사람으로서 할 일이 아니기 때문에 뒤돌아보지 않는 것이다. 그러므로 위관(衛瓘)[144]이 '남이 갖추지 못한 것을 가리지 않는 것이다.'라고 한 것이다."라고 했다.

또 "질(疾)은 목청을 높여 급하게 한다[高急]는 뜻이다. 수레 위에 올라타고 있으면서 말하게 되면 쉽게 고성을 지르게 되기 때문에 목청을 높여 급하게 하지 않는 것이니, 남을 놀라게 하기 때문이다. 그러므로 무협(繆協)이 이르길 '수레를 탈 때 말은 목청을 높여 급하게 하는 데서 잘못된다.'라고 한 것이다. 수레 위에 올라타고 있으면 목소리가 이미 높으니, 또한 손으로 직접 어떤 지점을 가리키지 못하는 것은 아래에 있는 사람들을 미혹시키기 때문이다."라고 했다.

원문 案, "親"字義不可解.「曲禮」云: "車上不妄指." "親"疑卽"妄"字之誤. 鄭彼「注」云: "爲惑衆." 蓋人在車上, 若無事, 虛以手指麾於四方, 是惑衆也.

---

144 위관(衛瓘, 220~291): 서진(西晉) 하동(河東) 안읍(安邑) 사람. 젊어서부터 벼슬에 나아가 위(魏)나라 말에 상서랑(尙書郎)을 지냈다. 정위경(廷尉卿)에 올라 등애(鄧艾)와 종회(鍾會)의 군대를 몰아 촉나라를 정벌했다. 촉나라가 멸망하고 종회가 촉에서 반란을 일으키자 이를 토벌했고, 등애를 살해했다. 서진에 들어 사공(司空)에 올랐다. 무제(武帝)가 그의 아들 위선(衛宣)에게 번창공주(繁昌公主)를 시집보냈다. 내외직을 두루 거쳐 상서령(尙書令)과 태보(太保)의 벼슬에 올랐다. 성격이 엄정하고 법으로 아랫사람을 다스렸으며, 정치가 간략하고 청렴해 칭송을 받았다. 양준(楊駿)의 참소를 받아 자리에서 물러났다. 혜제(惠帝)가 즉위하자 원강(元康) 원년(291) 여남왕(汝南王) 사마량(司馬亮)이 정치를 보좌했는데 가후(賈后)에게 살해당했다. 송나라 때의 법첩인『순화각첩(淳化閣帖)』에 편지글「둔주첩(屯州帖)」이 그의 글씨로 전하지만 확실하지 않다. 상서랑 색정(索靖)과 함께 초서를 잘 써 '일대이묘(一臺二妙)'라 불렸다. 난릉군공(蘭陵郡公)에 추봉되었고, 시호는 성(成)이다. 저서로는『상복의(喪服儀)』1권과『논어주(論語注)』8권이 있다.

역문 살펴보니 "친(親)" 자의 뜻은 이해할 수 없다. 「곡례상」에 "수레 위에서는 함부로 손가락질하지 않는다."라고 했으니, "친(親)"은 어쩌면 바로 "망(妄)" 자의 잘못인 듯싶다. 정현은 「곡례상」의 「주」에서 "대중을 미혹시키기 때문이다."라고 했으니, 아마도 사람이 수레 위에 올라타고 있을 때 만약 아무 일도 없는데도 쓸데없이 사방에다 대고 손가락을 휘저으면 이는 대중을 미혹시키는 짓이다.

- 「注」, "車中"至"輢轂".
- 正義曰: 皇本作"輿中", 云: "車床名輿." 『釋文』本亦作"輿中". 江氏永『圖考』曰: "按車輿之制, 前與左右皆有板, 而缺其後以升下." 則與今之後襜車略同.
- ○ 「주」의 "거중(車中)"부터 "의곡(輢轂)"까지.
- ○ 정의에서 말한다.

황간본에는 "여중(輿中)"으로 되어 있는데, "수레의 판재[車床]를 여(輿)라 한다."라고 했다. 『경전석문』본에도 역시 "여중(輿中)"으로 되어 있다. 강영의 『향당도고』에 "수레의 제도를 살펴보면, 앞쪽과 좌우에 모두 판자가 있고, 뒤쪽을 터서 오르내린다."라고 했으니, 지금의 등거리로 뒤를 가린 수레[後襜車]와 대략 같다.

원문 按包氏是『魯論』, 當作"內顧", 無"不"字. 盧氏文弨『鍾山札記』, "『文選』「張平子東京賦」云: '夫君人者, 黈纊塞耳, 車中內顧.' 李善引『魯論語』及崔駰『車左銘』'車中內顧'以爲「注」, 正以『魯論語』作'內顧', 與此合也. 乃刻本於「賦」及「注」俱增'不'字, 此但知今所讀之本, 而不知『魯論語』之本無'不'字也. 崔駰『銘』有三章. 其『車右銘』云: '箴闕旅賁, 內顧自勑.' 『車後銘』云: '望衡顧轂, 允愼茲容.' 段若膺云: '觀此二章, 益可證『車左銘』之爲"內顧"矣.'"

역문 생각건대, 포씨(包氏)가 본 것은 『노논어』이니 마땅히 "내고(內顧)"라고 써야 하고, "불(不)" 자가 없어야 한다. 노문초(盧文弨)의 『종산찰기(鍾山札記)』에 "『문선(文選)』「장평자동경부(張平子東京賦)」에 '임금은 주광(黈纊)¹⁴⁵을 늘어뜨려 귀를 막고, 수레 안에서 뒤를 돌아본다[車中內顧].'라고 했는데, 이선(李善)¹⁴⁶은 『노논어』 및 최인의 『거좌명』을 인용해서 '수레 안에서 뒤를 돌아본다[車中內顧]'를 가져다 「주」를 삼았으니, 바로 『노논어』에서 '내고'라고 한 것이 이것과 일치한다. 그런데 책을 인쇄하면서 『문선』「장평자동경부」와 「주」에 모두 '불(不)' 자를 보탰으니, 이는 다만 지금에 읽고 있는 판본만 알 뿐 『노논어』에는 본래 '불(不)' 자가 없다는 것을 모르는 것이다. 최인의 『명』에는 3장(章)이 있다. 그의 『거우명(車右銘)』에는 '그 여분(旅賁)¹⁴⁷을 경계하여 뒤를 돌아보고 스스로 경계한다[內顧自勅].'라고 했고, 『거후명(車後銘)』에는 '끌채 끝의 가로 댄 나무[衡]를 바라보고 수레바퀴[轂]를 돌아보아 진실로 이 용모를 삼가야 한다.'라고 했는데, 단약응(段若膺)¹⁴⁸이 말하길 '이 두 장을 보면 『거좌명』이 "내고"라는 것을 증명할 수 있다.'라고 했다."라고 하였다.

---

145 주광(黈纊): 면류관(冕旒冠)의 양쪽으로 귀에 닿을 정도(程度)로 늘어 달아맨 누른 솜 방울.

146 이선(李善, 630?~ 690): 당나라 양주(揚州) 강도(江都, 강소성) 사람. 호는 서록(書麓)이다. 고종(高宗) 현경(顯慶) 연간에 숭현관(崇賢館) 직학사(直學士)를 거쳐 비서랑(祕書郎)을 지냈다. 건봉(乾封) 연간에 경성현령(涇城縣令)으로 나갔다가 일에 연좌되어 요주(姚州)로 유배를 갔다. 나중에 사면을 받았지만 후진 양성에만 전력했다. 박학다식했지만 문장은 잘 지을 줄 몰라 사람들이 서록(書麓)이라 불렀다. 교수(敎授) 및 학문 방법 등에 있어 오로지 『문선(文選)』을 위주로 하여 문선학(文選學)이라 불리었으며, 현경 3년(658) 『문선주(文選注)』 60권을 지어 조정에 바치기도 했다. 이 책은 당나라 이전 고서주석(古書注釋)의 최고 수준이며, 후대에 많은 영향을 끼쳤다. 그 밖의 저서에 『한서변혹(漢書辨惑)』 등이 있다.

147 여분(旅賁): 친위 군사나 측근에서 시중드는 신하.

148 약응은 단옥재의 자이다.

원문 又案, 『漢書』「成帝紀」「贊」, “升車正立, 不內顧.” 顏師古「注」云: “今『論語』云‘車中內顧’, ‘內顧’者, 說者以爲‘前視不過衡軛, 旁視不過輢轂.’ 與此不同.” 然則師古所見之『論語』, 亦無“不”字. 說者云云, 乃包咸「注」, 是包亦依『魯論』爲說也.

역문 또 살펴보니, 『전한서』「성제기」의 「찬」에 “수레에 올라 바르게 서서 뒤를 돌아보지 않는다.”라고 했는데, 안사고의 「주」에 “지금 『논어』에서 ‘수레 안에서 뒤를 돌아본다[車中內顧]’라고 했는데, ‘뒤를 돌아본다[內顧]’라는 것에 대해 설명하는 사람들은 ‘앞을 볼 때는 시선이 수레 끌채 끝의 가로댄 나무[衡]나 멍에[軛]를 넘어가지 않고, 옆을 볼 때는 시선이 수레 양쪽의 기대는 나무[輢]나 수레바퀴[轂]를 넘어가지 않는다.’라고 한 것과 이것은 같지 않다고 여긴다.”라고 했다. 그렇다면 안사고가 본 『논어』에도 역시 “불(不)” 자가 없는 것이다. 설명하는 사람들이 운운한 것이란 바로 포함의 「주」를 말하는 것이니, 이는 포함 역시 『노논어』에 의거해서 설명을 했다는 것이다.

원문 包氏愼言『溫故錄』, “『風俗通』「過譽」云: ‘升車, 必正立, 執綏, 內顧. 不掩不備, 不見人短.’ 亦『魯論』說, 今本亦多‘不’字.” 案, 『車後銘』“望衡顧轂”, 卽此「注」之義. 「東京賦」以‘鈲纊塞耳, 車中內顧.’ 相比爲辭, 正是收視反聽之義. 『集解』用包「注」, 而後人妄增“不”字, 經注兩不相合, 可謂謬矣.

역문 포신언(包愼言)의 『논어온고록(論語溫故錄)』에 “『풍속통(風俗通)』「과예(過譽)」에 ‘수레에 올라 반드시 바르게 서서 인끈을 잡고 뒤를 돌아본다. 갖추지 못한 것을 가리지 않고, 남의 단점을 보지 않는다.’라고 한 것은 역시 『노논어』의 말인데, 지금의 판본에는 역시 ‘불(不)’ 자가 많다.”라고 했다. 살펴보니, 최인의 『거후명』의 “끌채 끝의 가로 댄 나무[衡]를 바라보고 수레바퀴[轂]를 돌아본다"라는 것이 바로 이 「주」의 뜻이다. 『문선』「장평자동경부」에서는 '주광을 늘어뜨려 귀를 막고, 수레 안에서 뒤를 돌아본다'라고 한 것을 가지고 서로 비교해서 말한 것이니, 이것은 바로 보는 것을 거두고 듣는 것을 되돌린다는 뜻이다. 『논어집해』에서는 포함의 「주」를 사용한 데다가 후대의 사람들이 함부로 "불(不)" 자를 보태는 바람에, 경전과 주석 양쪽이 서로 부합하지 않으니 잘못이라고 할 수 있다.

원문 又『漢書』「成帝紀」「贊」「注」引『魯論』"內顧", 今本亦妄增"不"字. 皇「疏」申「注」云: "衡軛, 轅端也. 若前視, 不得遠, 故「曲禮」云'立視五巂'. 五巂, 九丈九尺地也. 式視馬尾, 馬尾近在車床欄間也, 竝是不過衡軛之類也. 旁謂兩邊也. 輢豎在車箱兩邊, 三分居前之一, 承較者也. 轂在箱外, 當人兩邊, 故云'旁視不過輢轂'也."

역문 또 『전한서』「성제기」「찬」의 「주」에 인용한 『노논어』의 "내고(內顧)"는 지금의 판본에는 역시 망령되게도 "불(不)" 자를 보태 놓았다. 황간의 「소」에는 포함의 「주」를 되풀이하면서 "형액(衡軛)은 끌채의 끝[轅端]이다. 앞을 볼 때와 같은 경우 멀리까지 볼 수 없기 때문에 「곡례상」에서 '수레에 서서는 수레바퀴가 다섯 번 구를 정도 거리의 앞을 본다[立視五巂]'라고 한 것이다. 5수(五巂)는 아홉 길 아홉 자[九丈九尺] 되는 지점이다.[149] 경의를 표하는 예[式]를 할 때는 말의 꼬리를 보는데, 말 꼬리는 수레의 판자 난간 가까이에 있으니, 모두 형액의 일부분에 불과한 것이다.

---

149 5수(五巂): 수(巂)는 규(規)와 같으니, 수레바퀴가 한 번 회전하는 길이를 규(規)라 한다. 그러므로 5수는 5규와 같고, 수를 척(尺)으로 계산하면 아홉 길 아홉 자[九丈九尺]라고 한 것이다. 여섯 자[六尺]가 1보(步)이므로 5규, 즉 5수는 16보 반이 된다.

방(旁)은 수레의 양쪽 가장자리를 이른다. 의(輢)는 거상(車箱)[150]의 양쪽 가장자리에 세워져 있고 앞쪽 3분의 1을 차지하는데, 말과 수레를 이어 주는 것이다. 수레바퀴[轂]는 수레의 번[箱] 밖으로 나와 있고 사람의 양쪽 가장자리에 해당되기 때문에 '옆을 볼 때는 시선이 수레 양쪽의 기대는 나무[輢]나 수레바퀴[轂]를 넘어가지 않는다'라고 한 것이다."라고 했다.

원문 邢「疏」, "「曲禮」云: '立視五巂, 式視馬尾, 顧不過轂.'「注」云: '立, 平視也. 巂, 猶規也, 謂輪轉之度.' 案, 車輪一周爲一規, 乘車之輪, 高六尺六寸, 徑一圍三, 三六十八, 得一丈九尺八寸, 五規爲九十九尺. 六尺爲步, 總爲十六步半, 則在車上得視前十六步半也. 而此「注」云'前視不過衡軏'者, 『禮』言中人之制, 此言聖人之行, 前視不過衡軏耳."

역문 형병의 「소」에 "「곡례상」에 '수레에 서서는 수레바퀴가 다섯 번 구를 정도 거리의 앞을 보고, 경의를 표하는 예[式]를 할 때는 말의 꼬리를 보며, 돌아보되 시선이 수레바퀴[轂]를 넘어가지 않는다.'라고 했는데, 「주」에 '입(立)은 수평으로 보는 것[平視]이다. 수(巂)는 규(規)와 같으니, 수레바퀴가 구르는 도수이다.'라고 했다. 살펴보니, 수레바퀴가 한 번 회전하면 1규(規)가 되고, 사람이 타는 수레의 바퀴는 높이가 여섯 자 여섯 치[六尺六寸]이며, 지름이 1, 둘레가 3의 비율이므로, 3×6=18이니, 수레바퀴의 둘레는 한 길 아홉 자 여덟 치가 되고, 5규(五規)면 아흔아홉 자[尺]가 된다. 여섯 자가 1보(步)가 되니, 모두 합하면 16보 반이 되고, 그렇다면 수레 위에 있을 때 보이는 거리는 앞으로 16보 반인 것이다. 그런데, 여기의 「주」에서 '앞을 볼 때는 시선이 수레의 끌채 끝의 가로 댄 나무

---

150 거상(車箱): 수레 가운데에 사람을 태우거나 물건을 장식하는 데 사용하기 위해 설치한 번(輢)이다. 수레를 통칭하는 말로도 쓰인다. 여기서는 전자의 의미로 쓰였다.

[衡]나 멍에[軛]를 넘어가지 않는다'라고 한 것은, 『예기』에서는 중인(中人)의 제도를 말한 것이지만, 여기에서는 성인(聖人)의 행차를 말한 것이기 때문에 앞을 볼 때는 시선이 수레의 끝채 끝의 가로 댄 나무[衡]나 멍에[軛]를 넘어가지 않는다고 한 것일 뿐이다."라고 했다.

원문 案, 邢「疏」本於「曲禮」孔「疏」. 陸佃『埤雅』云: "乘車之輪, 六尺有六寸." 五六三十, 積尺爲三丈, 積寸爲三尺. 則五寉之衺, 三丈三尺. 『荀子』, "立視前六尺而大之, 六六三十六, 三丈六尺." 卽此是也. 按: 『荀子』說見「大略篇」, 楊倞「注」以爲"臣於君前視法", 殆未然. 五寉之度三丈三尺, 則此「注」所謂"前視不過衡軛"也.

역문 살펴보니, 형병의 「소」는 「곡례상」 공영달의 「소」에 근거한 것이다. 육전(陸佃)의 『비아(埤雅)』에 "사람이 타는 수레바퀴의 둘레는 여섯 자 여섯 치이다."라고 했다. 5×6=30이니, 척을 쌓아서 세 길[三丈]이 되었고, 치를 쌓아서 석 자가 된 것이니, 그렇다면 5수의 길이는 세 길 석 자이다. 『순자』에 "서 있을 때는 여섯 자 거리의 앞을 보고, 더 멀리 볼 때는 6×6=36이니, 세 길 여섯 자의 거리를 보는 것이다."라고 했는데, 바로 이것이 옳다. 살펴보니 『순자』의 말은 「대략편」에 보이는데, 양경의 「주」에 "신하가 군주 앞에서 보는 예법"이라고 했으나, 거의 그렇지는 않다. 5수의 도수 세 길 석 자가, 여기 「주」에서의 이른바 "앞을 볼 때는 시선이 수레의 끝채 끝의 가로댄 나무[衡]나 멍에[軛]를 넘어가지 않는다"라는 것이다.

원문 『埤雅』又云: "國馬之衡, 高八尺有七寸; 田馬之衡, 高七尺有七寸; 駑馬之衡, 高六尺有七寸." 以中言之, 衡高七尺七寸, 人長八尺, 則高與人目略平, 故曰"前有錯衡, 所以養目也." 所謂"衡視"也. 國君綏視, 言"俯不下

於帶"; 大夫衡視, 則言"仰不上於面". 互相備也.

역문 『비아』에 또 "국마(國馬)[151]의 수레 끌채 끝의 가로 댄 나무[衡]는 높이
가 여덟 자 일곱 치이고, 전마(田馬)의 수레 끌채 끝의 가로 댄 나무[衡]는
높이가 일곱 자 일곱 치이며, 노마(駑馬)의 수레 끌채 끝의 가로댄 나무
[衡]는 높이가 여섯 자 일곱 치이다."라고 했는데, 평균으로 말하면 수레
끌채 끝의 가로 댄 나무[衡]의 높이가 일곱 자 일곱 치이고, 사람의 신장
은 여덟 자이니, 높이가 사람의 눈높이와 대략 수평을 이루기 때문에
"앞에 수레 끌채 끝의 가로 댄 나무[衡]를 두는 것은 눈을 수양하기 위한
것이다."[152]라고 한 것이니, 이른바 "수평이 되게 본다[衡視]"라는 것이다.
"국군(國君)을 볼 때는 시선이 수레의 손잡이 줄 높이로 본다[國君綏視]"라
는 것은, "숙이되 허리띠보다 아래로 내려가서는 안 된다"라는 말이고,
"대부를 볼 때는 시선이 수레 끌채 끝의 가로 댄 나무 높이를 본다[大夫衡
視]"라는 것은 "우러러보되 시선이 얼굴보다 위로 올라가지 않는다"라는
말이니,[153] 이는 호문으로 서로 갖추어진 표현이다.

---

151 국마(國馬):『주례』「동관고공기상(冬官考工記上)·주인(輈人)」정현의「주」에 "국마(國馬)
란 종마(種馬)·융마(戎馬)·제마(齊馬)·도마(道馬)를 이르니, 높이가 여덟 자이다.[國馬,
謂種馬·戎馬·齊馬·道馬, 高八尺.]"라고 했다. 또「하관사마상(夏官司馬上)·마질(馬質)」
에 "말을 평가하여 정하는 데 있어서 세 가지가 있다. 첫째는 융마요, 둘째는 전마(田馬)요,
셋째는 노마(駑馬)이니, 모두 그 값이 있다.[馬量三物: 一曰戎馬, 二曰田馬, 三曰駑馬, 皆有
物價.]"라고 했고, 또「하관사마하(夏官司馬下)·교인(校人)」에 "여섯 종류의 말은 종마·융
마·제마·도마·전마·노마이니, 노마가 가장 낮은 것이다.[六馬, 曰種馬·戎馬·齊馬·
道馬·田馬·駑馬, 駑馬, 其最下者.]"라고 했다.
152 『순자』「예론(禮論)」및『사기(史記)』권23,「예서(禮書)」에 보인다.
153 『예기』「곡례하(曲禮下)」: 천자를 볼 때는 시선이 둥근 깃 위로 올라가서는 안 되고, 띠에서
그 이하로 내려가서도 안 된다. 국군을 볼 때는 시선이 수레의 손잡이 줄 높이를 보며, 대부
를 볼 때는 시선이 수레 끌채 끝의 가로댄 나무 높이를 보고, 사를 볼 때는 좌우로 5보(步)의
사이를 볼 수 있다.[天子視, 不上於袷, 不下於帶; 國君, 綏視; 大夫, 衡視, 士, 視五步.]

色斯擧矣, 【注】馬曰: "見顔色不善, 則去之." 翔而後集. 【注】周曰:
"迴翔審觀而後下止."

놀라서 빠르게 날아가고, 【주】마융이 말했다. "안색이 좋지 않은 것을 보면
떠나는 것이다." 어정어정 더디게 나아가네. 【주】주생렬이 말했다. "빙빙
돌면서 자세히 살핀 뒤에 내려와 앉은 것이다."

원문 正義曰: 此二句先經起義, 乃記者之辭. 泛說群鳥, 不專指雌雉言. 王氏
塾『正義』引眞德秀說, "'色斯擧矣', 去之速也; '翔而後集', 就之遲也. 古
人所謂'三揖而進, 一辭而退', 雖相見聚合之間, 猶謹諸此." 案, 眞說卽君
子難進易退之義.

역문 정의에서 말한다.

이 두 구절은 경(經)에 앞서 뜻을 일으킨 것으로, 바로 기록한 자의 말
이다. 떼 지어 모여 있는 새들을 범범하게 말한 것이지, 오로지 암꿩만
을 가리켜서 한 말이 아니다. 왕류의 『향당정의』에는 진덕수(眞德秀)[154]

---

[154] 진덕수(眞德秀, 1178~1235): 송나라 건녕부(建寧府) 포성(浦城) 사람. 자는 경원(景元) 또는
희원(希元)인데, 나중에 경희(景希)로 고쳐 불렀다. 호는 서산(西山)이고, 시호는 문충(文
忠)이다. 일설에는 원래 성이 신(愼)이었는데, 효종(孝宗) 조신(趙眘)의 이름을 피해 고쳤다
고도 한다. 영종(寧宗) 경원(慶元) 5년(1199) 진사가 되고, 개희(開禧) 원년(1205) 박학굉사
과(博學宏詞科)에 합격했다. 이종(理宗) 때 예부시랑(禮部侍郞)에 발탁되어 직학사원(直學
士院)에 올랐다. 사미원(史彌遠)이 그를 꺼려 탄핵을 받고 파직되었다. 나중에 천주(泉州)와
복주(福州)의 지주(知州)를 지냈다. 단평(端平) 원년(1234) 입조하여 호부상서(戶部尙書)에
오르고, 한림학사(翰林學士)와 지제고(知制誥)가 되었다. 다음 해 참지정사(參知政事)에 이

의 설을 인용해서 "'색사거의(色斯擧矣)'는 빨리 떠났다는 뜻이고, '상이후집(翔而後集)'은 더디게 나아갔다는 뜻이다. 옛사람들의 이른바 '세 번 읍(揖)을 한 다음에야 나아가고, 한 번 사양하고는 곧바로 물러난다.'[155]는 것이니, 비록 서로 만나 보고 모이고 합하는 사이라 할지라도 오히려 삼감이 이와 같은 것이다."라고 했다. 살펴보니, 진덕수의 말은 바로 군자는 나아가기를 어렵게 하고 물러나기를 쉽게 한다는 뜻이다.

- 「注」, "見顏色不善, 則去之."
- 正義曰: "色"謂人色. 色有不善, 則鳥見之而飛去也. 人去危就安, 亦如此. 王氏引之『經傳釋詞』, "色斯"者, 狀鳥擧之疾也. '色斯', 猶色然, 驚飛貌也. 『呂氏春秋』「審應篇」, '蓋聞君子猶鳥也, 駭則擧.' 哀六年『公羊傳』曰: '諸大夫見之, 皆色然而駭.' 何「注」曰: '色然, 驚駭貌.' 義與此相近也.
- ○「주」의 "안색이 좋지 않은 것을 보고서 떠난 것이다."
- ○ 정의에서 말한다.
  "색(色)"은 사람의 안색을 이른다. 안색에 좋지 않은 것이 있으면 새가 그것을 보고 날아가는

르렀는데, 얼마 뒤 죽었다. 강직하기로 유명해 조정에서 명성이 자자했다. 시정(時政)에 대해 자주 건의했고, 주소(奏疏)는 수십만 자에 이르렀다. 주자학파(朱子學派)의 학자로, 『대학연의(大學衍義)』는 『대학장구(大學章句)』에 비견한다는 평을 들었다. 경원당금(慶元黨禁) 이후 정주(程朱)의 이학(理學)이 다시 성행하는 데 공헌한 바 컸다. 그 밖의 저서에 『당서고의(唐書考疑)』와 『독서기(讀書記)』, 『문장정종(文章正宗)』, 『서산갑을고(西山甲乙稿)』, 『서산문집(西山文集)』 등이 있다.

155 『예기』「표기(表記)」: 임금을 섬길 때, 나아가기는 어렵게 하고 물러나기는 쉽게 한다면 자리에 질서가 잡힐 것이고, 반면에 나아가기는 쉽게 하고 물러나기는 어렵게 한다면 문란해질 것이다. 따라서 군자는 세 번 읍을 한 다음에야 나아가고 한 번 사양하고는 곧바로 물러남으로써 문란해지는 것을 예방한다.[事君, 難進而易退, 則位有序; 易進而難退, 則亂也. 故君子三揖而進, 一辭而退, 以遠亂也.]

것이다. 사람이 위태로운 곳을 떠나고 안전한 곳으로 나아감도 역시 마찬가지다. 왕인지의
『경전석사(經傳釋詞)』에 "'색사(色斯)'란 새가 빨리 날아오르는 것을 형상한 것이다. 또 '색
사(色斯)'는 색연(色然)과 같으니 놀라서 날아가는 모양이다. 『여씨춘추』「심응(審應)」에 '대
체로 듣자 하니, 군자는 새와 같아서 어지럽고 소란스러우면 떠나간다고 합니다.'라고 했
고, 『춘추공양전』「애공(哀公)」 6년에 '여러 대부가 보고는 모두 화들짝 안색이 변하면서 놀랐다
[駭].'라고 했는데, 하휴(何休)의 「주」에 '색연(色然)은 놀라는[驚駭] 모양이다.'라고 했으니,
뜻이 이것과 서로 가깝다.

원문 漢人多以'色斯'二字連讀, 『論衡』「定賢篇」, '大賢之涉世也, 翔而有集,
色斯而舉.' 『議郞元賓碑』, '翻翥色斯.' 『竹邑侯相張壽碑』, '君常懷色斯,
遂用高逝.' 『堂邑令費鳳碑』, '色斯輕翔, 翻然高絜.' 『費鳳別碑』, '功成事
就, 色斯高舉.'" 案, 王說亦通.

역문 한대(漢代)의 사람들은 대부분 '색사(色斯)' 두 글자를 연속해서 읽는데,
『논형(論衡)』「정현편(定賢篇)」에 '위대한 현인의 처세는 더디게 나아가
며, 빠르게 떠나는 것이다.'라고 했다. 『의랑원빈비(議郞元賓碑)』에 '화들
짝 놀라 빨리 떠나갔다[翻翥色斯].'라고 했고, 『죽읍후상장수비(竹邑侯相張
壽碑)』에 '그대는 항상 어서 빨리 떠나갈 생각을 하더니, 마침내 높이 날
아올라 떠나가 버렸네.'라고 했다. 『당읍령비봉비(堂邑令費鳳碑)』에는 '잽
싸게 날아올라 가볍게 빙빙 돌더니 갑자기 고결(高絜)하다.'라고 했고, 『비
봉별비(費鳳別碑)』에 '공이 이루어지고 일이 성취되자 빠르게 높이 천거
되었다.'라고 했다."라고 하였다. 살펴보니 왕인지의 말도 역시 통한다.

● 「注」, "迴翔審觀而後下止."

● 正義曰: 『說文』, "翔, 回飛也." 『釋名』「釋言語」, "翔, 佯也, 言彷佯也." 「曲禮」鄭「注」, "行而

張拱曰翔."「注」以迴翔卽是審觀, 故增成其義. 『說文』又云: "集, 群鳥在木上也." 集, 雧或

省, 引申爲凡鳥所止處之稱, 故「注」訓"下止."

○「주」의 "빙빙 돌면서 자세히 살핀 뒤에 내려와 앉은 것이다."

○ 정의에서 말한다.

『설문해자』에 "상(翔)은 빙빙 돌며 난다[回飛]는 뜻이다."[156]라고 했고, 『석명』「석언어」에 "상(翔)은 노닌다[佯]는 뜻이니, 어정거리며 노닌다[彷佯]는 말이다."라고 했으며, 『예기』「곡 례상」 정현의 「주」에 "다니면서 맞잡았던 손을 펼치는 것을 상(翔)이라 한다."라고 했다. 「주」에서는 빙빙 도는 것이 바로 자세히 살피는 것이기 때문에 부족한 부분을 보충해서 그 뜻이 더 완전해지도록 한 것[增成]이다. 『설문해자』에는 또 "집(集)은 떼 지어 모여 있는 새 들이 나무 위에 있다는 뜻이다."[157]라고 했다. 집(集)은 집(雧)의 혹체자로서 생략형인데, 이 뜻이 확장되어 모든 새가 머무는 곳을 지칭하는 말이 되었다. 그러므로 「주」에서 "내려와 앉 는 것이다[下止]"라고 풀이한 것이다.

曰: "山梁雌雉, 時哉時哉." 子路共之, 三嗅而作. 【注】言山梁雌 雉得其時, 而人不得其時, 故歎之. 子路以其時物, 故共具之, 非本意, 不苟食. 故三嗅而作起也.

공자가 말했다. "산에서 기장을 쪼아 먹는 까투리여, 좋은 시절이 구나, 좋은 시절이구나!" 자로(子路)가 까투리를 잡아 조리해서

---

156 『설문해자』 권4: 상(翔)은 빙빙 돌며 난다[回飛]는 뜻이다. 우(羽)로 구성되었고 양(羊)이 발 음을 나타낸다. 사(似)와 양(羊)의 반절음이다.[翔, 回飛也. 從羽羊聲. 似羊切.]

157 『설문해자』 권4: 집(雧)은 떼 지어 모여 있는 새들이 나무 위에 있다는 뜻이다. 잡(雥)으로 구성되었고 목(木)으로 구성되었다. 진(秦)과 입(入)의 반절음이다.[雧, 群鳥在木上也. 從雥 從木. 秦入切.]

바치자, 세 번 냄새를 맡고 일어났다. 【주】 산에서 기장을 쪼아 먹는 까투리는 제때를 만났으나, 사람은 그때를 만나지 못하였기 때문에 탄식한 것이다. 자로는 그 까투리가 먹기에 철에 맞는 물건이기 때문에 그 꿩을 잡아 조리해서 올렸으나, 공자가 말한 본래 의도가 아니므로 구차하게 먹으려 하지 않았다. 그러므로 세 번 냄새를 맡고 일어난 것이다.

원문 正義曰:『釋文』, "山梁, 音良. 鄭云: '孔子山行, 見雉食梁粟也.'"是鄭以"梁"爲"粱".『淮南』「齊俗訓」, "芻·豢·黍·粱."『素問』「生氣通天論」, "膏粱之變." 又「通評虛實論」, "高粱之疾." 王砅「注」並云: "粱, 粱也." 是"梁"亦通"粱".『集解』不釋"山梁"之義, 與鄭同異不可知. 今解者多爲橋梁, 其說亦通.『說文』云: "梁, 水橋也. 橋, 水梁也." 山梁則山澗中橋, 以通人行也.

역문 정의에서 말한다.

『경전석문』에 "산량(山梁)의 '양(梁)'은 발음이 양(良)이다. 정현이 말했다. '공자가 산에 가서 꿩이 기장과 곡식을 쪼아 먹는 것을 본 것이다.'"라고 했는데, 이는 정현이 "양(梁)"을 "기장[粱]"으로 본 것이다.『회남자』「제속훈(齊俗訓)」에 "추(芻)·환(豢)·서(黍)·양(粱)의 식사."라고 했고,『황제내경소문(黃帝內徑素問)』「생기통천론(生氣通天論)」에 "기름진 곡식을 많이 먹은 변고[膏粱之變]."라고 했으며, 또「통평허실론(通評虛實論)」에 "기름진 곡식을 많이 먹은 질병[高粱之疾]."이라고 했는데, 왕례(王砅)[158]의「주」에는 모두 "양(粱)은 기장[粱]이다."라고 했으니, "양(梁)"은

---

158 왕례(王砅): 당대(唐代)의 의사인 왕빙(王冰, 710~805)의 이칭(異稱)이다. 계현자(啓玄子)라 자호(自號)하였다. 일찍이 태복령(太僕令)을 지냈으므로, 그를 왕태복(王太僕)으로 부르기도 한다. 왕빙은『황제내경소문(黃帝內經素問)』이 '대대로 전하여 내려오면서 잘못이 생겨

또한 "기장[粱]"이라는 뜻과 통한다.

　『논어집해』에는 "산량(山粱)"의 뜻을 해석하지 않았으니, 정현과 같은지 다른지를 알 수 없다. 지금 해석하는 사람들은 많이들 교량(橋粱)이라고 하는데 그 설 또한 통한다.

　『설문해자』에 "양(粱)은 물을 건너는 다리[水橋]이다.[159] 교(橋)는 물을 건너는 교량[水粱]이다.[160]"라고 했으니, 산량(山粱)이란 산과 계곡의 중간에 다리를 놓고 사람이 통행하는 것이다.

원문 "雌雉"者, 『說文』云: "雌, 鳥母也." 對雄爲鳥父言之. 雉者, 野鳥. 『爾雅』·『說文』具載其名. 『釋文』云: "時哉, 一本作'時哉時哉'." 皇·邢『疏』述經俱兩言"時哉". 阮氏元『校勘記』, "『後漢書』「班固傳」「注」·『太平御覽』九百十七竝引此文, '時哉'二字不重." 則今本重者, 乃『釋文』所載"一本"也.

역문 "자치(雌雉)"

　『설문해자』에 "자(雌)는 새의 암컷[鳥母]이다."[161]라고 했는데, 웅(雄)이

　편목(篇目)이 거듭 겹쳐지고 앞뒤가 맞지 않으며 글에 담긴 뜻이 동떨어져서 차이가 매우 심하다'라고 생각하고 부지런히 찾아다니며 묻기를 12년 동안 하여 사북에 이르렀다. 또한 곽자재당(郭子齋堂)이 스승 장공(張公)으로부터 받은 비본(秘本)을 참조하여 꼼꼼하게 주(注)를 달고 아울러 전에 보관하고 있던 책을 합쳐 81편(篇)으로 해서 762년에 『주황제소문(注黃帝素問)』24권을 지었는데, 이것은 전원기(全元起)가 「주」를 단 『황제소문(黃帝素問)』의 뒤를 이어 또 한 번 정리하고 주석(注釋)을 달았기에 세상에서 『차주황제소문(次注黃帝素問)』이라고 일컫는다. 왕빙은 『차주(次注)』속에서, 적잖이 자기의 견해를 충분히 나타내어 한의학의 발전에 대하여 매우 큰 영향을 끼쳤다.

159 『설문해자』권6: 양(粱)은 물을 건너는 다리[水橋]이다. 목(木)으로 구성되었고 수(水)로 구성되었으며, 창(刅)이 발음을 나타낸다. 양(㳄)은 양(粱)의 고문(古文)이다. 여(呂)와 장(張)의 반절음이다.[粱, 水橋也. 從木從水, 刅聲. 㳄, 古文. 呂張切.]

160 『설문해자』권6: 교(橋)는 물을 건너는 교량[水粱]이다. 목(木)으로 구성되었고 교(喬)가 발음을 나타낸다. 거(巨)와 교(驕)의 반절음이다.[橋, 水粱也. 從木喬聲. 巨驕切.]

새의 수컷[鳥父]이 되는 것에 상대해서 한 말이다. 치(雉)는 들새[野鳥]이다. 『이아』와 『설문해자』에 모두 그 이름이 실려 있다. 『경전석문』에 "시재(時哉)는 다른 판본에는 '시재시재(時哉時哉)'로 되어 있다."라고 했고, 황간과 형병의 「소」가 기술된 경문(經文)에는 모두 두 번 "시재(時哉)"를 말했다. 완원의 『십삼경주소교감기』에 "『후한서』 「반고전(班固傳)」의 「주」와 『태평어람』 권917에 나란히 이 글을 인용했는데, '시재(時哉)' 두 글자가 중복되지 않았다."라고 했으니, 그렇다면 지금 판본에서 중복된 것은 바로 『경전석문』에서 말한 "다른 판본[一本]"인 것이다.

원문 『釋文』又云: "共, 本又作供." 皇本作"供". 『藝文類聚』 「鳥部上」・『太平御覽』 「羽族部」 並引作"拱". 案, 作"拱"是也. 『呂氏春秋』 「審己篇」, "故子路拚雉而復釋之." 高誘 「注」, "所得者小, 不欲夭物, 故復釋之." "拚"卽是"拱". 『爾雅』 「釋詁」, "拱, 執也." 意者雉正倦飛, 子路拚而執之, 此亦隨意之樂趣, 而旋卽釋之, 於是雌雉駭然驚顧, 遂振迅而起也.

역문 『경전석문』에 "공(共)은 판본에 따라 또 공(供)으로 되어 있다."라고 했는데, 황간본에 "공(供)"으로 되어 있다. 『예문유취(藝文類聚)』 「조부상(鳥部上)」과 『태평어람』 「우족부(羽族部)」에도 모두 "공(拱)"으로 되어 있는 것을 인용했다. 살펴보니, "공(拱)"으로 되어 있는 것이 옳다. 『여씨춘추』 「심기(審己)」에 "그러므로 자로가 꿩을 덮쳐서 잡았다가[拚] 다시 놓아 주었던 것이다."라고 했는데, 고유의 「주」에 "잡은 놈이 작은 데다가 어린 놈을 일찍 죽이고 싶지 않았기 때문에 다시 풀어 준 것이다."라고 했으니, "덮쳐서 잡는 것[拚]"이 바로 "공(拱)"이다. 『이아』 「석고」에

---

161 『설문해자』 권4: 자(雌)는 새의 암컷[鳥母]이다. 추(隹)로 구성되었고 차(此)가 발음을 나타낸다. 차(此)와 이(移)의 반절음이다.[雌, 鳥母也. 從隹此聲. 此移切.]

"공(拱)은 잡는다[執]는 뜻이다."라고 했다. 생각해 보면 꿩은 정말로 느리게 날기 때문에 자로가 덮쳐서 잡았던 것이지만, 이는 또한 멋대로 즐거운 흥취를 따른 것이므로 즉시 풀어 준 것인데, 이때 까투리가 화들짝 놀라 돌아보고는 마침내 잽싸게 날아오른 것이다.

원문 『集注』云: "劉聘君曰: '嗅, 當作臭. 古闋反, 張兩翅也. 見『爾雅』.'" 考 『爾雅』「釋獸」云: "獸曰齅, 人曰撟, 魚曰須, 鳥曰臭." 竝動走之名. "臭"字 從目從犬, 『說文』訓"犬視", 亦驚顧之意. 其字與"臭"相似, 故相沿譌爲 "臭". 『唐石經』"臭"字左旁加口作"嗅", 則後人所改. 『五經文字』此字尙作 "臭"也. 然『玉篇』已引作"齅", "齅"卽"嗅"正字. 『集注』引石經又作"戞".

역문 『논어집주』에 "유빙군(劉聘君)이 말했다. '"후(嗅)" 자는 마땅히 격(臭) 자가 되어야 한다. 고(古)와 격(闋)의 반절음이고, 두 날개를 펼친다는 뜻이다. 『이아』에 보인다.'"라고 했다. 『이아』「석수(釋獸)」를 살펴보니 "짐승은 '스스로 분발해서 움직인다[齅]'라고 하고, 사람은 '손을 들었다[撟]'라고 하며, 물고기는 '아가미가 벌어졌다 닫혔다[須]'라고 하고, 새는 '두 날개를 펴서 파닥인다[臭]'라고 한다."라고 했는데, 모두 움직이거나 달려가는 것을 명명한 것이다. "격(臭)" 자는 목(目)과 견(犬)으로 구성되었는데, 『설문해자』에는 "개가 노려보는 모양[犬視]"[162]이라고 풀이했으니, 역시 놀라서 돌아본다는 뜻이다. 글자가 "취(臭)"와 서로 비슷하기 때문에 서로 잘못을 따르다가 "취(臭)"가 된 것이다. 『당석경』의 "취(臭)" 자는 왼쪽 옆에 구(口)를 보태서 "후(嗅)"로 되어 있는데, 후대의 사람들이 고친 것이다. 『오경문자(五經文字)』의 이 글자는 오히려 "취(臭)"로 되

---

[162] 『설문해자』권10: 격(臭)은 개가 노려보는 모양[犬視]이다. 목(目)과 견(犬)으로 구성되었다. 고(古)와 격(闋)의 반절음이다.[臭, 犬視貌. 從犬・目. 古闋切.]

어 있다. 그러나 『옥편(玉篇)』에는 이미 "후(齅)"로 된 것을 인용했는데, "후(齅)"는 바로 "후(嗅)"의 정자(正字)이다. 『논어집주』에서 인용한 석경 (石經)에는 또 "알(憂)"로 되어 있다.

원문 錢氏大昕『養新錄』以爲"孟蜀刻字經三寫, 不能無誤." 其信然矣. 劉氏 逢祿『述何篇』, "孟子曰: '可以仕則仕, 可以止則止, 可以久則久, 可以速 則速, 聖之時者也.'「鄕黨篇」孔子言行皆準乎禮, 而歸之時中, 禮以時爲 大也."

역문 전대흔(錢大昕)의 『양신록(養新錄)』에 "맹촉(孟蜀)이 석경에 글자를 새 기면서 경을 세 번 베껴 썼지만, 오자가 없을 수 없었다."라고 했는데, 참으로 그랬을 것이다. 유봉록(劉逢祿)의 『논어술하편(論語述何篇)』에 "맹 자가 말했다. '벼슬할 만하면 벼슬하고 그만둘 만하면 그만두며, 오래 머무를 만하면 오래 머물고 빨리 떠날 만하면 빨리 떠났으니, 성인 중에 시중(時中)인 자이다.'「향당」에 보이는 공자의 언행은 모두 예(禮)에 맞 는 것인데, 시중으로 귀결시켰으니, 예는 때에 맞게 하는 것을 큰 것으로 여긴다."라고 했다.

- 「注」, "子路"至"起也".
- 正義曰: 皇「疏」云: "子路不達孔子'時哉'之歎, 而謂歎雌雉是時月之味, 故馳逐驅拍, 遂得雌 雉, 煮熟而進, 以供養孔子. '嗅'謂鼻歆翕其氣也." 焦氏循『補疏』, "『荀子』「禮論」云: '利爵之 不醮也, 成事之俎不嘗也, 三臭之不食也, 一也.' 何「注」本此." 案, 『說文』, "齅, 以鼻就臭也. 從鼻從臭, 臭亦聲." 『說文』無"嗅"字, "嗅"卽"齅"別體.
- ○ 「주」의 "자로(子路)"부터 "기야(起也)"까지.
- ○ 정의에서 말한다.

  황간의 「소」에 "자로가 공자의 '좋은 시절'이라는 탄식을 이해하지 못하고, 까투리가 그 계절에 맞는 별미임을 탄식한 것이라고 여겼기 때문에 달려들어 쫓아서 몰아대다가 마침내 까투리를 잡아서 삶아 익혀 가지고 가서 공자를 공양한 것이다. '후(嗅)'는 코로 그 냄새를 맡는다는 말이다."라고 했다. 초순(焦循)의 『논어보소(論語補疏)』에 "『순자』「예론편(禮論篇)」에 '제사가 끝나고 제주가 바친 술잔을 시동이 다 마시지 않는 것과 졸곡(卒哭)의 예가 이루어져 시동이 이미 배가 불러 제기의 음식을 맛보지 않는 것, 제사가 끝날 무렵 시동이 세 번 숟가락을 뜨고 먹지 않는 것은 예의 끝마침이 옛날과 한결같은 이치이다.'라고 했으니, 하안의 「주」는 여기에 근거한 것이다."라고 했다. 살펴보니, 『설문해자』에 "후(齅)는 코로 냄새를 맡는다는 뜻이다. 비(鼻)로 구성되었고 취(臭)로 구성되었으며, 취(臭)가 또한 발음을 나타낸다."[163]라고 했고, 『설문해자』에 "후(嗅)" 자는 없으니, "후(嗅)"는 바로 "후(齅)"의 별체(別體)이다.

---

[163] 『설문해자』 권4: 후(齅)는 코로 냄새를 맡는다는 뜻이다. 비(鼻)로 구성되었고 취(臭)로 구성되었으며, 취(臭)가 또한 발음을 나타내니, 혹생(畜牲)이라고 할 때의 혹(畜)처럼 읽는다. 허(許)와 구(救)의 반절음이다.[齅, 以鼻就臭也. 從鼻從臭, 臭亦聲, 讀若畜牲之畜. 許救切.]

색 인

사항 색인

저자 유보남(劉寶楠)

1791년 강소성 보응현에서 아버지 이순(履恂)과 어머니 교씨(喬氏) 사이에서 태어났으며, 다섯 살에 아버지를 여의고, 어머니의 가르침 속에 성장하였다. 종부 태공(台拱)의 학문이 깊고 정밀하였으므로 그에게 전수받기를 청하여 학행으로 향리에서 명성이 자자하였다. 제생(諸生)이 되었을 때 의징(儀徵)의 유문기(劉文淇)와 명성을 나란히 하여 사람들이 "양주이유(揚州二劉)"라고 칭송하였다. 도광 20년(1840) 진사가 되어 직례성 문안현의 지현(知縣)을 제수받았다. 문안현은 지형이 웅덩이에 비해 낮았는데도 둑이나 제방이 닦이지 않아 장마가 내리거나 가을 홍수가 나면 번번이 백성들의 해가 되곤 하였다. 이에 유보남은 제방을 두루 걸어 다니면서 병폐와 고통을 묻고 옛 서적들을 검토하여 일군의 주둔병과 백성이 함께 정비하도록 독촉하였다. 함풍 원년(1851) 삼하(三河)를 수비하고 있었는데, 동성(東省)의 군대가 국경을 지나는 것을 맞닥뜨리고는 병거를 모두 마을 아래로 출동시켰다. 병사가 많아 들쭉날쭉하니 백성들이 감당할 바가 아니라 생각해 수레 품삯을 백성들의 값으로 지급하자 백성들이 동요하지 않을 수 있었다. 16년 동안 관직에 있었는데, 항상 의관이 소박하여 마치 제생 때와 같았다. 송사를 처리함에 삼갔고, 문안에서 관직 생활을 하는 동안 쌓인 현안 1,400여 건을 자세하게 살펴 결론을 내렸으며, 새벽닭이 처음 울 때면 당청에 앉아, 원고와 피고가 모두 법정에 나오고 증거가 구비되면 때에 맞춰 상세히 국문하였다. 큰 사건이건 작은 사건이건 할 것 없이 균등하게 자기의 뜻대로 안건을 판결했고, 패도한 자는 법의 판례에 비추어 죄를 다스렸다. 무릇 소송에 연루된 친척이나 오랜 친족은 내외척 간의 친목[睦姻]으로 깨우쳐, 대체로 화해하고 풀도록 하였다. 송사와 옥사가 한가해지고 나면 아전들은 자리를 떠나 돌아가 농사를 짓게 하였으니, 멀고 가까이에 있는 자들이 화합하여 순량(循良)이라는 칭호를 붙여 주었다. 『논어정의』는 그가 38세에 뜻을 두고 착수하여 평생을 바친 저작으로, 청대『논어』연구의 결정판으로 널리 알려져 있다. 24권까지 지었으나 완성하지 못하고 아들 공면에게 이를 이을 것을 맡긴 후 함풍 5년(1855)에 죽으니, 향년 65세이다.

저자 유공면(劉恭冕)

광서 5년(1879)에 거인(擧人)이 되었다. 가학을 지켜 경훈(經訓)에 통달했고, 경학을 공부해 거처하는 당의 이름을 광경당(廣經堂)이라 했다. 안휘성의 학정(學政) 주란(朱蘭)의 막에 들어가 이이덕(李貽德)의 『춘추가복주집술(春秋賈服注輯述)』을 교정하여 백수십 가지의 일을 옮겨서 보충하였다. 후에 호북성의 경심서원(經心書院)에서 주강(主講)이 되었는데, 돈독한 품행과 신중한 행실로 질박한 학문을 숭상하였다. 어려서 『모시(毛詩)』를 익혔고, 만년에는 『공양춘추(公羊春秋)』를 연구해서, "신주(新周)"의 뜻을 발명하여, 하휴(何休)의 오류를 물리치니, 같은 시대의 모든 선비가 그것을 아름답게 여겼다. 역대 제가의 이설(異說)을 참고하고 비교하여 아버지가 완성하지 못한 『논어정의』를 완성했다. 『면양주지(沔陽州志)』와 『황주부지(黃州府志)』, 『한양부지(漢陽府志)』, 『황강현지(黃岡縣志)』를 편찬했다. 향년 60세이다.

역주자 함현찬(咸賢贊)

1963년 강원도 영월에서 태어나 고등학교까지 마쳤다. 1987년 성균관대학교 동양철학과를 졸업하고, 같은 대학교 대학원 유학과에서 석사와 박사과정을 마쳤으며, 2000년 중국 송대 철학 전공으로 박사학위를 받았다. 성균관 한림원에서 한문을 공부하였으며, 현재 성균관대학교 유학·동양학과 및 대학원 초빙교수로 재직하고 있고, 아울러 성균관 한림원 교수로 재직하고 있다. 저서로는 『장재: 송대 기철학의 완성자』(2003), 『주돈이: 성리학의 비조』(2007), 『(교수용 지도서) 사자소학』(1999), 『(교수용 지도서) 추구·계몽편』(1999), 『(교수용 지도서) 격몽요결』(2010) 등이 있고, 함께 번역한 책으로는 『논어징』 전 3권(2010), 『성리논변』(2006), 『증보 동유학안』 전 6권(2008), 『주자대전』 전 13권(2010), 『주자대전차의집보』 전 4권(2010), 『역주 예기집설대전 2』(2021), 『왕부지 중용을 논하다』(2014) 등이 있다. 이 외에 연구논문으로는 「《논어징》에 나타난 오규 소라이의 성인관」(2015), 「《논어징》에 나타난 오규 소라이의 도 인식」(2011), 「성리학의 태동과 정체성에 대한 일고찰」(2011) 등이 있다.

Lun Yu Zheng Yi

—The Corrected Meaning of the
LUN YU—